Dolores Ashcroft-Nowicki

Magische Rituale

Dolores Ashcroft-Nowicki

Magische Rituale

Ein Arbeitsbuch

Verlag Hermann Bauer
Freiburg im Breisgau

CIP-Titelaufnahme der Deutschen Bibliothek

Ashcroft-Nowicki, Dolores :
Magische Rituale : ein Arbeitsbuch / Dolores
Ashcroft-Nowicki. [Dt. von Ingrid O. Fischer]. –
Freiburg im Breisgau : Bauer, 1990
Einheitssacht.: The ritual workbook ⟨dt.⟩
ISBN 3-7626-0386-3

Die englische Originalausgabe erschien 1986 bei
The Aquarian Press, Wellingborough, Northamptonshire,
unter dem Titel *The Ritual Magic Workbook.*

Deutsch von Ingrid O. Fischer.

1990
ISBN 3-7626-0386-3

Umschlag: Markus Nies-Lamott, Freiburg im Breisgau.
Satz: CSF ComputerSatz GmbH Freiburg, Freiburg im Breisgau.
Druck und Bindung: May + Co, Darmstadt.
Printed in Germany.

Für Olive Ashcroft –
in Liebe und Dankbarkeit
für viele Jahre liebevoller Freundschaft und Loyalität.

Danksagungen

Mehr als irgend jemand sonst brauchen gerade Schriftsteller die Unterstützung anderer Menschen. Sie sprechen dir Mut zu, versorgen dich mit unzähligen Tassen Kaffee und leihen dir auch willig ihr Ohr, wenn du in einer der unausweichlichen Trockenphasen angelangt bist und nichts, was du zu Papier bringst, sich so liest oder so aussieht, wie du es vor deinem geistigen Auge hast. Ohne die im folgenden genannten Freunde und Verwandten wäre mein Leben wesentlich härter.

Dank meinem Ehemann Michael und Sonia Hackwell, die mir viel Büroarbeit abnahmen und mir damit die Zeit zum Schreiben gaben. Emily Peach und Alan Richardson, die sich unermüdlich meine Ideen, auch die wildesten, anhörten und mir neuen Mut machten, wenn ich glaubte, das Buch nie zu Ende bringen zu können; Anne, Laurel, Cathy, Raffi, Jamie, Gordon und Sheila in Sydney, die meinen Kurs ausprobierten – und überlebten!

Gary Farmer, der mit einigen wunderbaren Räuchermischungen herauskam und mir gestattete, einige davon zu verwenden. Mike Herivel, Nick und Chris, die meinen Apple II in Gang halten und immer ein Lächeln auf den Lippen haben, wenn ich sie zu mir rufe, und das verflixte Ding doch jedesmal in dem Moment, in dem sie das Büro betreten, wieder zu arbeiten beginnt!

Nicht zuletzt auch Simon Franklin, dessen Freundschaft und Ermutigung mich dazu anspornen, es jedesmal noch ein wenig härter zu versuchen. Dank euch allen!

Inhalt

Vorwort

Sie halten die beste praktische Einführung in die Kunst der Magie, die jemals veröffentlicht wurde, in ihren Händen. Nicht »eine der besten«, »wohl die beste« oder »möglicherweise die beste«, sondern schlicht und einfach die beste. Sie ist klar, nüchtern, gut aufgebaut, genau und leicht verständlich. Sie ist ein großartiges Handwerkszeug für den einzelnen, der verstehen möchte, was Magie wirklich ist, nicht theoretisch, sondern praktisch.

Dolores Ashcroft-Nowicki, die Autorin dieses Buches, ist eine erfahrene rituelle Magierin und Oberhaupt einer weltweiten esoterischen Bruderschaft/Schwesternschaft. In den ersten Lektionen wird sie Sie dazu zwingen, sich mit Ihren Motivationen, die Magie zu erlernen, auseinanderzusetzen. Sie warnt davor, genauso wie andere vor ihr, die Arbeiten, die in diesem Buch dargestellt sind, durchzuführen, wenn Sie deprimiert sind. Während der magischen Ausbildung sollten Sie auch keine Drogen, gleich welcher Art, verwenden.

Sie werden wissen wollen warum. Ich glaube, ich kann Ihnen bei der Beantwortung dieser Frage helfen.

Als ich noch jünger war, habe ich diese drei Warnungen in den Wind geschlagen. Magie zog mich an, ohne daß ich genug Einsicht in meine wahren Motive hatte. Ich begann mit der Arbeit in einem Zustand der Depression. Und während eines eigenartigen gesellschaftlichen Anlasses, als ich mitten in meiner Ausbildung war, rauchte ich Haschisch. Da das Unglück eines anderen immer für beträchtliche Unterhaltung sorgt, lassen Sie mich beschreiben, was geschah. Hinterher werde ich Ihnen sagen, was Sie vermutlich nirgendwo sonst finden können: den Grund, warum es geschah.

Zuerst die Frage nach der Motivation. Wir tun natürlich alle Dinge aus den bestmöglichen Motiven heraus; und nirgendwo tun wir das mehr als in den esoterischen Künsten. Es ist ziemlich einfach herauszufinden, daß die einzige wirklich akzeptable Ausrede, Magie zu studieren, in der Erklärung »Ich wünsche zu wissen, um dienen zu können« enthalten ist. Das war die Antwort, die ich auf die rituelle Frage während meiner eigenen Einweihung zu geben hatte. Ich gab sie pflichtgemäß; es war eine Lüge.

Was mich an der Magie wirklich anzog, war nicht das Dienen, sondern die Macht. Nichts Großartiges natürlich. Ich hatte keinen brennenden Ehrgeiz, die Welt zu regieren oder ganze Scharen von schönen Frauen zu versklaven (na ja, gut, vielleicht gerade ein oder zwei schöne Frauen . . .). Aber ich war zweifellos das Opfer eines Leidens, das mit zunehmender Komplexität der modernen Gesellschaft immer weiter verbreitet wird: des Gefühls der Hilflosigkeit.

Es gibt viele Reaktionen darauf. Einige Leute machen politische Glaubensbekenntnisse zu ihrer eigenen Sache; andere werden religiös. Einige wenige (gewöhnlich Männer) finden Geschmack daran, ihre Ehegefährten zu verprügeln. Ich wandte mich der Magie zu, weil sie mir als das perfekte Gegenmittel dazu erschien: Denn was ist Magie, wenn nicht ein geheimes System, das Kontrolle über so ziemlich alles verspricht?

Sie werden jetzt vermutlich enttäuscht sein, wenn Sie lesen, daß es nicht funktionierte. Obwohl ich gut neun Jahre mit täglichem Kabbala-Training verbrachte und dabei auch manches lernte, blieb ich doch der, der ich war: Wie oft ich auch magische Sprünge in »rituelle Telefonzellen« machte – ich verwandelte mich nicht in einen Superman.

Daß ich am Anfang meine Motive nicht erkannte (weshalb mein Gelöbnis zu dienen eine Lüge war, nur daß ich damals auch das nicht wußte), trieb mich dazu, die Warnung mit der Depression zu ignorieren. Ich begann meine formelle Ausbildung, während ich auf einem Tiefstand war, gefühlsmäßig und geistig. Es war die Art von Stimmungstief, die ich schon von früher her kannte, und so dachte ich mir nichts weiter dabei. Solche Stimmungen gingen zwangsläufig vorüber, meistens ziemlich rasch. Dieses Tief ging nicht vorüber. Nach ein paar Monaten meiner anfänglichen magischen Ausbildung hatte ich den ersten wirklichen Nervenzusammenbruch, der glücklicherweise nur kurz war. Anderthalb Jahre später hatte ich meinen zweiten, ernsteren. Bald war ich in psychiatrischer Behandlung und fragte mich, ob ich meinem Klapsdoktor von meiner Beschäftigung mit Magie erzählen sollte, oder ob diese Neuigkeit ihn dazu veranlassen würde, mich in die Klapsmühle einzuweisen.

Schließlich rückte ich mein esoterisches Engagement etwas in den Hintergrund, und beide stellten wir fest, daß mein Problem ein ödipales war. Ich weiß, daß das nicht stimmte; aber mehr davon in Kürze.

Das Problem mit der Arroganz ist, daß sie eine Qualität ist, für die ich eine geheime Bewunderung hege. Folglich spielt sie in meinem Charakter auch eine größere Rolle, als sie eigentlich sollte. Nachdem ich einige Jahre lang meine Ausbildung fortgesetzt hatte und die ärgsten psychiatrischen Symptome verschwunden waren, entschied ich, daß ich jetzt genug wüßte, um meine eigene Entscheidung über Angelegenheiten psychedelischer Art zu treffen.

Damals waren sie Gott sei Dank viel schwieriger zu bekommen als heutzutage. Da ich keine Quelle für Meskalin oder LSD hatte, mußte ich mich mit Cannabis zufriedengeben. Ich erwartete eine lockere und angenehme Erfahrung. Was ich bekam, war ein Alptraum. Ich wurde aus meinem Körper gezerrt, aus der Realität geschleudert und wieder in sie zurück; alles in einem entsetzlich langsamen Rhythmus, der mit meinem Pulsschlag synchron war; subjektiv schien es endlos lang zu dauern. Meine räumliche Wahrnehmung war so verzerrt, daß es mir unmöglich war, mich ohne Hilfe zu bewegen. Ich wußte nicht, wo ich war, und meine Gedankenmuster waren brutal zerrissen. Objektiv gesehen dauerte diese Erfahrung mehr als sieben Stunden. Alles von einem einzigen Joint!

Ich bezweifle nicht, daß Leser mit einschlägiger Erfahrung die obige Beschreibung als kraß übertrieben oder als glatte Fiktion ansehen werden oder vielleicht meinen, daß ich etwas anderes als Haschisch geraucht haben müsse. Pot wirkt einfach nicht in dieser Art, was sogar der glühendste Drogengegner widerstrebend bestätigen wird. Aber das ist die Art, in der es auf mich wirkte – und noch immer auf mich wirkt. Gott weiß, wie ich auf härtere Drogen reagieren würde. Ich habe es nie versucht. Ich habe seither auch nie wieder Pot geraucht. Ich trinke auch keinen Alkohol mehr.

Erfahrung ist ein großartiger Lehrer, aber er lehrt dich nur das Was, nicht aber das Warum. Warum sollte eine esoterische Ausbildung eine Depression so vertiefen, daß sie dich zu guter Letzt in einen Nervenzusammenbruch treibt; warum sollte es jemandes Reaktion auf Drogen in einem solch haarsträubenden Ausmaß verändern? (Ich bin kein Befürworter von Drogengebrauch, aber ich anerkenne, daß die große Mehrheit der Pot-Raucher nicht durchmachen muß, was mit mir geschah.)

Die Antwort auf beide dieser Fragen liegt in der Struktur des menschlichen Körpers – besonders des Teils, der unter die Überschrift »Esoterische Anatomie« fällt.

Verbunden mit den rein physischen Systemen, die von der westlichen Medizin außerordentlich gut erfaßt sind, gibt es ein weiteres hochkompliziertes System von Energieströmen, das im Westen nicht besonders gut verstanden wird, das jedoch im Orient seit Jahrtausenden erforscht und beschrieben wird, besonders in Indien und China. In Indien wurde diese Forschung in das System des Yoga integriert. In China führte es zu medizinischen Techniken wie Akupunktur und Moxibustion.

Ich finde die Feinheiten dieses Energiesystems faszinierend und könnte Sie damit über mehrere hundert Seiten langweilen, würde ich dazu nur ermutigt werden. Aber realistischerweise ist alles, was Sie über diesen Punkt wissen müssen, folgendes:

1. Das Energiesystem existiert.
2. Es ist (unter anderem) eng mit dem endokrinen System verbunden.
3. Es kann manipuliert werden.

Die meisten esoterischen Ausbildungssysteme werden Sie früher oder später in Atemkontrolle, Visualisierung und Meditation einführen. Alle drei beeinflussen zutiefst das Energiesystem.

Ich möchte, daß Ihnen dies ganz klar ist: viele okkulte Visualisierungsübungen und die meisten okkulten Atemübungen sind speziell entworfen, um das Energiesystem zu beeinflussen. Aber auch solche, die es nicht sind, neigen dazu, es zu tun.

Das häufigste Ergebnis ist einfach eine belebende Wirkung. Mehr Energie wird in das System gebracht; folglich fließt mehr Energie hindurch. Das ist im allgemeinen eine gute Sache, aber eben nicht immer. Ich habe bereits erwähnt, daß das Energiesystem aufs engste mit verschiedenen physischen Systemen verbunden ist. Das ist auch der Grund, warum eine Akupunkturnadel in Ihrem kleinen Finger die Funktion Ihres Herzens beeinflussen kann. Die Nadel kontrolliert einen Teil des Energiestromes, der wiederum mit Ihren inneren Organen verbunden ist. Es ist diese Verbindung zu dem endokrinen System, die Probleme aufwerfen kann, wenn Sie deprimiert sind.

Ihr endokrines System ist eine wechselseitig voneinander abhängige Reihe von winzigen Fabriken, die ständig alle möglichen Arten von chemischen Boten in Ihre Blutbahn losschicken. Diese Überbringer sagen Ihrem Herzen, wann es zu schlagen hat, unterstützen Ihre Verdauung, kontrollieren Ihren Blutdruck und, wie jeder Arzt bestätigen wird, beeinflussen zu jeder Zeit zutiefst Ihren geistigen und gefühlsmäßigen Zustand.

Ein endokrines Ungleichgewicht kann zur Depression führen, eine Tatsache, die der Ärzteschaft gut bekannt ist, die ihrerseits auch wieder ständig chemische Boten (= Medikamente) zur Behandlung einsetzt. Es wird jedoch oft vergessen, daß auch das Gegenteil wahr ist. Eine Depression mit rein psychologischen Ursachen kann ebensogut zu einem endokrinen Ungleichgewicht führen.

All dies hört sich eher technisch an, und ich entschuldige mich dafür. Es bedeutet, daß Sie deprimiert sind, wenn die Funktion Ihrer Drüsen gestört ist. Und wenn Sie deprimiert sind, wird Ihre Drüsenfunktion gestört. In welchen von diesen zwei sehr ähnlichen Zuständen Sie sich auch befinden, jede umfassende Stimulierung Ihres Drüsensystems wird sich eher katastrophal auswirken. Es wird zwangsläufig Ihre Depression verschlimmern; in einigen Fällen sogar sehr. In meinem Fall stand ich mit einem derart verkorksten endokrinen System da, daß ich einen Nervenzusammenbruch hatte.

Die Wirkung psychedelischer Drogen (sogar milder wie Cannabis) auf das Energiesystem bringt sogar noch direkte Ergebnisse. Wenn Sie die Theorie des Hindu-Yoga studieren, werden Sie eine starke Tradition finden, in der der Yogi in einem bestimmten Stadium auf dem Weg zur höchsten Erleuchtung oft erstaunliche »Kräfte« entwickelt, interessante psychische Fähigkeiten wie Telepathie oder tranceartige Veränderungen des Bewußtseins. Auch hier ist das Energiesystem wieder beteiligt, denn genauso wie es durch die Praxis des Yoga stärker wird und die Energieströme mehr und mehr dem Yoga-Ideal entsprechen, so verändert sich auch der Geist des Praktizierenden, denn das Energiesytem hat Verbindungen in zwei Richtungen: zur physischen, wie wir schon gesehen haben, und direkt auch zur psychischen.

Wenn Sie mit der okkulten Ausbildung anfangen, werden Sie fast gleichzeitig auch beginnen, Ihr Energiesystem zu verändern. Wenn Sie diese Veränderung auch noch durch Einnahme von psychedelischen Drogen unterstützen, dann ist es bemerkenswert einfach, eine vorübergehende Situation zu schaffen, die dem Durchbrennen einer Sicherung gleichkommt. Es ähnelt der Warnung der Ärzte, Alkohol nicht mit bestimmten Medikamenten zu mischen. Jedes von beiden für sich ist in Ordnung, aber beide zusammen reagieren auf eine Art, die unter Umständen tödlich sein kann.

Je weiter Sie mit Ihrer esoterischen Ausbildung fortschreiten, um so größer wird dieses Problem. Sie werden finden, daß wahre Adepten der esoterischen Künste dazu neigen, alle Drogen mit äußerster Vorsicht zu behandeln, ebenso alle Grundmedikamente wie Aspirin und die gesellschaftlich anerkannte Droge Alkohol. Es ist nicht notwendigerweise so, daß Sie sie nicht mögen; es ist einfach so, daß Sie die Drogen nicht mehr vertragen.

Nachdem ich mir das alles von der Seele geredet habe, lege ich Dolores' Buch in Ihre verantwortungsbewußten Hände. Folgen Sie einfach den Sicherheitsanweisungen, dann werden Sie keine Schwierigkeiten haben.

J. H. Brennan

Einführung

Der beste und sicherste Weg, die Kunst der rituellen Magie zu erlernen, ist, sich einer magischen Schule mit gutem Ruf anzuschließen und unter der Obhut eines praktizierenden Magiers zu arbeiten. Vom Gesichtspunkt der betroffenen magischen Schulen aus betrachtet, fallen Anwärter normalerweise in eine der folgenden drei Kategorien:

1. Jene, für die die entsetzlich schlechten »Okkult«-Videos, die in verstärktem Maße als »Tatsachenschilderungen« angeboten werden, zur Sucht geworden sind und die denken, daß sie über Nacht auch ein Adept werden könnten. Sie sind fasziniert von der Idee, einen magischen Kreis zu ziehen, magische Schwerter zu schwenken und leerstehende Kirchen zu stürmen, um die Mächte der Finsternis zu verwirren – mit einem Kruzifix in der Hand, bewaffnet mit einigen wenigen Kernsätzen und Parolen, die herausgerissen wurden aus irgendeinem längst vergessenen Ritual, das sie vielleicht in den Archiven des British Museums gefunden haben.
2. Jene, die schon eine ganze Weile neugierig um die Okkultszene herumgelungert sind und sich schließlich entschlossen haben, ganz vorsichtig mal nachzufühlen, »wie heiß die Sache denn wirklich sei«.
3. Jene, die von den Mysterien nahezu gegen ihren Willen angezogen werden und die schließlich durch Ausprobieren an der richtigen Tür anklopfen.

Siebzig Prozent aller aus der ersten Gruppe werden die ganze Sache aufgeben, sobald ihnen klar wird, daß es möglicherweise zehn Jahre dauern kann, um auch nur halbwegs ein Adept zu werden, und daß dies ein langes, hartes und diszipliniertes Training erfordert. Sollte ihnen durch irgendeinen seltsamen Zufall das Schicksal ein wirklich übernatürliches Ereignis in den Weg werfen, so wird das nur dazu führen, daß sie noch schneller aus der Szene verschwinden. Weitere zehn Prozent werden aufgeben, nachdem sie die Grundbegriffe der okkulten Terminologie und der okkulten Ausbildung mitbekommen haben; und sie werden auf dieser Basis ihren eigenen magischen Orden aufbauen.

Wenn das Training nicht auf allen Stufen gründlich durchgeführt wurde, wird der neue Orden nur weiterbestehen, weil er nun mal in Gang gesetzt worden war. Er hat wenig wirklichen oder gar keinen Zugang zu den höheren Dimensionen, und dieser Orden wird auch kaum etwas erreichen. Seine Mitglieder werden in der äußeren Aufmachung eines Rituals gefangen sein und glauben, dies sei das wirklich Wichtige. Aber jeglicher innerer Zugang, den sie am Anfang vielleicht gehabt haben mögen, ist Ihnen versperrt, wenn sie versuchen zu entscheiden, wieviele Verbeugungen nach Osten man wohl machen müßte, wieviele Kreise jeder Offizier wohl ziehen müßte, bevor man seinen Platz einnehmen könne, und die verstimmt sind, wenn ihnen nicht das Amt, das sie sich ausgewählt haben, zuerkannt wird. Die ganze Angelegenheit wird zu einer Art Entschuldigung, um sich wichtig zu fühlen und vor allem Mitglied einer »geheimen« Organisation zu sein. Das Bedürfnis, etwas zu haben, worüber niemand sonst Bescheid weiß, ist das Hauptmotiv, aber es ist eine falsche Heimlichtuerei. Die meisten Orden haben einen »äußeren Hof«, der mehr oder weniger offen ist, aber ihre inneren Grade sind davon getrennt. Die Geheimhaltung, Kennzeichen eines falschen Ordens, ist nahezu das Bedürfnis, andere wissen zu lassen, was ihnen fehlt. Wenn kein Außenstehender auch nur die leiseste Idee hat, was sie vorhaben, wird den Geheimnisträgern der »Spaß« an der ganzen Sache bald vergehen.

Weitere fünf Prozent – sobald sich das erste angenehm unbekümmerte Entzücken gelegt hat – werden Möglichkeiten sehen, Geld zu machen. Es kann passieren, daß einem beispielsweise versprochen wird: »Auch du kannst innerhalb von drei Monaten ein Magier werden«, und zwar gegen eine mehr oder weniger hohe Anzahlung und einen beträchtlichen Monatsbeitrag. Allerdings werden Sie nicht automatisch ein besserer Mensch, nur weil Sie zur sogenannten »okkulten Welt« gehören.

Somit bleiben die letzten fünfzehn Prozent. Von diesen werden vielleicht zehn Prozent entgegen allen Erwartungen bis zum Ende durchhalten. Sie werden plötzlich die Unrichtigkeit ihrer früheren Annahmen erkennen und ihre Schritte zurückverfolgen; dieses Mal mit dem ernsthaften Wunsch, erfolgreich zu sein. Sie werden Verständnis und Mitgefühl in ihre Arbeit einbringen und werden später selbst unweigerlich Lehrer werden.

Die letzten fünf Prozent werden sich der dunkleren Seite des Okkulten zuwenden. Diese dunklere Seite existiert tatsächlich. Drogen, Alkohol und Perversion werden sie in den Abgrund ziehen. Manchmal können sie gerettet werden, denn es gibt Logen, deren Aufgabe es ist, nach solchen Leuten Ausschau zu halten und zu versuchen, sie zu retten. Die

Mitglieder solcher Logen sind eine besondere Art von Okkultisten mit einem Mut und Glauben, der sie manchmal in den Vorhof der Hölle bringen kann auf ihrer Suche nach den Verlorenen.

In der zweiten Gruppe wird der Prozentsatz an ernsthaft Studierenden viel höher sein. Sie werden durch Lesen und Forschen bereits eine recht klare Idee haben, was sie erwarten können; und die große Mehrheit unter ihnen wird das erste, entscheidende Jahr überdauern. Einige werden zwangsläufig zum sicheren, bequemeren Zeitvertreib eines »Ohrensessel-Okkultisten« zurückkehren.

Die dritte Gruppe wird es wider alles Erwarten schaffen. Sie sind die geborenen Magier, die bereits in vergangenen Leben ihre Lehrzeit abgeleistet haben und jetzt zurückgekommen sind, um höhere Grade einzunehmen. In jedem Leben streben sie höher und höher, bis die letzte Wahl getroffen ist, entweder weiterzugehen in andere Reiche und Dimensionen und ständig Neues hinzuzulernen, oder aber umzukehren und jenen, die noch auf der Reise sind, zu helfen. Diese werden »die Meister«.

Dieses Buch ist für die Entschlossenen aus der ersten und zweiten Gruppe bestimmt. Es will ihnen klarmachen, was man mit ritueller Magie tun kann oder auch nicht; wenn man ohne persönlichen Lehrer oder innerhalb des schützenden Egregors einer magischen Schule, mit der man Kontakt aufgenommen hat, arbeitet. Wie ich bereits gesagt habe: Der beste Weg ist, von einem persönlichen Lehrer unterrichtet zu werden. Hat man keinen, so ist der nächstbeste ein Buch, das alle Fallen berücksichtigt, ein Buch, das zu erklären versucht, was man in sich selbst braucht, um Magier zu werden, und das darüber hinaus das grundlegende Wissen zusammen mit genügend Ritualfeinheiten liefert, um es schmackhaft zu machen. Dieses Buch wird keinen Eingeweihten aus Ihnen machen, ja es wird Sie noch nicht einmal zu einem erfahrenen Magier machen. Es wird Sie jedoch davor bewahren, teure Fehler zu begehen; und es wird Ihnen eine Grundlage geben, auf der Sie mit der Zeit weiter aufbauen können.

Auf den folgenden Seiten werden Sie die Arbeit für ein komplettes Jahr finden, die Sie von Ihren ersten persönlichen Vorbereitungen als Magier bis zu wirklicher ritueller Arbeit führen wird. Auf diesem Weg werden Sie ein wenig, wirklich nur ein klein wenig, von vielen und unterschiedlichen Lehren erfahren, Dinge, mit denen Sie sich eingehender befassen würden, wenn Sie unter idealen Bedingungen arbeiteten. Sie werden lernen, sowohl mit Ihren Händen als auch mit Ihrem Geist zu arbeiten, mit Ihrem Herzen und auch mit Ihrer Intuition. Wenn Sie sich jeden einzelnen Abschnitt vornehmen und sorgfältig durcharbeiten, gibt es keinen Grund, warum Sie am Ende des Jahres nicht fähig sein sollten, einfache Rituale zu entwerfen, durchzuführen und zu kontrollieren, wobei die Kontrolle der wichtigste Teil ist!

Sollten Sie nach Instant-Magie (Sofort- oder Ruck-zuck-Magie) Ausschau halten, vergessen Sie es! Arbeit, harte Arbeit, ist das einzige, das Ihnen helfen kann, Ihr Ziel zu erreichen. Wenn Sie es ernsthaft genug wollen, werden Sie auch die Arbeit tun. So einfach ist es. Sie bekommen, was Sie sich erarbeitet haben.

Das folgende Training ist in erster Linie gedacht für alleinarbeitende Magier, aber ich habe die Rituale so angepaßt, daß mehrere Leute, bis zu fünf höchstens, daran teilnehmen können. Fünf ist aus vielen Gründen die ideale Anzahl; einiges davon werde ich später erklären. Verwenden Sie dieses Buch nicht, um zu versuchen, eine ganze Gruppe auszubilden. Das Ausbilden einer großen Gruppe erfordert eine Menge an Knowhow, viel mehr, als Sie in einem Jahr lernen können. Wenn Sie das nicht umstimmen kann, so bedenken Sie, daß gemäß einer alten Tradition jeder Lehrer einen Teil des Karmas auf sich nimmt, das diejenigen, die er oder sie unterweist, sich erwirtschaftet haben; und eine schlecht kontrollierte Gruppe kann eine Menge Karma auf sich laden. Lehrer im okkulten Sinne zu sein, hat seine Nachteile. Wenn zwei oder drei von Ihnen in der Zukunft als Gruppe zusammenarbeiten möchten, dann sollte jeder einzelne das Vorbereitungsjahr durcharbeiten, wie es in diesem Buch niedergelegt ist. Dann werden Sie ein großes Abenteuer beginnen: Sie werden drei Leute sein, die wissen, was sie zu tun und was sie von ritueller Arbeit zu erwarten haben.

Wenn Sie als Paar oder zu dritt arbeiten, muß es eine gemischte Gruppe sein. Ein Paar muß aus einem Mann und einer Frau bestehen, eine Dreiergruppe aus einem Mann und zwei Frauen oder einer Frau und zwei Männern. Auf diese Art bleiben die Vitalpolaritäten ausgeglichen. In der rituellen Arbeit und in der vorausgehenden Ausbildung ist das von großer Wichtigkeit.

Wenn es um Ihre physische Gesundheit schlecht bestellt ist, versuchen Sie nicht, eine magische Ausbildung zu beginnen, bevor es Ihnen wieder besser geht. Wenn Sie an einer Depression leiden, so beginnen Sie überhaupt nicht, denn okkulte Arbeit kann verschiedene Formen von Depression verschlimmern. Wenn Sie Drogen wie Cannabis, LSD und dergleichen einnehmen, dann ist dieses Buch nichts für Sie. Sie müssen alle Ihre Sinne unter Kontrolle haben, wenn Sie Magie betreiben. Wenn, was eintreten wird, die Kraft aus ihren tieferen Schichten durch die Psyche zu arbeiten beginnt, werden Sie ihre ganze Gesundheit und Stärke brauchen, um damit fertig zu werden.

Sie werden möglicherweise in die Versuchung geraten, sofort mit Ritualen zu beginnen und die Vorbereitungsarbeit links liegenzulassen. Das bleibt Ihnen überlassen. Sie werden derjenige sein, der dadurch verliert. Einige von Ihnen werden das einsehen und nach den Anweisungen vorgehen; einige werden vorausgehen, ihre Fehler machen, umkehren und wieder von vorne beginnen. Einige werden jeden Rat ignorieren, was mich aber nicht davon abhalten wird, ihn trotzdem zu geben. Jene, die bis zum Ende des Jahres durchhalten, haben die Voraussetzungen zu einem Magier in sich. Sie werden das Undefinierbare berührt und das Erregende gekostet haben, werden in Kontakt mit ihrem inneren Universum gekommen sein. Danach kann das Leben nie wieder das alte, gewesene sein.

Lernen Sie von Anfang an, auf sich selbst zu hören. Die Verfolgung hat heutzutage subtilere Formen als Folterbank oder Scheiterhaufen. Wenn Ihr Geschmack dahin geht, in einem wehenden Umhang mit einem Hut mit breiter Krempe die Straßen entlangzumarschieren und Sie möglicherweise auch noch einen Ring von der Größe eines Hühnereis tragen, werden Sie sich sehr wahrscheinlich in einigen bizarren Situationen wiederfinden. Lernen Sie die Maxime des Magiers und meditieren Sie darüber.

Wagen, Wollen, Wissen, Schweigen

Verbinden Sie das mit den beiden Attributen, die jeder wirkliche Magier in sich zur Perfektion bringen sollte: Verschwiegenheit und Einsicht. Um diese sechs wichtigen Regeln Ihrem Bewußtsein und Unterbewußtsein einzuprägen, hier nun Ihre erste Aufgabe: Noch bevor Sie umblättern, nehmen Sie Papier und Bleistift (sind Sie entschlossen genug?) und zeichnen Sie ein gleichseitiges Dreieck mit der Spitze nach oben. Dann zeichnen Sie ein anderes Dreieck darüber, das nach unten zeigt. Sie sollten jetzt einen sechszackigen Stern haben. Schreiben Sie Ihren Namen in das Zentrum und in jeder der »Zacken« eines der sechs obigen Gebote. Schneiden Sie das Papier in eine passende Größe und verwenden Sie es das nächste Jahr hindurch als Lesezeichen; wenn es sich abnützt, tauschen Sie es gegen ein neues aus. (Siehe Abb. 1)

Die nächsten sechs Monate – wenn Sie die Entschlossenheit und das Durchhaltevermögen haben – sollten Sie sich als Novize betrachten, als jemand, der sich um Aufnahme in eine Mysterienschule auf der inneren Ebene beworben hat. Wenn Sie die ersten sechs Monate ohne aufzugeben (oder bei den Lektionen gemogelt zu haben) überstanden haben, können Sie sich als Neophyt betrachten, also als einen, der zu ernsthaf-

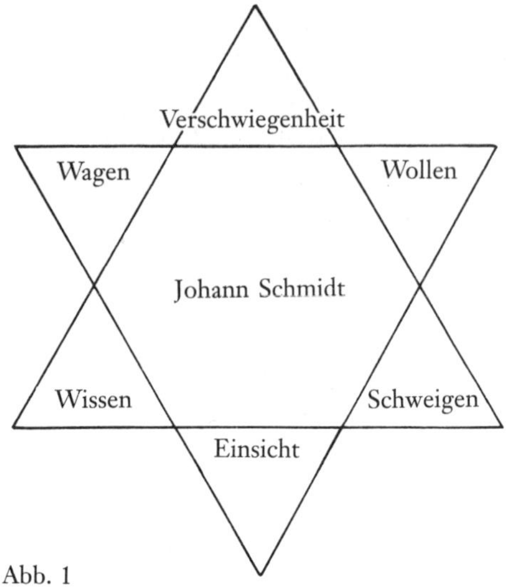

Abb. 1

ter Ausbildung angenommen wurde. Es ist wichtig, daß Sie diese Idee jeden Tag Ihrem Bewußtsein und auch Ihrem Unbewußtsein einprägen, bis es als Tatsache akzeptiert wird. Und da nichts über einen Sprung ins kalte Wasser geht, können Sie jetzt sofort damit beginnen. Lesen Sie die folgenden Anweisungen zwei- oder dreimal, dann legen Sie das Buch zur Seite und lassen die Bilder vor Ihrem inneren Auge entstehen, wie in einem Tagtraum, mit soviel Detailgenauigkeit wie möglich. Wenn Sie dieses Buch ernst nehmen, lesen Sie nicht weiter, bevor Sie nicht den nächsten Anweisungsblock durchgearbeitet haben. Sollten Ihnen Worte mehr liegen als Bilder, so lesen Sie die Anweisungen immer wieder, bis sie für Sie Tatsachen geworden sind.

Schaffen Sie ein Bild von sich – in jedem Alter –, das Ihnen angemessen erscheint, bekleidet mit einer weißen, dünnen, wollenen Tunika, die Männern bis ans Knie und Frauen bis zum Knöchel reicht. Um ihre Mitte ist eine gedrehte Kordel, ebenfalls weiß, geschlungen, und Sie tragen einfache Ledersandalen. Sie sind nach wie vor unter Ihrem eigenen Namen bekannt, weil Sie sich Ihren magischen Namen noch nicht verdient haben. Versuchen Sie, dieses Abbild von sich selbst ganz klar vor Ihrem geistigen Auge zu sehen, bevor Sie weitergehen.

Sie sind in einer Gruppe von Bewerbern, die auf den Stufen zu einer alten Mysterienschule stehen. Sie warten, ob Sie als Novize in den Tempel aufgenommen werden. Das weiße Steingebäude glänzt in der Sonne, und breite Stufen führen hinauf zu einem eindrucksvollen Eingang. Am oberen Ende der Treppe wartet der Hohepriester des Tempels mit der Hohepriesterin an seiner Seite. Beide tragen lange Umhänge, die über den Boden fegen. Der des Hohepriesters ist blau und golden, der der Hohepriesterin schwarz und silbern. Sowie sie nach vorn treten, verstummt jedes Gespräch unter den Kandidaten; und sie drängen sich vor. Der Hohepriester tritt vor mit einer Papyrusrolle in der Hand. Er beginnt, die Namen jener, die als Novizen angenommen wurden, vorzulesen. Ihr Name ist der letzte auf der Liste; Sie haben die Chance bekommen, Ihren Wert zu beweisen. Versuchen Sie diese Chance zu nützen.

Gemeinsam mit den anderen, die ausgewählt wurden, schreiten Sie die Treppe empor, und die kleine Gruppe betritt das kühle, halbdunkle Innere des Tempels mit dem Hohepriester und der Hohepriesterin an der Spitze.

Sie befinden sich in einer großen, kreisförmigen Halle mit einer Kuppel, die von vielen marmornen Säulen - schwarz und weiß abwechselnd - gehalten wird. Auch der Boden ist aus weißem Marmor. Darin eingelassen ist ein labyrinthartiges Muster aus schwarzen Mosaiksteinen. Genau in der Mitte dieses verschlungenen Labyrinths steht der Altar, ein doppelter Würfel aus schwarzem Marmor, und darauf ein Kelch aus blauem Kristall, durchdrungen von einem einzigen Sonnenstrahl, der aus einer Öffnung in der Kuppel herniederschießt.

Jeder, der die Mysterien zu studieren wünscht, muß aus eigenem freien Willen zum inneren Tempel kommen. Ohne das Selbst anzubieten, kann kein weiterer Schritt unternommen werden; ein Angebot, das freiwillig gegeben und ebenso freiwillig angenommen wurde. Jetzt ist die Zeit, über dieses Buch nachzudenken, was es Ihnen geben kann, und ob es das ist, was Sie wirklich wollen. Sind Sie bereit, ein ganzes Jahr lang keine Mühe zu scheuen, mit dem Wissen, daß Sie sowohl Mißerfolge als auch Erfolge haben werden? Oder wollen Sie Ihre bisherigen Schritte nochmals überdenken und Ihren Platz einen der anderen, die noch draußen warten, überlassen? Denken Sie nach über die Gründe für Ihr Hiersein. Sind diese Gründe echt oder haben Sie sich blenden lassen von Phantasien, die Ihnen ein unkontrollierter Geist eingegeben hat? Bevor Sie sich zu dienen bereit erklären, machen Sie sich klar, daß dies für die ersten sechs Monate Ihres einjährigen Trainings gilt. Wenn Sie das durchgehalten haben, werden Sie hierher zurückkehren und Ihr Angebot zu dienen um weitere sechs Monate verlängern. Danach sind Sie frei von jeglicher Verpflichtung, außer der, in Zukunft für sich selbst auf der Suche zu sein.

Einer nach dem anderen tritt vor und nimmt von der Hohepriesterin eine schwarz und weiß verflochtene Kordel entgegen. Diese ersetzt die weiße, die im Augenblick noch um Ihre Taille geschlungen ist. Diese neue Kordel ist das Zeichen, daß Sie jetzt Novize sind. Während Sie darauf warten dranzukommen, lehnen zwei Kandidaten ab und kehren zur Außenwelt zurück; zwei andere werden an ihrer Stelle angenommen. Jetzt sind Sie an der Reihe, treten einen Schritt vor und nehmen die Kordel an mit dem Wissen, daß Sie sich für die nächsten sechs Monate verpflichtet haben, das Grundtraining eines angehenden Magiers zu absolvieren.

Jetzt können Sie wieder in Ihre gewohnte Alltagsumgebung und Zeit zurückkehren; öffnen Sie die Augen und blicken Sie sich um; fühlen Sie den Sessel neben sich und den Boden unter Ihren Füßen. Gewöhnen Sie sich von Anfang an daran, sicher zu sein, daß es Ihnen gut geht und Sie auf Ihrer eigenen Ebene wirklich »wach« sind, wenn Sie von einer Reise nach innen zurückkommen.

Sie haben gerade Ihren ersten Versuch in der Magie hinter sich. Es mag Ihnen nicht viel mehr als ein einfacher Tagtraum erschienen sein; aber, damit das von Anfang an klar ist: es gibt drei grundsätzliche Bestandteile in der Magie – Wollen, Form und Manifestation. Das heißt, Sie müssen etwas wirklich mit Ihrem ganzen Bedürfnis/Willen wollen, um es auf Ihrer Ebene auch zu bekommen. Dieses Wollen ist anfangs in neun von zehn Fällen eine Idee in Ihrer Vorstellung. Um sie klarer zu machen, müssen Sie Ihre Vorstellungen klar und präzise definieren; nur dann kann sich Ihr Verlangen auf der physischen Ebene manifestieren. All dies bedeutet, daß, wenn Sie nicht klar und mit Gefühl imaginieren können, es Ihnen schwerfallen wird, ein erfolgreicher Magier zu werden. »Phantasie ist der Esel, der die Arche getragen hat«, ist ein Spruch, dem Sie in der okkulten Literatur noch oft begegnen werden. Glauben Sie an ihn.

Würden Sie sich um Aufnahme in eine zeitgenössische Mysterienschule bewerben, so würde man mit ziemlicher Sicherheit von Ihnen erwarten, daß Sie eine Art Fragebogen ausfüllen. Dieses Buch ist keine Ausnahme, da es eine solche Aufnahme ersetzt. Legen Sie das Buch zur Seite, holen Sie sich Bleistift und Papier und denken Sie sehr sorgfältig nach, bevor Sie die folgenden Fragen beantworten. Sehen Sie zu, daß die Antworten auch wirklich wahr sind. Die offensichtliche Antwort ist nicht immer die richtige. Schreiben Sie jede Frage auf Ihr Papier, und darunter – nach sorgfältigem Nachdenken – schreiben Sie Ihre Antwort. Danach werden wir die Fragen nochmals behandeln und sehen, ob Ihre Antworten noch immer standhalten.

Fragebogen

1. Warum wollen Sie Magie betreiben?
2. Was verstehen Sie unter dem Begriff »Magie«?
3. Immer vorausgesetzt, daß Sie diesen Minikurs der okkulten Künste durchhalten, haben Sie in Ihrer Vorstellung ein Ziel für die Zukunft?
4. Es gibt viele verschiedene Wege, die Magie zu praktizieren. Wissen Sie, welcher für Sie der beste wäre?
5. Sehen Sie sich als potentiellen Magier oder Mystiker?
6. Was glauben Sie, braucht man, um ein guter Magier zu werden?
7. Wissen Sie, was man unter dem »Weg des Häuslichen Herdes« versteht?
8. Wissen Sie, was Sie auf sich nehmen, wenn Sie den Pfad der Hohen Magie beschreiten?
9. Haben Sie vor, diesem Kurs buchstäblich zu folgen, oder werden Sie die aufregenden Teile lesen und den Rest auslassen?

Jede dieser Fragen kann auf dutzendfache Art beantwortet werden, und jede Antwort wird der Person, die sie liest, Information geben. Lesen Sie Ihre Antworten nochmals durch und sehen Sie nach, ob es irgend etwas gibt, das Sie ändern möchten; danach legen Sie dieses Buch bis morgen zur Seite. Ich weiß, daß Sie es nicht erwarten können fortzufahren, aber bitte erinnern Sie sich, daß Ihre Ausbildung in dem Augenblick begann, als Sie dieses Buch öffneten. Wie können Sie erwarten, ein disziplinierter Magier zu werden, wenn Sie Ihren Willen nicht über Ihre Wünsche setzen können? Legen Sie das Buch zur Seite, und bevor Sie heute abend einschlafen, denken Sie noch einmal über die Fragen und über Ihre Antworten nach. Morgen werden wir sie nochmals durchgehen und ihre Hintergründe diskutieren.

Nachdem Sie jetzt über die Fragen geschlafen haben, werden wir der Reihe nach jede einzelne untersuchen. Machen Sie sich klar, daß diese Fragen verhältnismäßig einfach sind im Vergleich zu jenen, die man Ihnen stellen würde, wenn Sie in eine wirkliche Mysterienschule eintreten würden.

1. Warum wollen Sie Magie betreiben?

Es kann sein, daß Sie sich schon lange Zeit für okkulte Literatur interessiert haben und meinen, Sie würden gerne mehr darüber auf praktischer

Ebene erfahren. Sie haben sich bereits einiges an grundlegendem okkultem Wissen durch Ihre Lektüre erworben, zumindest aber sind Sie mit der Terminologie vertraut, wenn auch vielleicht nicht mit der tatsächlichen Theorie. Wenn Sie viel Phantasieliteratur lesen, wird Ihre innere Vision ganz gut entwickelt sein; und das ist gut so, weil die meisten Dinge in der Magie mit der Verwendung von Imagination und der Kraft des Dritten Auges zu tun haben. Sie hatten vielleicht einige übernatürliche Erfahrungen und haben das Gefühl, mehr davon verstehen zu müssen, um mit ihnen zurechtzukommen. Eine Mysterienschule würde wissen wollen, welche Art von Erfahrung Sie hatten und in welchem Alter.

Eigenartigerweise sind nicht alle Medien auch gute Magier. In einer Schule würde man Sie für zumindest sechs Monate »zumachen«, während Sie Ihre Ausbildung erhalten. Das verärgert einige Leute, die glauben, halb und halb wegen ihrer übernatürlichen Fähigkeiten da zu sein; aber dem ist nicht so. Die Grundausbildung kann für ein »offenes« Medium schwierig, wenn nicht sogar gefährlich sein. Wenn Sie dieses Buch gekauft haben, weil Sie denken, es könnte Spaß machen, ein wenig Magie zu betreiben, lassen Sie sich von mir sagen, daß Sie es sehr wahrscheinlich nicht bis zum Ende des ersten Kapitels schaffen werden. Die tatsächliche Ausbildung in den magischen Künsten kann schwerfällig, langweilig und äußerst eintönig sein, mit sehr wenig Aufregung und sehr verschieden zu dem, was Sie auf dem Bildschirm sehen. Wenn Sie sich schon eine Weile ernsthaft mit einschlägiger Literatur beschäftigt haben und das Gefühl haben, Ihr Wissen erweitern zu müssen, dann wurde dieses Buch für Sie geschrieben.

Was verstehen Sie unter dem Begriff »Magie«?

Vergessen Sie nicht, daß keine Magie wie der blaue Elfen-Zauberstab in »Pinocchio« funktioniert. Magie funktioniert immer nach klar definierten Regeln der Naturkräfte. Tatsächlich ist sie eine Naturwissenschaft, die wir bis jetzt immer noch nur mangelhaft handhaben können. Die Alte Welt schien Magie besser zu beherrschen als der moderne Mensch, aber wir sind fähig, sie genau zu erforschen, und hoffentlich werden wir eines Tages eine Reihe von Gesetzen haben, die in ihrer Vorhersagbarkeit so bestimmbar sind wie die Gesetze der Physik; und nachdem die Gesetze der Physik mit jedem Jahr mehr und mehr zurückgedrängt werden, haben wir eine Menge zu tun um aufzuholen.

Es gibt drei Arten von Magie: Hohe Magie, Niedere Magie und Spirituelle Alchemie. Schenken Sie den Ausdrücken Hohe und Niedere

Magie nicht zu viel Beachtung; sie sind nur Bezeichnungen, aber keine Indikatoren für Qualität. Unter Niederer Magie versteht man die Arbeit mit natürlichen aber wenig verstandenen Naturkräften. Fast jeder kann das tun, und viele machen es auch, ohne irgend etwas über Magie zu wissen. Kinder tun es die ganze Zeit. Es ist nicht Schwarze Magie. So etwas wie Schwarze Magie gibt es nicht. Der Mensch, durch den die Kräfte arbeiten, hat es in der Hand, Magie entweder gut oder schlecht zu machen. Die magischen Kräfte selbst sind neutral. Hören Sie auf, das Wort »schwarz« mit »satanisch« zu vergleichen. Gute Dinge sind genauso schwarz – fruchtbare Erde, der nächtliche Himmel, der Weltenraum, das Innere des Schoßes, der ein Kind trägt. Die Erde versteckt ihre schönsten Reichtümer in der Schwärze: Gold, Silber und wertvolle Edelsteine werden alle in der Dunkelheit gefunden.

Es ist die Absicht, die alle Dinge gut oder schlecht macht, die Absicht des menschlichen Geistes. Hohe Magie schließt die Verwendung von Ritualen in verschiedener Form mit ein, um einen Kraftzustrom zu erfahren, der durch Invozieren eines bestimmten Archetypus, einer Kraft oder Gottform gefärbt oder geladen wurde. Das Ziel mag sein, in sich selbst etwas zu inspirieren, das mit diesem Archetypus verbunden ist, zum Beispiel Mut, Inspiration oder Liebe. Es kann auch dazu verwendet werden, um beispielsweise eine andere Person zu heilen oder einen Akt der Dankbarkeit an ein Wesen von höheren Ebenen darzustellen. Wie Sie im kommenden Jahr lernen werden, gibt es viele Gründe für ein Ritual.

Spirituelle Alchemie ist die exklusive Atmosphäre des wahren Adepten, der Höhepunkt kosmischer Vision, wo alles, was gelernt, praktiziert, erfahren und ertragen wurde, zusammenkommt. Es ist eine großartige und wunderbare Sache, aber nur wenige in jeder Generation erreichen solche Höhen, obwohl jeder danach streben kann. Adepten, von wenigen Ausnahmen abgesehen, und besonders diejenigen, die speziell ausgebildet wurden von den höheren Ebenen, um neue Lehren zu verbreiten, wollen nicht bekannt sein und wollen nicht, daß man nach ihnen sucht. Sie suchen die letzte Transmutation des Selbst in etwas Unfaßbares. Es umgibt sie eine Ruhe, die sie von anderen unterscheidet. Manchmal blickt Ihnen ein anderes Wesen aus ihren Augen entgegen, dann aber, genauso rasch, ist es auch wieder verschwunden. Jede andere Magie verblaßt neben solcher Kraft, einer Kraft, die deshalb so stark ist, weil sie Leichtigkeit besitzt und als das angesehen wird, was sie ist, als etwas Vergängliches.

Magie funktioniert, weil die Natur kein Vakuum ertragen kann; und ein intensives Bedürfnis nach etwas, das Sie in Ihrem Leben vermissen, verursacht etwas Ähnliches in dem Vakuum Ihres persönlichen Kosmos. Und so wird es erfüllt mit dem, wonach Sie auf dem Weg über das Ritual gefragt haben. Der Trick ist, etwas dringend genug haben wollen. Leute, die nie magisch arbeiten werden, sind solche, die nicht entscheiden können, welches von hundert Dingen sie am meisten wollen. Am Ende haben sie gar nichts. Sorgen Sie dafür, daß ein Loch in Ihrem persönlichen Kosmos erscheint, und irgend etwas wird es füllen. Ganz einfach! Allerdings: es dauert einige Zeit, bis man diesen Trick erlernt hat.

Immer vorausgesetzt, Sie schaffen diesen Minikurs der okkulten Künste bis zum Ende – haben Sie für die Zukunft ein Ziel?

Beabsichtigen Sie, die Welt zu retten? Sehen Sie sich nach einer Schule um, die Sie weiter ausbildet? Wollen Sie eine Gruppe bilden und sich selbst zum Magus auf Lebenszeit wählen? Oder wollen Sie zuerst die einjährige Arbeit hinter sich bringen, abwägen und erst dann entscheiden?

Vergessen Sie Ihre Weltrettungsideen! Bevor Sie andere retten können, müssen Sie sich selbst retten. Altruismus kann eine gute Sache sein, aber das Ziel magischer Arbeit muß sein, das Selbst auf allen Ebenen zu reinigen, zu polieren und zu trainieren, bevor Sie überhaupt daran denken können, anderen zu helfen. Ohne eine solche Ausbildung gleichen Sie einem Menschen, der einen Ertrinkenden retten will, ohne selbst schwimmen zu können. Sie haben vielleicht schon die Phrase gehört: »Ich wünsche zu wissen, um dienen zu können.« Sie wird noch immer in einigen Formen von Einweihungszeremonien verwendet. Bevor Sie sie aber verwenden können, müssen Sie ein klares Verständnis davon haben, was man von Ihnen zu wissen verlangt und wem Sie dienen werden. Die größte aller Fragen wurde in der Gralsburg gestellt: »Wem dient der Gral?« Aber um Ihre Frage zu beantworten: Es zeigt zumindest Bereitschaft.

Wenn Sie von sich die Vorstellung haben sollten, mit Schwert und Stab die Mächte der Finsternis zu bekämpfen, überlegen Sie nochmals. Wenige, sehr wenige von denen, die die Tempelsäulen passieren, sind geeignet, eine solche Arbeit durchzuführen. Denken Sie lieber daran, sich selbst besser kennenzulernen, wie Sie denken, verstehen, studieren, und mehr als alles andere: wie Sie fühlen. Zielen Sie darauf, das Beste aus sich selbst zu machen, und eines Tages werden Sie dann fähig sein, das Beste in anderen zu sehen und es aus seinem Gefängnis zu befreien.

Lassen Sie sich auf keinen Fall davon abhalten, eine Gruppe von gleichgesinnten Freunden zu bilden; aber nur zu Diskussionszwecken. Nehmen Sie keine Aufgabe auf sich, für die Sie bis jetzt weder ausgebildet noch erfahren genug sind. Verwenden Sie das, was Sie gelernt haben, dazu, die richtige Schule oder den richtigen Lehrer zu finden. Wenn Sie Talent haben, werden Sie unausweichlich fähig sein, andere zu lehren. Wenn Sie wirklich eine magische Gruppe bilden wollen, so vergewissern Sie sich, daß auch die anderen dieses Buch durcharbeiten, denn dann werden Sie alle von der gleichen Basis aus beginnen und keine Verheerung in Ihrer Umgebung anrichten. Vergessen Sie nicht, daß Magie nicht etwas ist, mit dem Sie auf einer »Triff- oder Fehl«-Basis umgehen können. Sie arbeiten mit mächtigen, latenten Kräften in sich selbst. Denken Sie daran, was mit Dr. Jekyll geschah!

Es gibt viele verschiedene Wege, Magie zu praktizieren.
Wissen Sie, welcher für Sie der beste wäre?

Es gibt viele Traditionen, unter denen man wählen kann: Kabbala, Ägyptisch, Griechisch, Keltisch, Schamanismus sowie die verschiedenen Traditionen des Hexenkultes, manchmal auch als Wicca bekannt: Gardnerian Hexenkult, traditioneller und Familienhexenkult wie auch die alten und neuen heidnischen Religionen. Viele Leute wählen die ägyptische Tradition, weil sie vielleicht die am meisten bekannte ist, wenn auch nicht die einfachste. Eine Tradition, mit der man arbeiten möchte, auszuwählen, verlangt eine Menge Nachdenkens und Forschens. In diesem frühen Stadium brauchen Sie nur zu wissen, daß es Wahlmöglichkeiten gibt; tatsächlich eine Wahl zu treffen, verschieben Sie bitte auf später.

Ihre einjährige Arbeit wird auch Texte von einigen der am meisten bekannten Mysterien-Religionen mit einschließen, mit etwas praktischer Arbeit, um Ihnen die dahinterliegenden Prinzipien verstehen zu helfen. Sie sollten mittlerweile eine Idee von der vor Ihnen liegenden Arbeit bekommen haben, nicht nur, welcher Art sie ist, sondern auch über deren Ausmaß.

Sie werden eine Menge über die westliche Mysterien-Tradition hören, und das verlangt vielleicht einige Klarstellungen, etwa die, daß die beste Tradition für Sie eine ist, die zu Ihrer eigenen Hemisphäre gehört, wenn Sie westlicher Abstammung sind (»westliche« schließt die meisten mediterranen Mysterien-Religionen mit ein). Damit sollen die östlichen Philosophien nicht schlechtgemacht werden, aber sie wurden für den Geist und die Seele östlicher Menschen geschaffen. Das bedeutet nicht, daß das eine dem anderen überlegen sei, sondern nur, daß sie verschiedene Linien verfolgen und Dinge unterschiedlich sehen.

Sehen Sie sich als angehenden Magier oder Mystiker?

Ein führender britischer Okkultist sagte einmal: »Am Ende werden alle Magier zu Mystikern.« Wenn ich auch vor dem Gebrauch des Wortes »alle« zurückschrecke, würde ich doch zustimmen, daß ein großer Prozentsatz am Ende an einem Punkt anlangt, wo sich Magie und Mystik vermischen. Magier, obwohl sie allein arbeiten können und das auch tun, finden sich meist in einer Arbeitsgruppe, der Mystiker dagegen arbeitet fast immer allein. Diese Tatsache müssen Sie bei Ihrer endgültigen Wahl mit einbeziehen, wenn der Moment der Entscheidung gekommen ist. Aber lassen Sie es für den Augenblick auf sich beruhen. Sie können jetzt noch keine echte Entscheidung treffen.

Was glauben Sie, braucht man, um ein guter Magier zu werden?

Verwenden Sie die folgende Liste als Hinweis. Als erstes und Wichtigstes müssen Sie an irgend etwas glauben, auch wenn es nur Sie selber sind. Sie werden auch Geduld, Toleranz, Verständnis und Neugierde brauchen. Ein gutes Gedächtnis ist entscheidend, da Ihnen bald der Kopf rauchen wird angesichts so vieler leicht erhältlicher Informationen. Sie sollten ein leidenschaftliches Interesse an allen Dingen um sich herum haben und eine gute Beobachtungsgabe. Reiche Vorstellungskraft und Phantasie sind Grundausstattung für einen Magier, außerdem Gesundheit und eine ordentliche Portion an körperlicher Stärke, denn die Kunst des Magus ist nichts für Halbgewichtler. Weiters noch ein gutes Allgemeinwissen, gesunden Menschenverstand sowie Interesse und ein wenig Geschicklichkeit in handwerklichen Dingen. Guter Humor ist unerläßlich; denn wenn Sie mit Ihrem Gott oder Ihren Göttern nicht lachen können, überlassen Sie die Magie lieber denen, die es können. Ein gut ausgeprägtes Gleichgewichtsgefühl ist nötig, da Sie manchmal stundenlang stehen werden. Eine Zweitsprache ist sehr nützlich, weil es viele wichtige Bücher in Französisch und Englisch gibt, die noch nicht übersetzt worden sind. Mathematisches und logisches Verständnis können auf manchen Gebieten wie Geomantie oder Astrologie wichtig sein. Wenn Sie gerne kochen, werden Sie in Alchimie gut abschneiden. Das klingt eigenartig, ist aber wahr. Wichtig ist auch ein musikalisches Gehör. Ein unmusikalischer Magus wird auf bestimmten okkulten Gebieten Nachteile haben. Liebe zur Natur, Dichtung und Kunst sind besonders nützlich, wenn man mit Elementalen arbeitet.

Dies sind nur ein paar Anhaltspunkte, wenn auch beileibe nicht alle.

Lesen Sie, soviel Sie nur können, aber sehen Sie nicht alles als Evangelium an. Denken Sie immer daran, daß nichts so bleibt, wie es ist, und daß Veränderung eine der großen Strukturen des Universums ist. Seien Sie anpassungsfähig, verwenden Sie alles, was Sie zur Verfügung haben, aber seien Sie auch bereit, neue Ideen auszuprobieren, und, wenn sie besser sind als die alten, zu diesen überzuwechseln.

Wissen Sie, was man unter dem »Weg des Häuslichen Herdes« versteht?

Dieser Name wurde dem gewöhnlichen Alltagsleben gegeben, wenn es als geheiligte Tradition gelebt wird. Wenn Sie nicht dazu bestimmt sind, allein zu leben, dann werden Sie irgendwann einmal diesen Weg gehen und zahlen müssen, was er fordert. Er fordert die Arbeit, die Sie jeden Tag verrichten, sei es als Arzt, Hausfrau, Maler oder Straßenkehrer. Sie sollten diese Arbeit nach besten Kräften ausführen, mit Liebe und Verständnis, und stolz darauf sein. Es kann aber auch bedeuten, daß Sie heiraten und Ihr Leben mit jemandem teilen, seine Höhen und Tiefen verstehen, seine Komplexe und Talente. Es bedeutet, seine Fehler hinzunehmen und die eigenen anzuerkennen. Es ist das Zeugen von Kindern und das Wunder, sie aufwachsen zu sehen, sie zu lehren, die Dinge so zu sehen, wie sie sind; aber ihnen auch die andere Welt, die magisch-mysteriöse Welt der Verzauberung zu zeigen. Es gilt aber auch, ihnen ihre zukünftige Rolle als Hüter dieser Erde, bezogen auf Ökologie und die Pflege und Erhaltung anderer Lebensformen, bewußt zu machen. Es ist der wichtigste magische Weg, den Sie jemals betreten werden, obwohl wenige dazu fähig sind, ihn als solchen zu sehen.

Wenn Sie unter zwanzig oder knapp darüber sind, lesen Sie dieses Buch bis zum Ende durch, dann – außer Sie sind schon auf dem Weg des Häuslichen Herdes – legen Sie es zur Seite, bis Sie einigen Fortschritt auf diesem kostbarsten aller Pfade gemacht haben. Falls Sie diesen Rat ignorieren, denken Sie daran, daß der Weg Sie einholen wird; und an irgendeinem Punkt in Ihrem Leben werden Sie die Magie zur Seite legen und sich dem Herd widmen müssen. Einer der am vielversprechendsten jungen Studierenden, den die Diener des Lichtes (SOL = Servants of the Light) jemals hatten, begann den Kurs, als er sechzehn war, mit einer schriftlichen Einwilligung seiner Mutter. Seine Arbeit war in Hinblick auf sein Alter hervorragend; doch als er ein Universitätsstudium aufnahm, hatte er den Mut, den Kurs für ein paar Jahre zur Seite zu legen mit dem Wissen, wir würden da sein, wenn er bereit war zurückzukehren, reifer und mit einem starken Fundament, auf dem er aufbauen konnte. Er wird um vieles besser und stärker sein, da er solche Entschlußkraft gezeigt hat. Sollten Sie bereits einen Fuß auf den Weg gesetzt haben, indem Sie sich entweder in eine Arbeitsstelle eingewöhnt haben, verheiratet sind oder mit einem Partner zusammenleben, dann vergewissern Sie sich zweier Dinge:

1. Daß der Partner Ihren Studien nicht dermaßen ablehnend entgegensteht, daß es zu ständigem Streit zwischen Ihnen beiden führt.
2. Wenn Sie das Glück haben, einen interessierten Partner zu haben, oder zumindest einen, der Sie gerne in Ihren Studien unterstützt, dann danken Sie Ihrem(n) Gott (Göttern) dafür und lassen Sie niemals zu, daß Ihre Arbeit völlig von Ihrer Zeit Besitz ergreift.

Wissen Sie, was Sie auf sich nehmen,
wenn Sie den Pfad der Hohen Magie beschreiten?

Wenn Sie irgendwann einmal in der Zukunft doch ein voll ausgebildeter Magier sein wollen, dann werden Sie diesen Punkt nicht erreichen, ohne manchmal zu sich selbst zu sagen: ». . . hätte ich vorher gewußt, daß es so sein würde, ich hätte nie damit angefangen.« Machen Sie sich nichts daraus. Seit Moses hat jeder Magier das gleiche gesagt – und es manchmal sogar gemeint. Aber in irgendeiner Ecke Ihres Wesens wissen Sie verdammt gut, daß Sie das gleiche noch mal von vorne beginnen würden. Für den Rest Ihres Lebens werden Sie immer wissen, daß Sie am Anfang stehen, gleichgültig, welche großartigen Titel oder Ehren man Ihnen verliehen hat. Sobald Sie die Spitze einer Ebene erreicht haben, werden Sie sich am Boden der nächsten finden. Aber Sie werden immer etwas Neues zu beginnen haben.

Erwarten Sie sogar in diesem Novizenstadium, daß Ihr Leben den allgemeinen Aspekt einer Achterbahn annehmen wird. Da Sie jetzt die Ideen und Gewohnheiten eines ganzen Lebens ändern, wird Ihre eigene Trägheit Ihnen ganz schön zu schaffen machen. Es ist nicht ungewöhnlich, daß manche in den Wirren des ersten Jahres ihres Okkultstudiums ihre Arbeitsplätze, Häuser, Länder und Partner gewechselt haben. Die höheren Grade glauben nicht daran anzunehmen, was geboten wird, ohne es vorher bis an die Grenzen getestet zu haben. Das Problem ist nur, daß das, was *die* als Ihre Grenze definieren, weit auseinanderklafft. Das hier ist kein Abendkurs für einen Winter, es ist ein ganzes Jahr schwerer Arbeit; aber der Lohn dafür wird sich nicht nur auf den inneren Ebenen bemerkbar machen. Sie werden feststellen, daß auch Ihr Alltagsleben sich zum Besseren ändern wird. Die Meditationen werden Ihren

Blutdruck senken, den Streß mildern und Ihre Gesamtgesundheit verbessern. Auf vielerlei Weise wird sich eine Zunahme in Ihrem Verständnis von anderen Menschen und deren Problemen zeigen. Wenn Ihre Arbeitskollegen und Nachbarn und sogar Ihre angeheirateten Verwandten Sie um Rat fragen und Ihnen von ihren Problemen erzählen, dann können Sie ziemlich sicher sein, daß Ihr inneres Selbst begonnen hat, sein Licht um Sie zu verbreiten.

Die Lektion, die am schwersten zu lernen sein wird, ist die, abfällige Bemerkungen – und die werden kommen – hinzunehmen und der Versuchung, zurückzuschlagen, zu widerstehen. Das ist etwas, das Okkultismus und Kampfkünste miteinander teilen. Beide machen Sie stärker, wenn auch auf verschiedene Art und Weise. Beide erziehen Sie zu innerer Ruhe und Gelassenheit. Die Kampfkunst lehrt Sie zu kämpfen – und schult Sie dann, es nicht zu tun. Die okkulte Kunst bildet Sie aus, Ihre Umgebung zu kontrollieren, um Ihnen dann zu zeigen, daß keine Kontrolle notwendig ist, da alle Dinge zu ihrer bestimmten Zeit geschehen.

Ich dränge jeden Leser, seine Gründe, diesen Kurs zu beginnen, wirklich tief zu hinterfragen, besonders jene, die das erste Mal mit dem Okkultismus in Berührung gekommen sind. Wenn Sie dieses Buch aus Interessens- oder Forschungsgründen durchgehen wollen, so ist das in Ordnung, solange Sie wirklich verstehen, daß Sie keine Magie betreiben können ohne vorhergehende Ausbildung, welcher Art auch immer. Diese Ausbildung wird Zeit, Anstrengung und Disziplin erfordern.

Haben Sie vor, diesen Kurs buchstäblich zu befolgen,
oder haben Sie vor, die aufregenden Teile zu lesen
und den Rest auszulassen?

Wenn das erstere zutrifft, dann sind Sie eine Rarität. Viel Glück!

Wenn das zweite zutrifft: kein Kommentar!

Nachdem ich nun mein Bestes getan habe, um Ihnen alles zu erklären und Sie vielleicht abzuschrecken, liegt es nun an Ihnen, eine Entscheidung zu fällen. Gehen Sie zurück und machen Sie nochmals die Meditation, die Sie zum Tempel geführt hat. Wenn Sie dann die Tempelschnur noch immer annehmen wollen, dann will ich mein Bestes tun und Sie auf Ihren Weg führen.

Der erste Monat

Schaffen einer soliden Basis

Beginn: ____________________ Ende: ____________________

Es bleibt Ihnen überlassen, wieviel Zeit und Mühe Sie in jeden Monat investieren, aber denken Sie daran, daß alles auf Sie zurückfällt - wenig Mühe wird wenig Ergebnisse bringen. Auch wenn Sie ein- oder zweimal in der Woche harte Arbeit leisten und zwischendurch nichts tun, wird sich das auf Ihre Arbeit negativ auswirken. Es ist viel besser, jeden Tag dem Studium auch nur einen geringen Zeitraum einzuräumen und vielleicht eine Extrastunde am Wochenende dafür zu reservieren. Dieses stetige Arbeiten wird bald positive Ergebnisse zeigen.

Ausstattung Ihres Tempels

Wenn Sie sich einen Tempel- oder Logenraum einrichten wollen, der auch wirkungsvoll sein soll, dann schaffen Sie sich einen solchen. Man wird aber nur allzuleicht von einem Überangebot an Materialien und kunstvollen Dekorationen geblendet. Denken Sie daran, daß Sie sich einen Ort schaffen, an dem Sie arbeiten wollen, meditieren und Kontakt mit den subtileren Ebenen Ihres inneren Selbst aufnehmen. Ein Tempel muß nicht unbedingt wie das Bühnenbild zu »Aida« aussehen, um tatsächlich wirkungsvoll zu sein.

Es ist nicht etwas, das man als Hobby hinnehmen kann. Sie legen damit den Grundstein für den »Tempel, der von keiner Hand erschaffen wurde«, den wir alle in uns tragen und der der wahre Tempel ist und es schon immer war. Ihr materieller Tempel wird zu einem Spiegelbild Ihres inneren Tempels. Wenn der äußere Tempel schlampig und unordentlich ist, dann wird der innere Tempel im gleichen Zustand sein. Eine wichtige Regel, die für die okkulte Arbeit gilt, ist folgende:

> Jede Arbeit kommt von innen, deshalb wird jede Arbeit, die Sie auf der materiellen Ebene durchführen, den Zustand Ihres inneren Selbst zu dieser Zeit widerspiegeln. Das ist auch ein ausgezeichneter Weg, um den eigenen Fortschritt kontrollieren zu können.

Noch etwas anderes sollten Sie wissen: Wenn die ganze Arbeit getan ist und Ihr Tempel fertig ist, werden Sie ihn nicht länger brauchen. Sie werden ihn benutzen und eine Menge Zufriedenheit und Weisheit daraus ziehen, aber je weiter Sie sich entwickeln, um so weniger werden Sie ihn verwenden, weil Sie ihn in sich selbst verinnerlicht haben werden. Das war auch immer beabsichtigt. Dann wird Ihnen das auch bewußt geworden sein, und Sie werden den großen inneren Tempel benutzen, der all jenen zur Verfügung steht, die auf dieser Ebene arbeiten können. Aber ohne tatsächlich den physischen Tempel gebaut zu haben, würden Sie nie den Schlüssel zur Tür des anderen Tempels finden.

Traditionellerweise wird ein Tempel mit neuem Zubehör und Materialien gebaut. Heutzutage ist das nicht immer möglich. Wenn daher die Umstände behutsames Geldausgeben verlangen, ist es Zeit, daß die Tradition gesundem Menschenverstand weicht. Solange alles sorgfältig gereinigt und neu ausgemalt ist, wird die dahinterliegende Absicht, die das Wichtigste daran ist, den Tempel akzeptabel machen. Wenn Sie in einem Reihenhaus mit dünnen Wänden leben, erwägen Sie, ein Bodentuch anstelle eines Tempels zu verwenden. Ritueller Singsang und eigenartige Geräusche könnten Ihre Nachbarn aus der Fassung bringen, und Weihrauchschwaden, die aus Ihrem Fenster kommen, könnten Ihnen einen Feuerwehrbesuch einbringen.

Ist der Tempel fertig, dann sollte er in diesem Zustand bleiben, wenn das möglich ist. Wenn es wirklich nicht anders geht, können Sie ihn zur Not abbauen. Natürlich bedeutet das, ihn jedesmal neu zu weihen. Wenn Sie umziehen, muß der Tempel säkularisiert und zerlegt und der Raum psychisch gereinigt werden, bevor Sie das Haus verlassen. Genaue Anweisungen dafür können Sie am Ende dieses Buches finden. Das Reinigen eines Raumes, der als Tempel- oder Logenraum verwendet wurde, ist sehr wichtig. Ziegel und Verputz speichern Kraft; das ist jene Fähigkeit, die die »Atmosphäre« in alten Häusern und Kirchen aufbaut. Wenn diese Kraft nicht freigelassen wird, wird der neue Hausbewohner ein Problem vorfinden, das von eigenartigen Geräuschen und Gerüchen bis zu einem »Spukzimmer« gehen kann, mit einer Atmosphäre, die diesen Raum völlig unbewohnbar machen kann.

Halten Sie die Tür zu Ihrem Tempel stets verschlossen. Nur Menschen, die den Tempel auch benutzen, sollte erlaubt sein, ihn zu betreten. Er ist nichts, das man seinen Freunden vorführt. Geben Sie auf Kinder acht; sie können schon im frühen Alter Geschäftssinn zeigen, und man hat von Fällen gehört, in denen sie von Schulfreunden Eintrittsgeld kassiert haben, um ihnen den Tempel der Eltern zu zeigen – mit peinlichen Resultaten für alle Beteiligten.

Ihr Tempel muß zu jeder Zeit völlig rein sein. Reinigen Sie ihn gründlich vor jedem vierteljährlichen Ritual, und betreten Sie ihn niemals in einem Zustand der Wut oder voll Unmutes, gleichgültig, was auch immer der Grund dafür sein mag. Beruhigen Sie sich; dann erst betreten Sie den Tempel mit einer klaren Vorstellung davon, was Sie tun wollen oder welche Hilfe Sie brauchen; und Sie werden bessere Ergebnisse erzielen und gleichzeitig auch Ihren Tempel frei von jeglichem Makel halten.

Wenn Sie die Wahl haben, dann sollte der Raum, den Sie als Tempel auswählen, so ruhig wie nur möglich sein und vorzugsweise jede Möglichkeit, beobachtet zu werden, ausschließen. Ihre erste Aufgabe ist es, den Raum völlig zu leeren und besondere Sorgfalt dem Boden zu widmen; nehmen Sie alle Nägel heraus, entfernen Sie quietschende Bodenbretter und glätten Sie das Holz. Wenn das erledigt ist, nieder auf Ihre Knie, und schrubben Sie den Boden mit der Reibbürste . . . aber wirklich hart. Alles muß sorgfältigst gereinigt werden, Wände, Zimmerdecke, Malerei und auch der Fußboden. Prüfen Sie Türen und Fenster, und vergewissern Sie sich, daß sie sicher sind, geräuschlos und zugsicher. Die Fenster sollten Riegel haben und die Tür ein gutes Schloß, innen auch einen Riegel. Wenn das Wetter es erlauben sollte, arbeiten Sie zumindest eine Zeitlang bei offenem Fenster in frischer Luft.

Nun zu den elektrischen Anschlüssen. Im Winter werden Sie eine Heizung brauchen, und die darf nirgendwo in der Nähe jener Stellen sein, wo Sie sich bewegen. Vielleicht käme ein Wandheizkörper in Frage, der hoch genug angebracht ist, daß er nicht Ihrer Arbeit in die Quere kommt. Wenn Sie vorhaben, hauptsächlich kabbalistisch zu arbeiten, werden Sie in der Ostwand einen Platz brauchen – genau über dem Thron des Magus –, wo Sie eine Lampe anschließen können. Zusätzlich werden Sie noch eine Steckdose für Kassettenrekorder brauchen, wenn Sie Musik verwenden, ein Ritual aufnehmen wollen, oder beides. Es ist sehr wichtig, daß Sie beginnen, sich eine kleine Kollektion passender Musik für den Tempelgebrauch zuzulegen. Das kann sehr zur Schaffung der geeigneten Stimmung und Atmosphäre beitragen. In einem anderen Kapitel werden wir über die Grundlage einer solchen Sammlung mit einigen Vorschlägen für Titel sprechen.

Nach den Vorbereitungsarbeiten ist es jetzt Zeit, an Anstrich oder Tapeten zu denken. Ich persönlich ziehe einen Anstrich vor; er ist schneller, leichter, und es gibt eine viel bessere Auswahl an Farben. Auch kann man einen Anstrich leicht ändern, wenn der Tempel renoviert werden muß. Wählen Sie eine Farbe, die allgemein zur Einrichtung und den Roben passen wird. Einige der neueren Weißschattierungen, die jetzt auf dem Markt sind, sind ideal. Wenn der Raum nicht sehr sonnig ist, wählen Sie eher wärmere als kalte Farben; dann können die Ausschmückungen in einer dunkleren, passenden Schattierung gehalten sein. Zielen Sie auf einen hellen, warmen Effekt ab, der Ihren Geist hebt, wenn Sie den Raum betreten. Wie Sie die Zimmerdecke gestalten, bleibt Ihnen überlassen; Sie können sie entweder in Weiß halten oder in Mitternachtsblau und Silbersterne aus Aluminiumfolie aufkleben, die Sie so anordnen, daß sie einer der Hauptkonstellationen entsprechen – dem Pflug, der Kassiopeia oder dem Orion. Jedes gute Astronomiebuch wird Ihnen die Grundstrukturen zeigen; Astronomiebücher können Sie in jeder öffentlichen Bücherei finden. Eine matte Glühbirne in einer sphärischen Weißschattierung wird zusätzlich den Eindruck vermitteln, daß der Tempel offen ist zu einem Nachthimmel voller Sterne und einem Vollmond. Es wird Sie Zeit und Mühe kosten, aber der Effekt ist atemberaubend.

Nun ist es Zeit, an Vorhänge zu denken. Messen Sie jede Wand ab (ausgenommen die Fensterwand) und finden Sie deren genaue Mitte. Dann befestigen Sie in Fensterhöhe drei Fuß (zirka 1 m) lange Vorhangstangen. So können Sie auf allen vier Wänden Vorhänge anbringen, die Sie der Jahreszeit entsprechend wechseln können. Eine gute Wahl wäre Grün für den Frühling, Golden für den Sommer, Dunkelrot für den Herbst und vielleicht ein dunkles Blau für den Winter. Für das Fenster besorgen Sie sich außerdem einen guten Netzvorhang, dicht genug, um es schwierig zu machen, von der Straße oder einem anliegenden Garten aus den Raum einsehen zu können, wenn die anderen Vorhänge geöffnet sind. Die Vorhänge selbst sollten aus schwerem Material sein und gefüttert. Um Kosten zu sparen, können die vier Vorhänge aus passender leichter Futterseide hergestellt werden. Als Alternative könnten Sie auch Tafeln verwenden, die verschiedene Traditionen, zum Beispiel die ägyptische oder keltische, darstellen (siehe Abb. 2).

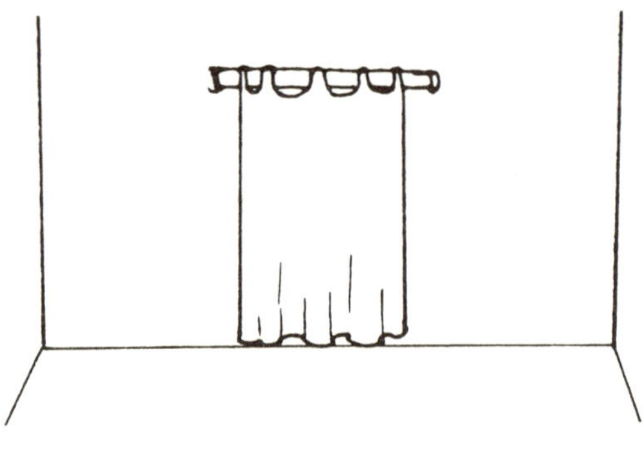

Abb. 2

Wenn Sie es vorziehen, können Sie auch Bilder verwenden. Mit den Dekorationen werden wir uns ausführlicher im nächsten Monat beschäftigen. Es ist vielleicht auch eine gute Idee, auf der Südwand in bequemer Höhe einen Wandhaken anzubringen, wo man das Thuribulum (Weihrauchfaß) aufhängen kann, nachdem man damit den Tempel gereinigt hat.

Falls Sie Doppelfenster haben, ist das ideal, wenn nicht, besteht vielleicht die Möglichkeit, einen leichten Holzrahmen zu bauen und diesen mit einer Doppelschicht strapazierfähigen Plastiks auszufüllen. Befestigen Sie diesen Rahmen mit Holzklammern am Fenster, und er wird Ihren Tempel sowohl schalldicht nach außen hin machen als auch zugluftgeschützt.

Der Fußboden ist sehr wichtig; hier können Sie es sich nicht leisten zu sparen. In manchen Ritualen werden Sie vielleicht barfuß arbeiten, daher wird ein einfacher Holzboden nicht genügen. Auch wenn Sie Lack oder ein Linoleumprodukt verwenden, wird das Ergebnis kalt und wenig einladend sein. Legen Sie einen Teppichboden, wenn Sie es sich leisten können – es ist bei weitem das beste –, entweder eine quadratische Fläche, die die Ecken des Raumes freiläßt, oder aber von Wand zu Wand. Um genau zu sein, sollte der Teppichboden aus weißen und schwarzen Quadraten bestehen, aber wenn Sie nicht gerade einen Freimaurer als Einrichter in der Nähe haben, wird sich das eher schwer machen lassen, wenn man auch manchmal Badezimmerböden mit verschiedenfarbigen Quadraten bekommt.

Als Alternative könnten Sie es mit Teppich- oder Korkfliesen versuchen oder einfach mit einem einfarbigen Teppich. Wenn Sie wenig Geld haben, verwenden Sie Industriefilz oder eine einfache Teppichunterlage. Verwenden Sie auf keinen Fall lose Teppiche; diese könnten rutschen und daher gefährlich sein, besonders wenn Sie eine brennende Kerze tragen oder ein scharfes Schwert.

Eine ordentliche Heizung ist wichtig, denn Ihr Tempel sollte warm und einladend sein. Eiskalte Temperaturen sind in einem guten Ritual weder notwendig noch zweckdienlich. Eine Nachtspeicherheizung kann sehr nützlich sein, oder ein elektrischer Heizkörper, solange er an der Wand angebracht ist und niemandem Schaden bringen kann. Denken Sie daran, daß Sie lange Roben tragen werden, die im Sommer aus leichter synthetischer Seide bestehen, einem Material, das sehr leicht Feuer fängt. Verwenden Sie *niemals* eine tragbare Gasheizung in Ihrem Tempel. Wenn Sie auch nur ein wenig anstreifen, wird Ihre Robe Feuer fangen. Welche Art von Heizung Sie auch verwenden, verringern Sie das Risiko mit einem Kamingitter. Trotzdem sollte in jedem Tempel für solche Notfälle ein Stück nicht okkulter, aber zweckentsprechender Ausrüstung vorhanden sein, nämlich ein Eimer Sand. In den Händen von Unerfahrenen kann ein Weihrauchfaß voll brennender Kohle und Weihrauch tödlich sein. Weihen Sie den Eimer, wenn Sie das für richtig halten, aber haben Sie ihn zur Stelle!

Der Tempel ist jetzt für den ersten magischen Akt bereit, die rituelle Reinigung. Sie können das tun, nachdem Sie den Raum mit der Reibbürste bearbeitet haben und bevor Sie mit dem Anstrich beginnen; aber die meisten Leute machen es, wenn die Grundarbeiten beendet sind und der Raum Ähnlichkeit mit dem Tempel, der er bald werden wird, annimmt.

Von nun an, sobald der Fußboden verlegt ist, betreten Sie diesen Raum nicht mehr mit Straßenschuhen. Halten Sie ein Paar weicher Pantoffeln innen neben der Tür bereit. Tragen Sie diese, wenn Sie arbeiten und stellen Sie sie wieder ab, wenn Sie den Raum verlassen. Wenn andere Leute mit Ihnen arbeiten, veranlassen Sie sie, dasselbe zu tun. Gewöhnen Sie sich jetzt daran.

Nun zur Reinigung: Schaffen Sie zuerst all Ihr Handwerkszeug aus dem Zimmer sowie alles, das irgendwo herumliegt. Dann bringen Sie eine Schale Wasser herein, vorzugsweise Regenwasser oder Wasser aus einem fließenden Gewässer, und etwas Salz. Stellen Sie die Schale auf dem Boden ab und knien Sie sich daneben hin. Bringen Sie die Finger Ihrer rechten Hand in eine segnende Stellung: Ring- und Mittelfinger sind ausgestreckt und aneinandergelegt; die anderen Finger und der Daumen sind in Ihrer Handfläche gefaltet. Richten Sie Ihre Finger jetzt auf die Schale mit Wasser. Denken Sie jetzt nur an Wasser als des Menschen größter Segen, da er ohne Wasser nicht leben kann. Atmen Sie ein und halten Sie den Atem für eine Sekunde, dann stimmen Sie das folgende Segnungsgebet an:

> *Im Namen des einen Schöpfers/der einen Schöpferin* (Sie können das ändern und jeden Gottesnamen, den Sie möchten, verwenden) *segne und weihe ich dieses Element des Wassers zu meinem Gebrauch.*

Setzen Sie Ihre Vorstellungskraft ein und »sehen und fühlen« Sie einen Lichtstrahl von Ihrer Kopfspitze in Ihre Arme durch Ihre Finger und in die Schale fließen. Machen Sie das gleiche mit dem Salz. Verwenden Sie die gleichen Worte, nur anstelle Wasser setzen Sie Salz ein. Es gibt viele Arten, das durchzuführen, und einige dieser Arten werden Sie kennenlernen; aber für den Augenblick, am Beginn Ihrer Ausbildung, reicht diese Methode für unsere Zwecke völlig. Geben Sie das Salz in das

Wasser und rühren Sie es leicht um, bis es sich auflöst. Stehen Sie auf; und mit der Schale mit den geweihten Elementen in Ihren Händen gehen Sie nun daran, den entstehenden Tempel zu reinigen.

Beginnen Sie im Osten, tauchen Sie Ihre Finger in das Salzwasser und spritzen Sie es über den Boden mit den Worten:

Gereinigt und gesegnet sei diese Himmelsrichtung des Ostens, wo das Licht geboren wird.

Wenden Sie sich nach Süden, besprengen Sie den Boden wie vorher mit dem Wasser und wiederholen Sie:

Gereinigt und gesegnet sei diese Himmelsrichtung des Südens, wo Ehre, Mut und Liebe sich offenbaren.

Wenden Sie sich nach Westen und wiederholen Sie das Besprengen ein drittes Mal:

Gereinigt und gesegnet sei diese Himmelsrichtung des Westens, wo die innere Stimme des Geistes zu hören ist.

Wenden Sie sich nach Norden und führen Sie die Reinigung zum vierten Mal durch:

Gereinigt und gesegnet sei diese Himmelsrichtung des Nordens, wo der Geist der Erde wohnt.

Gehen Sie jetzt in die Mitte, wo der Altar die meiste Zeit über stehen wird, verspritzen Sie Wasser und sagen Sie dazu:

Gereinigt und gesegnet sei dieser Ort, an dem sich die vier Himmelsrichtungen treffen und wo das Licht dieses heiligen Ortes leuchten wird.

Besprengen Sie jetzt Fenster und Türen mit den Worten:

Gereinigt und gesegnet seien diese Orte des Eintretens und Verlassens, auf daß kein Übel eindringen und alles Gute aus diesem Ort des Friedens und der Harmonie hervorkommen kann.

Ihr Tempel hat jetzt seine erste Reinigung bekommen. Die tatsächliche Weihe kommt später. Aber von diesem Augenblick an ist dieser Raum ein besonderer und geweihter Ort, und Sie müssen ihn als solchen behandeln, wenn Sie ihn betreten. Sie werden finden, daß sich die Atmosphäre im Raum auf subtile Weise verändert hat und ein deutlicher Hauch von Überirdischem wahrnehmbar ist. Dieses Gefühl wird sich in den nächsten Wochen verstärken.

Möglicherweise werden Sie nicht in der Lage sein, ein Zimmer nur als

Tempel zu benutzen. In diesem Fall brauchen Sie einen Tempel, den Sie aufbauen, dann wieder zerlegen und wegräumen können. Dafür benötigen Sie ein Tempelbodentuch. Als Unterlage werden Sie ein großes *neues* Laken brauchen. Verbinden Sie die Enden mit einer breiten goldenen Borte, aber lassen Sie auf einer Seite ungefähr 60 cm frei. Dieser Freiraum dient als Tür und soll im Westen sein. Jetzt brauchen Sie etwas farbigen Filz und Seide oder Wolle zum Ausschmücken. Beginnen Sie mit dem Osten. Schneiden Sie aus schwarzem Filz die Form einer Säule aus, von ungefähr 30 cm Länge. Verwenden Sie das Abbild irgendeiner alten Säule als Anregung. Eine zweite Säule stellen Sie aus weißem Filz her; aber umgeben Sie die Umrisse mit einer dünnen silbernen Borte oder Seide, daß sie sich vom Laken abhebt. Setzen Sie die Säulen ungefähr 60 cm auseinander und nähen Sie sie auf das Laken auf, so ordentlich Sie nur können. Wenn Sie den Effekt verbessern wollen, können Sie sie leicht ausstopfen, damit sie sich etwas vom Tuch abheben. Danach machen Sie das gleiche mit den anderen drei Seiten.

Schneiden Sie jetzt einen Kreis aus blauem Filz von ungefähr 30 cm Durchmesser und nähen Sie diesen zwischen den Säulen im Osten auf. Das gleiche machen Sie in Rot für den Süden, im Grün des Ozeans für den Westen und in Gold für den Norden. Warum diese Farben? Überlegen Sie: Osten ist der Ort der Luft, also verwenden Sie Himmelblau; Rot für das Feuer im Süden; das Grün des Ozeans für den Westen und Gold für die Kornfelder im Norden, der der Ort der Erdmutter ist. Für die Mitte des Tempels stellen Sie einen Kreis von vier gleichen Teilen mit den vier Farben her (siehe Abb. 3), oder aber Sie können das schöne Rosenkreuz, wie es von der Golden Dawn verwendet wurde, kopieren. Das jedoch würde wirklich handwerkliches Geschick von Ihnen verlangen. Sie haben jetzt die Grundstruktur für Ihren Tempelboden, und er kann auf die gleiche Art gereinigt und geweiht werden wie der Tempelraum von vorhin. Zusätzlich werden Sie noch eine Leinentasche brauchen, die groß genug ist für das zusammengefaltete Bodentuch, um es rein und sicher aufzubewahren. Wenn Sie diese Tasche mit Seide, echter oder synthetischer, füttern, wird das Tuch außerdem gegen alle unerwünschten Einflüsse isoliert sein.

Dieses Bodentuch braucht nur ausgepackt und ausgerollt zu werden, und Ihr Tempel ist fertig. Bevor es jedoch die Aura eines Tempels annehmen kann, muß es als solcher verwendet werden. Die tägliche Arbeit und Meditation muß innerhalb seiner Grenzen ausgeführt werden, bis sie den Raum mit der Atmosphäre eines wahren Tempels der Mysterien füllen kann. Dies umfaßt die Arbeit des ersten Monats am tatsächlichen Tempel. Manches davon mag in die nächsten Monate

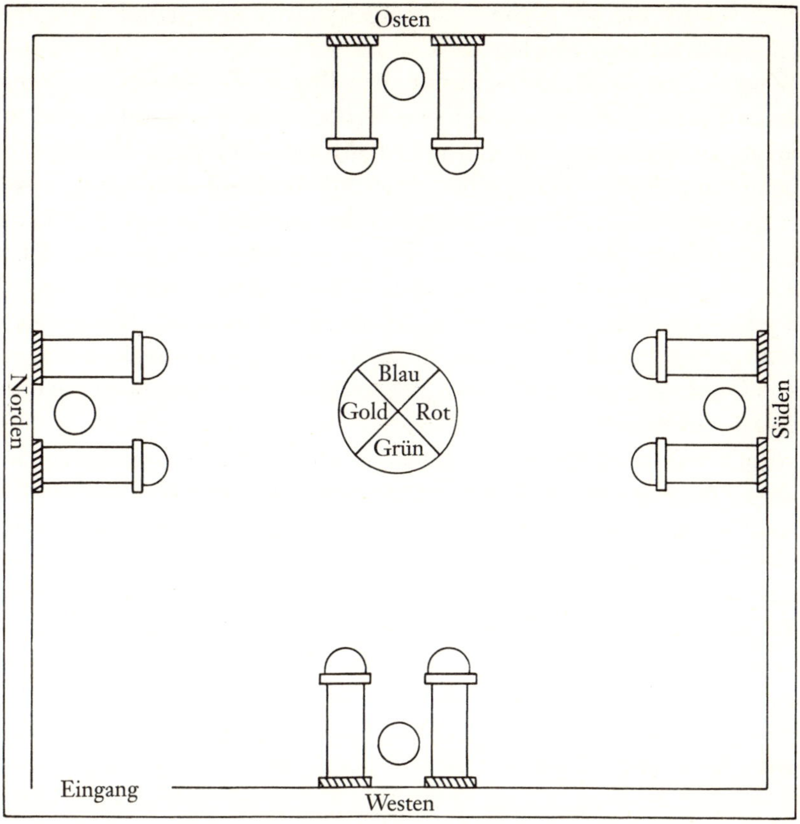

Abb. 3: Das Tempelbodentuch

hinübergehen. Ist das der Fall, so machen Sie sich nichts daraus; es gibt keine strikte und feste Regel, die besagt, Sie müßten das alles in einem Monat schaffen. Dies ist nur ein Leitfaden.

Es ist jetzt Zeit, unsere Aufmerksamkeit einem anderen, subtileren Tempel zuzuwenden, *Ihnen*. Auch Sie müssen aufgebaut, gereinigt und für die Arbeit, die vor Ihnen liegt, vorbereitet werden.

Vorbereitung des Selbst

Selbstreinigung kann genauso quälend sein wie sie klingt, aber es hilft auch nicht, Ihnen zu sagen, daß Sie es nicht richtig machen, wenn es nicht schmerzt. Wenn Sie es mit diesem Jahr der Arbeit und Hingabe wirklich ernst meinen, dann wird einiges an Ausräumen und Aufräumen von Ihnen verlangt werden.

Zuerst eine Erklärung, was mit dem Begriff der »Selbstreinigung« gemeint ist. Als Sie begannen, Ihren Tempel zu bauen, war das erste, was Sie taten, alles daraus zu entfernen wie Möbel, Vorhänge, Teppiche. Sie kratzten die alten Malereien herunter und bürsteten alles, bis es funkelte. Es erschien Ihnen nicht seltsam oder unnötig; es war deutlich zu fühlen, daß der Raum von allen alten nutzlosen Dingen, mit denen er vollgestopft war, befreit wurde, und daß er so sauber und frisch wie nur möglich gemacht werden sollte. Wenn das richtig ist, um wievieles wichtiger ist es, daß der höchste Tempel, Sie, von allen abgenutzten und alten Gedanken und Problemen gereinigt wird, um so sauber wie möglich zu werden.

Alle heiligen Gehege wie Kirchen, Tempel, Kapellen und dergleichen haben eine festgesetzte Form, in der man sich dem Heiligtum seines Gottes nähert. Zuerst gibt es den Ort, wo das Gewöhnliche das Außergewöhnliche trifft, den Vorbau, das Eingangstor, das Peristyl oder eben den physischen Körper. Es ist der Ort des Zusammentreffens, der Horizont des menschlichen Geistes. Von da aus gelangen wir in den ersten der höheren Bereiche, das Hauptschiff, den inneren Hof, das Hypostylon, den astralen Körper. Dann kommt der Ort der Abgeschiedenheit. In einer Kirche ist es die Schranke, die den Hauptteil des Gebäudes vom zunehmend geheiligten Gebiet trennt. In den alten Tempeln ist es die niedere Passage, die zu dem Ort führt, an dem Gott und Göttin wohnen. In uns ist es der höhere Mentalkörper. Zuletzt gibt es einen kleinen leeren Raum, den Hochaltar, den Schleier der Mysterien, das Adyton oder Allerheiligste, der Geistfunke des Menschen.

Alle diese Teile von uns selbst gehen aus dieser inneren Göttlichkeit hervor, die zunehmend dichtere Hüllen an Materie annimmt, je tiefer sie zur Erde herabsteigt. Ist dieser göttliche Funke in einem physischen Körper geboren, sammeln wir eine Unmenge an ungewollten Dingen, nutzlose, falsche Vorstellungen - gehäuft in der Zeit vor und nach unseren Entwicklungsjahren –, genauso wie sich in alten Möbeln und unbenutzten Räumen Staub ansammelt. Um nun diese Teile wieder in dem Sinn nutzen zu können, zu dem sie bestimmt waren, müssen wir sie zunächst reinigen und, wenn notwendig, erneuern.

Wo beginnen wir? In der Vergangenheit. Jeden Tag, wenn Sie im Tempel arbeiten, zur Arbeit gehen, im Zug, an der Bushaltestelle, im Verkehrsstau, in der Badewanne, unter der Trockenhaube oder immer und überall, wo Sie ein paar Minuten Zeit finden, beginnen Sie, Ihr bisheriges Leben zurückzuverfolgen. Es muß nicht so präzise oder fürchterlich genau sein; vielleicht können Sie auch nur einige verschwommene Erinnerungen zurückholen, aber diese sind dann da. Besorgen Sie sich ein Notizbüchlein, am besten gleich mehrere, und haben Sie immer einen Bleistift griffbereit, besonders neben Ihrem Bett; denn manche Dinge können im Traum in den frühen Morgenstunden auftauchen. Beginnen Sie mit den Ereignissen vom Vortag und dem Tag zuvor. Gehen Sie immer weiter zurück und notieren Sie die herausragenden Erinnerungen. Machen Sie das den ganzen ersten Monat und gehen Sie so weit zurück, wie Sie nur können.

Es besteht die Möglichkeit, daß die klarsten Bilder, die Sie erhalten, nicht gerade die glücklichsten sein werden, aus dem einfachen Grund, weil wir wichtige Lektionen aus unseren unglücklichen Erfahrungen lernen und deshalb dazu neigen, uns mit größerer Klarheit an sie zu erinnern. Sie werden versucht sein, nicht allzu genau hinzusehen, aber wenn Sie auf eine dieser Zeiten treffen, schauen Sie sie genauer an. Versuchen Sie herauszubekommen, was Sie von dieser Erfahrung gelernt haben und ob Sie die Lektion von damals angewandt haben. Was hat dieses Ereignis hervorgebracht? Wer hat es angestiftet? Gehen Sie das in Ihrem Geiste durch mit soviel Objektivität wir nur möglich. Denken Sie daran: Es kann Sie nicht mehr verletzen; versuchen Sie es deshalb in der zeitlichen und räumlichen Distanz zu sehen und neu zu bewerten. Notieren Sie alles, was Sie herausfinden.

Am Ende des Monats gehen Sie Ihre Notizbüchlein durch, als ob Sie Forschungen über eine historische Gestalt anstellen würden. Schreiben Sie nieder, wie Sie sie sehen; beachten Sie ihre guten und schlechten Punkte, wo sie anders hätte handeln sollen oder wo sie entsprechend den gegebenen Umständen richtig gehandelt hat. Wenn Sie die ganze Geschichte abgewägt haben, widmen Sie dieser Person, die auch Sie selbst sind, eine lange und ruhige Betrachtung. Es ist ein Mensch mit Talenten und Fehlern und der Fähigkeit zu lernen. Was Sie jetzt sind, ist die Gesamtsumme all jener Freuden und Schmerzen. Sie sind nicht länger an die Vergangenheit gebunden; deshalb machen Sie irgendwo draußen ein Feuer und verbrennen Sie Ihre Notizbüchlein, bis nichts mehr übrigbleibt; dann zerstreuen Sie die Asche in alle Winde. Dieser Teil von Ihnen wurde destilliert zu dem, was Sie jetzt sind. Sie werden ihn immer noch mehr verfeinern in diesem Jahr der neuen Anfänge. Segnen Sie dieses alte »Ich« und lassen Sie es ziehen; Sie haben Ihre Prüfung der Selbstreinigung geschafft.

Sie werden in diesem kommenden Jahr eine Menge über das Wort Hingabe hören. Für unterschiedliche Leute bedeutet es unterschiedliches. Für manche ist es die Hingabe an ein Ideal, für andere die Hingabe an Geld, Macht oder Gier. Für Sie bedeutet es in diesem Jahr die Hingabe an sich selbst, nämlich tief in Ihr inneres Selbst hineinzugehen und die wahre Person zu finden, die Sie in all diesen Jahren versteckt haben. Wenn Sie etwas mehr Erfahrung haben, wird das Wort Hingabe für Sie eine noch viel tiefere Bedeutung bekommen. Es kann sein, daß es Sie auf einen Weg setzen wird, von dem es keine Umkehr mehr gibt; aber bis dahin ist Ihre einzige Hingabe die, Ihr inneres Selbst zu suchen.

Wahre Magie hat nicht nur mit Ritualen zu tun, obwohl Rituale helfen können. Sie besteht auch nicht einfach aus dem Verhängen eines Zaubers, obwohl auch das für diese Dinge hilfreich sein kann. Wahre Magie ist, sich zu vergegenwärtigen, was man ist und was man werden kann. Es bedeutet, fähig zu sein, das eigene Potential zu erkennen und zu wissen, daß Sie es ausschöpfen können, in Ihrer Alltagswelt genauso wie in Ihrem Innern. Ändern Sie Ihre Auffassung von sich selbst, und Sie werden eine Kettenreaktion starten, die durch alle Bereiche Ihres Lebens fegt. Geben Sie sich daher dieses eine Jahr als Geschenk und widmen Sie es dem Finden Ihrer wahren Persönlichkeit.

Das wird nicht einfach sein, denn das wahre Selbst wurde all die Jahre unterdrückt. Es möchte vielleicht nicht ans offene Licht gebracht werden. Ihre äußere Persönlichkeit, die all die Jahre im Vordergrund gestanden hat, wird diesen Bemühungen ganz sicher entgegentreten. Sie wird das Rampenlicht nicht aufgeben wollen, und sie kann sehr gut Erfolg dabei haben, Sie nach wenigen Wochen oder sogar Tagen zu stoppen. Ihre Waffe ist die stärkste der Welt: Trägheit oder auch Apathie. Es gibt eine Comicfigur mit Namen Garfield. Garfield ist ein Kater mit ganz einfachen Lebenszielen – essen, schlafen und oberster Herr zu sein. Alles und jeder, der sich zwischen Garfield und seine Ziele stellt, bekommt eine Tracht Prügel. Die eigene Persönlichkeit kann da sehr ähnlich sein! Alles, was Sie behindert, wird es sehr schwer haben.

Ein Okkultschriftsteller, der berühmt für seinen gesunden Menschenverstand ist, schrieb einmal: »Es dauert ungefähr achtzig aufeinanderfolgende Tage an Meditation, um sie Gewohnheit werden zu lassen.« Denken Sie darüber nach. Ich wette, daß Sie sich schon jetzt sagen: »Na gut, vielleicht könnte ich das Buch mal lesen; ich brauche das alles ja nicht wirklich zu tun.« Es tut mir leid; aber Sie werden es tun müssen, wenn Sie Ihr echtes Selbst finden wollen, das Sie irgendwo unten haben herumliegen lassen. Wenn Sie es nicht tun, werden Sie sich immer fragen, ob Sie es hätten tun können; aber Sie werden es nie wissen – oder?

Es ist Trägheit, die sie veranlaßt, sich am Sonntagmorgen nochmals im Bett umzudrehen, auch wenn Sie sich abends vorgenommen haben, früher aufzustehen, den Rasen zu mähen, das Auto zu waschen, die Rosen zu beschneiden und mit den Kindern in den Safari-Park zu gehen. Trägheit läßt den nahezu fertigen Pullover in Ihrem Handarbeitskorb liegen, obwohl Sie nur mehr einen Ärmel zu stricken hätten. Trägheit veranlaßt Sie, sich ein Fernsehprogramm anzusehen, das Sie langweilt; wenn Sie es doch abstellen und etwas Sinnvolles tun könnten. Sie ist der Hauptgrund dafür, daß Sie die Abendkurse im Winter versäumen, weil Sie sich aus Ihrem Lehnstuhl erheben und einen Bus nehmen müßten. Die Macht der Trägheit ist beängstigend und erstreckt sich über alle Lebensbereiche und Ebenen des Sozialverhaltens. Sie stützt sich auf unbegrenzte Kraft, auf Sie und Millionen andere.

Wenn Sie ein Zehntel dieser Kraft darauf verwenden würden, etwas wirklich Konstruktives und Zukunftsweisendes zu tun, würden Sie vermutlich die Firma, für die Sie im Moment arbeiten, innerhalb von fünf Jahren leiten, zumindest würden Sie beträchtlich aufgestiegen sein. Aber sogar jetzt wird die Alarmglocke in Ihrem Kopf läuten. Ihr Trägheitsbiest bewegt sich rastlos und wird mit jeder Minute besorgter. Es hätte viel lieber, daß Sie jetzt wieder Ihre Abendzeitung zur Hand nehmen und beim Nachtfilm einschlafen, als daß Sie über den Berg potentieller Kraft, der in Ihnen schlummert, nachdenken. Das Nachgraben in Ihrer Vergangenheit und die Suche nach der Persönlichkeit, die Sie sein sollten, wird nur über der Leiche Ihres Trägheitsbiestes geschehen. Und das ist genau das, was notwendig ist. Diese gleiche Trägheit wird Ihnen das ganze Jahr lang auf den Fersen bleiben; ich kann Ihnen dabei nicht helfen. Sie müssen sich selbst helfen, indem Sie sich immer ihrer Anwesenheit und Stärke bewußt sind. Sie wird sich die einleuchtendsten und überzeugendsten Argumente ausdenken, daß Sie mit dieser Arbeit aufhören. Trägheit kann die Welt davon abhalten, sich zu drehen!

Dennoch wird sie schwächer werden, wenn Sie Entschlossenheit zeigen, aber die einzige Antwort ist jede Menge Selbstdisziplin. Sie werden es hassen, aber die Belohnung wird so groß sein, daß Sie nie zurückblikken werden, wenn Sie erfolgreich sind; und dies gilt für Ihre magische und Ihre nichtmagische Arbeit. Die meisten Versuche scheitern, weil viele Leute sich ein viel zu hohes Ziel für die ersten Wochen setzen. Im Idealfall sollten die Ziele so gesetzt sein, daß sie Ihre Fähigkeit, es zu schaffen, vergrößern, und nicht so, daß Sie unausweichlich scheitern müssen. Schleichen Sie sich an Ihr Trägheitsbiest heran.

Die erste Station ist, mit einer Routine zu beginnen, von der Sie das Gefühl haben, daß Sie sie mit gerade etwas mehr Anstrengung als normal einhalten können. Teilen Sie die Zeit, die Sie für Ihre täglichen Lehreinheiten und Übungen brauchen, in kleine Teile, dann wird es das

Biest mit etwas Glück kaum bemerken . . . bis es zu spät ist. Machen Sie in diesem Monat nur zwei Minuten Entspannungsübungen und zwei weitere Minuten Atemübungen jeden Morgen, und dann und wann tagsüber. Wenn Sie glauben, in vier Minuten möglicherweise nicht genug tun zu können, dann schlage ich vor, daß Sie sich hinsetzen und vier Minuten lang auf Ihre Uhr schauen. Es ist überraschend, wie lange das sein kann. Sie können genausogut von Anfang an lernen, daß Zeit in okkulter Arbeit eine andere Dimension hat. Machen Sie drei oder vier Atemübungen pro Tag, wann immer Sie eine Minute dafür übrig haben. Diese können still durchgeführt werden, ohne daß jemand etwas davon bemerkt, sogar in einem überfüllten Zug oder wenn Sie im Supermarkt in einer Schlange an der Kasse anstehen.

Somit bleibt nur, jeden Tag die Zeit für Meditation und Studien zu finden. Traditionellerweise meditiert man in einem ruhigen Raum in einer bestimmten Position. Aber dieses Buch wirft die Tradition über den Haufen und findet eine Form okkulter Ausbildung, die sich in Ihr Alltagsleben einfügt; genau wie es sein sollte, aber leider nur selten ist. Ihr okkultes und Ihr Alltagsleben sollten ineinander übergehen, Ihre Religion, was auch immer das sein mag, Ihre Glaubenssätze und deren Ausübung sollten niemals nur die Angelegenheit eines Tages in der Woche sein. Sie sind Teile voneinander und werden sich ergänzen, vorausgesetzt Sie lassen es zu. Wenn Sie Zeit für eine ruhige Meditation finden, gut, aber wenn Sie eine sehr beschäftigte Hausfrau und Mutter sind, Student, Krankenschwester oder Arzt, ein gehetzter Manager, eine gestreßte Managerin oder ein Schichtarbeiter, dann gibt es noch andere Wege zu meditieren und gute Resultate zu erzielen.

Man kann sehr gut meditieren, wenn man in Bewegung ist; den Hund »Gassi zu führen« ist ideal, oder auch ein langer, einsamer Spaziergang am frühen Abend. Wählen Sie Ihren Spaziergang sorgfältig und mit gesundem Menschenverstand. Sie werden nicht viel weiterkommen, wenn Sie Ihren Hund in einem vollen Park spazierenführen. Für jene, die in der Nähe eines Waldes, Strandes oder wenig frequentierten Erholungsgebietes leben, ist das eine leichte und angenehme Art der Meditation. Richten Sie Ihren Geist einfach auf Ihr Thema und schalten Sie den Rest auf »automatisch«. Händewaschen, Bügeln, Silber polieren, staubsaugen, im Bus stehend hinter Ihrer Ausgabe der Morgenzeitung, im Zug – all dies sind ausgezeichnete Gelegenheiten. Versuchen Sie es, wenn Sie sich Ihre bevorzugte klassische Musik anhören. Sie können sich auch immer die Sonntagszeitung nach dem Sonntagsbraten über das Gesicht ziehen, nur bitte meditieren Sie anstatt zu schlafen. Ärzte haben herausgefunden, daß es streßabbauend ist, eine Katze auf seinen

Knien zu streicheln. Versuchen Sie es, um zu meditieren; ich kann es nur empfehlen. Wenn Sie ein leitender Direktor sind, beauftragen Sie ihre Sekretärin, Ihnen alle Anrufe für zehn Minuten vom Hals zu halten, und legen Sie die Beine auf den Schreibtisch. Wenn Sie die Sekretärin sind, bekehren Sie Ihren Chef zur Meditation und machen Sie es gemeinsam! Eine andere gute Gelegenheit ist Jogging, nicht aber ein Bad, da Sie sich dabei so sehr entspannen, daß Sie möglicherweise untergehen.

Haben Sie Ihr kleines Notizbuch immer bei sich; notieren Sie sich die Hauptpunkte Ihrer Meditation und schreiben Sie sie später ab. Wechsel und Anpassung sind wesentliche Teile der okkulten Arbeit. Obwohl es viele »orthodoxe« Okkultisten gibt, die dem heftig widersprechen werden, ist eines der Dinge, die Sie ändern müssen, gewiß die Vorstellung, daß ernstzunehmende Meditation nur in Schweigen, Abgeschlossenheit und Regungslosigkeit durchgeführt werden könne. Das ist das Ideal, aber wenn es nicht geht, dann passen Sie sich dem an, was Sie haben.

Bezüglich der Länge der Meditation gibt es keine festgesetzte Zeit. Dennoch ist es sinnvoll, sanft mit ihr zu beginnen; und zehn Minuten täglicher Meditation sind für den ersten Monat ausreichend. Wenn Sie sich gleich am Anfang zu einer Stunde zwingen, werden Sie Ihrem Trägheitsbiest wirkliche Hoffnung für die Zukunft geben. Natürlich wird es Momente geben, in denen Sie das echte Gefühl haben, mehr Zeit für Ihre Meditation aufwenden zu wollen. Gut, das sind die Augenblikke, in denen Sie das meiste erreichen werden, und so wie Ihr Tempel wächst, werden Sie mehr Zeit darin verbringen wollen; und bald werden Sie eine Beziehung zu ihm aufbauen. Wenn der Raum den Anstrich erhalten hat, können Sie einen Sessel hineinstellen und versuchen, Ihre Meditation gelegentlich hier durchführen.

Meditationsthemen für diesen Monat

Verwenden Sie jedes Thema an zwei oder drei Tagen:

1. »Magie ist die Kunst der Verursachung.«
2. »Magie . . . spricht zum Unterbewußtsein des Menschen durch . . . Symbole und Rituale.«
3. »Veränderung ist Wachstum.«
4. »Es gibt keinen Teil in mir, der nicht von den Göttern stammt.«
5. »Das Unbewußte . . . arbeitet mit Bildern und nicht mit Worten.«
6. »Das Universum ist ein lebender Organismus.«
7. »Der Baum des Lebens.«

8. »Symbole sind Mittel zur Kommunikation, eine Art Kurzschrift.«
9. »Astral-Magie ist Meditation, die in Bildsymbolik verwirklicht wird.«
10. »Für einen geschulten Geist sind alle Dinge möglich.«

Roben

Es ist Zeit, daß Sie daran denken, sich Ihre erste Robe zu schneidern. Nichts Kompliziertes, nur eine einfache Robe ohne Kapuze und mit einer einfachen weißen Kordel. Je nachdem, zu welcher Jahreszeit Sie mit diesem Kurs beginnen, können Sie zwischen Wolle, Baumwolle und synthetischer Seide wählen. Kaufen Sie keinen teuren Stoff; Sie werden diese Robe nur kurze Zeit benötigen. Um eine Robe herzustellen, brauchen Sie nur fünf Teile; das Schnittmuster dazu sehen Sie in Abb. 4.

Braun oder schwarz ist am besten; keine phantastischen Farben. Schwarz ist kein Symbol des Bösen, es ist die Farbe der fruchtbaren Erde, in der Samen reifen, genau wie Sie jetzt. Die Tradition verlangt, daß Sie Ihre Robe selbst in Handarbeit anfertigen. Sie sollten zumindest einen kleinen Teil selber nähen, und wenn es nur der Saum ist.

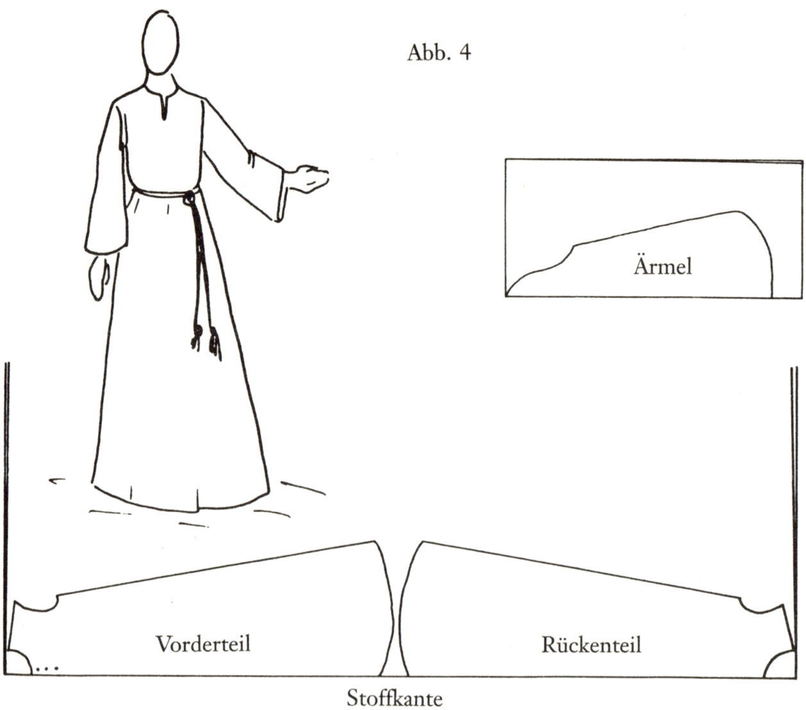

Abb. 4

Lesen und Aufzeichnen

Als nächstes gehen Sie in Ihre Ortsbücherei und besorgen sich eine Lesekarte, wenn möglich gleich mehrere. Wenn nicht, bitten Sie einen Freund oder Verwandte, sich eine Lesekarte zu besorgen, die Sie benutzen können, denn von jetzt an werden Sie eine Menge lesen.

Sie müssen sich auch daran gewöhnen, tägliche Aufzeichnungen zu machen. In einer Mysterienschule würde man von Ihnen verlangen, diese Notizen jeden Monat an Ihren Lehrer zu senden. Aber auch wenn Sie nie in eine Schule eintreten, sollten Sie eine Aufzeichnung über Ihre Arbeit, Gedanken und die Ergebnisse und Verwirklichungen Ihrer Arbeit führen. Nur dem Umstand, daß Leute solche Aufzeichnungen geführt haben, haben wir es zu verdanken, daß wir überhaupt etwas über den Orden des Golden Dawn und anderer Ritualgruppen wissen. Führen Sie sie also täglich, aber lassen Sie niemanden diese Aufzeichnungen sehen oder gar verwenden. In späteren Jahren wird das interessanter Lesestoff sein und vielleicht für andere eine Inspiration, wenn Sie einmal nicht mehr da sind.

Diese Aufzeichnungen sollten Ihre Übungszeiten, Atmung und Entspannung, das Thema Ihrer Meditation, die Dauer und was dabei herauskam, enthalten. Halten Sie Ihre Eintragungen kurz und präzise. Beschränken Sie sich auf nicht mehr als vierzehn Zeilen pro Tag. Gewöhnen Sie sich daran, nur das wesentliche Material aus Ihrer Meditation zu nehmen und es genau und kurz aufzuzeichnen. Versuchen Sie, das Aufgeschriebene so zu konzentrieren, daß eine Zeile die Arbeit von dreien enthält. Dadurch lernen Sie geistige Prägnanz und Ihre Gedanken in logischen Mustern anzuordnen. Um Ihnen zu helfen, steht am Ende dieses Kapitels ein Beispiel für eine Eintragung.

Sie werden es vielleicht nicht wissen, aber Sie sind bereits dabei, das aufzubauen, was man »Magische Persönlichkeit« nennt. Das ist die »Atmosphäre«, die einen Magier im Tempel umgibt. Sie spricht von Kontrolle, Macht und Befehl. Sie haben einen weiten Weg zu gehen, aber den Grundstein für Ihre magische Persönlichkeit haben Sie in dem Moment, als Sie sich entschlossen haben, dieses Buch ernst zu nehmen, gelegt. Sie werden bald merken, daß Sie sich anders fühlen, wenn Sie den Tempel betreten. Wenn Sie eine Meditation oder eine Übung beginnen, oder wenn Sie Ihren täglichen Bericht schreiben, werden Sie sich, verglichen mit dem Rest des Tages, wie eine andere Person fühlen. Lassen Sie dieses Gefühl langsam wachsen, denn es ist die stufenweise Entstehung des inneren Magiers. Mehr darüber werden Sie in der nächsten Lektion erfahren.

Bevor wir mit den Übungen beginnen und einen Arbeitsplan für den ersten Monat aufstellen, lassen Sie mich etwas über Ihr Versprechen und das Annehmen der Kordel von der Hohepriesterin während der Tempelmeditation sagen. Ich bitte Sie eindringlich, kein solches Versprechen abzugeben, wenn Sie nicht die Absicht haben, es zu halten. Ich wiederhole, was ich zu Beginn sagte: Es gibt keinen Ersatz für einen persönlichen Lehrer und/oder eine echte Mysterienschule. Aber dieses Buch kann Sie ein Stück des Weges führen, vorausgesetzt, Sie ehren das Versprechen, das Sie jenem höheren Teil von sich, dem Sie als Hohepriesterin begegnet sind, gegeben haben.

Auf den folgenden Seiten werden Sie Übungen finden, Studien lesen, Text und Illustrationen und ein Beispiel für eine tägliche Eintragung, um Ihnen zu helfen, mit Ihren Aufzeichnungen zu beginnen über dieses Jahr, von dem ich hoffe, daß es ein Jahr der Errungenschaft für uns beide sein wird.

Entspannungsübungen

Ihre tägliche Routine muß immer mit Entspannungsübungen beginnen. Die meisten können Sie im Bett in den paar Minuten zwischen Aufwachen und Aufstehen durchführen. Drehen Sie sich auf Ihre Lieblingsseite, rollen Sie sich wie zu einem Ball zusammen und spannen Sie ihren Körper an; halten Sie die Anspannung nicht mehr als fünf Sekunden, dann entspannen Sie sich und lassen sich gerade und locker zurückfallen. Beginnen Sie, die Stellen ausfindig zu machen, die sich nicht genügend gelockert haben. Schultern und Nacken sind den ganzen Tag über am meisten angespannt. Konzentrieren Sie sich auf sie und versuchen Sie, sie ganz besonders zu lockern. Es wird seine Zeit brauchen nach all den Jahren, in denen Sie sie immer nur angespannt haben. Die winzigen Muskeln zwischen den Augen und knapp über den Ohren (die Muskeln, die Ihre Brille halten) sind als nächstes auf Ihrer Liste. Die meisten Brillenträger stützen die Muskeln knapp über und hinter den Ohren gegen die Brillenbügel ab. Sie müssen ihnen beibringen, sich zu entspannen. Zuletzt überprüfen Sie Finger, Zehen und Kiefer.

Atmen Sie jetzt ein, ganz tief bis in Ihren Bauch, während Sie langsam bis vier zählen (zirka vier Sekunden), halten Sie den Atem für ungefähr zwei Sekunden; dann atmen Sie aus und zählen dabei wieder bis vier. Wiederholen Sie das dreimal. Stehen Sie jetzt auf und setzen Sie sich auf Ihr Bett, die Füße flach auf dem Boden. Lassen Sie Arme und Kopf für ein paar Sekunden zwischen Ihren Beinen nach unten hängen; dann richten Sie sich langsam auf, bis Sie gerade sitzen, lassen sich dann wieder gerade zurück auf das Bett fallen und entspannen sich. Machen Sie die Atemübung noch einmal, zählen Sie bis vier beim Einatmen, bis zwei für das Anhalten und bis vier für das Ausatmen. Jetzt können Sie aufstehen und Ihr Frühstück genießen.

Ob Sie Hausfrau sind, in einer Firma arbeiten oder beides – Sie werden eine Kaffeepause haben und diese vielleicht damit verbringen, mit Freunden und Mitarbeitern zu plaudern. Versuchen Sie statt dessen, die Arbeitspause dazu zu verwenden, Ihre Nacken- und Schultermuskeln nochmals zu entspannen. Wenn Sie nicht außer Haus arbeiten, bestimmen Sie eine gewisse Zeit des Tages, die nur Ihnen gehört. Suchen Sie sich einen bequemen Stuhl, stellen Sie ihn vor das Fenster und setzen Sie sich hin. Atmen Sie so, wie Sie es am Morgen getan haben, vier Sekunden lang einatmen, Atem anhalten zwei Sekunden, ausatmen und dabei bis vier zählen. Machen Sie das drei- oder viermal am Tage; und Ihr ganzer Tag wird entspannter sein.

Den ganzen Tag über, wo auch immer Sie sein mögen, versuchen Sie, Schulter- und Nackenmuskeln zumindest drei- oder viermal zu entspannen. Es sind dies Stellen, die sich sehr gerne verspannen und auch die Hauptursache aller Kopfschmerzen sind. Sehr oft ist ein falsches Kopfkissen die Ursache. Herkömmliche Formen sind überhaupt nicht für unsere Nackenmuskeln geeignet. Die größte Stütze brauchen wir dort, wo der Kopf in den Nacken übergeht. Das altertümliche runde Polster war ideal. Die Japaner verwenden seit Jahrhunderten zylindrische hölzerne Nackenstützen als Kopfkissen. Vergegenwärtigen Sie sich, wie man sich zurücklehnt, die Hände im Nacken verschränkt. Das ist genau die Art von Stütze, die unser Nacken braucht. Ein kleines, flaches Kopfkissen, zylindrisch zusammengerollt und unter diesen Hohlraum zwischen Kopf und Nacken gelegt, wird Sie den Unterschied lehren.

Wenn Sie tagsüber Zeit haben, legen Sie sich auf Ihr Bett und experimentieren Sie damit. Zusätzlich zur Handtuchrolle unter Ihrem Nacken legen Sie sich eine weitere unter die Stelle am Ende Ihrer Wirbelsäule und eine dritte unter Ihre Knie. Der Körper ist dann an den drei wichtigsten Stellen gestützt; entspannen Sie sich, lassen Sie sich auf diese Stützen zurückfallen und fühlen Sie den Unterschied.

Wenn Sie zu einem Vorstellungsgespräch gehen, zu einer Vorstandssitzung oder was auch immer Befürchtungen oder Streß während des Tages erwecken kann – kurz bevor Sie erscheinen, entspannen Sie bewußt Schultern, Nacken, Kiefer und diese winzigen, aber wichtigen Muskeln zwischen den Augen und hinter den Ohren. Machen Sie ein paar Vierer-Atemzüge und zeigen Sie es ihnen. An späterer Stelle in diesem Buch werden wir über magische Visualisierung sprechen, um Sie bei solchen Gelegenheiten zu unterstützen.

Meditation

Grundsätzlich gibt es nur zwei Arten von Meditation; alle anderen Formen haben sich daraus entwickelt. Die erste Form ist aktiv. Das bedeutet: Sie nehmen sich ein Symbol vor, ein Bild, eine Phrase oder eine Aussage und lassen sie sich durch den Kopf gehen. Alle anderen Gedanken werden ausgeschlossen. Schauen Sie sich das Grundkonzept genau an, wie es formuliert ist und auf wieviele Arten es interpretiert werden kann. Was bedeutet es für Sie persönlich, für Ihre geistigen Bilder, was ist seine abstrakte Bedeutung, oder mit welchem Wissen, das Sie schon erworben haben, liegt es auf einer Linie? Das Ziel ist, alles, was Sie nur können, von solch einem Thema auszuschließen und dann die Essenz Ihrer Gedanken aufzuzeichnen.

Die zweite Art von Meditation ist die passive. Hier erlaubt man Bildern, im Geiste aufzusteigen, ganz wie diese es wollen, und sich dann rund um ein Mantra, ein Symbol oder eine Idee zu strukturieren. Für den Großteil Ihrer diesjährigen Arbeit werden Sie die aktive Form der Meditation verwenden, und zwar deshalb, weil Sie an der Grundsteinlegung für die Kontrolle über Ihre Persönlichkeit arbeiten. Später dann werden Sie die passive Form kennenlernen, aber zuerst müssen Sie eine Basis schaffen, von der aus Sie arbeiten können.

In den ersten paar Wochen werden Sie feststellen, daß eine Flut von Gedanken in Ihre Meditation eindringt. Schieben Sie sie mit Nachdruck zur Seite und richten Sie Ihren Geist wieder auf die vorliegende Aufgabe. Wenn Sie in der Position der Gottform meditieren sollten, das heißt, Sie sitzen aufrecht (so wie die ägyptischen Pharaonen), werden Sie vermutlich nach ein paar Minuten feststellen, daß Sie rastlos werden. Diese Störung kann von zitternden Knien bis zur juckenden Nase gehen. Geräusche, die Sie noch niemals vorher gestört haben, verärgern Sie plötzlich und lenken ab. Das ist ganz normal; es ist die Art und Weise Ihres Körpers, Ihnen zu sagen, daß er diese Disziplin ablehnt. Halten Sie durch, und er wird seinen Widerstand langsam aufgeben.

Fassen Sie am Ende Ihrer Meditation Ihre Gedanken kurz zusammen, sammeln Sie sich. Setzen Sie sich jetzt aufrecht hin, strecken und entspannen Sie sich dann wie gewohnt; machen Sie zweimal den Vierer-Atemrhythmus und beenden Sie diesen Durchgang. Wenn Sie Ihre

Tag

Ablenkungen	Montag	Dienstag	Mittwoch	Donnerstag	Freitag	Samstag	Sonntag
1							
2							
3							
4							
5							
6							
7							
8							
9							
10							
11							
12							
13							
14							
15							
16							
17							
18							
19							
20							
21							
22							
23							
24							
25							
26							
27							
28							
29							
30							
Total							

Abb. 5: Ablenkungsgrafik

Meditation im Morgenzug durchführen oder während Sie Ihren Hund-ausführen, werden Sie feststellen, daß Ihre Umgebung Sie zuerst ablenken wird; aber Sie werden bald die Fähigkeit entwickeln »abzuschalten«.

Halten Sie Ihre Gedanken vorerst in Notizform fest und schreiben Sie sie ausführlicher nieder, wenn Sie Zeit und Ruhe haben. Wenn etwas, das mit Ihrer Meditation zusammenhängt, im Lauf des Tages in Ihren Gedanken auftaucht, schließen Sie es in Ihre Aufzeichnungen mit ein unter der separaten Überschrift »weitere Erkenntnisse«. Denken Sie daran, die Eintragungen kurz und präzise zu halten. Notieren Sie Datum, Zeit und Ort am Beginn der Seite und auch, wie oft Sie von Ihrem Thema abgelenkt wurden (siehe Abb. 5). Es wird Sie mit Zufriedenheit erfüllen, wenn Sie feststellen, daß die Zahl der Ablenkungen mit den Wochen abnimmt. Wenn zehn Minuten Meditation anfangs zu lange für Sie sind, meditieren Sie nur fünf Minuten, oder teilen Sie die zehn Minuten in zwei Teile zu je fünf Minuten. Machen Sie das die ersten beiden Wochen und steigern Sie dann die Zeit langsam, bis Sie am Ende des ersten Monats auf volle zehn Minuten gekommen sind. Halten Sie das Tempo so, daß Sie ihm mit gerade etwas mehr Anstrengung als normal folgen können.

Konzentrieren Sie sich während der ersten Wochen darauf, die Routine zu entwickeln, als erstes am Morgen und gelegentlich während des Tages Entspannungs- und Atemübungen durchzuführen plus fünf Minuten Minimum für Meditation über eines der vorgeschriebenen Themen. Versuchen Sie, täglich ein wenig an der Gestaltung Ihres Tempels zu tun, und sei es nur für zirka eine halbe Stunde. Dies ist Ihre Hauptaufgabe in diesem Monat zusammen mit der Anfertigung Ihrer Robe. Machen Sie sich keine Gedanken, wie die Arbeit am Tempel in den nächsten Monaten weitergehen soll; tun Sie einfach, was Sie können.

Die Leseliste für diesen Monat umfaßt zwei Bücher: *Magic, Its Ritual, Power and Purpose* von W. E. Butler *(Die Hohe Schule der Magie)* und *An Introduction to the Mystical Qabalah (Die Mystische Kabbala)* von DionFortune. Beide sind auf deutsch im Verlag Hermann Bauer erschienen, und obwohl sie nicht teuer sind, werden sie einen soliden Grundstein für Ihr Verständnis der Welt der Magie legen.

Lesen Sie jedesmal ein paar Seiten aus dem W. E. Butler-Buch, wenn Sie entweder im Bett sind oder bevor Sie sich zur Ruhe begeben; dann, bevor Sie einschlafen, denken Sie über das Gelesene nach. Sie werden vielleicht den Stil etwas altertümlich finden – es ist immerhin dreißig Jahre her, seit es zuerst veröffentlicht wurde –, aber der Autor ist zweifellos einer der besten okkulten Lehrer der letzten fünfzig Jahre.

Im Vergleich dazu ist *Die Mystische Kabbala* ein Buch, dessen Hauptanliegen es ist zu unterweisen, und das tut es auch in bewunderswerter Weise in einer Sprache, die leicht verständlich ist. Da die Kabbala die Stütze der Westlichen Mysterien ist, ist es wichtig, daß Sie dieses Buch sorgfältig lesen und sich mit dem Mandala des Baumes des Lebens vertraut machen. Wir werden dieses Thema im nächsten Monat genauer behandeln, aber lesen Sie bis dahin das Buch und zeichnen Sie den Baum des Lebens wie beschrieben solange, bis Sie es aus dem Gedächtnis tun können. Dieses Buch ist vielleicht etwas dünn im Vergleich zu manchen magischen Wälzern, aber die Lehren darin sind voll gesunden Menschenverstandes und werden eine Stütze während Ihres Ausbildungsjahres sein. Beginnen Sie diesen Kurs nicht, ohne sich vorher diese beiden Bücher besorgt und gelesen zu haben.

Dies ist ein langes Kapitel geworden, aber viele Dinge mußten genau erklärt werden. Es ist wichig für Ihren zukünftigen Fortschritt, daß Sie mit den richtigen Grundlagen beginnen. Ich werde Ihnen jeden Monat die Titel der Bücher, die Sie für den nächsten Monat brauchen, angeben, so daß Sie sie bereit haben. Wenn Sie die Arbeit dieses Monats beendet haben, und nicht vorher, kaufen Sie sich zwei Kordeln, eine schwarze und eine weiße, lang genug, um zweimal um Ihre Taille zu gehen und vorn bis an die Knie herabzuhängen. Drehen Sie die beiden Kordeln in eine einzige. Sie haben hart gearbeitet in diesem Monat, und jetzt können Sie feiern, indem Sie den ersten Knoten in Ihre Kordel machen. Es ist ein spezieller Knoten, und Anweisungen, wie er zu binden ist, finden Sie in Abbildung 6. Ihre letzte Aufgabe ist es, den Fragebogen und Ihre Antworten nochmals durchzulesen und nachzusehen, ob sich Ihr Standpunkt geändert hat. Überprüfen Sie ein weiteres Mal, warum Sie diesen Kurs begonnen haben und schreiben Sie nieder, was Sie herausgefunden haben.

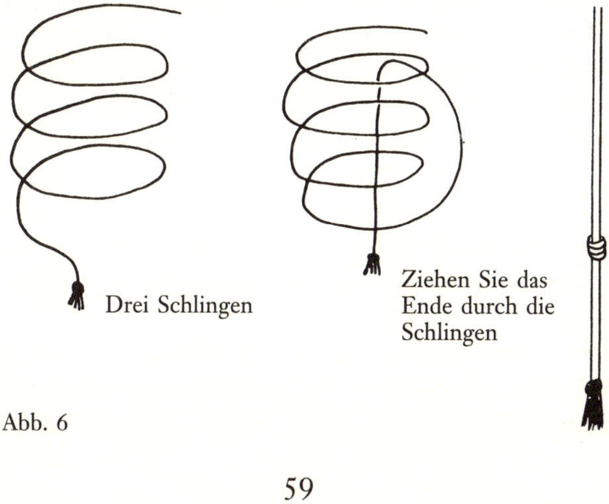

Abb. 6

Beispiel einer Eintragung

Freitag, 25. Januar 1986, 19.30 Uhr
Hund am Strand spazierengeführt
Thema: »Das Universum ist ein lebender Organismus«

Erkenntnisse: So wie ich die Worte »lebender Organismus« verstehe, bedeutet es etwas, das lebt und denkt, sich wieder und wieder neu schafft und mit anderen Lebensformen interagiert. Könnte das bedeuten, daß das Universum als Organismus das ist, was wir »Gott« nennen würden? Lebewesen bestehen aus anderen lebenden Organismen, zum Beispiel Zellen. Sind wir, so wie alle Lebensformen, Zellen eines viel riesigeren Lebewesens? Wenn dem so ist, sind wir alle wesentliche Bestandteile voneinander und von allem, was lebt, eingeschlossen alle »Aliens«, die wir »dort draußen« vielleicht treffen. (Ablenkung; erinnerte mich an Szenen aus dem Film »ET«, fühlte auch Freude, daß mein Hund und ich Teil voneinander sind. War nicht so glücklich darüber, auch Teil von meinem Chef zu sein!) Bin mir aber auch bewußt, daß die Meeresvögel und das Meer selbst auf eigenartige Weise ein Teil von mir sind, und umgekehrt ich von ihnen.

Samstag, 26. Januar 1986, 10.30 Uhr
Schlafzimmer
Thema: Das gleiche wie am 25.

Erkenntnisse: Habe über dieses Zu-Allemgehören nachgedacht. Das könnte eine Menge Nachteile haben! Klar geworden, daß, wenn man diesen Standpunkt akzeptiert, man sowohl die guten als auch die weniger guten Dinge annehmen muß. Es bedeutet, daß ich sogar Teil von gewissen Aktivitäten anderer Leute bin, die ich persönlich ablehne, wie zum Beispiel Vivisektion. (Ablenkung; draußen sind Kinder.) Das bedeutet, ich muß auch einen Teil jener Schuld, die mit einer solchen Aktivität verbunden sein könnte, auf mich nehmen. Das geht tiefer, als mir lieb ist . . . Wenn ich Teil von allen Dingen bin, bin ich auch Teil von den Dingen, die andere Leute tun. Dadurch bin ich mitverantwortlich . . . Aber das schließt auch die guten Dinge mit ein. Hatte das Bild einer Biene in einem Bienenstock vor Augen, ein Individuum innerhalb einer Ganzheit.

Weitere Erkenntnisse: Dieses Thema verbindet sich mehr und mehr mit meinem Leben im allgemeinen. Ich finde es nicht immer angenehm, denn es veranlaßt mich, über Dinge nachzudenken, über die ich lieber nicht nachdenken würde! Beachten Sie, daß verwandte Symbole und Bilder aufzusteigen beginnen, zum Beispiel die Bienen und die Szenen von einem Film. Das bedeutet, daß die Meditation bereits beginnt, auf das Unbewußte zu wirken.

Leseliste

Ashcroft-Nowicki, Dolores: *Building a Temple* (Aquariana Publications)

Brennan, J. H.: *Experimental Magic* (Aquarian Pres, 1976) (*Experimentelle Magie*. Einführung und Praxis, Sphinx, 2. Aufl. 1987)

Butler, W. E.: *The Magician, His Training and Work* (Aquarian Press, 1982) (*Die Hohe Schule der Magie*. Verlag Hermann Bauer, 4. Aufl. 1989)

Fortune, Dion: *The Mystical Qabalah* (Benn, 1935) (*Die mystische Kabbala*. Verlag Hermann Bauer, 2. Aufl. 1990)

Richardson, Alan: *An Introduction to the Mystical Qabalah* (Aquarian Press, 1981) (*Die Mystische Kabbala*. Geheimnisse des Baumes des Lebens, Sphinx, 3. Aufl. 1987)

Wang, Robert: *The Secret Temple* (Weisers, 1981)

Der zweite Monat

Die vier Grundpfeiler
Sehen, Hören, Riechen, Fühlen

Beginn:________________ Ende:________________

In diesem zweiten Monat sollte es Ihnen nicht mehr schwer fallen zu meditieren, auch sollten keine nennenswerten Störungen mehr auftreten, obwohl es von Zeit zu Zeit immer welche geben wird, mit denen Sie fertig werden müssen. Führen Sie Ihre »Störungsgraphik« einen weiteren Monat oder auch zwei, wenn Sie das Gefühl haben, Sie brauchen sie als Anreiz. Denken Sie daran, daß in Ermangelung eines persönlichen Lehrers Sie selbst ein Auge auf Ihren Fortschritt haben müssen. Der Erfolg eines solchen Buches hängt sehr stark von Ihrer Integrität, das Programm einzuhalten, ab und auch von Ihrer Entschlossenheit, bis zum Ende des Jahres durchzuhalten.

Die Säulen

Ihr Tempel sollte jetzt frisch gestrichen oder tapeziert sein, mit Vorhängen und Teppichboden versehen, so daß Sie bereit sind für den nächsten Schritt. Ob Ihre endgültige Wahl Kabbala, Griechisch oder Ägyptisch sein wird: Sie werden zwei Säulen in Ihrem Tempel brauchen, eine schwarze und eine weiße oder silberne. Viele Symbole sind mit diesen Säulen verbunden, und alle davon können in jeder Tradition, auf die Sie jetzt oder in der Zukunft treffen, verwendet werden.

Sie repräsentieren die beiden großen archetypischen Kräfte *Form und Kraft*, *männlich und weiblich*, *positiv und negativ*, *Geist und Materie*, *Aufbau und Zerstörung;* aber denken Sie niemals an sie als *gut oder böse*. Sie repräsentieren auch die beiden Seitensäulen des Baums des Lebens, und als solche werden Sie oft mit ihnen arbeiten. Sie sind die Torwege zu den inneren und höheren Ebenen und bewachen als solche den Weg zum Wissen. Alle Probleme können auf den einen oder anderen dieser beiden Kraftpunkte zurückgeführt werden. Bei der Einweihung zwischen ihnen zu stehen bedeutet, zwischen den Welten zu stehen. Zwischen ihnen zu arbeiten, wie im Amt des Ostens, ist eine große Verantwortung und soll nicht zu leicht genommen werden.

Die Säulen selbst sind ziemlich einfach herzustellen. Es gibt zwei Wege dazu (siehe Abb. 7). Kaufen Sie sich in einem Heimwerkergeschäft entweder zwei Stücke Abflußrohr aus Plastik, oder fragen Sie ein lokales Einrichtungshaus, ob es Ihnen zwei von diesen starken Pappzylindern überläßt, um die Teppiche herumgewickelt werden. Ich ziehe Pappzylinder vor, da sie größer sind. Besorgen Sie sie sich solche mit ungefähr 15 cm Durchmesser und schneiden Sie sie in eine Höhe von nicht mehr als 2 m ab. Ihre Schwere macht sie stabiler, wenn Sie sie aufstellen. Für jede Säule werden Sie zwei hölzerne Quadrate brauchen, eines mit ungefähr 35 cm Seitenlänge, das andere mit 28 cm, beide in einer Stärke von 6 bis 8 cm.

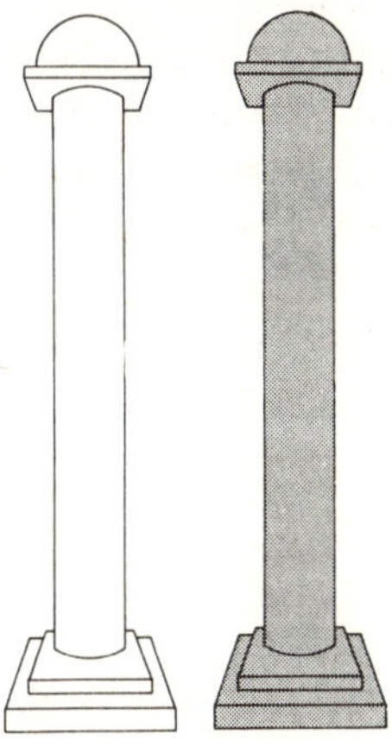

Abb. 7

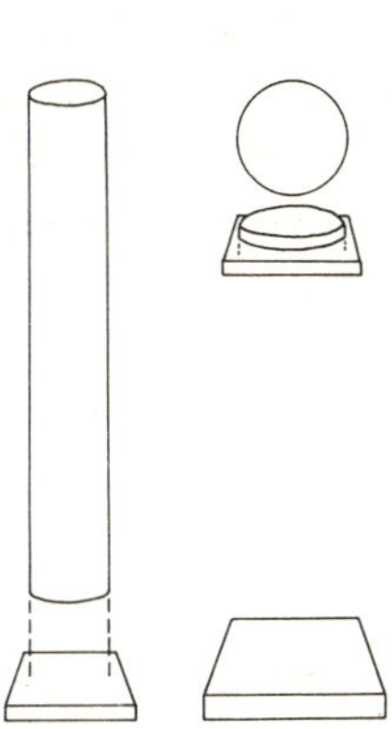

Abb. 8

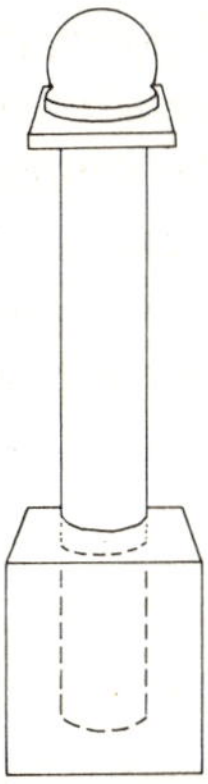

Abb. 9

Lassen Sie sich von einem Tischler Löcher in die Quadrate schneiden, so daß die Säulen hineinpassen; dann kleben Sie die Holzplatten zusammen und stecken die Säulen in die Löcher. Sollte es notwendig sein, verwenden Sie etwas mehr Klebstoff rund um die Basis der Säule, so daß sie stabil und standfest ist. Sie erhalten so einen Sockel mit zwei Stufen für jede Säule (siehe Abb. 8). Eine andere Methode wäre, zwei quadratische Schachteln (so stark wie nur möglich) oder zwei Büchsen zu verwenden. Leider sind die Tage der großen Keksdosen vorbei, aber große Farbdosen sind ein guter Ersatz. Auf diese Art erhält man einen runden anstelle eines quadratischen Sockels; aber das macht nichts. Stellen Sie die Säule in die Schachtel oder Dose und füllen Sie sie mit Sand; oder, im Fall der Dose, können Sie auch schnelltrocknenden Zement verwenden (siehe Abb. 9). Da die Säulen manchmal in den anderen Himmelsrichtungen verwendet werden, achten Sie darauf, daß sie nicht zu schwer sind und leicht umgestellt werden können.

Für das Kapitell oder den Säulenknauf werden Sie je ein weiteres Quadrat aus Holz brauchen, mit ungefähr 25 cm Seitenlänge. Sperr- oder Spanholz sollte genügen. Diese Quadrate werden an der Spitze der Säulen mit einer dicken Schicht Klebstoff befestigt. Darüber kleben Sie einen Ring aus Pappe (eine Scheibe vom Rest der Papprolle wäre das Ideale). Für die Kugel, die traditionellerweise die Säulen des Pylon-Tores (Eingangstor zum Tempel) krönt, verwenden Sie am besten zwei Kinderbälle, die Sie in passender Farbe anmalen. Kleben Sie die Bälle an den Pappring und sie werden fest auf der Spitze des Kapitells ruhen.

Nun bleibt nur noch die Bemalung. Verwenden Sie eine Glanzfarbe für die schwarze Säule und entweder Aluminiumfarbe oder eine Sprühfarbe für die silberne. Wenn Sie die Säulen aufstellen, plazieren Sie die schwarze Säule zu Ihrer Linken, von der Tür aus gesehen, und die silberne Säule zu Ihrer Rechten. Der Grund dafür ist, daß alle Einflüsse den Tempel von den inneren und höheren Ebenen her betreten sollen. In dieser Aufstellung ziehen die Säulen Kräfte in den geheiligten Raum. Es gibt eine Zeit, in der die Säulen anders herum aufgestellt werden, aber davon werden Sie in einem späteren Stadium Ihrer Ausbildung hören.

Der Altar

Es gibt drei Formen, die ein Altar haben kann: Den doppelten Würfel, den wir verwenden werden und der als »Opferaltar« bekannt ist, den rechteckigen oder »Kommunionsaltar« und den runden oder die »Rundtafel der Bruderschaft«.

Der Altar des doppelten Würfels ist traditionellerweise »in Nabelhöhe eines 1,80 m großen Mannes«, aber Sie werden diese Höhe möglicherweise ändern müssen, so daß es Ihren Größenverhältnissen entspricht. Es ist Unsinn, sich an die Tradition zu halten, wenn Sie 1,70 m oder 1,90 m groß sind. Wenn Sie nicht gerade ein guter Amateurtischler sind, lassen Sie sich den Altar von einem Fachmann anfertigen. Er sollte die Form eines kleinen Schrankes haben mit einem Bord innen, um Dinge wie Kerzen, Altartuch, Räucherwerk, Dochte für die Lampen und einen Ordner mit Ihren Ritualen aufzubewahren (siehe Abb. 10). Die Tür sollte dicht schließen und mit einem Haken oder kleinen Riegel (schwarz) versehen sein.

Streichen Sie den fertigen Altar an der Außenseite schwarz und an der Innenseite weiß und stellen Sie ihn in der Mitte Ihres Tempels auf. Das

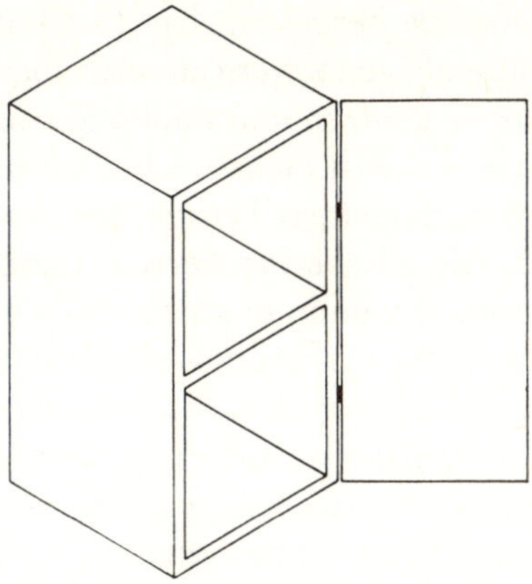

Abb. 10: Der Opferaltar

Aufstellen der Säulen und des Altars wird der Atmosphäre des Raumes, die sich ständig verdichtet hat, eine viel tiefere und subtilere Qualität geben. Das Zimmer ist jetzt kein bloßer »Raum« mehr, es ist ein »Tempel, der darauf wartet, von Ihnen in Besitz genommen zu werden«. Mit jedem weiteren Gegenstand wird diese Stimmung zunehmen und das neue Stück absorbieren. Das ist der Grund, warum Sie nicht jedes Stück extra weihen müssen. Die Atmosphäre wird es auf allen Ebenen durchdringen. Ein weiterer Punkt, den Sie sich merken und verstehen sollen, ist, daß alle Dinge, nicht nur Lebewesen, subtile Ebenen haben. Jeder Sessel, jeder Tisch und jede Lampe hat ihr Gegenstück auf den astralen und spirituellen Ebenen. Die Form verändert sich auf den höheren Ebenen, aber sie kann von Menschen, die »Seher« sind, als schimmerndes Energiemuster wahrgenommen werden. Dieses Energiemuster ist die ursprüngliche Gedankenform dessen, der den Gegenstand entworfen hat.

Wenn Sie dann Ihren Tempel weihen, wird der Segen und die dahinterliegende Absicht alle Dinge im Tempel mit einschließen und durchdringen, lebende Dinge und unbeseelte gleichermaßen.

Sie haben Säulen und Altar. Jetzt ist es Zeit, sich nach einem Stuhl umzusehen. Versuchen Sie es zuerst in Geschäften Ihrer nächsten Umgebung und in Altwarenhandlungen. Schauen Sie sich nach Stühlen mit hoher, eleganter Rückenlehne und Armlehnen um. Wenn es nicht anders geht, beginnen Sie mit einem Stuhl für den Osten und begnügen sich mit gewöhnlichen Sesseln für die übrigen Himmelsrichtungen, bis Sie das Richtige gefunden haben. Reinigen Sie sie sorgfältig und segnen Sie dabei alle Menschen, in deren Eigentum sie vorher waren, und auch den Handwerker, der sie hergestellt hat. Das hilft, alle unerwünschten Einflüsse von früheren Eigentümern zu vertreiben. Firnissen Sie sie neu; polieren Sie sie, bis sie glänzen und stellen Sie sie an ihren Platz. Wenn Sie daran denken, in Zukunft manchmal mit einer Gruppe zu arbeiten, sehen Sie sich auch nach kleinen Tischen um, die Sie neben jeden Stuhl stellen. Sie werden die Tische für Kerzen, Lampen, Ritualunterlagen, verschiedene Instrumente und Dinge wie Brillen oder ein Glas Wasser brauchen. Ein Glas Wasser zur Hand zu haben, ist eine gute Idee, weil Räucherwerk und Kerzen den Hals austrocknen und Unterbrechungen in Form von Hustenanfällen verursachen können. Da wir gerade über Kerzen und Lampen sprechen – jetzt wäre die Zeit, sich einen Eimer mit Sand für ein etwaiges Feuer zu besorgen!

Ihre Robe sollte nun bereits fertig sein, und Sie können beginnen, das Altartuch anzufertigen. Sie werden ein großes Quadrat schwarzer Seide brauchen. Auch hier wieder: Futterseide wird genügen, wenn Sie sich echte Seide nicht leisten können. Es sollte groß genug sein, um die Altarplatte zu bedecken, mit einer Drapierung rundherum von ungefähr 30 cm Länge. Nähen Sie an jede Ecke eine schwarze, seidene Quaste. Diese Quasten werden Sie in Ausstattungshäusern finden. Wenn Sie keine schwarzen bekommen, kaufen Sie weiße und färben sie. Auf jeden Fall sollen sie so groß wie möglich sein. Über das schwarze Tuch soll ein weißes Leinentuch gelegt werden, entweder ein ganz einfaches oder ein mit Spitze besetztes, wenn Sie das vorziehen. Ein größeres Herrentaschentuch, das hübsch eingefaßt ist, würde ein gutes Tuch abgeben. Beschaffen Sie sich zumindest zwei von diesen Tüchern, so daß Sie immer ein reines zur Hand haben.

Beginnen Sie, sich nach einer Schale aus blauem Glas umzusehen. Im Idealfall sollte sie einen Stiel haben und in etwa die Größe einer kleinen Suppenschüssel. Am ehesten werden Sie so etwas in Antikläden oder auf Flohmärkten finden. Diese Schale ist gedacht als Altarlicht. Füllen Sie sie mit Öl und lassen Sie einen entzündeten Docht an der Oberfläche schwimmen; oder, wenn Ihnen Öl zu schmutzig ist, stellen Sie ein Nachtlicht, wie man es für Kinderzimmer verwendet, in die Schale. Nehmen Sie jedoch nur Nachtlichter in einer Alufolie, denn diese verhindert, daß die Schale zerspringt.

Einige Worte zum Altarlicht. Versuchen Sie niemals, ein Ritual durchzuführen, wenn dieses Licht auf Ihrem Altar nicht brennt. Das gilt für nahezu jede Tradition und hat seinen guten Grund. Es stellt Ihren Kontakt mit den höheren Ebenen dar; Sie können sie Große Weiße Bruderschaft, die Herren des Lichten Gesichts, Götter, Erzengel oder wie auch immer nennen. Auf einer tieferen Ebene verbindet es alles und jeden im Tempel mit dem Herrn des gegenwärtigen Aeons. Es ist zugleich Schutz und Leuchtfeuer auf den inneren Ebenen, das anzeigt, wem Ihre Ergebenheit gehört – den Kräften des Lichts. Die Schale ist blau, weil sie die Große Mutter symbolisiert, die den Herrn des Aeons trägt. Genaue Namen tun hier nichts zur Sache; es ist das große und jenseits menschlicher Erkenntnis liegende Prinzip hinter jenen Namen, das den Kern jedes Glaubens ausmacht.

Wenn Sie einen ziemlich großen Raum zur Verfügung haben, werden Sie vielleicht genügend Platz für einen kleinen Garderobenständer haben, um Ihre Roben aufzuhängen. Wenn das nicht möglich ist, versuchen Sie, einen am Treppenabsatz oder versteckt in einem anderen Raum aufzustellen. Es ist wesentlich, daß Sie Ihre Roben getrennt von Ihrer restlichen Kleidung aufbewahren, denn die Einflüsse und Reste der Außenwelt können sich an Ihre sensibilisierten Roben haften und mit ihnen den Tempel betreten. Das gleiche gilt auch für die Pantoffeln, die Sie während Ihrer Tempelarbeit tragen. Diese sollten sorgfältig im Tempel neben der Tür aufbewahrt und niemals außerhalb getragen werden. Wenn Sie Platzmangel haben, könnten Sie vielleicht einen kleinen Vorhang in einer der Himmelsrichtungen anbringen. Das würde ganz gut harmonieren und zusammen mit kleinen Wandhaken zumindest Raum für vier Roben schaffen.

Die Banner der vier Himmelsrichtungen

Die Dekorationen sollten auf ein Minimum beschränkt sein. Ein Stück an jeder Wand ist ausreichend. Fertigen und verwenden Sie sie immer als Garnitur und mischen Sie nicht die einzelnen Traditionen, denn sonst werden Sie mit verwirrenden Ritualen enden, da die hervorgerufenen Kräfte versuchen werden, die unterschiedlichen Symbole miteinander zu verschmelzen. Für den Beginn am einfachsten sind die Banner der vier Himmelsrichtungen (siehe Abb. 11 und 12). Sie werden aus Satin, in guter Qualität in den geeigneten Farben für die Himmelsrichtungen hergestellt, also in Blau oder Gold für den Osten, Rot oder Purpur für den Süden, Meergrün oder Dunkelblau für den Westen und Korngold oder die kabbalistischen Farben Malkuths für den Norden.

Schneiden Sie den Stoff in Fünfeck/Schildform. Die Größe bleibt Ihnen überlassen, aber rechnen Sie rundherum einen Saum von 4 cm mit ein. Heften Sie den Saum, dann schneiden Sie eine passende Form 1 cm rundherum kleiner, in einer dieser neuen aufbügelbaren Zwischenfutterstoffe. Diese kann man in jedem Fachgeschäft bekommen. Verlan-

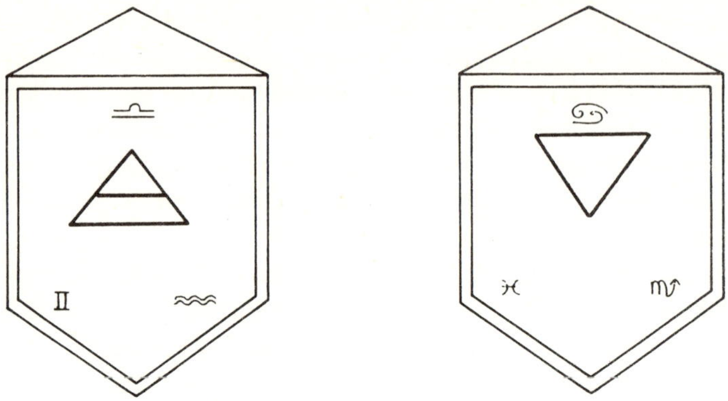

Osten Westen

Abb. 11: Die Banner der Himmelsrichtungen für Osten und Westen

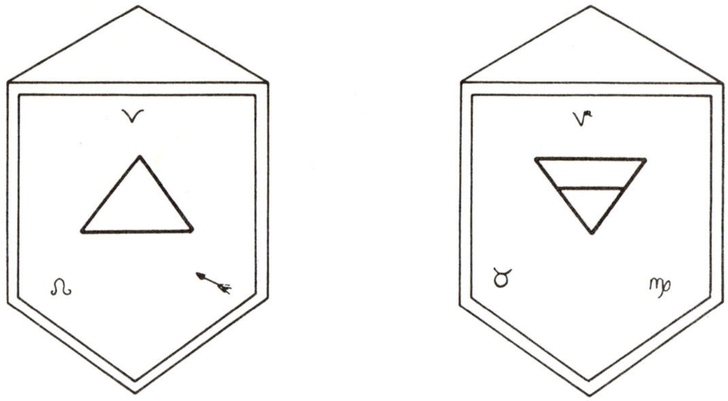

Süden Norden

Abb. 12: Die Banner der Himmelsrichtungen für Süden und Norden

gen Sie jedoch eine Stärke, die man für Mäntel verwendet. Heften Sie das Zwischenfutter sorgfältig mit Stecknadeln an die Rückseite des Banners und achten Sie darauf, daß Sie den Saum ebenfalls überdecken, mit einem Rand von ungefähr 3 cm rundherum. Bügeln Sie jetzt das Zwischenfutter auf und entfernen Sie den Heftfaden.

Wenn Sie es ganz besonders schön machen wollen, fassen Sie jedes Banner mit einem kontrastierenden Band ein und nähen Sie am Ende noch fertig gekaufte Fransen an die beiden unteren Ränder. Befestigen Sie an der oberen Seite eine Kordel oder nähen Sie einen farbigen Mantelaufhänger auf, an dem Sie das Banner hübsch aufhängen können. Die Symbole, die Sie für die Banner verwenden, bleiben Ihnen überlassen. Sie können die von der Golden Dawn verwenden; Sie können die

Dreiecke der vier Himmelsrichtungen zusammen mit ihren astrologischen Symbolen verwenden, wie in unserer Illustration; oder Sie können ägyptische oder griechische Symbole nehmen; ganz wie Sie wollen.

Sie können natürlich die Banner auch viel größer machen, die Technik von Filzapplikationen anwenden und Figuren aus der Mythologie und deren Symbole kopieren. Ihrer Kreativität sind hier keine Grenzen gesetzt; aber beschränken Sie sich auf ein Dekorationsstück für jede Wand, ansonsten würde das Ganze aussehen wie eine Kunstgalerie und nicht wie ein Tempel.

Ein Wort noch zu den Dekorationen. Viele Geschäfte verwenden heutzutage Styropor für ihre Schaufensterdekorationen. Oft kann man überrascht feststellen, daß viele »okkulte« Symbole in Schaufenstern auftauchen, unter anderem der Kopf Tutanchamuns und Gestalten aus der griechischen Welt. Versuchen Sie,einen Geschäftsinhaber zu überreden, Ihnen diese Figuren gegen ein geringes Entgelt zu überlassen, wenn die Schaufensterdekoration gewechselt wird. Sehen Sie sich in einem nahegelegenen Heimwerkerladen oder Ausstattungsgeschäft um. Diese Läden haben oft Styroporfliesen auf Lager, die die Deckenform von Herrschaftssitzen und Schlössern perfekt imitieren. Einige von ihnen sind wirklich sehr geeignet, wie zum Beispiel ein Sonnenrad oder andere klassische Formen. Wenn Sie sie selbst bemalen, können sie im Tempel von großem Nutzen sein, entweder als Dekoration der Himmelsrichtungen oder für die Zimmerdecke selbst.

Die Verwendung von Weihrauch

Im nächsten Monat wird Ihr Tempel fertig sein, daher ist es jetzt an der Zeit, die Atmosphäre durch den Gebrauch von Weihrauch zu verbessern. Unser Geruchssinn ist der von allen Sinnen am meisten ausgeprägte, und an späterer Stelle werden wir auch seinen Einsatz für Kontaktaufnahme mit den inneren Ebenen untersuchen; aber für den Augenblick wollen wir uns auf die Verwendung von Gerüchen zum Aufbau eines Gefühles von »Abgesondert- und Heiligsein« im Tempel beschränken. Als erstes: Was wollen Sie als Räucherkessel verwenden? Das billigste und sicherste wäre ein kleiner Blumentopf aus Ton mit dazugehöriger Untertasse. Füllen Sie ihn zu einem Drittel mit Erde und zu einem weiteren Drittel mit feinem Sand (Sand, den man für Aquarien verwendet, können Sie in jeder Kleintierhandlung bekommen). Darauf können Sie dann sicher Ihre Holzkohle und den Weihrauch legen. Die tönerne Untertasse wird es möglich machen, den Weihrauchbrenner herumzutragen, ohne sich zu verbrennen, und die Gefahr, daß das Ganze umfällt, ist gering. Ein Thuribulum (Weihrauchfaß) ist ein Gefäß eigens zum Verbrennen von Räuchermischungen und hat drei lange Ketten, an denen der Kessel herumgeschwenkt werden kann. Man muß schon ein Experte sein, um es sicher handhaben zu können; aber wenn Sie in Ihrer Jugend Ministrant gewesen sein sollten, verwenden Sie es und vergessen Sie den Tontopf!

Holzkohle bekommen Sie bereits fertig imprägniert mit einem Material, das es leichter macht, sie zu entzünden. Wenn Sie sie selbst herstellen, werden Sie sich mit Methylalkohol herumplagen müssen, was eine Gefahr birgt. »Lieber verhüten als heilen« im Umgang mit brennender Kohle. Phantasievolle Weihrauchgefäße mit schlankem Stiel mögen elegant aussehen, aber wenn Sie sie einmal mit dem Ärmel anstreifen, werden Sie Ihren geweihten Eimer voll Sand benötigen.

Eine gute Sache ist es, eine Reihe langer, dünner Wachskerzen im Altarschrank aufzubewahren. Verwenden Sie sie, um Ihre Kerzen für die Himmelsrichtungen, die Holzkohle und natürlich Ihre Lampe im Zentrum anzuzünden. Diese Lampe sollte immer als erste entzündet werden; alle anderen Kerzen und Lampen werden dann mit diesem zentralen Lichtpunkt angezündet.

Am Anfang werden Sie nur drei oder vier verschiedene Grundräucherungen benötigen, die Sie in fertiger Mischung von einer seriösen Firma bekommen können. Sie können natürlich auch Kirchenweihrauch von guter Qualität, Kirchenkerzen aus Wachs in verschiedenen Größen und Längen sowie Altaröle, Dochte und Holzkohle in Geschäften für Kirchenausstattung kaufen. Möglicherweise jedoch weigern diese sich, Ihnen die genannten Dinge zu verkaufen, wenn Sie nicht nachweisen können, daß Sie im Kirchenauftrag kommen.

Alle Lieferanten haben eine umfassende Liste von fertigen Räuchermischungen. Wählen Sie eine Sonnen- und eine Mond-Räuchermischung, eine spezielle für Meditation und eine sehr alte, die nach Tausenden von Jahren noch immer in Verwendung ist und »Kyphi« heißt. Mit diesen vier Mischungen haben Sie bereits eine Vielfalt von Anwendungsmöglichkeiten; und Sie können Ihren Grundstock dann langsam erweitern. Ihr inneres Selbst wird sich bald an bestimmte Räucherungen gewöhnt haben und automatisch in die richtige Geistesstimmung geraten, wenn es sie riecht. Soweit wir die Geschichte zurückverfolgen können, wurden Räucherungen immer in Verbindung mit Ritualen und Anbetung verwendet; und ohne sie fühlt sich der Tempel leer und nicht inspiriert an.

Es gibt keinen Zweifel darüber, daß sich im Inneren etwas regt, wenn man ruhig in einem sanft erleuchteten Tempel sitzt, die Rauchkringel von der Räucherung aufsteigen sieht und die uralten Düfte riecht. Gerüche sind nachweislich Erinnerungshilfen, und vielleicht, wenn wir hier sitzen und sie wahrnehmen, kann unser Geist in einer geheiligten Einfriedung seine eigene weit zurückliegende Vergangenheit erreichen und mit Wissensfragmenten zurückkehren, die lange vergessen waren.

Sie werden herausfinden, daß es für jeden Tag der Woche eine andere Räucherung gibt, für jeden Monat, jeden Planeten und jedes Sternzeichen. Tatsächlich gibt es so viele verschiedene, daß Sie es bald aufgeben werden, sie zu kaufen und eher das Verlangen haben werden, Ihre eigenen Räuchermischungen herzustellen. Es ist einfacher als Sie glauben, wenn auch die wirkungsvollsten und ältesten Mischungen ein profundes Wissen über Kräuter und großes Geschick im richtigen Mischen verlangen. Trotzdem gibt es keinen Grund, warum Sie nicht fähig sein sollten, sich zum Eigengebrauch eine wohlriechende und praktische Räucherung zusammenzumischen.

Alle Pflanzen und Düfte sind dem einen oder anderen Planeten zugeordnet. Wenn Sie das einmal verstanden haben, können Sie sie miteinander vermischen, indem Sie Harze und Gummistoffe verwenden, um sie zu binden. Wenn Sie sich wirklich daran wagen wollen, werden Sie Mörser und Stößel brauchen, um die groben Bestandteile zu zerstoßen, und einige luftdichte Gefäße, um sie aufzubewahren. Die Tabelle der Planetenräucherungen kann je nach Tradition variieren. Eine gute Ausgangstabelle wäre die folgende:

Sonne: Mastix, Weihrauch, Ambra, Safran, Lorbeer, Orangenschale, Storax.

Mond: Myrte, Kampfer (in festem Zustand und als Öl), Benzoe, Jasmin, Nachthyazinthe.

Merkur: Lavendel, Zimt, Gewürznelke, Galbanum, Muskatblüte, Storax, Weißdorn.

Venus: Rose und Rosenöl, Aloe, Moschus, Sandelholz, Safran, Veilchen.

Mars: Tabak, Linaloeholz, Nieswurz, Vogelbeerenöl, Drachenblut, Benzoe.

Jupiter: Muskatnuß, Esche, Benzoeharz, Salbei, Basilienkraut, Odermennig, Bilsenkraut, Wacholder.

Saturn: Kreuzkümmel, Alraunwurzel, Pinie, Gartenraute, Eibe, Sandelholz, Myrrhe, Schwarzer Mohn.

Neptun: Kampfer, Roter Storax, Gummiharz, Ulme, Weide, Baldrian.

Uranus: Patschuli, Klee, Hyazinthe, Roter Storax.

Pluto: Stechpalme, Wilder Majoran, Eukalyptus.

Die einfachste Räuchermischung für ein Ritual, das mit Wissen, Kommunikation oder dem Geist, auf welche Weise auch immer, zu tun hat, wäre eine Mischung aus Lavendel und Pinienharz, direkt vom Baum geschabt, vermischt und mit etwas Lavendelöl gemahlen. Sie können viel Spaß haben, wenn Sie einfach vergessen, welcher Duft zu welchem Planeten paßt und eine Handvoll wohlriechender Kräuter zusammen mit etwas aromatischem Öl vermischen. Garten- und Küchenkräuter können sehr gut dafür verwendet werden.

Neben umfassenden und natürlich auch teureren gibt es einige ausgezeichnete, preiswerte Bücher über Kräuter- und Räuchermischungen.

Musik

Genauso wie die Räucherungen ist auch Musik ein wichtiger Zusatz zu Ihrer Tempelarbeit und wird Ihre Rituale beträchtlich verbessern, wenn Sie etwas Zeit in ein wenig Forschung investieren und eine sorgfältige Auswahl treffen. Ihr persönlicher Geschmack mag vielleicht in Richtung traditioneller Jazz oder Heavya Metal gehen. Dann haben Sie Pech, weil Sie in Ihrem Tempel weder die eine noch die andere Musikrichtung werden verwenden können, zumindest nicht, wenn die rechte Atmosphäre erhalten bleiben soll.

Musik kann eine zumindest ebenso eigenartige und sicherlich ebenso erhebende Wirkung haben wie Räucherungen, aber Sie müssen auch verstehen, daß – genauso wie einige Düfte dunklere Kräfte herbeirufen können – es auch gewisse Arten von Musik und sogar bestimmte Notenkombinationen gibt, die das zerbrechliche Gebäude magischer Arbeit zerstören können. Deshalb müssen Sie Ihre Tempelmusik mit Sorgfalt auswählen.

Es gibt Musikstücke, von denen es offensichtlich ist, daß man sie verwenden kann, so wie die Planetensuite von Holst, die uns die gesamte Bandbreite aller Planeten liefert; aber zusätzlich werden Sie auch andere Arten von Musik brauchen. Besorgen Sie sich einen Kassettenkoffer oder einen Pappordner mit Taschen für jeden Buchstaben des Alphabetes. Machen Sie sich einen Index für Ihre okkulten Bücher mit einer eigenen Karteikarte für jedes einzelne. Die Karte sollte Titel, Autor, Verlag und Erscheinungsdatum beinhalten. Machen Sie das gleiche für Ihre Musik, aber als Überschrift sollte auf der Karte die Art des Rituals oder der Meditation stehen, für die Sie die Kassette verwenden wollen, zum Beispiel:

Griechisch - Manos Hadijadakis - 15 Hesperinoi
Keltisch - Bob Stewart - Journey to the Underworld
Hexenkult - Mike Oldfield - Celebration

Das wird Ihnen die Auswahl erleichtern und es Ihnen ersparen, jedesmal Ihre gesamte Kollektion durchsehen zu müssen. Da Musik eine sehr persönliche Sache ist, kann ich Ihnen nur Beispiele der Art von Musik geben, die ich in meinem eigenen Tempel verwende. Eine kleine Liste können Sie am Ende dieses Kapitels finden. Wenn Sie sich in Schallplattenläden umsehen, werden Sie erstaunlich viel brauchbares Material finden. Ich habe schon ägyptische Harfenmusik entdeckt, griechische Tempelhymnen (etwas seltsam im Klang, aber sehr beschwörend) und traditionelle jüdische Musik. Alle diese Beispiele sind gerade richtig, um sich eine kleine aber ausreichende Sammlung aufzubauen.

Musik ist seit uralten Zeiten eine der göttlichen Künste und wurde schon immer für Heilen, Erziehung, Meditation und alle Arten von Arbeit auf den inneren Ebenen verwendet. Wie Sie im nächsten Kapitel lernen werden, hat sie auf das engste mit Farbe zu tun, weil beide nichts anderes als Schwingungen sind. Das Alte Testament ist voller Hinweise auf die Verwendung von Musik als Mittel der Verehrung. Eines der beschwörendsten Bilder ist das, wie David vor der Bundeslade tanzt. Die frühchristliche Kirche verwendete ebenso mit großem Effekt Musik, die ihren Höhepunkt in den wunderschönen Kirchengesängen und Gregorianischen Chorälen fand. Obwohl diese Gesänge in erster Linie christlich sind, können sie doch in vielen verschiedenen Ritualen und Traditionen eingesetzt werden, ganz einfach, weil sie speziell dazu entworfen wurden, das Bewußtsein auf andere Ebenen zu heben.

Jede Musik besteht aus drei Elementen oder Fäden, die sich verbinden, um besondere Schwingungen zu erzeugen, die auf das Ohr, das Bewußtsein und die Seele wirken. Diese drei Elemente können als Rhythmus, Melodie und Harmonie angesehen werden. Harmonie ist der Grundbestandteil jeder Musik. Ein Musikfreund beschrieb Harmonie einmal als das Gefäß oder den Gral der Musik, mit Rhythmus als Lebensessenz oder Energie, die in eine harmonische Form gegossen wird. Die Melodie ordnet dann diese beiden Grundbestandteile zum fertigen Produkt. Musik wird und muß tatsächlich ein wesentlicher Bestandteil Ihrer Tempelarbeit werden; daher habe ich Ihnen am Ende dieses Kapitels einige Buchtitel aufgelistet, die Ihnen helfen werden, ihre Wichtigkeit zu verstehen.

Dies beschließt die Tempelvorbereitung des zweiten Monats, und wir können zur Vorbereitung des Selbst in diesem Monat übergehen.

»Glaubt der Magier an viele Götter?« fragt W. E. Butler in seinem Buch *Die Hohe Schule der Magie*. Er beantwortet die Frage folgendermaßen: »Ja, aber seine Ansichten über ihr Wesen sind nicht ganz das, was man von ihm erwarten würde.« Wie sein Zeitgenosse, Freund und Lehrer Colonel C. R. F. Seymor, glaubte Butler, daß es keinen wirklichen Unterschied zwischen Geist und Materie gäbe, daß Gott, Götter und der Mensch sowie auch alles übrige im Universum Teile und Teilchen voneinander seien. Die Götter wären demnach Erweiterungen von dem Mysterium, das wir Schöpfer oder Schöpferin nennen, die Söhne des Gottes, von dem in der Bibel geschrieben steht, Wesen, die in früheren Manifestationen des Universums perfektioniert wurden und daher mit der Menschheit verwandt sind wie eine Art ältere Brüder. Die Menschheit ist eine andere, weniger perfekte Emanation, die noch einen weiten Weg zu gehen hat, bis sie den gleichen Status erreichen wird, aber mit dem einen großen Vorteil, daß der Mensch um das Leben in einen physischen Körper weiß.

Das mag Ihnen nicht als Vorteil erscheinen, wenn Sie arbeitslos sind, vor einer schwierigen Prüfung stehen oder wenn das Baby aufwacht und gerade in dem Moment, in dem Sie glauben, es sei endlich eingeschlafen, zu brüllen beginnt – aber eines Tages werden Sie es so sehen! Wie Butler in seinem Buch sagt: »Sehen Sie sich im Universum nicht als Fremder, nicht als separaten Teil davon, sondern als Teil der Vielgestaltigkeit in der Einheit. Sagen Sie: ›Ich bin ein Kind dieser Erde, aber mein Geschlecht stammt von den Sternenhimmeln‹.« Das ist nicht nur ein phantasievoller Gedanke. Je rascher Ihnen bewußt wird, daß Sie genauso Teil des Polarsterns sind wie Teil Ihrer Familie und daß der einzige Unterschied zwischen Ihnen und den Göttern der ist, daß jene mehr Erfahrung haben, Sie jedoch über einen physischen Körper verfügen; um so schneller werden Sie in der Lage sein, sowohl mit Göttern und Gesetzen des Universums als auch durch sie zu arbeiten.

Mittlerweile sollten Sie eine klare Idee vom Mandala des Baums des Lebens haben. Wenn Sie nun, anstatt die Sephiroth als Kreise zu zeichnen, diese durch verschieden geformte Behälter in verschiedenen Farben ersetzen und sich vorstellten, daß sie alle von oben vom obersten Glas gefüllt würden, dann hätten Sie eine gute Idee davon, wie der gleiche Einfluß/Geist/Gottform jeden Behälter füllt, vom spirituelllen (Kether) bis zum körperlichen (Malkuth), ohne die Grundsubstanz zu ändern (siehe Abb. 13). Es ändern sich lediglich Gestalt und Farbe des Behälters. Sie sind *eine* Art von Gestalt; ein Gott oder ein Wesen der inneren Ebenen ist eine andere; aber sie enthalten genau die gleiche Lebenssubstanz. Kether ist vielleicht ein Kelch aus dünnem und feinem Kristall und Malkuth vielleicht ein alter angeschlagener Kaffeebecher, in dem man nur mehr sein Gebiß aufbewahrt; aber der »Champagner« schmeckt genau gleich.

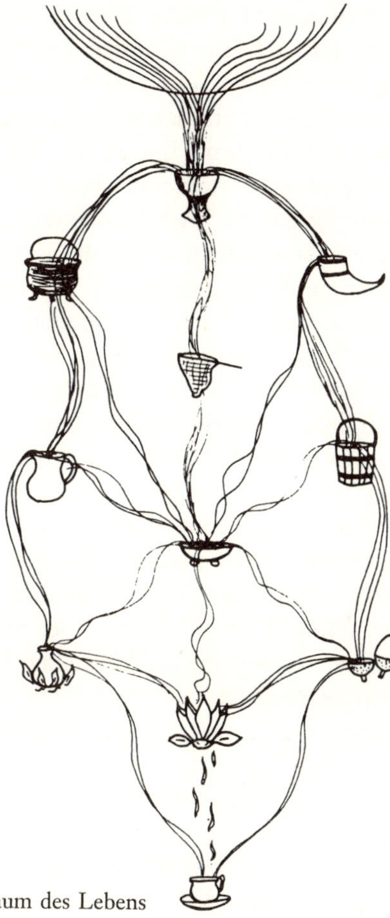

Abb. 13: Der Baum des Lebens

Worauf Sie in diesem Jahr des Selbststudiums hinarbeiten, ist, daß Ihnen Ihr eigener Platz im Universum bewußt wird, ein wichtiger, wenn auch sehr kleiner Teil. »Erkenne dich selbst«, sagten die Alten; aber das ist nicht so einfach. Sich kennen bedeutet, sich nicht über sich selbst zu belügen. Es bedeutet zu lernen, sich selbst zu lieben, so wie man ist, mit allen Fehlern; aber es bedeutet nicht, nichts gegen diese Fehler zu unternehmen.

Zeichnen Sie auf einem Blatt Papier den Baum des Lebens auf und beginnen Sie an der Spitze. Denken Sie darüber nach, was Sie über Kether in dem Buch *Die mystische Kabbala* gelesen haben. Wenn wir alle außerordentlichen spirituellen Symbole weglassen, sehen wir, daß Kether die höchste Sphäre ist. Wir werden sie daher als Symbol des Besten in uns betrachten. Was sehen Sie als das Beste in sich an? Nehmen Sie sich Zeit und denken Sie darüber nach.

Wenn Sie eine Antwort darauf gefunden haben, schreiben Sie sie genau in die Sphäre von Kether. Gehen Sie jetzt weiter zu Chockmah, welches der Aspekt der Weisheit am Baum des Lebens ist. Betrachten Sie sich ehrlich, erinnern Sie sich und finden Sie einen Punkt in Ihrem Leben, als sie etwas sagten oder taten, was weise war. Schreiben Sie es in die Sphäre hinein und gehen Sie weiter zu Binah. Binah symbolisiert Verständnis. Sie müssen daher einen Zeitpunkt in Ihrem Leben finden, an dem Sie wirklich verständnisvoll waren. Wir sprechen hier nicht über Sympathie oder Mitleid, sondern über Verstehen. Wenn Sie das gefunden haben, schreiben Sie es nieder. Arbeiten Sie sich auf diese Weise durch den ganzen Baum, bis Sie ein Abbild Ihrer selbst haben. Zeichnen Sie jetzt noch einen Baum, so wie vorhin, und schreiben Sie all die Zustände und Ereignisse nieder, in denen Sie das genaue Gegenteil von jeder Sephira waren. Nochmals: Sie müssen wirklich ehrlich sein.

Wenn Sie beide Bäume durchgearbeitet haben, verwenden Sie sie als Meditationsthemen. Arbeiten Sie mit dem positiven Kether an einem Tag, mit dem negativen den nächsten den Baum hinunter. Das wird sie zwanzig Tage dieses Monats beschäftigen, aber es wird Ihnen einen wertvollen Einblick in sich selbst geben. Vergessen Sie nicht, Ihre täglichen Aufzeichnungen zu machen.

Meditation

Es sollte Ihnen nun schon viel leichter fallen zu meditieren, und die Unterbrechungen auf Ihrer Graphik sollten weniger und weniger geworden sein. Es gibt sieben Stufen der Meditation, beginnend mit leichter Tagträumerei bis zu tiefer Trance, die man gleich neben dem Koma ansiedeln kann. Ein vollausgebildeter Magier wird die vierte Stufe ohne nennenswerte Probleme erreichen können; die fünfte und sechste sind der Bereich des »Mittlers« oder Zwischenkörpers, etwas, das von Meditation sehr verschieden ist.

Der leichte Tagtraum ist die erste Stufe. Sie sollten in Ihren täglichen Meditationen die zweite Stufe verwenden. Das ist die Stufe, auf der Sie viele nützliche Informationen erhalten können, aber von der Sie auch ziemlich leicht geweckt werden können. Wenn Sie von einem lauten Geräusch oder irgendeinem Notfall aufgeschreckt werden, dann ist das das Schlimmste, was Ihnen passsieren kann, daß Sie sich ähnlich fühlen wie nach einem abgebrochenen Traum, wenn Sie zu plötzlich erwachen. Auf der dritten Stufe würde das zu rascherem Herzschlag führen; Ihr Blutdruck würde etwas steigen oder manchmal auch plötzlich fallen, und sehr wahrscheinlich hätten Sie hinterher Kopfschmerzen. Auf der vierten Stufe, die sich einer leichten Trance nähert, könnte das Ergebnis eine Ohnmacht sein, kalte Hände und Füße, etwas Verwirrtheit oder sogar ein leichter Gedächtnisverlust für einige Stunden.

Sie ersehen daraus, daß Sie, wenn Sie auf einer tieferen Stufe meditieren, soweit als möglich sicherstellen müssen, daß Sie nicht gestört werden. Nach den üblichen rund zehn Minuten werden Sie sich ganz natürlich von dieser Sitzung erheben. Ihr Geist und Körper haben sich an diese Zeitspanne gewöhnt und werden sie einhalten, bis sie auf eine längere trainiert werden. Wenn Sie auf tieferen Ebenen arbeiten, werden Sie dies im Tempel tun, ihn versperren und, wenn nötig, sogar ein Schild »Bitte nicht stören« anbringen. Gewöhnliche Hausgeräusche, Telefon oder Stimmen werden Sie nicht erreichen.

Sorgen Sie dafür, daß ihr Rücken ordentlich gestützt ist. Ein kleiner Fußschemel ist eine gute Idee, so daß die Knie etwas höher liegen als die Hüften. Diese Stellung sieht man oft in ägyptischen Hieroglyphen (siehe Abb. 14).

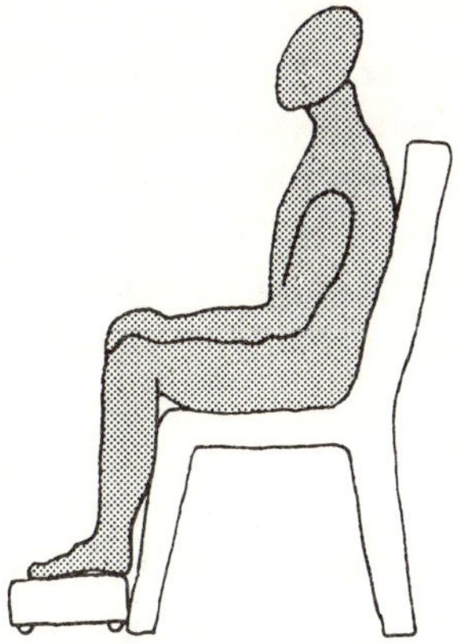

Abb. 14: Meditationsstellung

Beginnen Sie Ihre Meditation wie üblich, aber vergewissern Sie sich doppelt, daß Sie völlig entspannt sind. Bevor Sie beginnen, bauen Sie die Vorstellung ein, daß sich in Ihrem Tempel, oder wo auch immer Sie meditieren, eine Wendeltreppe befindet, die durch die Zimmerdecke empor in einen anderen Raum, der gleich wie dieser hier ist, führt. Konzentrieren Sie sich auf Ihr Thema und meditieren Sie ein paar Minuten lang darüber, dann stehen Sie in Ihrer Vorstellung auf, lassen Ihren physischen Körper ruhig sitzen und gehen zur Treppe. Schreiten Sie sie gleichmäßig und ruhig empor und fühlen Sie, wie Sie beim Emporsteigen eine Spirale beschreiben, bis Sie in das genaue Abbild des Raumes, den Sie soeben verlassen haben, kommen.

Gehen Sie nun zu der Stelle, an der Ihr Stuhl auf Sie wartet; setzen Sie sich nieder und lassen Sie sich in eine andere, tiefere Stufe der Meditation sinken. Die ersten paar Male werden Sie vermutlich in Ihren Raum darunter zurückschnellen. Wenn das eintritt, steigen Sie nochmals die Treppen hoch und wiederholen alles noch einmal. Versuchen Sie, die dritte Stufe ein paar Minuten aufrechtzuerhalten (verlängern Sie den Zeitraum langsam, bis Sie es zumindest auf fünf Minuten bringen), dann erheben Sie sich und gehen die Treppe hinunter in den ersten und physischen Raum. Geben Sie sich Zeit, langsam zurückzukommen und sorgen Sie für eine gute Erdung. Fühlen Sie den Stuhl unter sich und den Boden unter Ihren Füßen. Halten Sie ein Glas Milch oder irgend etwas anderes Trinkbares und einen einfachen Keks bereit. Dies wird Ihnen mehr helfen, in Ihren Normalzustand zurückzukommen, als alles andere.

Sie sollten nicht jeden Tag auf der dritten Stufe meditieren. Tun Sie es nur, wenn Sie das Gefühl haben, tiefer in ein Thema eindringen zu müssen. Sie sollten dies nicht häufiger als einmal in der Woche tun, bis Sie nicht zumindest sechs Monate lang Erfahrungen damit gesammelt haben. Dann versuchen Sie es zweimal pro Woche. Aber sobald Sie eine negative Reaktion feststellen – wie Kopfschmerzen oder irgendeine Art von Verwirrtheit, auch die leichteste –, machen Sie eine Pause von einem Monat und gehen Sie zurück auf nur einmal pro Woche. Vielleicht sind Sie einer von jenen Menschen, die auf der zweiten Stufe eine natürliche Barriere haben, und es wäre unklug, den Eintritt in die nächste Stufe erzwingen zu wollen.

Kreative Visualisation

Mit dem Hochsteigen der Treppe in Ihrer Vorstellung sind Sie bereits in eine neue Phase Ihrer Ausbildung getreten, jene der kreativen Visualisation. Vielleicht haben Sie bereits ein gut entwickeltes »inneres Auge«, aber es wird dennoch geschult werden müssen, um Details zu erschaffen und Hör-, Geschmacks-, Tast- und Geruchssinn auch auf den inneren

Ebenen zu entwickeln. Wenn Sie nicht ein ziemlich gutes Vorstellungsvermögen haben, werden Sie harte Arbeit investieren müssen, da nahezu achtzig Prozent aller Magie von dieser Tätigkeit abhängen.

Jeder hat das Abbild eines Fernsehschirmes in seinem Kopf, und auf diesen Schirm bringen wir die Bilder aus unserem Gedächtnis zurück, wenn wir sie brauchen. Auf diese Art erkennen wir Menschen, Dinge und Orte; manche lesen sogar ihre Bücher nach dieser Methode. Wenn Sie diese Seiten lesen und sie zu einer Bildserie in Ihrem Kopf machen, dann verwenden Sie bereits einen der Grundsteine der Magie - Ihre Vorstellungskraft. Der Mensch ist das einzige Lebewesen mit dieser Fähigkeit, und das ist auch der Grund dafür, daß es Kunst gibt, Bildhauerei, Literatur und Musik. Aber es geht sogar noch weiter. Es gibt nichts, was Sie in diesem Moment umgibt, das nicht das Produkt der Vorstellungskraft irgendeines Menschen wäre. Alles, was Sie sehen, kommt von einem Gedanken, einer Idee, einer Vision, die jemand hatte. Später wird diese Idee eine Zeichnung, ein Plan, ein Entwurf. Von hier entwickelt sie sich zum Prototypen und kommt dann schließlich voll »ausgebrütet« in die materielle Welt.

Sie werden es vielleicht nicht glauben wollen, aber jedesmal, wenn das geschieht, auch mit etwas so Irdischem wie dem neuen Gehäuse eines Staubsaugers, folgt es einer uralten magischen Regel: Idee/Struktur/Objekt, oder in okkulten Begriffen: Wollen/Gefühl/Manifestierung. Der Trick in der Magie ist, sich völlig auf das gewollte Objekt zu konzentrieren und dabei alles andere auszuschließen, Ihren Geist mit einer aufgeladenen Emotion zu füllen und das innere Bild so detailliert wie möglich zu gestalten. Das ist nicht so einfach wie es klingt. Es erfordert Zeit und Geduld; doch ohne ausgebildetes Vorstellungsvermögen ist magisches Arbeiten nahezu unmöglich.

Wie beginnen Sie, Ihr inneres Auge auszubilden? Alles der Reihe nach! Bevor Sie ein fehlerfreies und detailliertes Bild vor Ihrem inneren Auge aufbauen können, müssen Sie wissen, wie die Dinge auf der äußeren Ebene ausssehen. Ihre erste Aufgabe ist es daher, zu beobachten und sich an das Beobachtete zu erinnern. Viel in diesem Training wird auch ihr Gedächtnis miteinschließen. Freuen Sie sich, gleich zwei Fliegen mit einer Klappe zu schlagen.

Ein eher heiterer und lustvoller Weg, Ihre Beobachtungsfähigkeit zu trainieren, ist, was Okkulisten »Kims Spiel« nennen, ein Spiel, das nach der Figur aus Rudyard Kiplings Roman *Kim* benannt ist. Im Buch wird dem jungen Kim ein Tablett mit ungefähr einigen Dutzend Gegenständen gezeigt, und er hat zwei Minuten, um sich diese zu merken. Dann wird das Tablett bedeckt, und er muß die Gegenstände nennen. Sobald

Sie etwas mehr Übung haben, werden Sie in der Lage sein zu sagen, wieviele Gegenstände die gleiche Farbe oder Gestalt haben oder von gleicher Art sind. Wenn Sie diese Aufgabe gemeistert haben, versuchen Sie es mit einem Bild, vorzugsweise mit einer Gruppe von Menschen darauf. Dann bedecken Sie das Bild und versuchen, sich zu erinnern, wer wo gestanden hat, wer Hüte getragen hat und wer nicht, was die Person in der linken Ecke in der Hand gehalten hat, ob sie es in der rechten oder in der linken Hand hielt.

Sie können die ganze Familie in dieses »Spiel« mit einbeziehen und werden ihr damit genauso einen Gefallen erweisen wie sich selbst. Warum überhaupt sollen Sie der einzige sein, der ein Training absolviert? Wenn Sie einkaufen gehen, Ihren Hund ausführen, zur Arbeit gehen oder in Ihrem Büro sitzen, sehen Sie um sich und versuchen Sie, Dinge zu finden, die Sie noch niemals zuvor bemerkt haben. Versuchen Sie besonders, Ihren Blick in die Höhe zu richten. Sie werden erstaunt sein, wieviele interessante und ungewöhnliche Dinge es über Ihrem Kopf gibt. Machen Sie sich selbst zum Ziel, jeden Tag einen Monat lang zehn neue Dinge zu bemerken. Aber schreiben Sie sie nicht auf; erinnern Sie sich nur an sie im Zusammenhang mit vielen Details.

Wenn Sie in einem Ort sind, der Ihnen neu ist, nehmen Sie sich etwas Zeit, spazieren Sie umher und merken Sie sich auffallende Wahrzeichen und Marksteine, aber der Reihe nach. Wenn Sie es auf diese Art tun, garantiere ich Ihnen, daß Sie nie wieder in einer fremden Stadt verlorengehen werden. Ihr Geist wird automatisch eine Karte mit eben jenen Marksteinen entwerfen, auch wenn Sie diesen Ort jahrelang nicht mehr gesehen haben. Nach einer Weile wird Ihnen dieses Beobachten der Umgebung zur zweiten Natur werden, und Sie werden sich nicht nur an die Orte, sondern auch an die Menschen, die Sie getroffen haben, und die Gespräche, die Sie geführt haben, erinnern können. Am Abend, bevor Sie einschlafen, können Sie den gleichen Weg gehen und im Detail alles sehen, was Sie physisch gesehen haben. Das ist eines der Dinge, bei denen Ihre magische Ausbildung auch Ihrem Alltagsleben zugute kommt. Wenn Sie einen Ihnen bisher Unbekannten treffen, merken Sie sich auch die Umgebung und schreiben Sie vor Ihrem geistigen Auge an einer Ihnen genehmen, aber auffälligen Stelle die Namen auf. Später dann werden Sie sich an den Ort erinnern können, und Ihr Unterbewußtsein wird das Bild der dazugehörigen Person komplett mit Namen liefern.

Kinder denken in Bildern, bevor sie zur Schule gehen. Danach verlieren achtzig Prozent durch das, was wir »Erziehung« nennen, ihr Vorstellungsvermögen. Das Unterbewußtsein eines Menschen ist wie ein

Kind: Es denkt, lernt und arbeitet ebenso in Bildern. Es ist ein Teil von uns, der sich, lange bevor Worte und Geschriebenes Hauptausdrucksmittel der Kommunikation wurden, entwickelt hat. Aber das Unterbewußtsein hat die alten Wege nie vergessen, weshalb die alten Hieroglyphen in manchen Menschen auch oft Bekanntheitsgefühle hervorrufen. Die Bilderschrift rührt an etwas tief in Ihnen. Obwohl dieser Teil unseres Geistes alt ist, ist er sehr mächtig. Er ist unser magisches Erbe, und wenn man es ihm einmal gestattet, seine alten Fähigkeiten zu nutzen, wird er bald sein früheres Geschick wiedererlangen.

Wenn ein Kind sprechen lernt, sieht es Handlungen oder Gegenstände als Worte. Beobachten Sie ein zweijähriges Kind, wie es sich auf ein neues Spielzeug konzentriert, von dem man ihm gesagt hat, daß es ein Esel sei. Das Abbild zu diesem Klang hat für das Kind vier Beine, lange haarige Ohren und fühlt sich weich und seidig an. Zeigen Sie ihm das Bild eines Pferdes, dann wird es vermutlich »Esel« sagen, denn das dazugehörige Bild in seinem Geist zeigt vier Beine, lange Ohren und ein weiches Fell. Es lernt jetzt, daß ein Pferd größer ist und eine andere Farbe hat, indem es ein neues Wort mit einem ähnlichen Bild verbindet. Durch dieses Verbinden von Bild und Wort kann ein Kind sehr schnell eine Sprache lernen.

Wenn wir Erwachsene eine neue Sprache lernen, vergessen wir gewöhnlich, diese Verbindung zwischen Wort und Gegenstand herzustellen – es sei denn, wir haben eine ausgesprochene Begabung dafür –, und das erschwert uns die ganze Sache. Die alte biblische Aussage »Ihr müßt wie kleine Kinder werden« kann in der okkulten Ausbildung eine völlig neue Bedeutung erhalten.

Denken Sie einen Augenblick zurück an das, was ich über Räucherungen sagte, und wie sie Erinnerungen aus Ihrer Vergangenheit hervorbringen können. Können Sie jetzt sehen, wie alles zusammenpaßt? Diese evokative Kraft der Gerüche, das in hohem Grade ausgebildete innere Auge, das Sichentwickeln des Gedächtnisses durch weiter und weiter Zurückgehen (wie Sie es während Ihres Trainings im ersten Monat getan haben). Eines Tages werden Sie eine unsichtbare Schranke tief in sich selbst überschreiten und sich in einem Zeitalter und vielleicht in einem Land wiederfinden, das Ihnen fremd ist, doch gleichzeitig auch vertraut. Das ist der Beginn einer weit zurückliegenden Erinnerung und die Erfahrung von Leben, die Sie vor langer Zeit gelebt haben.

Ein guter Magier lagert nützliche Bilder genauso, wie ein guter Bauer Heu für den Winter lagert. In den frühen Stadien Ihrer Ausbildung helfen Entspannung und Meditation, Ihr Oberstübchen von unerwünschtem Wirrwarr zu reinigen. Sobald es ordentlich und aufgeräumt ist, hat es Raum, um neue und für die Magie nützliche Bilder aufzunehmen und zu behalten für eine Zeit, da sie gebraucht werden.

Die Verwendung von kreativer Vorstellung, um Ihr Leben auf allen Ebenen zu bereichern, ist Teil Ihres Erbes als Kind der Sterne. Aber es wurde lächerlich gemacht als »Phantasie und Tagträumerei«, da sich der Mensch vor seiner Macht über ihn fürchtet. Und doch findet es einen Weg, durchzusickern und sich bemerkbar zu machen, wie man an den immens populären Phantasie-Rollenspielen und an der ganzen »Verlies- und Drachen-Industrie« sehen kann.

Dichter, Barden und umherwandernde Troubadoure wurden im Mittelalter wegen ihrer reichen Sammlung an Geschichten, Liedern und Balladen hoch geschätzt, aber am meisten wohl deshalb, weil sie durch ihre Erzählungen im Geist der Zuhörer Bilder entstehen ließen. Ihr Publikum wurde durch Stimme und Wort in das Reich der Phantasie entführt. Diese Männer konnten den Willen von Königen und Herrschern beeinflussen, was sie oft auch taten; und einige änderten sogar den Verlauf der Geschichte. Wenn sie sprachen, waren die zugigen Hallen still; ihre Zuhörer waren entführt auf Schlachtfelder und in seltsame Länder.

Hören Sie einem guten Geschichtenerzähler von heute zu. Da ist vielleicht einer in Ihrem Büro, in Ihrem nahegelegenen Gasthaus oder in Ihrer Bar, und beobachten Sie, wie seine Art, eine Geschichte zu erzählen, klare Bilder im Geist der Zuhörer entstehen läßt. Das ist auch das Geheimnis des erfolgreichen Komikers. Seine Art, einen Witz zu erzählen, bringt Sie zum Lachen, nicht über den Komiker selbst, sondern über das Bild, das er in Ihrem Geist geschaffen hat.

Alles hat sein Gegenteil. Diese von der Vorstellungskraft geschaffenen Bilder haben auch eine dunkle Seite, denn jeder, der gelernt hat, mit Kraft und Gefühl die Bilder in seinem Geist entstehen zu lassen, kann die Massen beeinflussen. Sehen Sie sich die Geschichte an und denken Sie an Männer wie Hitler und Churchill. Sie hatten unterschiedliche Motive. Aber beide übten die gleiche Art von Macht aus. Jeder charismatische Führer hat diese Technik gelernt oder verwendet sie unbewußt. Aber es beginnt mit dem geistigen Auge.

Was meinen wir, wenn wir das Wort Visualisation verwenden? Viele Leute glauben irrtümlicherweise, daß Visualisieren bedeute, ein tatsächliches Bild vor seine Augen zu projizieren. Dem ist nicht so. Lassen Sie mich Ihnen an Hand einer Analogie zeigen, was man unter Visualisierung versteht. Legen Sie das Buch für einen Moment zur Seite und lehnen Sie sich in Ihrem Stuhl zurück. Sicherlich haben Sie ein Fotoalbum im Haus mit Bildern Ihrer Eltern, Verwandten oder Freunde.

Vielleicht haben Sie ein Lieblingsfoto. Holen Sie es vor Ihr geistiges Auge. Wenn möglich, sprechen Sie laut und beschreiben Sie das Foto detailliert: wer darauf ist, wo es aufgenommen wurde, was die Leute darauf anhaben usw. Was Sie jetzt tun, ist Visualisation. Sie schauen sich das Bild mit einem inneren Teil Ihres Geistes, der wie ein Bildschirm funktioniert, an.

Versuchen wir es noch einmal. Stellen Sie sich vor, Sie werden vor ihrem Haus von einem Fremden angehalten und nach dem Weg zum nächsten Postamt gefragt. Wiederum, wenn möglich, beschreiben Sie den Weg laut. Sie werden feststellen, daß, sowie Sie die einzelnen Straßen und Marksteine auf dem Weg dahin beschreiben, diese auf Ihrem geistigen Bildschirm erscheinen. Sie können Ihre Visualisierungstechniken hin und wieder während des Tages trainieren, genauso wie Sie es noch immer (zumindest hoffe ich das) mit Ihren Entspannungsübungen und Zwischendurch-Meditationen tun. Machen Sie es zu einem Spiel, das Sie auf Bahnhöfen, Flughäfen und überall dort, wo Sie eine Weile auf etwas warten müssen, spielen können; und Sie können üben, ohne dafür extra Zeit hergeben zu müssen und ohne daß diese Seite Ihrer Ausbildung je langweilig wird, ein Grund, der den anfänglichen Enthusiasmus vieler Leute für das Okkulte nach ein paar Wochen auslöscht. Ich gebe Ihnen am Ende dieses Kapitels ein paar weitere Visualisierungsübungen in der monatlichen Zusammenfassung.

Der Tempelring

Lassen Sie uns zum Thema »Magische Persönlichkeit« zurückkehren, über das wir im ersten Kapitel gesprochen haben. Sie werden jetzt bereits jede Menge Zeit in Ihrem Tempel verbringen, und zweifellos werden Sie bemerkt haben, daß Sie sich wie eine andere Person fühlen, wenn Sie ihn betreten – und natürlich sind Sie es auch. Ihre Aufgabe ist es nun, diese Tempelpersönlichkeit zu festigen und sicherzustellen, daß sie sich nur zeigt, wenn Sie es ihr auch erlauben. Deshalb ist es jetzt an der Zeit, sich einen Tempelring zu kaufen, oder, wenn Sie geschickt genug sind, ihn selbst anzufertigen.

Gold ist natürlich am besten, aber auch teuer; Silber ist etwas weniger kostspielig, aber da ein magischer Ring auch einen Stein haben muß, und einen echten dazu, wird das den Preis noch mehr in die Höhe bringen. Wenn Sie es sich leisten können, gut, wenn nicht, sehen Sie sich nach einem alten Stück um. Vielleicht hat ein älterer Verwandter einen, den er Ihnen geben oder verkaufen kann; wenn nicht, so können Sie einen aus zweiter Hand kaufen. Sie müssen ihn dann jedoch rituell von früheren Einflüssen reinigen.

Das beste, das Sie tun können, um einen Ring – oder jedes kleinere Stück wie eben Schmuck – zu reinigen, ist, ihn über Nacht unter fließendem Wasser zu lassen. Ein Gebirgsbach wäre ideal, wenn Sie einen in Ihrer Nähe haben. Geben Sie den Ring in eine kleine Dose, in die Sie vorher Löcher gebohrt haben. Dann binden Sie die Dose fest an einen schweren Stein, so daß sie nicht davongeschwemmt werden kann. Wenn es Ihnen möglich ist, kampieren Sie über Nacht in der Nähe dieses Gebirgsbaches; dann können Sie nämlich auch gleichzeitig über den Ring meditieren, Ihre Visualisationstechniken verwenden und »sehen«, wie er von allen früheren Einflüssen befreit wird. Eine andere Methode wäre, den Ring sicher an einer Angelleine zu befestigen und diese an einem Baum oder Stein festzumachen. Auf diese Art könnte der Ring frei im fließenden Wasser treiben.

Wenn diese Methode der Reinigung für Sie unpraktisch ist, können Sie es auf eine andere Weise machen. Erinnern Sie sich, wie Sie Salz und Wasser für die rituelle Reinigung Ihres Tempelraumes gesegnet haben. Die gleiche Methode können Sie anwenden, um ihren Ring zu reinigen. Wenn Sie die Elemente geweiht haben, schütten Sie das Salz in das Wasser, genauso wie zuvor (aber verwenden Sie nur ganz wenig Salz, so daß der Ring nicht angegriffen wird), und lassen Sie den Ring für mindestens sieben Stunden im Wasser liegen.

Nun können Sie ihn für Ihren Gebrauch weihen, Ihre zweite echte rituelle Arbeit. Bereiten Sie sich darauf vor, indem Sie zuerst »Die Übung der Mittleren Säule« (siehe Seite 355) lesen und durcharbeiten, bis Sie sie auswendig wissen. Auf Ihrem Altar sollten die Lampe, eine Schale mit Wasser, eine kleine Untertasse mit Salz, etwas Weihrauch und ein Fächer aus Federn von Wildvögeln, die Sie selbst im Wald, Park oder am Strand gesammelt haben, liegen. Ziehen Sie sich Ihre Robe über, schlüpfen Sie in Ihre Tempelpantoffeln und setzen Sie sich für ein paar Minuten hin, um zu meditieren, mit dem Ring auf dem Altar als Konzentrationspunkt. Denken Sie sich, daß der Stein porös sei und darauf warte, von Ihrer magischen Persönlichkeit erfüllt zu werden. Sehen Sie ihn als völlig leer, rein und frisch.

Führen Sie die Übung der Mittleren Säule durch, bis Sie fühlen können, wie die Sphären in Ihnen zu leuchten beginnen. Fahren Sie dann fort, die Kraft um sich zirkulieren zu lassen, bis Sie fühlen können, wie Sie von einer eiförmigen Aura der Kraft umgeben sind. Halten Sie diese fest, so gut Sie können, und imaginieren Sie einen Strahl weißen Lichtes, der zwischen Ihren Augen hervorschießt und den Ring durchflutet. Dieser Lichtstrahl trägt das Geschenk der »Suche nach Perfektion« von Ihrem Höheren Selbst mit sich. Fühlen Sie nun, wie ein zweiter Lichtstrahl aus Ihrem Hals kommt. Er hat eine schwache Lavendelfarbe und führt Ihr Verlangen nach »Wissen, um dienen zu können« mit sich. Auch er berührt und erfüllt den Ring. Aus dem Herzzentrum kommt ein strahlend goldenes Licht, das ebenso auf den Ring zielt und ihn mit »Verlangen nach Harmonie innerhalb des Selbst« erfüllt. Von den Genitalien kommt ein dunkler, indigoblauer Strahl. Er läßt sich am Ring nieder und durchdringt ihn mit dem »Verstehen um die kreative Kraft«. Zuletzt kommt von Ihren Füßen ein gebündelter Strahl mit einem gelblichen Rotbraun, Olivgrün und Schwarz und erfüllt den Ring mit »Stärke, Ausdauer, Verschwiegenheit und Einsicht«.

Gehen Sie jetzt zum Altar, segnen Sie Wasser und Salz, geben Sie etwas Räucherwerk auf die glimmende Holzkohle, gerade genügend, um etwas Rauch zu entwickeln (aber nicht soviel, daß Sie ersticken!). Nehmen Sie Ihren Ring auf, halten Sie ihn über das Wasser, besprengen Sie ihn mit ein paar Tropfen und sagen Sie:

Mit dem Element des Wassers, Symbol des Verstehens und Glaubens, weihe ich diesen Ring zu meinem Gebrauch.

Machen Sie das gleiche mit dem Salz und wiederholen Sie:

Mit dem Element der Erde, Symbol des spirituellen Wachsens, weihe ich diesen Ring zu meinem Gebrauch.

Ziehen Sie den Ring jetzt durch den Weihrauch und sagen Sie:

Mit dem Element des Feuers, Symbol des Dienens, der Ehre und Loyalität, weihe ich diesen Ring zu meinem Gebrauch.

Zuletzt schwenken Sie den Fächer über den Ring und sagen:

Mit dem Element der Luft, Symbol der schöpferischen Worte der Macht, weihe ich diesen Ring zu meinem Gebrauch. Oh, Ihr Mächtigen der inneren Reiche, hört mein Versprechen, das ich an diesem Tage ablege. Ich werde mit all meiner Kraft danach streben, diesen Ring in Tugend, Wahrheit und vollem Verstehen meiner Verantwortung zu tragen. So sei es an diesem heutigen Tag.

Stecken Sie sich jetzt den Ring an den rechten Zeigefinger und lassen Sie die gespeicherten Kräfte und Segnungen ihn durchfluten. Setzen Sie sich für eine Weile wieder zur Meditation hin und denken Sie darüber nach, was Sie gerade getan haben. Dann räumen Sie die Dinge vom Altar, lassen jedoch das Licht noch etwas länger brennen, um die Atmosphäre aufzufüllen, und tragen Sie die Arbeit in Ihr Tagebuch ein. Nähen Sie sich ein seidenes Täschchen mit einer Kordel zum Zuziehen, um den Ring darin aufzubewahren. Tragen Sie ihn nicht als Schmuck; er ist ein Arbeitsring. Er wird immer als letztes Stück der Ritualkleidung angelegt und vervollständigt Ihre Erscheinung, wenn Sie Ihre magische Persönlichkeit annehmen.

Von jetzt an, wenn Sie im Tempel arbeiten, führen Sie das Bannende und Anrufende Ritual durch (siehe Seite 356). Lesen Sie das Ritual sorgfältig und arbeiten Sie daran, bis Sie es aus dem Gedächtnis tun können. Beginnen Sie auch mittels Pfadarbeit den astralen Tempel aufzubauen. Dazu stellen Sie Ihren Stuhl vor die Tür, setzen sich in Ihrer Meditationsstellung hin, atmen zwei- oder dreimal im Viererrhythmus und entspannen Körper und Geist. Dann beginnen Sie im Geist, das Bild einer Tür aufzubauen. Machen Sie sie unverkennbar, alt und schwer, mit kunstvollem Schloß und Angeln. Nehmen Sie sich einige Tage Zeit, um diese Tür wirklich richtig gedanklich zu formen, bis Sie sie jederzeit sofort ins Gedächtnis zurückholen können. Nun öffnen Sie sie und stehen an der Schwelle Ihres astralen Tempels. Bleiben Sie für ein paar Tage an dieser Türschwelle und bauen Sie nach und nach in Ihrer Vorstellung den Tempel Ihrer Träume auf. Halten Sie ihn relativ einfach. Er kann griechisch, ägyptisch oder kabbalistisch sein; er kann auch ein Abbild Ihres physischen Tempels sein. Bauen Sie Tag für Tag daran, bis Sie sich mit der gleichen Leichtigkeit darin bewegen können wie in Ihrem physischen Tempel. Statten Sie ihn mit allem aus, was Sie für notwendig halten. Lassen Sie sich Zeit und visualisieren Sie jedes Stück darin so deutlich wie möglich. Denken Sie immer daran, beim Verlassen die Tür fest zu verschließen.

Meditationsthemen für den Monat

»Jede magische Arbeit beginnt innen und wird nach außen projiziert.«

»Der Baum ist ein Diagramm der Kräfte und nicht der Dinge.«

»Das Unterbewußte ist das magisch Wirkende ... das Bewußtsein kontrolliert und leitet.«

(Diese Themen sind W. E. Butlers Buch entnommen, beachten Sie seine Bemerkungen über die Verwendung von Phantasie und Symbolen.)

»Für den Magier sind Geist und Materie ein zusammengehöriges Ganzes.«

»Magie ist nicht tot, sie hat lediglich ihre Komplexität erhöht.«

Sie haben jetzt den zweiten Monat durchgearbeitet und sich zweifellos über das Ausmaß an Arbeit gewundert. Seien Sie versichert . . . es wird noch mehr werden!

Leseliste

»Culpepper's Herbal« (Foulsham, 1952)
Maple, E.: *The Magic of Perfume* (Aquarian Press, 1976)
Miller, Richard Alan: *The Magical and Ritual Use of Herbs* (Destiny Books, 1985) (*Liebestrank und Ritual* - Gebrauch und Wirkung pflanzlicher Aphrodisiaka, Sphinx, 1988)
Stebbing, Lionel: *Music Therapy* (New Knowledge Books)
Sturzaker, J.: *Aromatics in Ritual and Therapeutics* (Metatron Publications)
Tame, David: *The Secret Power of Music* (Turnstone Press, 1984)
Vinci, Leo: *Incense* (Aquarian Press, 1980)

Empfohlene Musik

Call of Camelot, Norman Miller
La Mer, Debussy
Pelleas und Melisande, Debussy
Fantasia on Greensleeves, Vaughan Williams
Peer Gynt, Grieg
Aus der neuen Welt, Dvořák
Ammadawn, Mike Oldfield
Hymn of Jesus, Holst
Finlandia, Sibelius
Heaven and Hell, Vangelis
A Song of Summer, Delius
Hebriden Overtüre, Mendelssohn
Parsifal, Wagner
Zarathustra, Strauss

Der dritte Monat

Wächter und Tore

Beginn: ____________________ Ende: ____________________

Sie beginnen jetzt den dritten und letzten Monat der Vorbereitungsarbeiten. Es war notwendig, die Arbeit zu komprimieren, denn Sie dürfen nicht vergessen, daß ein normalerweise vierjähriges Arbeitsprogramm in dieses Buch hineingepackt wurde. Dennoch sind Sie gut in der Zeit, und Ihr Tempelraum sollte in diesem Monat nahezu fertig sein. Wenn Sie dann im nächsten Monat letzte Hand angelegt haben, werden Sie Ihren Tempel einweihen können.

Der letzte Schliff

Die Hauptarbeit für den Tempel in diesem Monat wird die Herstellung der Kerzenleuchter für die Himmelsrichtungen sein; aber bevor wir damit beginnen, denken wir über ein paar Ausschmückungen, über die letzten Handstriche in Ihrem Tempel nach. Nicht alle Rituale machen es erforderlich, daß die Offiziere die ganze Zeit über stehen müssen; aber sitzen kann genauso unbequem sein, wenn der Stuhl hart ist. Eine gute Idee wären Sitzpolster für die Stühle in den Himmelsrichtungen mit austauschbaren Bezügen. Für die Polster selbst ist eine nicht brennbare Schaumfüllung (Kapok) vorzuziehen. Sie könnten sich auch nach einigen kleinen Fußschemeln umsehen. Wenn man für längere Zeit sitzt und meditiert, kann es sehr hilfreich sein, wenn die Füße zumindest 5 bis 8 cm über dem Boden liegen. Beziehen Sie sowohl Polster als auch Fußschemel mit Stoffen in den Farben der Himmelsrichtungen.

Nützlich ist auch eine Kerzenschneuze (Lichtputzschere) an einem längeren Stab. Kirchenausstatter haben sie auf Lager, mit einer Halterung für einen Kerzenanzünder auf der einen Seite und der Schneuze auf der anderen. Vielleicht finden Sie eine alte Schneuze, die nur etwas aufpoliert zu werden braucht, in einem Trödelladen/Flohmarkt/Antikgeschäft.

Wenn Sie die Absicht haben, ausschließlich kabbalistisch zu arbeiten, werden Sie vermutlich auch die Quadersteine auf Ihrem Altar haben wollen. Diese sind ein Paar von Steinen, gewöhnlich aus Marmor (aber jedes andere Gestein, das sich polieren läßt, tut es auch). Die Quadersteine symbolisieren die sündige (nicht wiedergeborene) Seele des Menschen in Form des rauhen, ungeschliffenen Steins und die makellose Seele des Menschen, den geschliffenen und mit einem Zwingkeil versehenen Stein (mit einem Ring zum Anheben). Ein Steinmetz in Ihrer Nähe könnte das für Sie anfertigen. Aber das wird teuer. Ein Ausstatter für Freimaurerlogen könnte Ihnen das vermutlich etwas billiger liefern. Aber wenn Sie nicht die Absicht haben, nur mit dieser einen Tradition zu arbeiten, sind diese Steine unbedingt nötig.

Vielleicht besorgen Sie sich auch eine kleine Vase aus Glas, gerade groß genug für eine Blume. Eine einzelne Rose oder jede andere Blume am Altar kann sehr viel zum Gelingen eines Rituals beitragen. Weiter dann noch einen kleinen flachen Teller für Brot, ein Glaskännchen, um den Wein bereitzuhalten, der dann in den Kelch gegossen wird. Vergessen Sie nicht, Streichhölzer im Altarschrank zu haben, mit denen Sie das Altarlicht anzünden können. Die abgebrannten Streichhölzer legen Sie auf die glühende Holzkohle, so daß nichts herumliegt. Sie werden zwei kleine Gläser mit Salz und Wasser brauchen; auf dem Altar repräsentieren sie Erde und Geist. Ich verwende manchmal Meeresmuscheln dafür, aber ich habe auch diese altmodischen Salzgefäße aus dickwandigem Glas, die nicht umkippen und wenig Platz einnehmen.

In Kunsthandwerkgeschäften oder in Antikläden können Sie holzgeschnitzte Lesepulte erstehen. Es ist sehr nützlich, sie für Ihre Ritualunterlagen am Altar zu haben, weil Sie dadurch beide Hände frei haben. Die meisten können Sie zum Wegräumen flach zusammenklappen. In Ihrem Altarschrank sollten auch eine Bibel und vielleicht einige der anderen heiligen Bücher sein. Wenn Sie den Tempel gerade nicht verwenden, ist es gut, eine Vase mit frischen Blumen auf dem Altar zu haben. Sie brauchen nicht teuer zu sein. Wildwachsende Blumen sind am besten. Der Duft und die Lebenskraft, die von den Blumen ausgehen, helfen die Atmosphäre im Tempel aufzubauen und zu erhalten.

Die Kerzenhalter der Himmelsrichtungen

Wenn Sie genügend Geld haben, können Sie wirklich schöne Exemplare kaufen. Gewöhnlich sind sie ungefähr 1,5 m hoch und haben an der Spitze einen schalenförmigen Aufsatz mit einer Messingspitze, auf die Sie die Kerze aufsetzen können. Aber mit etwas Zeit und Anstrengung können Sie sie für sehr wenig Geld auch selbst machen.

Sie werden *vier* Kerzenhalter brauchen. Sie können sie an der Wand hängen haben oder auch freistehend. Wenn Sie sich für Wandlichter entscheiden, besorgen Sie sich in einer Gärtnerei vier Blumenübertöpfe mit Drahtaufhängung (siehe Abb.15).

Abb. 15: Die Kerzen der Himmelsrichtungen

Normalerweise haben sie einen kleinen Unterteller aus Plastik, auf den Sie Ihre Kerzen stellen können. Aber erhitzen Sie den Kerzenboden zuvor und drücken Sie ihn wirklich fest auf den Plastikboden. Das ist der schnellste und einfachste Weg, Ihr Problem bezüglich der Beleuchtung für die vier Himmelsrichtungen zu lösen. Das Beleuchten eines Tempels kann zu einem schönen und sehr bedeutungsvollen Teil Ihrer zukünftigen Rituale werden. Wenn Sie daher ein wenig Zeit und Anstrengung investieren, können Sie selbst vier Kerzenständer herstellen, wie Sie es auf Abbildung 16 sehen.

Sie werden dazu vier Besenstiele brauchen, die Sie in eine Länge von 75 cm schneiden. Für jeden Sockel brauchen Sie drei Quadrate aus Holz von je 20, 15, 10 cm. Beide Enden des Besenstiels sollten abgeflacht und glatt sein. Dann nageln Sie das kleinste Holzquadrat an das Ende des Kerzenhalters. Kleben Sie nun das 15 cm-Quadrat mit einem starken Kleber auf das erste, und wenn es festsitzt, machen Sie das gleiche mit dem 20-cm-Quadrat. Die Basis ist jetzt fertig. Für den oberen Teil werden Sie vier gleiche Metallaschenbecher brauchen, die ziemlich tief sein müssen, weil sie das flüssige Wachs auffangen und verhindern sollen, daß es auf den Teppich tropft. Kerzen können sehr rasch schmelzen. Je tiefer daher der Aschenbecher ist, um so besser wird es für den Teppichboden sein.

Nun haben Sie zwei Möglichkeiten: 1. Schneiden Sie den Boden von vier Plastikflaschen ab (mit einem Rand von ungefähr 8 cm). Schlagen Sie einen Nagel durch die Aschenbecher, um ein Loch zu machen; dann

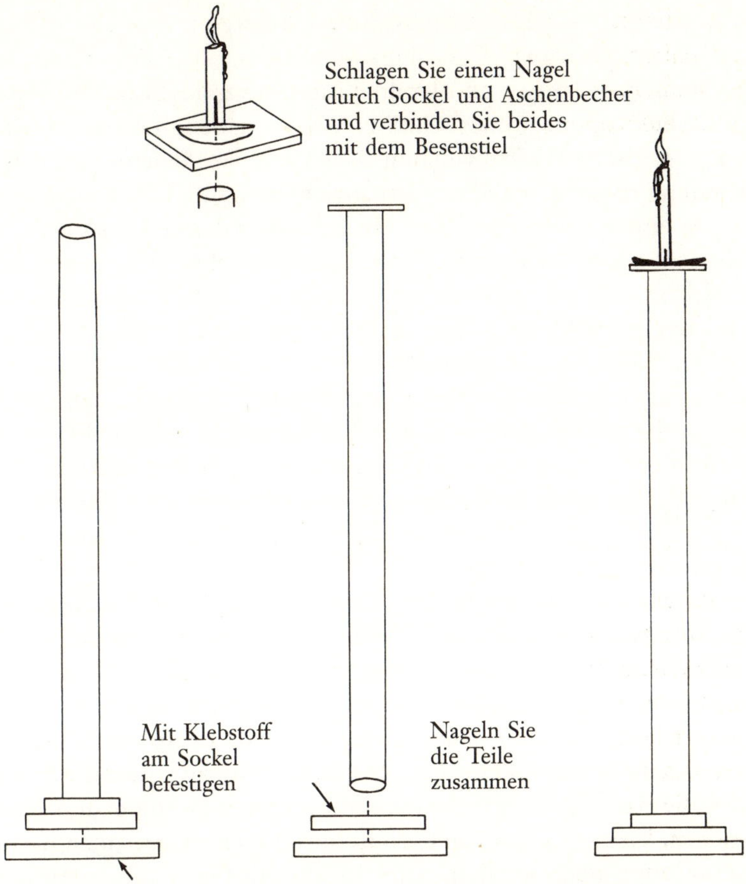

Abb. 16: Kerzenständer für die Himmelsrichtungen

setzen Sie den »Plastikbecher« auf den Aschenbecher auf und befestigen beides am Ständer mit einer 5 cm langen Schraube.

2. Hämmern Sie je einen 5 cm langen Nagel durch die Aschenbecher, und zwar so, daß die Spitze nach oben zeigt, und kleben Sie beides mit einem guten Haftkleber an die Basis. Die Kerze kann jetzt auf den Nagel gesteckt werden und wird festsitzen.

Zum Abschluß besorgen Sie sich ein paar Perlschnüre aus Holz oder Plastik, genug, um vier Streifen der Länge nach auf jeden Kerzenhalter aufzukleben. Besprühen oder bemalen Sie das Ganze in Gold oder Silber. Sie bekommen so eine elegante Ergänzung zu Ihrem Tempel.

Die magischen Geräte

Wenn Sie bereits einiges an okkulter Literatur gelesen haben, werden Sie zweifellos von magischen Geräten gehört haben, manchmal fälschlich auch magische Waffen genannt. Das Wort Waffe deutet an, daß die Verwendung dieser Dinge Schaden anrichten kann. Tatsächlich jedoch sind sie in einem spirituellen Sinn einfach symbolische Verlängerungen des Magiers selbst. Sie können genausogut auch ohne sie arbeiten, denn jeder Magier, der sein geweihtes Salz wert ist, sollte dazu in der Lage sein, mitten in der Wüste völlig nackt mit nichts außer seinem Geist als magischem Werkzeug zu arbeiten.

In den Tagen der großen Mysterienschulen fertigten die Tempellehrlinge mit sehr viel Sorgfalt und Liebe zum Detail ihre eigenen Werkzeuge. Sie wurden ein ganzes Leben lang in Ehren gehalten und manchmal an einen bevorzugten Studenten weitergegeben als ein Geschenk, das hoch geschätzt wurde. Es kam aber auch vor, daß sie nach dem Tod des Fertigers vernichtet wurden.

Ein Punkt, über den Sie in den nächsten Wochen nachdenken müssen, ist, was mit Ihren magischen Werkzeugen, Büchern, Roben geschehen soll, wenn Ihnen etwas zustößt. Solche geweihten Gegenstände werden oft herumliegen gelassen oder, was noch schlimmer ist, an einen Altwarenhändler verkauft. Dadurch kommen sie oft in die Hände von Leuten, die dafür ungeeignet sind. Sie können sogar ernsthafte Probleme schaffen, wenn nicht Schritte unternommen werden, um das zu verhindern. Wenn solche Gegenstände absichtlich an jemanden Berechtigten weitergegeben werden, dann ist alles in Ordnung, wenn nicht, dann muß der verstorbene frühere Eigentümer für alle Probleme, die dadurch entstehen könnten, geradestehen. Vereinbaren Sie mit einem Rechtsanwalt oder vertrauenswürdigen Freund, daß alle magischen Werkzeuge so rasch wie möglich beseitigt und entweder zerstört oder sonst aus dem Verkehr gezogen werden. Sie können sich natürlich auch in Ihrer Robe zusammen mit Ihren magischen Werkzeugen begraben lassen. Dagegen gibt es kein Gesetz.

Seit dem Mittelalter gibt es gewisse Traditionen, wie man sich magische Instrumente beschafft. Den Kelch erhält man am besten als Geschenk; das Schwert sollte gewonnen werden; und wenn das unmöglich ist, müssen Sie es selbst schmieden. Der Stab muß selbst vom Baum geschnitten und angefertigt werden; das Pentakel, wenn aus Holz, muß ebenfalls selbst abgeschnitten und mit Ihren eigenen Händen gestaltet werden. Wenn es aus Metall ist, muß der Eigentümer selbst die Symbole eingravieren. Wenn Sie sich anstelle des Pentakels für ein Horn entscheiden, so muß es in freier Wildbahn gefunden werden, das heißt dort, wo das Tier verendet ist oder das Horn abgestoßen hat; oder Sie müssen es dem Tier selbst abnehmen.

Der Stab

Schauen wir uns jetzt jedes einzelne Gerät genauer an und beginnen wir mit dem bekanntesten, dem Stab. Jedes Kind wird von Zauberstäben gehört oder gelesen haben, wie sie angeblich von Elfen-Patentanten und bösen Hexen verwendet werden. Und da wir gerade beim Thema sind: Lassen Sie mich Ihnen ein für alle Male sagen, daß neunzig Prozent aller Hexen alles andere als böse und schlecht sind. Tatsächlich sind die meisten von ihnen sehr freundliche, sanfte, hart arbeitende Menschen, die leider all die Jahrhunderte hindurch übel verleumdet wurden. Es gibt einige, die zum Anreiz Publizität brauchen. Aber größtenteils sind Hexen Heiler und ausgesprochen konservativ. Sie verehren alles andere, nur nichts Böses. Viel von ihrer Symbolik kann man auch im Christentum finden, wenn man sich nur die Mühe macht nachzusehen.

Bevor Sie sich nach einer passenden Esche oder einem Weißdornbaum umsehen, schauen wir uns einmal die Geschichte des Stabes näher an. Seit Tausenden von Jahren werden Götter, Könige, Priester und Kaiser mit einem Symbol ihrer Macht in Form eines geraden Stabes in der Hand dargestellt. Manchmal hat er an seiner Spitze ein Totemtier, einen Vogel oder irgendein abstraktes Symbol, das die Art von Kraft zeigt, die sich der Träger des Stabes zunutze macht. Wenn man solche Symbole auf alten Mauern und Grabmalereien miteinander vergleicht, kann man entschlüsseln, welcher Priester welchen Gott darstellt.

Es ist nicht ausreichend, einen Stab zu haben oder herzustellen. Sie müssen auch hinter die verwendeten Formen und Materialien, wie sie für das archetypische Symbol verwendet wurden, bis hinunter zu den Wurzeln dieser Gestalt sehen und sie verstehen können. Archetypen haben nicht immer die Gestalt von Lebewesen. Jede reine Form oder Gestalt hat ihre Wurzel in einer archaischen und symbolischen Form, aus der sich alle anderen Vorstellungen dieser Gestalt entwickeln.

Ein Tier wird besser mit jemandem arbeiten, den es mag und dem es vertraut; genauso ist es auch mit einem magischen Gerät, wenn es ein Teil von Ihnen werden soll. Alle magischen Geräte müssen hergestellt werden, weil eine Grundsehnsucht oder ein Grundbedürfnis da ist oder in Ihnen hochsteigt. Auf diese Weise tauchen sie von den überirdischen Archetypen »Form und Kraft« auf. Wie Sie von Ihrem Studium der

Kabbala wissen werden, sind das Binah und Chockmah; und das wichtigste Symbol von Chockmah ist der Stab.

Denken Sie an all die anderen Formen, die der Stab der Macht haben kann: Das Szepter eines Königs, der Stab eines Feldmarschalls, an jene Stäbe, die von Haushofmeistern und Tambourmajoren (und Tambourmajorinnen) gehalten wurden. Denken Sie an Träger des Amtsstabes und an Stabsfeldwebel, an den Stab des Aaron und die Stäbe von Moses und Aeskulap, den Caduceus des Hermes, die Kriegskeulen der polynesichen Häuptlinge, aber auch die Knüttel der irischen Kriegsherrn und die uralten Waffen, die verwendet wurden, um den scheidenden »Eichenkönig« zu töten. Denken Sie ferner an den Krummstab und die Geißel der Pharaonen, den Krummstab der Bischöfe, den Hexenbesen, den Krummstab der Hirten, den Ochsen-Treibstock, den Blitzableiter und den Dirigentenstab, an den Stab der Elfenkönigin, der mit einem Stern gekrönt ist, und an ein Billard-Queue in der Hand eines Meisters. Sie alle sind Stäbe, Embleme von Macht und Kraft, von den höheren Ebenen auf die physische heruntergebracht. Mehr oder weniger sind sie alle Zauberstäbe.

Datum	*Buchstabe*	*Druiden-Buchstabe*	*Baum*
24. Dezember bis 20. Januar	B	Beth	Birke
21. Januar bis 17. Februar	L	Luis	Eberesche
18. Februar bis 17. März	N	Nion	Esche
18. März bis 14. April	F	Fear	Erle
15. April bis 12. Mai	S	Saille	Weide
13. Mai bis 9. Juni	H	Uath	Hagedorn
10. Juni bis 7. Juli	D	Duir	Eiche
8. Juli bis 4. August	T	Tinne	Stechpalme
5. August bis 1. September	C	Coll	Haselbusch
2. September bis 29. September	M	Muin	Weinrebe
30. September bis 27. Oktober	G	Gort	Efeu
28. Oktober bis 24. November	NG	Ngetal	Schilfrohr
25. November bis 23. Dezember	R	Ruis	Holunder

Die meisten Heiligen, Einsiedler und Propheten werden mit einem Stab oder etwas Ähnlichem dargestellt. Die alten Ägypter hatten einen Feiertag, den sie die »Geburt des Sonnenstabes« nannten. Sie glaubten, wenn das Jahr fortschritt und die Tage kürzer wurden, würde die Sonne einen Stock brauchen, um sich aufrecht zu halten. Man kann hier an eine alte

Frau denken, wie sie ihren Stock drohend gegen einen Spitzbuben erhebt – das archetypische Symbol einer Hexe.

Dann gibt es auch noch die »Dod-Men« oder »Ley-Men« (Vermesser), die die alten Spuren fanden und entwarfen, indem sie zwei Stäbe als Meßinstrumente verwendeten und ihre Abbilder eingeschnitten im grünen Gras Englands hinterließen; Steinkreise, Totempfähle und wundersame Stäbe, die Blüten tragen, wenn sie in den Boden gestoßen werden; und Figuren in Kalk, wie der schamlos phallische Riese von Cerne Abbas, dessen Symbol der Stab ist, der Pfeil, das Lingam und der erigierte männliche Penis.

Der Sinn des Stabes im Ritual ist, den Willen über die eigene Person hinaus auszudehnen und dem Wollen und Wunsch des Magiers vermehrte Stärke zuzuführen. Ursprünglich ist er der Zeigefinger, der Finger, mit dem man anklagt, der gekrümmte Finger, mit dem man jemanden ruft, der Finger, mit dem Bestrafung ausgedrückt wird, von dem es Kindern gegenüber heißt: »Zeig nicht auf Menschen, das ist ungezogen.« Der Finger der Geringschätzung und des Hohnes ist noch immer sehr wirkungsvoll. Der Laserstrahl der modernen Technologie ist ein ausgezeichnetes Beispiel für einen magischen Stab, der beides kann – heilen und zerstören. Zur Zeit der Golden Dawn wurde von einem Magier erwartet, daß er gleich mehrere Stäbe anfertigte. Aber ein einziger kann für Sie die Arbeit vieler übernehmen. Das beste Holz für einen Stab ist Eiche, Esche, Eberesche und Weißdorn. Oder aber, Sie wählen das Holz nach Ihrem Geburtsmonat aus, nach dem Baumkalender, wie ich ihn beschrieben habe.

Wenn Sie mehr über dieses sehr alte Alphabet wissen wollen, lesen Sie das Buch *The White Goddess* von Robert Graves, in dem das sehr gut beschrieben ist. Es enthält eine Menge an esoterischen Wissen, auch ist es ein gutes Nachschlagewerk für die Zukunft.

Wenn Sie einen passenden Baum gefunden haben, so gilt es, verschiedene Regeln zu befolgen. Als erstes und wichtigstes *bitten Sie den Baum um Erlaubnis, einen Ast abschneiden zu dürfen.* Lassen Sie ihm dann Zeit, seine Vorbereitungen zu treffen. Wählen Sie den Ast sorgfältig aus. Er soll so gerade wie möglich sein und nicht zu lang; zwischen 60 und 90 cm wären genau richtig. Streichen Sie mit Ihrer Hand über den Ast und verharren Sie an der Stelle, an der der Ast aus dem Baum wächst. Nach einer Weile werden Sie vermutlich fühlen, wie es ungefähr 5 cm von dieser Stelle entfernt kälter wird. Das ist genau die Stelle, an der Sie den Ast absägen müssen. Der Baum hat an dieser Stelle seine Lebenskraft entzogen, obwohl ein wenig davon in dem Stück, das Sie ausgewählt haben, übrigbleibt, so daß es »lebendes« Holz ist. Schneiden Sie den Ast mit einem sehr scharfen Messer so schnell wie möglich ab, *aber brechen sie ihn niemals ab.* Schneiden Sie bei zunehmendem Mond, und Ihr Stab wird an Kraft zunehmen. Lassen Sie eine Silbermünze bei den Wurzeln des Baumes zurück. Bevor Sie vom Baum weggehen, schneiden Sie alle überflüssigen Blätter des Astes ab und vergraben Sie sie bei den Wurzeln des Baumes, so daß alles mit der Zeit zu ihm zurückkommen wird. Während Sie darauf warten, daß der Baum sich vorbereitet, erzählen Sie ihm, wofür Sie das Holz brauchen, denn er hat ein Recht darauf, es zu wissen. Wenn Sie sich albern vorkommen, mit einem Baum zu sprechen, dann denken Sie daran, daß es einen Punkt in der Gesamtlebenskraft gibt, an dem Sie und der Baum eins sind. Sie schneiden also ein Stück von sich selbst ab!

Nun lassen Sie das Holz trocknen, was eine Weile dauern wird, denn es muß langsam geschehen. Ein Wäschetrockenraum oder ein trokkener, luftiger Schuppen wären geeignet. Wenn das Holz trocken ist, schneiden Sie alle kleinen Zweige ab und beginnen, es mit grobem Sandpapier zu glätten. Nehmen Sie dann immer feineres Sandpapier, bis sich der Stab seidenweich anfühlt. Machen Sie dann mit einem sehr scharfen Messer und ruhiger Hand einen dünnen Schnitt ungefähr 4 cm lang in die Spitze des Stabes. Der Schnitt muß so fein wie möglich sein, so daß alles, was Sie aufsetzen möchten, festsitzt.

Geben Sie Ihrem Stab einige Schichten klaren oder dunkleren Firnis; aber lassen Sie jede einzelne Schicht gut trocknen, bevor Sie die nächste auftragen. Polieren Sie Ihren Stab zuletzt mit Bienenwachs und einem Seidentuch, und Sie werden ein schönes Endergebnis haben.

Nehmen Sie ein Stück Klavierdraht und magnetisieren Sie ihn, indem Sie ihn mit einem Magneten bestreichen (achten Sie darauf, daß Sie immer in die gleiche Richtung streichen). Binden Sie den Draht um den Stab, etwa 8 cm unter der Spitze. Dieser Stab kann für Ihre gesamte Tempelarbeit und jedes Element verwendet werden, wenn Sie einfach unterschiedliche Symbole in die Spitze stecken. Für Erde können Sie einen kleinen Schiefersplitter oder einen kleinen Feuerstein verwenden, für Wasser ein kleines Stück einer flachen Muschel oder eine Muschel mit einer Drahtöse, die in den Schnitt gesteckt werden kann. Für Feuer schneiden Sie einfach drei Flammen aus einem rotgelben Filz und heften sie aneinander. Für Luft nehmen Sie einen kleinen Strauß Federn, die Sie im Wald oder Park gesammelt haben (siehe Abb. 17). Mit diesen einfachen Mitteln können Sie einen ausgezeichneten Stab herstellen. Mit Ihrem Einfallsreichtum können Sie viele andere Symbole aus jeder Tradition herstellen und verwenden.

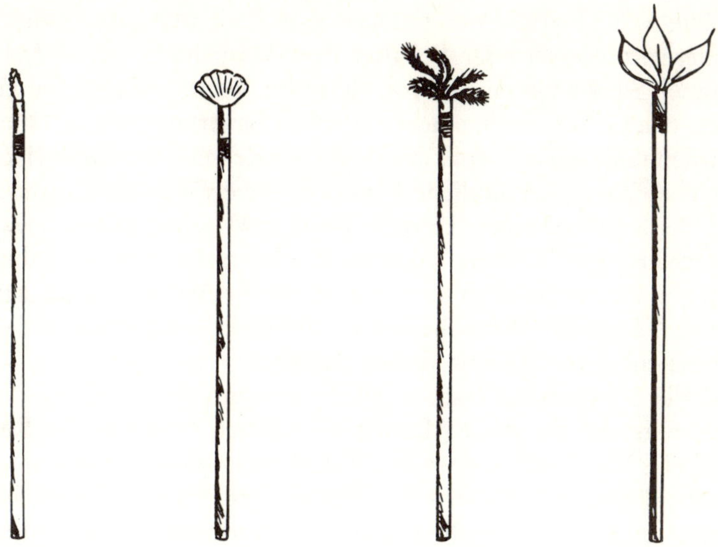

Abb. 17

Erdstab mit Feuerstein | Wasserstab mit Muschel | Luftstab mit Federn | Feuerstab mit Flammen

Der Kelch

Der Kelch hat so viele Bedeutungen, daß ein eigenes Buch nötig wäre, sie alle zu beschreiben. Seine erste und wichtigste Funktion ist, etwas aufzunehmen und zu formen. Für den Urmenschen war der erste Kelch eine Frau. In ihr wurde auf wundersame Weise, die dem frühen Menschen als Magie erschien, neues Leben geformt. Es dauerte noch sehr lange Zeit, bis er begriff, daß Geschlechtsakt und Empfängnis zusammengehören. Aus dieser Unwissenheit heraus entstand, was als »geheiligte Beziehung« bekannt ist. Ein Mann konnte nie sicher sein, daß das Kind seiner Frau auch sein eigenes war, aber er wußte auch, daß er und seine Schwester von der gleichen Mutter stammten. So erkannte er, daß der Sohn seiner Schwester sein echter Blutsverwandter war. Daher wurde in vielen Fällen der Neffe der Nachfolger eines Königs oder Häuptlings. Wir können das in der Geschichte von Anubis, dem Sohn von Osiris und Nephthys, sehen. Das Kind wird von Isis, der Frau von Osiris, als ihr eigenes angenommen. Wie Moses wird auch Anubis am Nil ausgesetzt und von seiner Adoptivmutter aus dem Wasser gezogen. Lot, der Neffe Abrahams, ist ein anderes Beispiel für den Status eines Neffen. Abraham riskiert einen Krieg, um Lot außer Gefahr zu bringen, nicht wegen der Familienloyalität, sondern weil dieser sein Erbe ist.

Die Fruchtbarkeit der Frau ist eine Bedeutung des Kelches. Eine andere ist: Kessel oder Behälter der Weisheit. In *The White Goddess* können Sie die Geschichte von Ceridwen lesen, und über die Verwandlung von Gwion Bach, einem einfachen Bauernjungen, in Taliesin, den Barden und Magier durch die Magie des Kessels. Alle Grale, Kessel und Kelche haben eine ähnliche Funktion. Sie erfüllen jene, die sie finden, mit der Sehnsucht ihrer Herzen. Wenn es Weisheit ist, das sie ersehnen, so erhalten sie Weisheit, wenn sie Macht ersehnen, so wird ihnen auch das gewährt, wenn auch nicht immer auf die Art, die sie sich wünschen. Diese Fähigkeit, Wünsche wahr werden zu lassen, macht den Kelch vergleichbar mit Aladins Wunderlampe.

Falls der Stab das erste magische Instrument war, so ist der Kelch dasjenige, das der frühe Mensch am meisten verehrte. Der Kelch enthielt das Versprechen einer Wiedergeburt als Gott, Einheit mit Wissen und zusätzlich noch Macht. Auch heute verspricht die christliche Kirche durch die Kommunion die Einheit des Menschen mit Gott. Diese Praktik, den Körper des geopferten Gottkönigs zu verzehren und sein Blut zu trinken, ist nicht neu; sie wurde in der einen oder anderen Form in fast allen Mysterienreligionen gekannt und praktiziert. Jesus paßte einen uralten Ritus einfach seinen Erfordernissen an und verband dadurch Altes mit Neuem. Er gab damit zu verstehen, daß die alten Wege noch immer gültig seien und nicht verachtet werden sollten.

Zuerst ist der Kelch ein Behälter. Was vom Stab invoziert wird, ist im Kelch enthalten; sie beide bilden ein Paar, eine Polarität. In einem anderen Sinn symbolisieren sie den Schöpfungsakt mit dem Stab als Phallus und dem Kelch als Schoß. Dem alten Gesetz »wie oben, so unten«, bringt die Interaktion dieser beiden Symbole das, was vom Magier gewollt wird, in Manifestation.

Die Betonung liegt auf dem Bedürfnis oder Verlangen nach dem Gegenstand oder Ereignis, das invoziert wird. Genau wie auf der physischen Ebene Verlangen ein neues Wesen erschaffen kann, können Stab und Kelch in der Magie das Ersehnte durch magische Künste schaffen. Ohne Verlangen kann der Magier nichts tun, auch wenn dieses Verlangen auf einer sehr hohen Bewußtseinsebene liegt.

Manchmal können Orte Kelche der Kraft sein; Sudbury Hill ist so einer. Seine abgerundete Form ähnelt perfekt einer weiblichen Brust und dem umgedrehten Kelch. Manche Länder fungieren wegen ihrer besonderen Schwingungen als Rassenkessel; sie enthalten auf ihrer Erde und in ihren Rassen besondere Blutlinien, die große Männer und Frauen hervorbringen, wenn die Zeiten es verlangen.

So wie wir den Stab mit einem modernen Laserstrahl verglichen haben, können wir den Kelch mit Frühwarnradarsystemen und Atomreaktoren vergleichen, die beides – Leben und Tod – in ihrem »Schoß« halten.

Wenn Sie einen Kelch haben, müssen Sie ihn füllen. Stellen Sie ihn auf Ihren Altar und verwenden Sie ihn ein paar Tage lang als Meditationssymbol. Versuchen Sie, ihn von innen zu »sehen«, von seinen eigenen höchsten Ebenen. Füllen Sie ihn mit Erinnerungen, bitteren und süßen; denn der Kelch der Kelche enthält beides, Honig und Myrrhe. Wenn Sie das Gefühl haben, daß der Kelch voll ist, gießen Sie ein wenig Wein hinein und trinken Sie ihn. Mit dieser symbolischen Handlung nehmen Sie alles, was in Ihrem Kelch ist, an; alles, was die Zukunft für Sie bereithält, und alles, was die Vergangenheit aus Ihnen gemacht hat. Man sagt, daß die Wahrheit am Boden eines Brunnens gefunden werden kann. Sie kann aber ebensogut am Boden eines Kessels gefunden werden. Es wurde auch gesagt, daß »das Wichtigste ein leeres Inneres sei«. Es muß ein freier Raum sein, in den Wissen und Gnade geschüttet werden können. Es liegt an Ihnen, sich diesen Raum in Ihrem Inneren zu schaffen. Wenn Sie es nicht tun, wird es »keinen Raum in dem Gasthaus« geben, in den das Licht eintreten kann.

Zuletzt noch ein Wort: Was immer Sie vom Kelch erhalten, lassen Sie es nach außen zu anderen fließen; dann wird mehr nachkommen und den Kelch gefüllt halten.

Das Schwert

Nach dem Stab ist das Schwert wohl das bekannteste magische Instrument. Leider ist es auch das am meisten falsch verstandene und mißbrauchte. Sein Hauptzweck ist zu verteidigen, nur selten, wenn überhaupt, anzugreifen. Ganz sicher ist es nicht dazu da, um alles, was Ihnen auf den inneren Ebenen entgegenkommt, zu zerstückeln. Wie der Stab dem Element der Luft angehört, so ist das Schwert dem Element des Feuers zugeschrieben; es ist Ausdruck der Energie des Magiers auf den inneren Ebenen und sollte als solche bewahrt werden.

Es gibt viele Einsatzmöglichkeiten für das Schwert, und später einmal werden Sie vielleicht finden, daß Sie mehr als eins brauchen; aber für den Moment wird eins genügen. Sie sind Teil von Einweihungszeremonien, wo das Schwert gehalten wird als Teil der Ausstattung des Offiziers des Westens. In einer Arbeitsgruppe würde der Tempelwächter, der die Tür gegen physische Eindringlinge bewacht (es gibt einen Wächter für die innere Ebene, der auf andere Dinge achtgibt), ein Schwert seines Amtes tragen. Es würde auch ein Schwert für den allgemeinen Tempelgebrauch geben, aber das Schwert, über das wir jetzt sprechen, ist das persönliche Schwert.

So wie der Stab und der Kelch hat auch das Schwert eine lange Tradition. Das Schwert, das Adam und Eva aus dem Paradies vertrieb, ist vielleicht die erste magische Waffe. Mythen und Legenden sind voller Abenteuer von Helden und ihren Schwertern, und Sie täten gut daran, diese in Ihre Forschungen mit einzubeziehen. Die meisten großen Schwerter wurden mit einem Namen ausgezeichnet, der ihre Stärke und ihren Zweck beschrieb. Der »Antwortende« war die Waffe von Manannan, dem Mächtigen, der der Isle of Man seinen Namen gab. Durandel gehörte Roland, dem größten von Karl des Großen Paladinen. Bei der Krönung des britischen Monarchen werden vier Schwerter verwendet: das Schwert des Staates, das Schwert der Barmherzigkeit mit dem Namen Curtana, das Schwert der kirchlichen Macht, und sein Zwilling, das Schwert der weltlichen Macht. An den vier Ecken des Baldachins aufgestellt, repräsentieren sie die Beschützer des Königreiches.

Alle Sonnengötter und Helden tragen Schwerter, auch die höheren Ränge unter den Rittern. Im Westen hat es eine gerade, phallische Form, im Osten hat es die Form einer kurvigen Frau, da der Mythos die Frau als drohende Figur sieht und sich das in der Form der Waffen widerspiegelt. In mancher Hinsicht ist es das Gegenstück zum Spinnrocken, einem echt weiblichen Symbol. Beide können Wunden verursachen, wie Sie aus dem Märchen Dornröschen wissen werden.

Excalibur ist vermutlich das bekannteste Schwert. In seiner frühesten Version wird es Excaliburn oder Excaliban genannt, was »aus der Erde« bedeutet. Es wurde Artus nur leihweise von der Herrin des Sees überlassen und mußte ihr nach seinem Tod zurückgegeben werden. Wir könnten sagen, daß Artus nach seinem Tod die Energie der inneren Ebenen, die ihm durch Excalibur zur Verfügung stand, nicht mehr benötigte.

Es gibt einen alten Glauben, wonach ein Schwert, das gezogen wurde, mit Blut bedeckt werden müsse, bevor man es in die Scheide zurücksteckt, sonst verliere es seine Kräfte und Schärfe. Das betont den Teil im Schwertsymbolismus, den die Scheide darstellt, die als Behälter »weiblich« ist. Es zeigt auch die Bedeutung der Handlung eines Ritters, wenn er sein Schwert zwischen sich und jede Dame, mit der er reiste, legte, wenn sie in der Nacht zusammen ruhten.

König Artus verlor die Scheide Excaliburs an Morgan le Fay. Eine Tragödie, denn während er in ihrem Besitz war, konnte er nie auch nur einen Tropfen Blut verlieren, gleichgültig, wie tief die Wunde war. Das unterstreicht wieder den weiblichen Aspekt der Scheide und zeigt uns, daß, hätte Artus mehr Zugang zu seiner Anima oder seinem weiblichen Anteil gehabt, er vielleicht die letzte Schlacht gewonnen haben würde.

Für die heutigen Magier ist das Schwert ein Reservoir an Stärke, Kraft und Energie, auf das er sich nach Belieben stützen kann. Weil es heutzutage für fast jedermann – ausgenommen einen ausgebildeten Schmied – unmöglich ist, sich sein eigenes Schwert zu schmieden, werden Sie es wahrscheinlich entweder bei einem Ausstatter für Freimaurer oder einem Okkultgeschäft kaufen müssen. Aber nichtsdestoweniger: Sie werden es sich verdienen müssen. In den Tagen des Rittertums verbrachte der Ritter am Vorabend seines Ritterschlages eine Nachtwache in einer Kirche oder Kapelle. Der angehende Ritter verbrachte die Nacht auf seinen Knien und betete, daß er sich des Schwertes, das vor ihm auf dem Altar lag, würdig erweisen möge. Können Sie wirklich weniger tun, um sich Ihr Schwert zu verdienen?

Leider werden Sie kaum einen Priester finden, der es Ihnen gestatten wird, Ihr Schwert auf den Altar seiner Kirche zu legen, ganz zu schweigen davon, daß Sie die Nacht darin verbringen dürften. Aber Kirchen sind nicht der einzige geheiligte Ort. Ein Steinkreis tut es genausogut. Wenn Sie nicht in Britannien leben, dann machen Sie sich auf die Suche nach einer heiligen Stätte und, vorausgesetzt sie wurde nicht für üble Zwecke verwendet, können Sie Ihre Nachtwache dort halten. Wenn Sie wirklich keinen solchen Platz finden können oder die Umstände es Ihnen nicht erlauben, diesen Anweisungen zu folgen, dann verwenden Sie als letzten Ausweg Ihren Tempel als Ort für Ihr Vigilium. Aber Sie werden damit warten müssen, bis er geweiht worden ist.

Geben Sie Ihrem Schwert einen Namen, und wählen Sie diesen Namen sehr sorgfältig. Die Namenswahl kann wirklich Teil des Vigiliums sein, indem Sie darüber meditieren. Haben Sie den Namen einmal gewählt, so halten Sie ihn geheim. Ein ehemaliger Schüler von mir gab seinem Schwert den Namen »Spirit Ripper«, und als ich ihn darauf hinwies, daß mit dem Wort Geist auch der Heilige Geist gemeint sein könne, antwortete er mir, daß er eigentlich annehme, die Geister wären intelligent genug, um den Unterschied zu kennen! Verlassen Sie sich nicht darauf. Lernen Sie, in der Magie alles genau zu benennen und zu bestimmen. Kräfte sind niemals gut oder böse, sie sind indifferent und erhalten ihre Richtung von dem, der (wie wir hoffen) sie lenkt und die Verantwortung dafür hat. Die Kräfte werden Sie immer beim Wort nehmen und Sie möglicherweise als Magier nicht überleben lassen. Ein interessantes Kapitel über Schwerter können Sie in dem Buch *Magie des*

Ostens. Die okkulte Überlieferung des Orients und Asiens von Idries Shah finden. Jedes Buch über Rittertum wird Ihnen Einzelheiten über die Nachtwache der Ritter geben können.

Das Pentakel

Das Pentakel ist ein Erdsymbol und das am wenigsten bekannte unter den magischen Geräten. Es kann aus Holz oder Metall sein und ist das einzige, das mit dem Magier wächst und sich verändert. Es hat die Form einer Scheibe und ist auf beiden Seiten mit Symbolen, die für den Magier von persönlichem Wert sind, beschrieben. Auf einer Seite wird in symbolischer Form seine Idee von Gottheit, in welcher Tradition auch immer, dargestellt, wobei diese Symbole das Ergebnis ausführlicher Meditation und gründlichen Nachdenkens sind. Auf der anderen Seite, ebenfalls in langen Meditationen und durch gründliches Nachdenken, muß er ein Symbol entwickeln, das ihn selbst in Beziehung zu dieser Gottheit darstellt.

Genauso wie sich das Universum und die Gottfiguren ändern und sich dem Wachstum anpassen, so werden sich im Lauf der Zeit auch solche Symbole ändern. Sie beginnen, nebeneinander gestellt, mit einer Vorstellung vom Schöpfer und sich selbst, so wie Sie sich derzeit sehen ... Aber das wird sich ändern, so wie Ihr Verstehen und Ihre Weisheit wachsen. Dann werden Sie ein neues Pentakel mit neuen Symbolen anfertigen müssen. Das Pentakel hat große Ähnlichkeit mit dem Rad des Schicksals im Tarot, dem Rad von Leben, Geburt und Tod. Jede neue Scheibe wird Beweis für Ihr Wachstum sein.

Nie ändern sich auch nur zwei Leute auf gleiche Weise. Für einige werden die Symbole länger gültig sein als für andere. Die Zeit ist kein Kriterium für Erfolg oder Mißerfolg. Zeit ist ein unpassender Name dafür, denn dieser Begriff sagt nur etwas aus über den Abstand zwischen den Ringen in der Spirale dessen, was eine Person erreicht. Für einige Menschen wird die Scheibe nie geändert werden müssen, denn in einem Erkenntnisblitz haben sie einen Augenblick totalen Wissens. Aber auch sie werden in das, was sie gesehen haben, hineinwachsen müssen.

Wenn Sie Ihr Symbol suchen, sollten Sie Ihren Geist bis an seine Grenzen durchforschen. Nehmen Sie sich Zeit. Ein Pentakel kann im Tempel eine Zeitlang auch ohne Symbol verwendet werden. Wenn es fertig ist, sollten Sie zumindest eine Woche lang über diese Symbole meditieren. Sobald ein Pentakel ausgedient hat, muß es tief in der Erde vergraben werden. Wenn es aus Holz ist, suchen Sie sich einen Baum von gleicher Holzart, so daß es zu seinem natürlichen Element zurückkehren kann. Dieses Zurückkehren wird mit großem Segen für die Erde verbunden sein, denn alles, was das Holz während seiner Zeit im Tempel aufgenommen hat, wird nun vom Wesen der Erde absorbiert werden.

Grundsätzlich ist Ihr Pentakel ein rundes Stück Holz von ungefähr 15 cm Durchmesser. Es kann aber auch aus Metall sein, Kupfer oder Zinn. Verwenden Sie zum Aussuchen des Holzes den gleichen Druiden-Baumkalender wie zuvor. Das Pentakel ist ziemlich einfach herzustellen, aber wenn Sie keine Erfahrung im Umgang mit Holzarbeiten haben, können Sie einen Tischler bitten, Ihnen eine runde Holzscheibe auszuschneiden, mit der Sie dann weiterarbeiten können. Die Kanten sollten abgeschmirgelt werden, bis sie glatt und abgerundet sind. Dann tun Sie das gleiche mit den Flächenteilen, bis sich das Ganze samtweich anfühlt. Beginnen Sie bei Neumond, und während Sie daran arbeiten, denken Sie an Erdsymbole.

Wenn Sie Ihre Symbole haben, können Sie sie entweder aufmalen und das Pentakel dann firnissen, oder aber Sie können sie mit einem dieser neuen Schreiber mit Silber- oder Goldtinte aufzeichnen. Vielleicht ziehen Sie es aber vor, das Muster leicht mit Bleistift zu skizzieren und dann die Linien mit einem feinen, scharfen Meißel einzuschneiden. In diese Schnittlinie wird dann dicker Sicherungsdraht eingehämmert, was einen Intarsien-Effekt ergibt.

Dieses magische Gerät ist eine Verbindung zwischen Ihnen und der Erde. In manchen Ritualen kann es Sie als Erdwesen repräsentieren, in anderen wiederum kann es für die Erde selbst stehen (siehe Abb. 18).

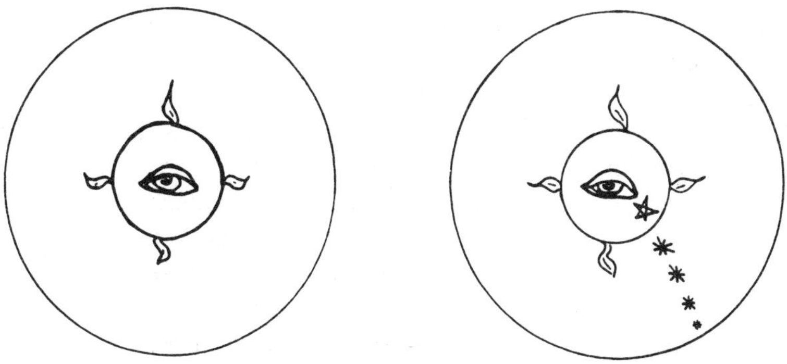

Abb. 18: Das Pentakel

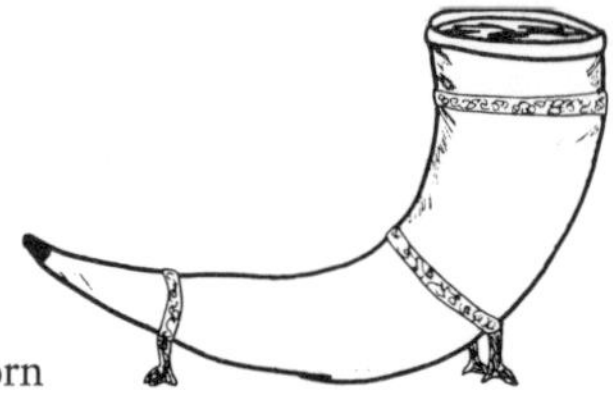

Abb. 19: Das Horn

Anstelle eines Pentakels können Sie auch ein Horn wählen, das aber vorher sorgfältig gereinigt und mit einer ungiftigen Lösung desinfiziert werden muß. Der Rand muß mit einem Metall eingefaßt werden, was ein Fachmann machen sollte. Es sollte auch einen Ring rundherum mit zwei kleinen Beinen haben, so daß es aufrecht steht (siehe Abb. 19). Das Horn sollte mit Getreide, Samenkörnern, Trauben oder Brot gefüllt werden.

Widmung und Weihe Ihres Tempels

Wenn Ihr Tempel geweiht ist, muß er irgendeinem Aspekt der Gottheit gewidmet werden. Er kann einfach »dem Licht« dargeboten werden, oder Sie können sich einen der großen Lehrer der Vergangenheit aussuchen: Melchisedek, Enoch, Hermes, Orpheus, Jesus von Nazareth, Isis, Athene, Ceridwen, Serapis, Anubis, Narada, Josef von Arimathia. Die Liste ist sehr lang. Viel wird davon abhängen, welche Grundtradition Sie sich zum Arbeiten aussuchen werden. Sie haben noch ein wenig Zeit vor der Weihe; deshalb denken Sie sehr gründlich darüber nach. Die Kabbala ist eine gute Grundlage, weil sie sich allen anderen Traditionen anpaßt und sie mit einschließt, ohne sich selbst oder die anderen in diesem Vorgang zu verlieren.

Wählen Sie zwei oder drei aus, sehen Sie sich ihre Prinzipien an und lesen Sie über ihre(n) Götter (Gott) und ihre Ideale. Meditieren Sie über das, was Sie herausfinden und zeichnen Sie es auf. Dann lesen Sie es sich durch und treffen Sie Ihre Wahl.

Neben einer Tempelgottheit werden Sie auch einen Tempelwächter brauchen. Auch hier ist die Auswahl groß: Drachen (kleine), Hunde (große), Löwen, Greife, geflügelte Drachen, Einhörner, Adler, Wölfe, Bären. Jede Art von tatsächlichen oder erdachten Tieren ist geeignet, vorausgesetzt, es kann grimmig und wild genug dreinschauen. Ein kleines, kuscheliges Häschen wird wohl keinem Eindringling Angst einjagen können.

Suchen Sie nach einer guten Abbildung des Tieres Ihrer Wahl und gebrauchen Sie Ihre kreative Imagination, um sein Bild aufzubauen, wie es an der Innenseite der Tür zum Tempel Wache hält. Geben Sie ihm einen Namen, wählen Sie ein Losungswort und verbinden Sie die beiden in Ihrem Geist. Denken Sie sich eine kleine Pfadarbeit aus, in der Sie und der Wächter eine freundliche Beziehung zueinander haben, aber ein Eindringling, welcher Art auch immer, herausgefordert und in die Flucht geschlagen wird. Programmieren Sie Ihren Wächter nie darauf, ernsthaften Schaden zuzufügen. Er soll nur aufhalten und als letzten Ausweg jedem, der ungebeten eintreten will, Angst machen.

Vergessen Sie nie, Ihren Wächter mit folgenden Worten in Ihr abschließendes Segnungsgebet einzuschließen: »Mögest du in dem Ausmaß gesegnet sein, in dem du es empfangen kannst.« In einer Mysterienschule würde man Ihnen beibringen, wie Sie einen solchen Wächter rituell beseelen. Aber auch ohne den Beseelungsprozeß können sie einen verläßlichen und sehr entschlossenen astralen »Rausschmeißer« haben. Von nun an verwenden Sie jedesmal, wenn Sie den Tempel betreten, ihr Losungswort, sagen Sie es ruhig, sozusagen unter Ihrem Atem, oder denken Sie es sich einfach. Anstelle des Losungswortes können Sie auch ein Symbol verwenden; es ist genauso wirksam.

Ein solches Losungswort kann Sie mit dem Wächter verbinden, auch wenn Sie Tausende von Meilen entfernt sind. Tatsächlich können Sie, sobald Sie sich an diese Idee gewöhnt haben, astral in Ihrem Tempel in London, Manchester oder New York arbeiten, während Sie auf Mallorca oder auf den Bahamas in der Sonne liegen; oder aber Sie können Ihren Tempel zu sich bringen. Auf beide Arten haben Sie Ihren Tempel bei sich und können in ihm arbeiten.

Vorbereitung des Selbst

Ihre Meditationen in diesem Monat werden Ihre Wahl der Tradition und der Tempelgottheit, Ihre magischen Waffen und die Symbole Ihres Pentakels zum Inhalt haben. Das ist eine Menge, und Sie werden keine Zeit für irgend etwas anderes haben. Fahren Sie mit den frühmorgendlichen Entspannungs-, Streck- und Atemübungen und mit einer Entspannungsübung dann und wann während des Tages fort. Die Meditationen können Sie im Tempel, während eines Spazierganges oder einer anderen Tätigkeit durchführen, die Sie sicher ausüben können, wenn Sie auf »automatisch« schalten; ganz wie Sie es in den vorhergehenden Monaten getan haben. Sehen sie sich nach folgenden Büchern um: *The Symbolic Weapons of Ritual Magic* von A. Highfield, *Symbolism (Illustriertes Lexikon der traditionellen Symbole)* von J. C. Cooper und *Magic for the*

Aquarian Age von M. Green. Alle diese Bücher werden Ihnen weitere Erklärungen zu der Arbeit liefern, die Sie gegenwärtig durchführen, und die Themen ausführlicher behandeln, was in nur einem Buch unmöglich wäre.

Die vier Himmelsrichtungen

Diesen Monat werden wir die vier Himmelsrichtungen des Tempels untersuchen und uns für die Zeit vorbereiten, da sie rituell geöffnet werden. Wir werden uns ihre Symbole, Gottformen, die Eigenschaften, die jene brauchen, die dort als Offiziere stehen, und ihre inneren Landschaften ansehen.

Keine Himmelsrichtung steht über der anderen. Sie sind alle gleich an Rang und Macht, wenn auch die Tatsache, daß der Magus im Osten sitzt, dieser Himmelsrichtung etwas mehr an Glanz zu geben scheint. Es ist Aufgabe des Magus, sowohl das Ritual als auch diese Himmelsrichtung zu beaufsichtigen. Er lenkt die Kraft, die in den Tempel eintritt, und ist völlig verantwortlich für alles, was geschieht, Gutes und Schlechtes.

In seinem Wesen sollte der Magus unerschütterlich sein, körperlich fit und nicht zu Panik neigen, wenn die Dinge nicht so ablaufen wie geplant – etwas, worauf Sie sich in der Ritualmagie ruhig verlassen können! Die goldene Regel für jeden zukünftigen Magus kann so zusammengefaßt werden: Wenn Sie den Fehler durch Improvisieren in das Ritual einbauen können, machen Sie weiter, wenn Sie das Ritual nicht anhalten können. Wenn Sie noch nicht zu weit im Ritual sind, gehen Sie zurück zum Anfang und beginnen Sie nochmals. Ist das alles nicht möglich, schließen Sie einfach den Tempel. Aber seien Sie besonders sorgfältig beim Schließen der Himmelsrichtungen, und verschieben Sie das Ritual auf ein anderes Mal. Wenn etwas Lustiges passiert, lachen Sie ruhig und machen dann weiter. Lachen im Tempel ist etwas sehr Nettes. Der Tempel ist nicht nur für ernste Gesichter und würdige Rituale, er ist auch da für Liebe und Lachen und Musik.

Der Osten

Da der Osten dem Element der Luft zugehört, ist es unausweichlich, daß irgendwann einmal Dinge von den Tischen fallen werden, Sie Ihren Text vergessen und sogar ganz unbewußt Streit anfangen werden! Luft ist unvorhersagbar. Von einer berühmten, schon verstorbenen Okkultistin wurde gesagt, daß sie während eines Luftrituals ihren Offizier in die Ohren geboxt habe. Hier haben Sie Ihren Präzedenzfall! Um diese Himmelsrichtung zu eröffnen, braucht man eine starke, feste Hand und jede Menge Selbstvertrauen. Ich muß gestehen, daß ich nicht gerade glücklich bin, wenn ich im Osten sitzen soll, aber ich bin ja auch ein Zwilling und weiß, was da auf mich zukommen kann.

Symbole für den Osten sind Fächer, Vögel, Federn, Windinstrumente und besonders Jagdhörner. Aber bevor Sie das Horn blasen, denken Sie daran, daß Hörner Symbole rufen und daß, wer oder was auf diesen Ruf antwortet, einem das Herz zum Stillstand bringen kann. Werden Sie sich darüber klar, daß so, wie Sie durch dieses Jahr arbeiten, sich auch Ihre übersinnlichen Zentren zu öffnen beginnen werden – langsam, aber stetig. Sie müssen sich darauf vorbereiten, daß Sie beginnen, Dinge zu sehen und wahrzunehmen, die von anderen Menschen nicht immer gesehen werden können. Das kann anfangs ein Schock sein, und mancher eifrige zukünftige Magier gibt an diesem Punkt auf, weil er unfähig ist, mit dem »Zweiten Gesicht« fertig zu werden.

Der Osten ist das Tor der Sonne in der Morgendämmerung, und daher passen hier alle Symbole der Morgendämmerung und der Luft. Alle Aspekte des Stabes, vom Einsiedlerstab über den Djed des Osiris bis zur Lanze und dem ausgestreckten Zeigefinger werden hier verwendet. Die Farben sind himmelbau, elfenbeinfarben, rosa, amber, blaßgold, türkis und weiß. Die astrologischen Zeichen sind Wassermann, Waage, Zwilling.

Gottformen für den Osten können sein: Osiris, Kephra, Aurora, Apollo, Orpheus, Hermes, Merkur, Prometheus, Quetzalcoatl, Freya und Iduna. Sie können aber auch die großen »Erleuchter«, die großen Lehrer der Vergangenheit nehmen wie Merlin, Narada, Serapis, Jesus von Nazareth, Imhotep, Kham-ua-set oder Buddha. Wenn Sie eine Viererschaft von Gottformen zusammenstellen, geben Sie acht, daß alle aus der gleichen Tradition stammen; mischen Sie nicht. Wenn Sie zum Beispiel mit Figuren rund um König Artus arbeiten, würden Sie, im Osten beginnend im Uhrzeigersinn, Merlin, Artus, Nimue und Guenevere haben, aber Sie könnten nicht Isis und Hermes in die gleiche Gruppe aufnehmen.

Wir haben bereits gesagt, daß der Offizier des Ostens gleichzeitig auch der Magus ist. Traditionellerweise ist das ein Mann, und bevor Sie mich als Sexistin anklagen, lassen Sie mich hinzufügen, daß es Gründe dafür gibt. Im Okkultismus lassen Sie extremen Feminismus lieber bleiben. Alles ist ausgeglichen in sexueller Polarität. Mann und Frau arbeiten zusammen, jeder an dem Platz, für den er am besten geeignet ist.

Eine Frau bringt Kraft in den Tempel, sie ist am stärksten auf den inneren Ebenen und in engerer Verbindung mit der flüchtigen Welt des Astralen. Ein Mann kann am besten diese Kraft lenken, sobald sie an ihn weitergegeben wurde. Er ist am stärksten auf der physischen Ebene. Das wechselt auf den Ebenen. Es gibt und gab gute weibliche Magie, aber im allgemeinen ist es besser, wenn ein Mann den Osten übernimmt.

Der Magus hat die Aufgabe, die Dinge im Tempel zusammenzuhalten; er bestimmt die Gangart des Rituals und seine Absicht. Er vermittelt die Art der Kommunikation in all ihren Aspekten und die Verbreitung von Wissen in seinem Aufgabenbereich. Würdevolle Haltung und ein ruhiges Gemüt gehören zu den Eigenschaften, die er kultivieren muß. Er ist auch für das Verhalten im Tempel verantwortlich; aber mehr darüber später.

Die inneren Ebenen des Ostens

Jenseits der Säulen des Ostens und tatsächlich jenseits all der Tore der Himmelsrichtungen gibt es auf den inneren Ebenen die Landschaften des Geistes, die zur jeweiligen Himmelsrichtung gehören. Es braucht viele Jahre, um sie gut zu kennen, aber beginnen können Sie jetzt damit. Stellen Sie Ihren Stuhl direkt vor die Säulen mit Blickrichtung Osten, beginnen Sie, indem Sie sich entspannen und zwei oder drei Vierer-Atemzüge nehmen. Bauen Sie in Ihrer Vorstellung die Figur des Hermes auf, so wie Sie sich ihn vorstellen. Versuchen Sie, soviele Details wie möglich einzubauen. Hinter ihm im Osten sehen Sie ein großes Tor, das sich langsam öffnet. Hermes streckt seine Hand aus. Sie stehen auf und gehen auf ihn zu. Hier an diesem Ort können Sie darauf vertrauen, sicher zu sein; und obwohl er noch nicht geweiht ist, ist er doch gereinigt, und Sie werden keinen Schaden erleiden. Gehen Sie gemeinsam mit Hermes durch das Tor des Ostens.

Es ist *Ihr* Land des Osttores, und ich kann Ihnen nicht sagen, was Sie sehen und vorfinden werden oder was Sie hier erfahren werden. Sie müssen sich sorgfältig umsehen, zuhören und versuchen, sich an alles, was Sie sehen, hören und tun zu erinnern. Wenn Sie die empfohlene Lektüre gelesen und Ihre Forschung sorgfältig betrieben haben, wird Ihr Geist bereits Zugang zu einer Menge an Symbolen haben. Wenn Sie etwas sehen, was Sie nicht verstehen, dann finden Sie seine Bedeutung nach Ihrer Rückkehr heraus. Ihr Führer wird Ihnen sagen, wann es Zeit ist zurückzukehren. Gehen Sie durch das Tor zurück und nehmen Sie wieder in Ihrem Stuhl Platz; sehen Sie, wie sich das Tor schließt, mit Hermes dahinter. Erlauben Sie Ihrem Geist, langsam wieder in die

Alltagswelt zurückzukommen. Haben Sie etwas zu essen und trinken bereit, das Ihnen hilft, sich wieder »zuzumachen«. Schreiben Sie ihre Reise so bald wie möglich nieder; und dieses Mal brauchen Sie sich nicht auf eine bestimmte Anzahl von Zeilen zu beschränken; schreiben Sie, soviel Sie nur wollen.

Der Süden

Der Süden ist der Ort der Mittagssonne. Sein Offizier hat die Aufgabe, die Kräfte der Liebe, Ehre und des Mutes an alle im Tempel zu vermitteln. Seine Symbole sind Stärke, das Schwert, der Dolch, der Schild, der Wagen, Pfeil und Bogen, die Fackeln, Hammer und Amboß, die Doppelaxt, die geflügelte Sonnenscheibe, das Horusauge, die Lyra und vieles mehr. Die Götter sind unter anderen Mars, Helios als der Sonnengott zu Mittag, der falkenköpfige Ra, Ares, Sekmet, Horus, Athene, Brigid, Bran, Vulkan und Hephasteus. Helden und Lehrer sind Arthur, Herkules, Llew, Gawain, Aesculapius und Cheiron. Das sollte für den Anfang genügen. Farben sind alle Rot-, Orange- und Goldtöne. Die astrologischen Zeichen sind Widder, Löwe und Schütze.

Der Offizier des Südens sollte loyal und mutig sein, Mann oder Frau; aber er sollte nicht leicht Angst bekommen oder außer Fassung geraten. Er muß Ruhe und Würde ausstrahlen. Gemeinsam mit dem Tempelwächter ist der Offizier des Südens verantwortlich für die Sicherheit derer, die sich innerhalb des geheiligten Geheges befinden.

Die inneren Ebenen des Südens

Stellen Sie Ihren Stuhl vor das Südtor. Nach dem Entspannen und ruhig Atmen bauen Sie vor Ihrem inneren Auge die Figur Apollos auf und nehmen Sie sich dafür als Vorlage jedes Bild oder jede Statue, die Sie zur Hand haben. Das Tor öffnet sich und die goldene Figur streckt ihre Hand aus. Sie erheben sich, gehen auf den Süden zu und betreten die Landschaft des Südtores.

Erforschen Sie die Landschaft gemeinsam mit dem Sonnengott und versuchen Sie, alles, was Sie sehen und hören, aufzunehmen. Wenn es Zeit für Sie ist umzukehren, wird Apollo Sie zurückführen. Setzen Sie sich in Ihren Stuhl und sehen Sie, wie sich die Tore schließen, mit der Gottfigur dahinter. Wenn sie geschlossen sind, lassen Sie Ihren Geist auf die physische Ebene zurückkehren. Zeichnen Sie Ihre Eindrücke wie gewöhnlich auf. Versuchen Sie nicht, all diese Reisen an einem Tag zu machen. Nehmen Sie sich jede Woche eine Himmelsrichtung vor, und machen Sie jede Reise nicht mehr als dreimal pro Woche. Sie werden nicht jedesmal die gleichen Dinge sehen; deshalb führen Sie so genaue Aufzeichnungen darüber, wie Sie können.

Der Westen

Der Ort des Westens ist das Tor der untergehenden Sonne und der Berührungspunkt von Tempel und inneren Ebenen. Der Offizier sollte eine Frau sein, wenn möglich mit einigen übersinnlichen Fähigkeiten. Ihre Aufgabe im Tempel ist es, den Einfluß der inneren Ebenen zu vermitteln, zu einem Verbindungspunkt zu werden und die Polarität Ost-West zu verwenden, um das zu erreichen. Der Westen ist der Punkt, an dem, wenn es so bestimmt ist, der wahre *Tempelkontakt* hergestellt wird. Das ist nicht der Kontakt auf Kommunikationsebene, sondern die echte Annahme einer Gruppe zur Ausbildung durch einen Meister der inneren Ebenen. Nicht jede Gruppe wird das erfahren, aber die meisten Gruppen bekommen früher oder später, meist später, etwas Kontakt mit einem der Engel oder unbedeutenderen Adepten. Sie werden mich jetzt fragen wollen, wie Sie wissen, wann solch ein Kontakt hergestellt ist; und ich müßte Ihnen antworten, daß ich wirklich nicht erklären kann, wie ... Sie werden es einfach wissen. Der Unterschied in der Qualität der Arbeit, die getan wird, ist nicht zu übersehen, und genauso ist es mit den Leuten, die die Arbeit tun.

Alle flüssigen und gefäßartigen weiblichen Symbole gehören zum Westen. Wasser, Schalen, Kessel, Höhlen, Ozeane, Seen, Scheiden, der Mond, der Schoß, Samenkörner, die dunklen Juwelenfarben Indigo, Königsblau, Silber, dunkles Weinrot, Purpur, Lavendel und Grau. Die Gottformen, die verwendet werden können, sind Isis, Nephtys, Thot, Sin, Artemis, Selene, Hekate, Diana, Arianrhod, Ishtar und Astarte, Neptun und Poseidon. Sie können die Hilfe von Oannes, Dagon, Ea, Hypatia und der Jungfrau anrufen. Die astrologischen Zeichen sind Skorpion, Krebs und Fische.

Der Offizier des Westens ist der Seher des Tempels, und als solcher muß er auf allen Ebenen ehrlich und wahrhaft zu sich selbst und den anderen sein. Von allen Toren ist es dieses, durch das die Kräfte in den Tempel eintreten werden. Deshalb muß der Offizier über große Entschlußkraft verfügen.

Die inneren Ebenen des Westens

Stellen Sie Ihren Stuhl im Westen auf, und wenn sie Ihre Übungen hinter sich gebracht haben, bauen sie vor ihrem inneren Auge die Tore auf und erblicken Sie dahinter einen Nachthimmel voller Sterne. Die Tore öffnen sich, und die Mondgöttin Artemis steht vor Ihnen. Sie trägt einen kurzen Jagdrock in Weiß und Silber und Ledersandalen. Sie hält einen Bogen in Händen, und auf ihrem Rücken ist ein Köcher voll mit Pfeilen. Neben ihr warten geduldig zwei große Wolfshunde. Sie streckt ihre Hand aus und fordert Sie auf, sich zu erheben. Folgen Sie ihr durch das Westtor und erforschen Sie seine Gebiete. Wenn Sie zurückkehren, nehmen Sie Abschied von der Göttin; und wenn Sie wieder ganz auf dieser Ebene sind, zeichnen Sie auf, was Sie gesehen haben.

Der Norden

Das letzte Tor ist das der Erde, manchmal auch das Tor der Mitternachtssonne genannt. Der Offizier sollte eine Frau sein mit einer Affinität zu Erde und wachsenden Dingen. Die Betonung liegt hier auf Wachstum, tatsächliches und spirituelles, und auf Wohlwollen und Verständnis für die Bedürfnisse alles Lebenden auf der Erde. Es ist ein wichtiges Tor wegen der Krise, die auf die Menschheit zukommt, wenn sie die Erde weiterhin so mißbraucht, wie sie es im letzten Jahrhundert getan hat. Mit dem richtigen Offizier kann in dieser Ecke viel getan werden.

Die Farben sind alle Töne von Amber, Blattgrün, gelbliches Rotbraun und Erdbraun. Symbole sind die der Erdgöttinnen, Füllhorn, Korb, Sichel, Dreschflegel, Pflug, Horn, Samen, Ackerfurche, Spindel, Kornpuppe, Brot, Getreidegarben, Getreide und Sense. Zu den Göttern gehören Pluto, Ge, Rhea, Geb, Ceridwen, Isis, Demeter, Kore, Persephone, Ceres, Hades, Rhiannon und die Gestaltwandlerin der amerikanischen Indianer. Die astrologischen Zeichen sind Jungfrau, Steinbock und Stier.

Dies ist auch die Station, an der man Kontakt mit dem Wesen des Planeten als eigenständige Intelligenz aufnehmen, ihm helfen und zuhören kann.

Die inneren Ebenen des Nordens

Stellen Sie Ihren Stuhl vor das Nordtor und bauen Sie die Portale auf wie zuvor. Die Tore öffnen sich, und Persephone steht vor Ihnen, blumenbekränzt, mit einem Korb voller Früchte in den Händen. Nehmen Sie ihre Hand und folgen Sie ihr in den Garten des Nordens. Erfahren Sie alles, was Sie können, denn es wird der Erdmutter helfen. Wenn Sie zurückkehren, schreiben Sie alles auf, was Sie herausgefunden haben, wie üblich.

Mehr über die Himmelsrichtungen

Nachdem sich dieses Buch hauptsächlich an der Kabbala orientiert, sollten Sie von den Chaioth Ha Kadesh lernen, den Cherubim, die in religiöser Kunst als Mensch, Löwe, Adler und Stier dargestellt sind. Alle sind geflügelt und normalerweise mit einem Heiligenschein umgeben. Sie sind daher gleichzusetzen mit den vier Evangelisten: Matthäus mit dem Menschen, Markus mit dem Löwen, Johannes mit dem Adler und Lukas mit dem Stier. Richtungsweise arbeiten Sie mit dem Menschen im Osten, dem Löwen im Süden, dem Adler im Westen und dem Stier im Norden.

Am Baum des Lebens haben die Cherubim ihren Platz in Daath, der unsichtbaren Sphäre, die das Wissen symbolisiert, das durch die Weisheit Chockmahs und das Verstehen Binahs gefiltert wurde. Sie können sie in der Bibel in der Vision des Ezechiel finden, und sie geben sehr mächtige Meditationssymbole ab. Tatsächlich sind sie Torwege zu den vier Himmelsrichtungen, und zwar auf einer höheren Ebene, als Sie mit Gottformen erreichen können. Wenn Sie Ihre Bücher gelesen haben, wie Sie es ja sollten, dann müßten Sie jetzt wissen, daß es vier Ebenen zum Baum des Lebens gibt. Assiah, die weltliche Ebene; Yezirah, die kreative Ebene; Briah, die mentale Ebene; und Atziluth, die spirituelle Ebene. Wenn Sie anstelle der Gottform einen der Cherubim in jede Himmelsrichtung als Wächter stellen, können Sie damit die Tore zu einem der vier Ebenen des Baumes öffnen.

Sie können auch Erzengel als Wächter für die Himmelsrichtungen verwenden: Raphael im Osten, Michael im Süden, Gabriel im Westen und Uriel im Norden. Das wird Ihnen vier weitere »Landschaften« zum Erforschen geben. Die Götter werden Sie in eine mythische, schöpferische Landschaft führen; die Erzengel werden Ihnen einen mehr spirituellen Aspekt zeigen, und die Cherubim werden Ihnen die höchsten geistigen Reiche zeigen.

Ihr innerer Tempel

Im letzten Monat haben Sie begonnen, am astralen Gegenstück zu Ihrem physischen Tempel zu arbeiten, nun können Sie einen Schritt weiter gehen. Ihr Tempel auf den inneren Ebenen würde sich für Ihr Auge sehr eigenartig ausnehmen. Er hat vier Ebenen, eine immer über der anderen, jede auf einer höheren Ebene als die unter ihr liegende. Daher existiert der physische Tempel, den Sie sich gerade bauen, in Assiah, der weltlichen Ebene. Der, den Sie letzten Monat zu bauen begonnen haben (erinnern Sie sich; Sie mußten eine Stiege emporsteigen, um ihn zu erreichen?), war der Tempel in Yezirah; und über diesen, durch eine weitere Treppe zu erreichen, ist das Gegenstück Ihres Tempels in Briah. Aber Sie werden wegen des geistigen Druckes Schwierigkeiten haben, länger als einige wenige Minuten in ihm zu verbringen. Wenn Sie fortschreiten, werden Sie fähig sein, sich länger in ihm aufzuhalten; und nach vielen Jahren werden Sie wirklich in ihm arbeiten können. Wiederum darüber liegt der oberste, spirituelle Tempel, in dem alles reines Licht ist. Er entspricht Atziluth.

Wenn Sie sich Ihren Tempel bauen, bauen Sie tatsächlich einen großen, leuchtenden Turm. Aber auch das ist noch nicht das Ende. Auch jenseits jeder Himmelsrichtung liegt ein Tempel; das sind die Tempel des Ostens, Südens, Westens und Nordens; und auch sie haben vier Ebenen. Halten Sie an diesem Punkt an, gehen Sie zum Fragebogen zurück und lesen Sie nochmals die Fragen sechs und acht und Ihre Antworten darauf. Glauben Sie noch immer, daß man Magie in einigen wenigen Wochen erlernen kann?

Zuletzt überprüfen Sie nochmals Ihre Ziele und Ideale in Zusammenhang mit dieser Arbeit. Sie haben Ihre Sache gut gemacht. Aber es liegt mehr harte Arbeit vor Ihnen. Dieses Buch ist begrenzt darin, wieviel es Sie lehren kann, ganz einfach wegen seines Umfangs. Ich habe Themen, die selbst einen ganzen Monat benötigen würden, nur leicht angedeutet und Sie ermutigt, ausgewählte Bücher, die Ihnen mehr darüber sagen können, zu lesen. Überprüfen Sie Ihren Willen, Erfolg zu haben; und wenn Sie noch immer entschlossen sind weiterzugehen, dann machen Sie den zweiten Knoten in Ihren Gürtel.

Leseliste

Copper, J. C.: *Symbolism* (Aquarian Press, 1982) (*Illustriertes Lexikon der traditionellen Symbole*, Drei Lilien Verlag, 2. Aufl. 1988)

Graves, Robert: *The White Goddess* (Faber, 1952)
Green, Marian: *Experiments in Aquarian Magic* (Aquarian Press, 1985)
Green, Marian: *Magic for the Aquarian Age* (Aquarian Press, 1983)
Highfield, Andrew: *The Symbolic Weapons of Ritual Magic* (Aquarian Press, 1983)
Larousse Encyclopaedia of Mythology (Hamlyn, 1963)
Shah, Idries: *Oriental Magic* (Paladin, 1973) (*Magie des Ostens.* Die okkulte Überlieferung des Orients und Asiens, Sphinx-Verlag 1984)

Der vierte Monat

Das Schließen des Tempels

Beginn: ______________ Ende: ______________

Mit dem vierten Monat gelangen Sie ans Ende Ihrer Vorbereitungsarbeit. Von nun an ist die Parole: Praxis macht den Meister, und auch das Erwerben von Wissen, Fakten und Erfahrung. Vieles in der Zukunft wird davon abhängen, wie genau Sie die Arbeit der letzten paar Monate durchgeführt haben. Sie haben einen Grundstein gelegt, und jedes Gebilde, das Sie darauf errichten, wird immer nur so stark sein wie die Arbeit, die Sie in das Fundament gelegt haben. Wenn Sie ernsthafte Zweifel haben, dann rate ich Ihnen, zurück zum ersten Kapitel zu gehen und nochmals zu beginnen - zumindest dort, wo die Vorbereitung des Selbst getroffen wird.

Das Anbringen der Siegel

Es ist sehr wahrscheinlich, daß Sie mit der Arbeit im Tempel etwas zurückgeblieben sein werden. Deshalb wird Ihnen dieser Monat extra Zeit geben, um sie zu beenden. In der Zwischenzeit können Sie zumindest mit etwas vorbereitender ritueller Arbeit, die getan werden muß, aber keinen voll geweihten Tempel zum Arbeiten verlangt, beginnen. Die erste dieser Aufgaben ist das Anbringen der Siegel.

Ihr Tempel ist im Augenblick verwundbar. Er ist offen, obwohl die rituelle Reinigung, die Sie durchgeführt haben, ihm einen gewissen Schutz geben wird, bis die volle Einweihung stattfindet. Aber da Sie nun tatsächlich begonnen haben, die Tore als Übergangspunkte zwischen den Welten zu verwenden, ist es an der Zeit, Siegel anzubringen, so daß Sie sich ein und aus bewegen können, aber weniger erwünschte Wesen der inneren Ebenen durch die Tore keinen Zugang zu dieser Ebene haben. Ich will damit nicht sagen, daß alles von der »anderen Seite« schlecht sei. Aber einige dieser Wesen können doch spitzbübisch und störend sein.

Weil kabbalistische Magie so universell ist und in ihrem Mandala (dem Baum des Lebens) die ganze Symbologie anderer Traditionen mit einschließt, werden wir ein grundlegendes kabbalistisches Siegel verwenden mit einer kleinen Veränderung, die es Ihnen gestatten wird, alle vier Richtungen, in welcher Tradition auch immer, zu verwenden.

Denken Sie an Ihren Tempel als Zitadelle, mit einer Mauer umgeben und mit vier großen Toren als Eintrittsstellen. An den Punkten zwischen den Toren stehen vier große Türme. Diese Türme werden das Zentrum des zweiten Siegels sein. Im nächsten Monat werden die letzten Siegel oberhalb und unterhalb angebracht werden, und dann wird Ihr Tempel wirklich sicher und uneindringbar sein.

Dazu müssen einige Vorbereitungen getroffen und Dinge für das Versiegeln zusammengetragen werden. Für jede Himmelsrichtung werden Sie vier kleine Behälter brauchen. Ideal wären die kleinsten Glasröhrchen mit Stöpsel, die Sie bekommen können. Wenn nicht, nehmen Sie kleine Pillen- oder sogar Parfumfläschchen, die Sie gut auswaschen. Aber die Mengen, mit denen Sie es zu tun haben werden, sind so winzig, daß, je kleiner die Behälter sind, sie um so besser geeignet sind. Dann werden Sie ungefähr einen Eßlöffel grober Salzkristalle, in etwa gleich viel Schwefel (aus einer Apotheke) und etwas Wasser brauchen. Meerwasser ist am besten. Wenn das nicht möglich ist, nehmen Sie es von einem Fluß oder Bach, nicht aber aus der Leitung. Zuletzt werden Sie etwas Quecksilber brauchen. Kaufen Sie sich ein Thermometer, zerbrechen Sie das Glasröhrchen – und Sie haben Ihr Quecksilber. Machen Sie das über einem Behälter, denn sonst werden Sie es nie »einfangen« können. Dann brauchen Sie noch vier kleine Seidentäschchen, die man oben zuziehen kann, ein Blatt Zeichenpapier, einige Filzstifte und vier Reißnägel.

Nähen Sie die Täschchen, und füllen Sie vier Phiolen, jede mit Salz, Wasser, Schwefel und Quecksilber für jede Himmelsrichtung. Dann schneiden Sie vier fünfzackige Sterne aus dem Zeichenpapier aus. Malen Sie jede der fünf Zacken in einer anderen Farbe an – gold, blau, grün, violett, rot. Bemalen Sie den Mittelteil, zwei Sterne in Gold und zwei in Silber. Schreiben Sie nun auf die Goldzacke des Oststerns den Namen Zeus, auf die blaue Zacke Osiris, auf die grüne Merlin, auf die violette Raphael; und auf die rote schreiben Sie Odin. Dann bereiten Sie den Altar vor. Legen Sie die vier Sterne mit den Seidentäschchen darüber auf die vier Seiten des Altars und entzünden Sie das Altarlicht. Das erste Siegel wird am Osttor angebracht. Nehmen Sie den Stern für den Osten und stecken Sie ihn an die Wand unter dem Banner. Wenn Sie ein langes Banner haben, stecken Sie den Stern darauf. (Wenn das Ritual beendet ist, bringen Sie den Stern immer hinter dem Banner an.) Die goldene Zacke soll nach oben zeigen. Das ist das einzige Mal, daß Gottformen aus verschiedenen Traditionen gemeinsam invoziert werden können, ohne eine Verheerung anzurichten. Denken Sie daran, daß alle Götter ein einziger Gott sind und alle Göttinnen eine einzige Göttin und daß sie alle aus der Urempfängnis hervorkommen.

Das Versiegeln des Osttores

Bauen Sie vor Ihrem geistigen Auge das große Tor des Ostens auf. Lassen Sie die Ostwand des Tempels sich auflösen und sehen Sie vor sich einen griechischen Tempel aus weißem Marmor. Halten Sie das Bild so fest wie Sie nur können, und sehen Sie nun, wie Ihnen die Figur des Zeus entgegenkommt, der griechische Himmelsgott und Herr über den Olymp. Er ist viel größer als ein Mensch, mit goldenschimmernder Haut und strahlend blauen Augen; Haar und Bart haben die Farbe von Honig. Er scheint in der Blüte seiner Jahre zu sein. Er trägt eine blau-weiße Robe und in seiner Hand einen goldenen Donnerkeil. Am Portal bleibt er stehen und wartet. Beginnen Sie nun die Invokation:

Großer Zeus, Herrscher über Himmel und Erde, König von Olympus, Sohn des Chronos, der Du der Menschheit Gerechtigkeit und Schutz gebracht hast, höre mich an. Blicke voll Gunst auf dieses Tor des Ostens und gewähre uns Deinen göttlichen Schutz. Versiegle dieses Tor mit Deinem Donnerkeil, auf daß alles innerhalb sicher sei.

Zeus erhebt seinen Arm und streicht mit dem Donnerkeil über den Boden. Der Blitz verschwindet in der Erde und läßt nur einen flachen, weißen Pflasterstein zurück, der in der Schwelle des Portals eingelassen ist. Wenn Sie mit den griechischen Mysterien arbeiten, ist das Tor der Tore jetzt gegen alle unerwünschten Einflüsse versiegelt. Sprechen Sie nun Ihren Dank.

Hab Dank für diese große Gunst, Zeus. Möge Frieden und Harmonie zwischen uns sein. Sei willkommen an diesem Ort.

Die Figur lächelt, macht kehrt und verschwindet in der morgendlichen Landschaft.

Drehen Sie den Stern nun so, daß die blaue Zacke nach oben zeigt. Wenn Sie zurücktreten, sehen Sie mit Ihrem inneren Auge einen großen Thron aus rotem Sandstein, und darauf sitzt der ägyptische Gott Osiris. Seine Haut hat eine rötliche Farbe, sein Haar unter der Krone aus weißem Leinen ist schwarz. Er trägt einen einfachen, weißen Rock, einfache Sandalen und um seinen Hals einen Brustschmuck (Pektorale) aus sieben Schichten von Gold und Juwelen.

Er hält Krummstab und Geißel in Händen, die Symbole seiner Macht. Sie sprechen die Invokation.

Osiri, Herr der Unterwelt und des wiedergeborenen Lebens, Vater des Sonnenfalken und des Schakals, höre mich. Gewähre diesem Ort und allen, die sich da aufhalten, Deinen Schutz gegen alles Übel. Versiegle das Tor des Ostens im Namen der Mysterien Ägyptens, auf daß wir in Frieden und Harmonie arbeiten können.

Osiris erhebt sich von seinem Thron und streicht mit der Geißel über den Boden. Ein Klang wie ein mächtiger Akkord, an einer Harfe angeschlagen, trifft das Ohr, und ein weiterer flacher weißer Stein erscheint, das zweite Siegel des Ostens. Im Namen der ägyptischen Mysterien sprechen Sie Ihren Dank aus.

Hab Dank für Deine Gunst, Herr von Amenti. Möge da Frieden und Harmonie zwischen uns sein. Sei willkommen an diesem Ort.

Die Figur neigt ihr Haupt und plötzlich ist da ein Sandwirbel, der alles, was zu sehen war, verbirgt. Wenn sich der Wirbel gelegt hat, ist die Figur verschwunden.

Drehen Sie den Stern nun so, daß die grüne Zacke nach oben zeigt, und wenn Sie diesmal an Ihren Platz zurückkehren, bauen Sie im Portal den grünen Hügel von Glastonbury-Tor auf. Von seinem grasbewachsenen Gipfel kommt eine Figur, in eine dunkelgrüne Robe gekleidet und einen Stab mit einem geschnitzten Drachen an der Spitze in der Hand. Merlin, der Erzmagier der Heiligen Inseln, kommt, um das Siegel der keltischen Mysterien hinzuzufügen. Sie beginnen die Invokation:

Merlin, Priester des alten Atlantis, Hüter des großen Siegels des Pendragon, Erbmagier des Grammarye, höre und gewähre unsere Bitte. Setze auf dieses Portal das Siegel des Pendragon, auf daß alles abgesichert sei und die Arbeit in Sicherheit getan werden kann.

Merlin hebt seinen Stab in die Höhe und bringt ihn kraftvoll nieder auf die Erde neben die beiden anderen Siegel. Der Klang eines tiefen Gongs ist zu hören, und dann erscheint das dritte Siegel am Osttor. Sprechen Sie Ihren Dank aus.

Alle Ehre sei Dein, Magus Britanniens, und alle Dankbarkeit für diese Gunst. Möge Frieden sein zwischen uns. Sei willkommen an diesem Ort.

Merlin grüßt mit erhobenem Stab, dreht sich um, erklimmt Glastonbury-Tor und verblaßt in der Ferne.

Drehen Sie den Stern so, daß die violette Zacke nach oben zeigt. Das Portal zeigt sich in einem schimmernden Dunst aus Bernsteingelb und Rosa. Der Dunst teilt sich wie ein Vorhang, und vor Ihnen steht Raphael, Erzengel des Ostens. Er hält einen Lichtspeer in seiner rechten Hand, und der Duft von wildwachsenden Blumen erfüllt den Tempel. Sprechen Sie:

Raphael, heilender Engel des Ostens, Herrscher über das Element der Luft und Hüter der Lanze des Longinus, setze Dein Siegel auf dieses Portal, auf daß es eine Bastion der Sicherheit für jene, die darin arbeiten, sein möge.

Raphael dreht den Speer und stößt ihn in den Boden. Ein Trompetenstoß erklingt, und das vierte Steinsiegel erscheint. Danken Sie ihm.

Sei gesegnet für alle Zeiten, Raphael, Engel der Gegenwart. Sei bedankt für diese Gunst. Laß Friede sein zwischen uns. Du bist willkommen an diesem Ort.

Raphael hebt die Lanze zum Lebewohl und entschwindet unserer Sicht.

Drehen Sie den Stern, bis die rote Zacke nach oben zeigt. Das Portal zeigt eine schimmernde Regenbogenbrücke. Auf einem grauen Pferd herübergeritten kommt der Gottkönig der Nordländer, Odin. Sein Pferd hat den Namen Sleipnir und besitzt acht Beine. In seiner Hand hält Odin ein prächtiges Schwert, und mit diesem entbietet er seinen Gruß. Äußern Sie Ihre Bitte:

Odin, einäugiger Gott, der alle Dinge sieht, Herr von Valhalla, Allvater. Setze Dein Siegel auf dieses Tor, auf daß es sicher sei auch gegen den stärksten Feind.

Odin jagt sein Schwert in den Boden und stößt einen mächtigen Kriegsschrei aus, der durch Ihren Kopf schallt. Das letzte Siegel erscheint. Sprechen Sie Ihren Dank aus:

Mächtiger Held von Ragnarok, Dein Siegel ist gesetzt und angenommen. Laß Frieden sein zwischen uns. Sei willkommen hier.

Odin hebt sein Schwert, schwenkt sein Pferd herum und reitet über die Regenbogenbrücke.

Ihre Siegel sind jetzt in den fünf großen Traditionen gesetzt: Griechisch, Ägyptisch, Keltisch, Judäo/Christlich und Nordisch. Stekken Sie jetzt die Phiolen in das Seidentäschchen, ziehen Sie es fest zu und kleben Sie es mit einem Klebeband fest an die Wand. Treten Sie zurück, schauen Sie gegen Osten und sagen Sie:

Ich beschwöre den Schutz der vier Elemente für das Osttor. Laß Erde, Wasser, Feuer und Luft sich vereinen, um den Schild des Ostens zu formen. So sei es.

Der Osten ist jetzt versiegelt.

Das Versiegeln des Südtores

Warten Sie einige Tage und beginnen Sie dann mit den Siegeln für den Süden. Schreiben Sie auf die goldene Zacke den Namen Hephaisteus, auf die blaue Zacke Sekmet, auf die grüne Bran, auf die violette Michael und auf die rote Thor.

Befestigen Sie den Stern wie zuvor, mit der goldenen Zacke nach oben. Blicken Sie nach Süden und bauen Sie vor Ihrem geistigen Auge die Figur von Hephaisteus, dem Waffenschmied des Olymp, Sohn von Zeus und Hera, auf. Hinter ihm glüht das Feuer der Schmiede, und in seiner Hand ist ein mächtiger Hammer. Bitten Sie um das Siegel.

Großer Sohn des Zeus, mächtig in Deiner Kraft, setze das Siegel auf das Tor des Südens, auf daß es befestigt sei gegen alle Eindringlinge.

Hephaisteus hebt den Hammer und läßt ihn niederschmettern, ein lauter Knall ist zu hören, und unter dem Hammer glänzt ein weißer Stein, das erste Siegel ist gesetzt. Danken Sie ihm.

Hab meinen Dank dafür, großer Hephaisteus. Friede sei zwischen uns. Sei hier immer willkommen.

Der Schmied winkt ein Lebewohl und verschwindet im Rauch der Esse.

Drehen Sie den Stern, bis die blaue Zacke nach oben zeigt. Wenden Sie sich nach Süden. Eine heiße, trockene Wüste entsteht vor Ihrem inneren Auge. Aus den Dünen erscheint die schlanke Gestalt einer Frau, die löwenköpfige Sekmet. Bitten Sie um ihr Siegel.

Sekmet mit dem Löwenhaupt, Rächerin des Ra, mächtig in Deiner Stärke, befestige diesen Ort gegen meine Feinde, ich bitte Dich inständig.

Die Göttin stößt ein mächtiges Gebrüll aus und kratzt mit einer Klaue eine tiefe Furche in den Sand. Darunter schimmert ein weißer Stein. Das Siegel ist das Ihre, danken Sie ihr.

Für diese Gunst wird Dank gesagt. Friede sei zwischen Dir und mir. Sei willkommen an diesem Ort.

Eine goldene Pranke hebt sich zum Lebewohl, und die Göttin kehrt in die Wüste zurück.

Drehen Sie den Stern mit der grünen Zacke nach oben und nehmen Sie Ihren Platz ein. Jenseits des Tores sehen Sie eine mächtige Figur, größer als eine Bergkiefer, mit goldenem Haar und Bart. Es ist Bran, der Mächtige, Held aller Helden. Bitten Sie um das Siegel.

Bran mit dem Goldenen Haupt, König der Inseln der Seligen, gewähre uns Dein Siegel der Sicherheit an diesem Ort, auf daß unsere Arbeit ungestört sein möge.

Bran stößt ein mächtiges Lachen aus, und die gewaltige Hand greift auf den Boden und legt einen weißen Stein neben die anderen. Das Siegel ist gesetzt. Danken Sie ihm.

Das Geschenk wird mit Liebe und Dankbarkeit angenommen. Friede sei zwischen uns. Sei willkommen hier, großer Bran.

Drehen Sie den Stern auf die violette Zacke und nehmen Sie Ihren Platz ein. Aus einer glühenden, roten Sonne kommt die Figur eines jungen Mannes, bekleidet mit einer goldenen Rüstung. Er hält ein Schwert mit züngelnden Flammen in Händen. Michael, der kriegerische Erzengel, kommt.

Michael, Engel, Wächter des südlichen Tores, der vor dem Thron des Allmächtigen steht, gib diesem Ort das Engelssiegel, auf daß wir in Frieden und Harmonie arbeiten mögen.

Das Flammenschwert züngelt über den Boden; das Siegel erscheint; und ein Musikakkord schwillt hinter Michael an, wie von einer mächtigen Orgel. Danken Sie ihm.

Für dieses hab unseren Dank, sei gesegnet unter Deinesgleichen. Friede sei zwischen uns. Sei willkommen hier.

Das Schwert wird zum Gruß erhoben, und die Figur kehrt in die Sonne zurück.

Drehen Sie die Zacke des Sternes auf Rot; dann nehmen Sie Ihren Platz ein. Aus feuererhellten Hallen kommt der Riesengott Thor. Von seinem Handgelenk hängt sein magischer Hammer Mjolnir. Er steht am südlichen Tor und blickt auf den Tempel hernieder.

Mächtiger Thor, Gott des Donners, der Du die Eisriesen erschlagen hast, gewähre uns Deinen Schutz, Sohn des Odin, auf daß unsere Arbeit gedeihen möge.

Der Hammer wird in einem blendenden Lichtbogen geschwungen, und sein Klang ist wie das Heulen der Nordwinde. Der fünfte Stein erscheint, und das Siegel ist gesetzt. Thor brummt wie ein großer Bär und nimmt den Dank entgegen.

Möge Dich Deine Stärke nie verlassen, mächtiger Thor. Friede sei zwischen uns. Sei willkommen hier.

Das südliche Siegel ist jetzt gesetzt. Geben Sie die Phiolen für den Süden in das Täschchen, befestigen Sie es an der Wand und beschwören Sie die vier Elemente.

Ich rufe den Schutz der vier Elemente für das südliche Tor herab, laß Erde, Wasser, Feuer und Luft sich vereinen und den Schild des Südens formen. So sei es.

Dies vervollständigt die Siegel des Südens.

Das Versiegeln des Westtores

Nach ein paar Tagen beginnen Sie mit dem Versiegeln des westlichen Tores, indem Sie die Namen auf den Stern schreiben. Auf die goldene Zacke schreiben Sie Artemis, auf die blaue schreiben Sie Isis, auf die grüne Arianrhod, auf die violette Gabriel und auf die rote Freya. Bringen Sie den Stern mit der goldenen Zacke nach oben an, dann nehmen Sie Ihren Platz ein und blicken auf das westliche Tor. Bauen Sie die Szene eines Nachthimmels bei Vollmond auf. Hinter den Wolken kommt Artemis, die Jägerin, hervor, bereit, ihr Siegel zu geben.

Artemis, schlanke Tochter der Nacht, Herrscherin über den sternerleuchteten Wald der Nacht, gewähre Dein Siegel und beschütze uns mit den Pfeilen des Mondes.

Die silberne Göttin schießt einen Pfeil in den Boden vor dem Tor; und der erste Stein ist gesetzt. Sie schießt einen anderen ab, der ein singendes Geräusch macht, als er sie davonträgt. Wir senden unseren Dank auf Flügeln hinter ihr her.

Unser Dank sei Dein, Du liebliche Göttin. Friede möge zwischen uns herrschen. Sei willkommen hier.

Drehen Sie den Stern auf die blaue Zacke. Diesmal kommt aus der sternenklaren Schwärze eine Vision der Lieblichkeit, die alles andere verblassen läßt. Isis in all ihrer Schönheit kommt zum westlichen Tor. Äußern Sie Ihre Bitte.

Silberfüßige Isis, Tochter der Nut, Herrin über die Gezeiten des Lebens, gewähre uns Dein Siegel, auf daß wir unter Deinem Schutze in Sicherheit ruhen mögen.

Die Göttin nimmt ein Haar von ihrem Haupt und zieht es über das Tor. Es macht das Geräusch von Windharfen; und in Beantwortung dieses Klanges erscheint das Siegel. Sie lächelt und segnet den Tempel vor ihr.

Große Mutter alles Lebenden, sei Eins mit uns. Sei willkommen hier.

Die Göttin kehrt in den sternerleuchteten Himmel zurück. Der Stern wird auf die grüne Zacke gedreht. Die Szene ist nun die einer monderleuchteten Küste, auf der ein silbernes Schloß steht. Arianrhod, Herrin des Mondes, nähert sich.

Silberrad am Nachthimmel, Tochter der Schönheit und der Freude, halt an auf Deiner nächtlichen Reise und gewähre uns Dein Siegel.

Arianrhod nimmt einen Stern aus ihrem Ärmel und legt ihn auf die Erde, wo er zum dritten Siegel wird. Hinter ihr hören wir den Klang eines Tritonhornes, das sie zurück in das Schloß ruft.

Hab unseren Dank, liebliche Herrin, für Deine Hilfe. Friede sei zwischen uns. Sei willkommen hier.

Nun die violette Zacke. Die Szene jenseits des Tores zeigt einen Wasserfall; er klingt wie singende Stimmen. Aus dem Wasserfall hervor kommt eine große Figur, eingehüllt in einen indigoblauen Umhang. Große dunkle Augen blicken uns an. Der Umhang wird zurückgeworfen, und wir sehen jetzt nicht mehr den Umhang, sondern große violette Flügel, die sich über den Himmel ausbreiten. Gabriel wartet auf unsere Bitte.

Gabriel, Erzengel der Verkündigung, Bringer der Freude für die Menschheit, Stimme des einen über alle Götter, gewähre diesem Ort Dein Siegel, auf daß wir in Frieden und Liebe arbeiten mögen.

Eine einzelne, glänzende Feder schwebt hernieder und wird zum vierten Siegel; und unser Dank folgt dem Erzengel zurück in den Wasserfall.

An Dich geht unser Dank. Sei gesegnet unter Deinesgleichen. Du bist hier willkommen.

Drehen Sie den Stern auf die letzte Zacke und schaffen Sie die Gestalt einer Frau, gekleidet in Rot und mit Blumen bekränzt. In ihrer Hand trägt sie ein Horn, gefüllt mit Wein. Das ist Freya, die Schöne, Spenderin von Liebe und Freude.

Göttin der Liebe und der Freude, komm näher und gewähre uns diese Bitte, daß Du uns Dein Siegel an diesem Ort geben und ihn zu einem Ort der Freude und des Gesangs machen wirst.

Freya schüttet den Wein aus dem Horn und er wäscht die Erde von dem letzten Stein. Dann, singend, kehrt sie zu den Bergen, die sie liebt, zurück.

Herrin der Freude, nimm unseren Dank entgegen. Friede sei zwischen uns. Sei willkommen hier.

Jetzt sind die Siegel des Westens an ihrem Platz, gib die Phiolen in das Täschchen, stell es im Westen ab und beschwöre die vier Himmelsrichtungen wie zuvor.

Ich rufe herab den Schutz der vier Elemente für das westliche Tor. Laß Erde, Wasser, Feuer und Luft sich vereinen und den Schild des Westens formen. So sei es.

Das Versiegeln des Nordtores

Wenn die Siegel des Westtores vollständig sind, warten Sie ein paar Tage und versiegeln dann den Norden auf die gleiche Art. Auf die goldene Zacke schreiben Sie Demeter, auf die blaue Zacke Anubis, auf die grüne Ceridwen, auf die violette schreiben Sie Uriel und auf die rote Baldur.

Plazieren Sie den Stern wie zuvor mit der goldenen Zacke nach oben und setzen Sie sich in Blickrichtung Norden hin. Bauen Sie einen Berghang, mit Blumen übersät, auf; fühlen Sie, wie eine warme Brise in ihr Gesicht bläst. Den Bergpfad hernieder kommt eine Frau von vollerblühter Schönheit; ihre Arme sind voll Blumen und reifen, gelben Getreidegarben. Invozieren Sie das Siegel.

Göttin der Kornfelder, Herrin der Ernte, anmutige Demeter vom Olymp, gewähre uns die Gunst, die wir von Dir erbitten, setze Dein Siegel auf dieses Tor, auf daß wir in Sicherheit arbeiten mögen.

Die Göttin wirft eine Kornähre auf den Boden, und diese wird das erste steinerne Siegel des Nordens. Ein Vogel flattert hernieder, um sich auf ihrer Hand niederzulassen, und singt aus vollem Herzen.

Herrin der Weizengarben, wir danken Dir für dieses Geschenk. Friede sei zwischen uns. Sei willkommen an diesem Ort.

Drehen Sie den Stern auf die blaue Zacke und kehren Sie zu Ihrem Stuhl zurück. Das Tor zeigt einen alten Tempel aus rotem Stein. Auf dem einfachen Thron sitzt die Gestalt eines Mannes mit dem Kopf eines Schakals. Anubis, der Sohn von Osiris, wartet. In seiner Hand hält er ein goldenes Anch. Bitten Sie um das Siegel.

Anubis, Hüter der Großen Mutter, Herr der zwei Welten, setze Dein Siegel auf diesen Tempel, auf daß wir ohne Furcht dienen und verehren mögen.

Der Gott erhebt sich, kommt zum Tor und legt das Anch zu seinen Füßen nieder, es schmilzt und wird das zweite Siegel des Nordens. Dann kehrt er zu seinem Thron zurück.

Herr über Licht und Dunkelheit, Führer der Seelen, hab vielen Dank für dieses Geschenk. Friede sei zwischen uns. Sei immer willkommen.

Nun ist die grüne Zacke dran. Wenn Sie wieder Platz genommen haben, bauen Sie einen alten Steinkreis auf einem grasbewachsenen Abhang auf. Zwischen den Steinen hervor kommt eine Keltenfrau und trägt einen kleinen Kessel in ihren Händen. Bitten Sie um das Siegel.

Ceridwen, Erdgöttin, Hüterin des heiligen Kessels und Spenderin der Weisheit, setze das dritte Siegel auf das Tor des Nordens, so es Dir gefällt.

Die Göttin leert den Kessel, und der Wein der Weisheit fließt über das Portal und wäscht die Erde vom dritten Siegel. Dann kehrt sie zum Steinkreis zurück.

Unsere Liebe und Dankbarkeit sei Dein, Ceridwen von den Hügeln. Friede sei zwischen uns. Du bist uns willkommen hier.

Nun ist die violette Zacke an der Reihe. Die Szene zeigt einen Felsen über einem grünen, fruchtbaren Land. Eine große dunkle Figur in einem tiefgrünen Umhang blickt über die Felder und Wälder, Uriel, der Erzengel des Planeten Erde, wendet sich uns zu.

Uriel, Engel der Erde, der Du den Armen Brot gibst und den verwundeten Tieren Beistand leistest, der Du die Tränen der Erde teilst, setze Dein Siegel auf diesen Ort, auf daß wir mit Dir in Frieden und Ruhe arbeiten mögen.

Der Erzengel nimmt einen Ring von seinem Finger und legt ihn neben die anderen Siegel. Er wird zu einem weißen Stein und versiegelt die Engeltradition des Nordens. Wir entbieten ihm unseren Dank.

Für Deine Gnade und Deine Gunst nimm unseren Dank. Friede sei zwischen uns. Sei willkommen hier.

Jetzt zur letzten Zacke, und wir sehen einen jungen Mann in einer dunkelroten Tunika; sein helles Haar ist mit einem Silberband zusammengehalten, und er hält einen Mistelzweig in seiner Hand. Baldur, der Schöne, wartet, um das letzte Siegel zu setzen.

Baldur, geliebter Sohn Odins, gewähre uns das letzte Siegel des Nordens, auf daß dieser Tempel von Liebe, Sicherheit und Kraft umgeben sei.

Der junge Gott legt den Zweig zu den anderen Steinen, und dieser wird zum letzten Siegel.

Alles ist nun gegen das Übel versiegelt. Dir, Baldur, entbieten wir unseren Dank. Friede sei zwischen uns. Du seist willkommen an diesem Ort.

Plazieren Sie nun die Phiolen im Norden wie zuvor und beschwören Sie die Elemente.

Ich rufe herab den Schutz der vier Elemente für das nördliche Tor. Laß Erde, Wasser, Feuer und Luft sich vereinen, um den Schild des Nordens zu formen. So sei es.

Ihr Tempel ist jetzt auf der ersten Ebene versiegelt. Das Versiegeln auf der zweiten Ebene kann während der letzten Woche in diesem Arbeitsmonat durchgeführt werden und wird aus den Invokationen der vier Cherubim bestehen. Das dritte und letzte Versiegeln wird während der Tempelweihe durchgeführt. Sie haben Ihre Sache gut gemacht. Diese Arbeit war notwendig, und sie war Magie auf einer recht hohen Stufe. Machen Sie den dritten Knoten in Ihren Gürtel.

Wenn Sie sich über Ihre Fähigkeit, Bilder in Ihrem Geist entstehen zu lassen, Sorgen machen, dann gibt es da ein sehr hilfreiches Buch, das Ihnen genau zeigen wird, wie man vorgeht: *The Book of Celestial Images* von Andrew Highfield. Das Buch beschreibt die Abbilder der Engel und der Gottformen, die in der Ritualmagie verwendet werden. Es ist auch ein wertvolles Nachschlagewerk für die Zukunft.

Das Anfertigen der Robe

Viel Ihrer Arbeit im Tempel in diesem Monat ist Vorbereitung für die endgültige Weihe im nächsten. Sie haben nun ein Drittel unseres Jahreskurses hinter sich und haben bereits eine beträchtliche Menge ritueller Arbeit geschafft. Um Ihnen eine Verschnaufpause zu geben, wenden wir uns dem Anfertigen Ihrer Robe zu, der wirklichen Robe, die Sie zur Weihe und in allen zukünftigen Ritualen tragen werden.

Farbe spielt in der Magie eine große Rolle; deshalb treffen Sie Ihre Wahl sorgfältig. Schwarz oder weiß werden immer wieder vorgezogen und sind eine gute, sichere Wahl. Dennoch möchten Sie vielleicht einige andere Farben in Betracht ziehen. Eine Alternative wäre ein dunkles Violett mit einer silbernen oder goldenen Kordel. Violett spiegelt den Einfluß von Yesod und Daath am Baum des Lebens wider. Beide haben mit Wissen und Kreativität zu tun. Auch Blau wäre eine gute Wahl, aber es sollte ein dunkler Juwelenton sein, ergänzt mit einer weißen oder lavendelfarbenen Kordel. Wenn Sie sich besonders mit dem Naturaspekt in der Magie befassen, wird eine grüne Robe mit dunkelgelber oder bernsteinfarbener Kordel die Farbe Ihrer Ausstrahlung sehr gut mit Ihrer Umgebung in Einklang bringen. Lassen Sie sich Zeit, eine Farbe zu wählen. Sie sollen sich wirklich wohl in Ihrer Robe fühlen.

Die Dicke des Stoffes wird davon abhängen, wie gut geheizt Ihr Tempel ist. Dünne Wolle, Seide, Leinen oder Baumwolle sind geeignet, nicht aber Polyester, denn aus irgendeinem Grund scheint es die Herabrufung von Kräften im Tempel zu verhindern – vielleicht wegen seiner Tendenz, statische Elektrizität aufzubauen. Später einmal werden Sie vermutlich zwei oder drei verschiedene Roben haben, und dann können Sie Farbe und Stoffdichte variieren. Es ist auch eine gute Idee, sich einen schweren, knöchellangen Umhang mit Kapuze für Arbeiten im Freien anzufertigen. Dazu werden Sie auch ein Paar schwarzer Sportschuhe von guter Qualität brauchen. Für Arbeiten im Tempel ist ein Paar dünner Reisepantoffeln, von der Art, die in einem Futteral flach zusammengelegt werden kann, ideal.

Die Kordel sollte von guter Qualität sein, mit einer ziemlich schweren Quaste an beiden Enden. Wenn Sie sich gerade nur diese eine Robe leisten können, möchten Sie sie vielleicht mit verschiedenfarbigen Überwürfen verändern können (siehe Abb. 20). Die Überwürfe können in den vier Farben der Himmelsrichtungen angefertigt und entsprechend getragen werden.

Abb. 20: Der Überwurf

Manche Magier tragen ein Lamen, das ist ein Symbol, das um den Hals getragen wird und auf der Brust aufsitzt. Es kann aus Metall sein, einem kostbaren oder weniger kostbaren, oder auf dicke Pappe aufgezeichnet und dann bemalt werden; oder es kann sogar aus Filz sein. Das vielfarbene Rosenkreuz, das die Golden Dawn verwendete, kann ziemlich einfach aus verschiedenfarbigen Filzteilen hergestellt werden, die dann auf eine Verstärkung aus Buckram (Steifleinen) oder Zwischenfutter aufgenäht oder geklebt werden. Zu einer Robe in einem dunkleren Ton wird sich das sehr gut ausmachen. Es anzufertigen, wird für Sie eine vorzügliche Übung im hebräischen Alphabet und den Elementalsymbolen sein.

Meditation über die Erzengel und die vier Cherubim

In den Tagen zwischen dem Versiegeln der Himmelsrichtungen werden Sie über die Erzengel der einzelnen Himmelsrichtungen meditieren und über die vier Cherubim, die ihnen zugeordnet sind. Wenn Sie mit Engelwesen arbeiten, setzen Sie sich mit Ihrem Rücken zu der betreffenden Himmelsrichtung und blicken auf den Altar. Wenn Sie über die Cherubim meditieren, stellen Sie Ihren Stuhl mit dem Rücken zum Altar auf und blicken in die entsprechende Himmelsrichtung.

Beginnen Sie im Osten. Bauen Sie vor Ihrem geistigen Auge die Gestalt von Raphael auf, wie er hinter Ihnen steht. Arbeiten Sie daran, bis Sie seine Anwesenheit fühlen können, seinen Atem in Ihrem Nacken. Wenn das Bild gefestigt ist, beginnen Sie mit der Meditation. Gehen Sie in Ihrem Geist alles durch, was Sie über Raphael wissen. (Es braucht wohl nicht extra erwähnt zu werden, daß Hausaufgaben zuvor bei der Meditation helfen können. Fragen Sie in Ihrer Bücherei nach einer Ausgabe von *A Dictionary of Angels* von Gustave Davidson. Dies ist ein interessantes Handbuch, das die Namen und Eigenschaften jedes Engels, der jemals in irgendeinem Buch erwähnt werden könnte, enthält – eine engelhafte *tour de force*.)

Machen Sie das gleiche mit Michael im Süden, Gabriel im Westen und Uriel im Norden. Nebenbei bemerkt ist, wenn man Davidson glauben darf, Uriel der größte der Engel im Himmel. Er kann mit seinen Füßen auf der Erde stehen und noch immer sein Hosianna in der Gegenwart Gottes singen! Er ist auch der Engel mit dem schärfsten Blick, und man sagt, daß er alles und jedes überall von den Stufen des Himmelsthrones aus sehen kann.

Vor ein paar Jahren schrieb ich ein Buch mit dem Titel *The Shining Paths*. Es enthält eine Reihe von Meditationen um den Baum des Lebens. Sie werden darin eine Beschreibung aller Engel des Baumes finden, zusammen mit Anweisungen, wie Sie ihnen auf einer Auge-in-Auge-Basis näherkommen können. Es beschreibt auch die Tempel des Baumes im Detail. Sie können die »Erfahrung von Tiphareth« für den Osten und Raphael verwenden, die »Erfahrung von Hod« für den Süden und Michael, die »Erfahrung von Yesod« für den Westen und Gabriel und die »Erfahrung von Malkuth« für den Norden. Das kann anstelle der Meditation oder als Teil der Meditation getan werden.

Wenn Sie über die vier Cherubim meditieren, sehen Sie sich zuerst Bilder eines Adlers, Ochsen, Löwen und Menschen an. Im Fall des Menschen wäre eine gute Wahl entweder eine Abbildung des heiligen Johannes des Täufers oder des heiligen Johannes von Patmos; aber wenn Sie es vorziehen, Ihre eigene Wahl zu treffen – bitte tun Sie es. Gebrauchen Sie Ihre kreative Imagination und bauen Sie in jeder Himmelsrichtung ein rundes Fenster mit dem dazugehörigen Geschöpf darin auf, wie beschrieben in *The Shining Paths*. Festigen Sie das Bild, dann lassen Sie die Figur lebensecht werden. Es wird eine Weile dauern, bis Sie das schaffen; aber halten Sie durch. Wenn Sie diesen Wechsel geschafft haben, können Sie mit dem Cherub der jeweiligen Himmelsrichtung einen inneren Dialog halten. Die Rückmeldung, die Sie in dieser Form der Meditation erhalten, kann für Ihren zukünftigen Fortschritt von großem Wert sein. Sie können diese Technik ebensogut auch auf die Erzengel anwenden.

Das Ritual der zweiten Siegel

Wenn Sie die Meditationen über die vier Himmelsrichtungen abgeschlossen haben, können Sie mit dem Ritual der zweiten Versiegelung beginnen. Bauen Sie den Altar mit der Lampe und Ihren magischen Geräten auf. Wenn Sie nicht alle haben, improvisieren Sie mit einem Weinglas, Papiermesser, einem Pentakel, aus Papier ausgeschnitten, und einem Eichen- oder Eschenzweig. Als Alternative können Sie auch die vier Asse aus dem Tarot verwenden. Eine der vielen Maximen in der Magie besagt: »Absicht ist alles.«

Nehmen Sie den Stab auf, nähern Sie sich dem Osten, verneigen Sie sich leicht und heben Sie den Stab über Ihren Kopf. Ziehen Sie mit ihm das Bannende Pentagramm, wie es auf Seite 356 angegeben ist.

Geflügeltes Wesen des Ostens, Wächter der höheren Portale der Morgendämmerung, versiegle diesen heiligen Ort gegen alles Übel und öffne ihn dem höchsten Aspekt der Weisheit.

Legen Sie den Stab über das Osttor und lassen Sie ihn da, treten Sie zurück und verneigen Sie sich. Dann holen Sie das Schwert und nähern sich dem Süden. Heben Sie das Schwert über Ihren Kopf und ziehen Sie das Bannende Pentagramm wie zuvor.

Geflügeltes Wesen des Südens, Wächter der höheren Pforten der Mittagssonne, versiegle diesen heiligen Ort gegen alles Übel und öffne ihn dem höchsten Aspekt des Dienens.

Legen Sie das Schwert über das Südtor und lassen Sie es da. Nehmen Sie den Kelch und nähern Sie sich dem Westen. Heben Sie den Kelch hoch und machen das gleiche Pentragramm wie zuvor.

Geflügeltes Wesen des Westens, Wächter der höheren Pforten der untergehenden Sonne, versiegle diesen Ort gegen alles Übel und öffne ihn dem höchsten Aspekt des Verstehens.

Lassen Sie den Kelch im Westen und gehen Sie mit dem Pentakel nach Norden. Heben Sie es hoch und machen das Bannende Pentagramm.

Geflügeltes Wesen des Nordens, Wächter der höheren Pforten der Mitternachtssonne, versiegle diesen Ort gegen alles Übel und öffne ihn dem höchsten Aspekt des Mitgefühls.

Lassen Sie das Pentakel im Norden und kehren Sie zum Altar zurück. Heben Sie das Altarlicht in die Höhe und grüßen Sie die vier Himmelsrichtungen damit. Lassen Sie das Licht ein paar Stunden lang brennen. Die Geräte bleiben die ganze Nacht über, wo sie sind. Das beendet das zweite Versiegeln des Tempels.

Arbeit am Selbst

Das Auswählen eines magischen Namens

Unter Kabbalisten wird das eher eine Phrase sein als ein richtiger Name. Die Magier der Golden Dawn haben uns gute Beispiele solcher Namen hinterlassen. Gewöhnlich ist es ein Satz, der mit dem Streben des Magiers zu tun hat, zum Beispiel »für den größeren Gott« oder »ich will dienen«. Das ist so weit ganz in Ordnung, aber oft genug wird es auch ein wenig übertrieben. Für Sie, der Sie allein arbeiten oder bestenfalls mit zwei oder drei Freunden, ist ein ordentlicher Name besser. Solch einen Namen kann man aus Legenden, der Mythologie, alten Schriften oder irgendeinem heiligen Text nehmen; oder Sie wählen einfach einen Namen, den Sie persönlich mögen. Wenn Sie ihn einmal gewählt haben, sagen Sie in niemandem weiter, auch nicht der Person, die Ihnen am nächsten und teuersten ist. Den Namen einer anderen Person zu geben, besonders einem anderen Magier, ist ein Zeichen höchsten Vertrauens, denn mit diesem Namen können Sie zitiert werden, auch gegen Ihren Willen. Verwenden Sie nur den ersten Buchstaben und werden Frater oder Soror X. Diesen Namen verwenden Sie in Ihrer gesamten Tempelarbeit. Wenn Sie allein ein Ritual durchführen, können Sie Ihren Namen verwenden, um irgend etwas oder irgend jemanden herbeizuzitieren, zu beschwören oder Befehle zu erteilen. Aber zuerst muß er Gewicht bekommen ... und das bekommt er nur durch die Qualität Ihrer Arbeit. In der Alltagswelt verdient sich ein Name Anerkennung durch die Fähigkeiten der Person, durch ihre Talente oder ihre Stellung. Ein magischer Name ist da in nichts verschieden.

Nehmen Sie sich Zeit und sehen Sie sich die Bedeutung des Namens an, den anzunehmen Sie beabsichtigen. Meditieren Sie darüber, grübeln

Sie darüber, prüfen Sie, ob er zu Ihnen paßt. Sie werden ihn wahrscheinlich nach etwa einem Jahr ändern müssen, denn manchmal wächst man aus seinem magischen Namen heraus. Wenn Sie weise sind, werden Sie *keinen* Namen verwenden, der schon mit einem anderen Magier verbunden ist. Ein gutes Beispiel dessen, was Sie sich nicht aussuchen sollten, wäre »Perdurabo«, eines von Aleister Crowleys Pseudonymen.

Nehmen Sie sich in diesem Monat etwas Zeit, um ganz bei sich zu sein, denn bald werden Sie die Weihe vornehmen. Danach werden Sie und Ihr Tempel zum Dienst an den Adepten der inneren Ebenen verpflichtet sein. Diese haben strikte Vorstellungen darüber, wie jene, die in ihren Dienst treten, sich verhalten sollten. Ihr Leben wird sich bald in mancher Hinsicht ändern, und nicht alles davon wird so sein, wie Sie es erwarten. Das Leben eines Magiers ist niemals farblos oder langweilig, sondern eher hektisch, geschäftig, voller Ereignisse.

Das dreifache Gesetz des Rituals

Magie und Ritual werden oft miteinander verwechselt, aber sie sind durchaus nicht das gleiche. Magie bedeutet die Fähigkeit, den bestehenden Status quo durch eine Veränderung im persönlichen Bewußtsein zu ändern oder zu beeinflussen. Das Ritual ist ein Mittel, mit dem man mit Energien und Kräften in Verbindung treten kann, die ansonsten jenseits des eigenen Erkenntnisvermögens sind. Magie und Ritual können natürlich vereint werden, aber von Natur aus sind sie zwei sehr verschiedene Aspekte der okkulten Wissenschaft. Wenn Sie den Anweisungen dieses Buches folgen, werden Sie lernen, Ihre natürlichen, aber bis jetzt ungenutzten geistigen Kräfte auf magische Weise einzusetzen. Um das zu tun, brauchen Sie weder ein Ritual noch einen Tempel. Sie können mitten am Waterloo-Bahnhof zur Stoßzeit Magie betreiben, und niemand würde etwas mitbekommen. Keine Bewegung ist notwendig, keine Invokationen, keine Bilder von den vier Himmelsrichtungen, nichts außer einem geschulten und disziplinierten Geist.

Aber die Menschheit hat eine natürliche Grenze für das, was mittels der eigenen geistigen Kapazität erreicht werden kann. Deshalb: Wenn es notwendig ist, weiterzugehen als diese Barriere erlaubt, zieht der Magier die Hilfe der »Götter« hinzu. Genau das geschieht im Ritual. In neunzig Prozent aller Fälle, in denen die Götter invoziert werden, sind es eigentlich die Aspekte des höheren und weitaus fähigeren Selbst des Magiers. Ich will damit niemandes Bemühungen schlechtmachen, aber was geschieht, ist, daß man unter dieser geistigen Barriere durchschlüpft, indem man den bewußten Verstand glauben macht, daß etwas oder jemand anderer die Arbeit tut, eben die »Götter«.

Bedeutet das, daß diese Götter nicht existieren? Weit gefehlt! Ganz sicher existieren sie, aber in Formen und Dimensionen, die wir nicht begreifen können. Behalten Sie in Erinnerung, daß alle Götter Emanationen eines urschöpferischen Energiemusters sind, das manchmal auch einfach Gott genannt wird. Aber was diese Urenergie ist, wie sie aussieht oder wie sie sich verhält, wissen wir einfach nicht und werden es auf dieser Stufe der menschlichen Evolution auch nie wissen.

Seit unzähligen Jahrtausenden hat der Mensch seine Imagination eingesetzt, um »Formen« zu schaffen, die für seine Ängste, Freuden, Hoffnungen und Probleme einstehen sollen. Dadurch entstanden die Götter, entwickelt aus dem nichtmanifestierten Urgott durch das überwältigende gefühlsmäßige Bedürfnis der Menschheit nach etwas, das ihrer eigenen Gestalt näher ist, etwas, dem sie einen Namen geben konnte, sich damit identifizieren konnte und welchem sie ihre Verehrung anbieten konnte (und für ihre eigene Launenhaftigkeit verantwortlich machen konnte). Da diese Formen aus dem Urgott emanierten, enthielten sie genügend reine Energie, unverdünnt durch einen physischen Körper, um große Macht auszuüben. Diese Macht hat der Mensch durch seine Verehrung vergrößert und so einen Kraftkreis geschaffen. Nachdem der Mensch die Götter nach seinem eigenen Vorbild sowohl mit Gutem als auch mit Schlechtem gespeist hat, wurden die Götter im Lauf der Jahrhunderte in gute und schlechte Kräfte unterteilt.

Einige wenige aus der Menschheit entwickelten sich rascher als andere und erreichten über lange Zeitperioden das, was wir Adeptschaft oder Meisterschaft nennen. Solche Meister, genau wie Götter, können durch das Ritual kontaktiert werden. Wenn ständiger Fortschritt gemacht wird und der Magier danach strebt, sich auf allen Ebenen zu vervollkommnen, dann wird die Zeit kommen, daß im Ritual eines dieser höheren Wesen mit ihm Kontakt aufnehmen und mit und durch ihn arbeiten wird. Es ist ein Prozeß, der sich ankündigt; er ist kurz, gemessen an Zeit, aber ewig, gemessen an der Wirkung. Das ist die *wahre* Bedeutung des okkulten Begriffes »Annehmen einer Gottform«.

Nun werden Sie verstehen, daß ein Ritual weit davon entfernt ist, die magische Version von Scharaden zu sein, wofür es von manchen gehalten wird. Es gibt drei verschiedene Arten von Ritualen (sie werden zweifellos alle versuchen): Rituale zur geistigen Vervollkommnung, zur spirituellen und physischen, Rituale, um gewisse Dinge zu bekommen, und Rituale, um Wirkungen zu verursachen. Dann gibt es noch eine andere Form, die ich allerdings als letzte erklären möchte.

Rituale, um gewisse Dinge zu bekommen, sind am beliebtesten, dicht gefolgt von denen, um Wirkungen zu verursachen, an zweiter Stelle. Selbstvervollkommungsrituale stehen erst an dritter Stelle, hauptsächlich wohl deshalb, weil es lange Zeit dauert, bis sie sich auf dieser Ebene manifestieren und weil sie eine Menge harter Arbeit erfordern. Es ist auch eine Menge Selbstkenntnis nötig, um zuzugeben, daß man Vervollkommnung oder Verbesserung *braucht.* Obwohl Sie in bezug auf Rituale ins tiefe Wasser geworfen wurden, müssen Sie verstehen, daß es eine Kunst ist und jahrelange Arbeit nötig ist, um sie zu vervollkommnen.

Sie erfordert auch ein Allgemeinwissen vom Ausmaß einer Enzyklopädie, mit eingeschlossen einige sehr unwahrscheinliche Quellen. Lernen Sie, merkwürdige Informationen über alles und jedes auf jeden Fall zu speichern. Aber sogar dann werden Sie das dreifache Gesetz des Rituals anwenden müssen: Methode, Motiv und Sinn. Lassen Sie uns mit dem Motiv beginnen.

Das Motiv

Jedes Ritual muß ein Motiv, einen Beweggrund haben, sonst wird es sinnlos. Motiv bedeutet einfach: »Warum führen Sie dieses Ritual durch?« Im Idealfall deshalb, weil etwas Gutes herauskommen wird. Aber Magier sind menschlich, und sehr oft ist der Grund alles andere als altruistisch. Lassen Sie uns das Motiv mit den drei Ritualkategorien verbinden und nachsehen, ob sie einander erhellen können.

Selbstverbesserung: Nach welcher Art von Verbesserung oder Vervollkommnung halten Sie Ausschau? Ein besseres Gedächtnis, mehr Willenskraft, Kontrolle über eine schlechte Gewohnheit oder über schlechte Laune, Hilfe für eine Prüfung oder ein wichtiges Vorstellungsgespräch? In dieser Art von Ritual paßt alle Hilfe bei weiteren Studien bis zur Heilung von Fingernägelbeißen hinein. Aber was wir wissen müssen, ist: *warum*? Dazu müssen Sie auf das Peinlichste ehrlich zu sich selbst sein, was sowieso ein gutes Thema für ein Ritual dieses Typs wäre. Ist es, weil Sie ein Ritual mehr können wollen als Ihr Bekannter, damit Sie prahlen können, sogar vor sich selbst, was für ein guter Magier Sie sind; oder glauben Sie wirklich, daß Sie dieses Ritual brauchen? Und wird es eine Verbesserung sein? Es könnte Ihnen vielleicht helfen; aber wird es dadurch schwieriger, mit Ihnen zu leben, oder wird es eine Kluft zwischen Ihnen und Ihrer Familie verursachen?

Was sind nun Ihre Motive in einem Ritual, um gewisse Dinge zu erhalten? Ein seltenes Buch zum Beispiel. Brauchen Sie es wirklich, oder wollen Sie es auf Ihrem Regal stehen haben, damit darüber gesprochen wird? Ein größeres Haus oder Auto? Wiederum: Ist es wirklich notwendig, oder werden Sie sagen: »Schau, was ich habe; und ich habe es durch ein Ritual bekommen!« Wenn Sie mit rituellen Mitteln etwas zu sich rufen, muß es ja von irgendwo herkommen, es *erscheint nicht aus dem Nichts*. Daher wird es irgendwo ein Loch zurücklassen, das gefüllt werden muß. Jemand hat vielleicht genau das, wonach Sie suchen und schätzt es vielleicht sehr – ein Buch, ein Gemälde, ein Stilmöbelstück, ein Haus in einer besonderen Gegend. All diese Dinge gehören vielleicht jemandem, der sie liebt und schätzt. Damit Sie sie erhalten können, müssen Umstände eintreten, die jemand anderen dazu zwingen, sie aufzugeben. Es kann ein Erbstück sein, das von Generation zu Generation weitergereicht wurde; und da kommen Sie daher und »stehlen« es auf rituelle Weise.

Wie jede Kraft, ist auch das Ritual selbst weder gut noch schlecht, sondern nimmt die Farbe dessen, der es durchführt, an. Das Motiv fügt das Plus oder Minus hinzu, auch wenn es in gutem Glauben getan wird. Der einzige Weg, um Schmerz und Leid zu verhindern, ist, im Ritual klar die Absicht kundzutun, daß der Gegenstand zu Ihnen kommen soll, ohne eine andere Person zu verletzen oder zu behindern.

Wenn das Ritual durchgeführt wird, um die Zuneigung einer anderen Person zu erlangen, dann begeben Sie sich auf gefährlichen Boden. Ethik ist in den magischen Künsten von großer Wichtigkeit, am meisten wohl im Ritual. Die Person war vielleicht für jemanden anderen bestimmt, und wenn Sie mit Ihrem Ritual das zerbrechliche Gebilde Bestimmung/Schicksal überfahren – es kann getan werden –, dann haben Sie eine »gute« Chance, in die Geschichte einzugreifen. Kinder, die geboren werden sollten, die seit Hunderten von Jahren geplant waren, würden vielleicht nicht das Licht der Welt erblicken, und umgekehrt. Es kann eine Situation geschaffen werden, in der Sie oder eine andere Person vielleicht nicht zur rechten Zeit am rechten Ort sind, um ein wichtiges Ereignis zu unterstützen oder zu vermeiden.

Wie ist es nun mit dem Verursachen von Wirkungen auf die Umgebung? Ein einfaches Ritual, um einen sonnigen Tag an Ihrem Geburtstag zu sichern, kann bedeuten, daß der Sonnenschein, der einem Bauer das Schneiden von Heu oder Einholen von Weizen gewährleistet haben würde, umgeleitet wird und das daraus entstehende »Loch« mit Regen gefüllt wird und finanziellen Ruin bedeuten kann.

Wunsch- und Fluchrituale fallen ebenso unter diese Überschrift, und Sie sollten sich völlig klar über die Konsequenzen einer solchen Sache sein. Ein Fluch, der im Ritual im Augenblick höchster Emotion ausgestoßen wird, kann jahrhundertelang wirksam sein und sowohl unschuldigen Leuten als auch Ungeborenen großen Schaden zufügen. Es kann aber auch bedeuten, daß derjenige, der einen solchen Fluch verhängt hat, eine gleich lange Zeit im astralen Bereich des Planeten gehalten wird. Die Motive für jedes Ritual müssen genau untersucht werden, bevor Sie loslegen. Manchmal gibt es Gründe, ein Ritual überhaupt nicht durchzuführen und den Dingen ihren Lauf zu lassen, so daß sie eintreten, wie es bestimmt war. Wenn Sie Ursula Le Guins wunderschöne Trilogie *The Wizard of Earthsea* (in Deutschland erschienen unter dem Titel *Erdsee*) lesen, werden Sie sehen, wie der Held Ged genau das als letzte Wahrheit herausfindet. Es gibt keine Notwendigkeit, Wirkungen mittels eines Rituals zu verursachen, wenn nicht ein zwingender Grund dafür vorliegt. Es ist eine einfache Tatsache, daß Rituale selten notwendig sind!

Die Methode

Wenn Sie sich an eine Tradition binden, so werden Sie mit ziemlicher Sicherheit eine Reihe von Ritualen für bestimmte Zwecke haben und dasjenige auswählen, das für ihre Bedürfnisse am besten geeignet ist, oder Sie werden es dem Zweck Ihres Rituals anpassen. Sie werden wahrscheinlich eine Standarderöffnung und eine ebensolche Schließung haben, aber die wichtige »Absicht« des Rituals und die richtigen Räuchermischungen, Roben und Farben, um den Effekt zu vergrößern, werden sorgfältig ausgewählt werden müssen. Wenn das Motiv Selbstverbesserung ist, muß der Bereich der Absicht des Rituals ausgewogen werden zwischen dem aktiven Teil, den Gott oder Erzengel, die mit dem, wonach Sie suchen, betroffen sind, und der Passivität, die dem Ergebnis des Rituals erlauben wird, alle Ebenen Ihres Wesens zu durchdringen, beginnend mit der höchsten und endend als Erdung mit der physischen. Wenn Sie die Verbesserung einer Fertigkeit oder Fähigkeit suchen oder irgend etwas, das auf der physischen Ebene eingesetzt wird, dann *müssen* Sie zuerst am höchsten Punkt beginnen und der Reihe nach jede Ebene mit der Kraft, die sie invozieren, sättigen. Sie können die Kraft nicht nur auf den physischen/astralen Ebenen aufnehmen und erwarten, daß sie anhält.

Wenn ein Ritual entworfen ist, um etwas zu bewirken, dann werden Sie es in sieben von zehn Fällen an irgendeinem Punkt des Rituals mit der Welt der Elemente zu tun haben. Hier *müssen Sie immer* zuerst mit dem Elementalkönig arbeiten, und erst dann bis hinunter zu den Sylphen und Salamandern. Sie schützen dadurch das Ritual und sich selbst. Methode und Motiv müssen hieb- und stichfest sein, wenn Sie mit Elementalen arbeiten. Murphys Gesetz des »Wenn irgend etwas schiefgehen *kann*, wird es das auch tun« wurde vermutlich von einem Elementalmagier, der versagt hat, erdacht! Wenn diese Welt der Wasserelfen und Feuergeister und dergleichen Ihnen einmal traut, werden Sie eine Menge Naturenergie und Fähigkeiten herausholen können; aber Sie müssen es sich auf harte Weise verdienen und immer mit Vorsicht gebrauchen. So wie Elfengold können auch die Geschenke der Elementalwelt sehr kurzlebig sein.

Wenn Sie ein Ritual durchführen, um etwas auf der physischen Ebene zu erhalten, dann muß die Methode, die Sie verwenden, für eine Öffnung sorgen, so daß das, was Sie wollen, Sie auf der physischen Ebene auch *erreichen* kann. Sie liegen falsch, wenn Sie denken, es wird einfach erscheinen, ohne daß Sie sich weiter dafür anstrengen müssen. Das Ritual ist nur der erste Schritt in einer Kette von Ereignissen. Die erste Regel ist, sich niederzusetzen und minuziös aufzuschreiben, was man eigentlich bekommen will. Ich *meine* minuziös, denn wenn Sie das nicht tun, können Sie in gröbere Schwierigkeiten gelangen. Wenn Sie zwei Goldfische in einer Glasschale haben wollen, dann spezifizieren Sie: *lebende* Goldfische, zwei, komplett mit Schale, und bitte *mit* Wasser darin. *Das* ist genau. Es ist auch eine gute Idee, ein Zeitlimit für die Ankunft des Gegenstandes zu setzen. Ich kenne eine Dame, die um einen Mantel bat, da ihr alter ziemlich fadenscheinig war. Innerhalb von vierundzwanzig Stunden hatte sie ein halbes Dutzend, und noch mehr kamen nach. Das Problem war nur, daß das alles alte und abgetragene Mäntel waren, denn sie hatte nicht einen *neuen* Mantel verlangt.

Das Ritual setzt die Energie in Bewegung. Sie müssen Öffnungen schaffen, daß das, was Sie wollen, ankommen kann. Vielleicht wollen Sie ein besonderes Buch, das vergriffen ist, oder ein rituelles Juwelenstück mit einem bestimmten Halbedelstein. Wenn das Ritual durchgeführt wurde, beginnen Sie, sich umzusehen, auf Flohmärkten, Auktionen, in Altwarenläden und auf Straßenmärkten, überall dort, wo Sie denken, es könnte eine Chance geben, Ihr Objekt zu finden. Geben Sie eine Anzeige in Ihrer Lokalzeitung auf. Sie werden überrascht sein, was das bringen kann.

Wenn Sie Geld brauchen, kaufen Sie sich ein Lotterielos oder eine Prämienaktie. Es mag Ihnen dumm vorkommen, Geld auszugeben, wenn Sie doch nötig hätten, das es hereinkommt; aber Gleiches zieht Gleiches an, und Sie öffnen damit ein Tor, durch das Geld zu Ihnen kommen kann. Sie könnten zu einer kleinen Erbschaft kommen, oder jemand wird Sie um Ihre Dienste bitten und Ihnen dann den verlangten Betrag dafür zahlen. Sehr oft, wenn Sie Geld wollen, werden Sie sehen, daß es verdient werden will; eine Tatsache, die viele Neulinge in der Magie enttäuschen wird, aber eine, an die Sie sich gewöhnen müssen. Sie bekommen nichts umsonst ... auch nicht in der Magie.

Ich wiederhole: Verschließen Sie sich keine Türen! Lose, Wettbewerbe, Schönheitskonkurrenzen – versuchen Sie alles, und Geld wird hereinkommen. Wenn Sie zufällig einmal irgend etwas rasch brauchen und es keine Zeit oder Möglichkeit für ein Ritual gibt, dann ist da noch etwas, das Sie versuchen können: Sie können eine Anzeige in der *Inner Plane Gazette* aufgeben. Das klingt verrückt? Kindisch? Ja, aber Kinder sind die besten Magier der Welt. Es ist einfach eine Methode, um Ihre kreativen Visualisationstechniken zu sammeln. Sehen Sie vor Ihrem geistigen Auge die Titelseite einer Zeitung, deutlich versehen mit dem Namen *Inner Plane Gazette*. Geben Sie sich ein paar Minuten, um das Bild so klar wie nur möglich aufzubauen. Sehen Sie, wie Ihre Hand die Seiten umblättert, bis zu der, die Sie brauchen: »Gesucht«. Nun sehen Sie Ihre »Anzeige« unter den anderen. Lesen Sie sie laut und vergewissern Sie sich, daß sie genau anführt, was Sie brauchen. Fügen Sie noch das Zeitlimit »innerhalb von sieben Tagen« – oder wie auch immer – hinzu und Ihren Namen und Adresse. Nun machen Sie das Ganze noch mal; aber anstatt die Worte zu lesen, sehen Sie Bilder von sich selbst mit dem Gegenstand, den Sie brauchen, in Ihren Händen oder vor sich auf dem Boden liegend. Sie sehen glücklich aus und stehen vor Ihrem gegenwärtigen Haus. Dies verankert das Bild auf den Astralebenen. Es funktioniert proportional zu Ihrer Fähigkeit zu »sehen«.

Das kann man auch andersherum verwenden. Denken Sie daran, daß es auf den inneren Ebenen keine wirkliche Zeit gibt; und so können Sie eine Kopie der *Inner Level Gazette* oder des *Daily Astral* einige Tage lang vor sich haben. Vielleicht können Sie sogar eines Tages einen Blick auf irgendein zukünftiges Ereignis erhaschen! Dies alles mag Ihnen vielleicht töricht erscheinen, aber es sind nicht immer die spektakulären Rituale, die die besten Ergebnisse bringen. Die Art von Magie, von der Sie soeben gehört haben, geht in ungebrochener Linie zurück bis zu den Höhlenmalereien des primitiven Menschen. Sie wollen ein neues Auto oder eine goldene Uhr, der Höhlenbewohner wollte ein Bison für Nahrung und Kleidung. Er bekam, was er wollte, indem er Bilder an die Wände einer Höhle malte. Sie können das Erwünschte bekommen, indem Sie Bilder davon auf Ihren geistigen Bildschirm malen.

Die Bedeutung

Der letzte Teil des dreifachen Gesetzes ist die Bedeutung. Alle Rituale haben Bedeutungen auf vielen Ebenen, und es ist Teil Ihrer Ausbildung, daß Sie, wenn das Ritual beendet ist, es in Ihrer Erinnerung nochmals durchgehen, diese Bedeutungen ausfindig machen und in eine Linie bringen. Zusätzlich natürlich müssen Sie jedes einzelne Ritual aufzeichnen – wie es durchgeführt wurde, was die Absicht war, wie es gelaufen ist – und die Ergebnisse innerhalb von achtundzwanzig Tagen. Sie werden oft herausfinden, daß die offensichtliche Bedeutung einer anderen unter der Oberfläche weicht, mit einer viel tieferen und größeren Reichweite. All dies geschieht in den Tagen und Wochen nach einem erfolgreichen Ritual. Wiederum hängt es vom dreifachen Gesetz ab. Selbstverbesserung gibt Ihnen vielleicht das Wissen, daß das, worum Sie gebeten haben, nicht das war, was Sie brauchten. Dann wird das Ritual selbst den Gang festsetzen und Ihnen das Richtige zur rechten Zeit bringen, weil Sie sich dem Weg der Selbstverbesserung übergeben haben. Mit einem Ritual Wirkungen zu verursachen, kann Ihnen eine Menge an Einsicht in innere Bedeutungen geben, weil diese Wirkungen dazu neigen, weiter und weiter zu gehen.

Nun muß ich einen letzten Typ von Ritualen erwähnen, den besten und reinsten von allen. Das sind Rituale, die einfach als Lobpreisung oder Verehrung – welcher Gottheit auch immer Sie dienen – dargebracht werden. Sie sind Ausdruck von Liebe, Vertrauen und Freude. Sie geben, ohne etwas zu verlangen; sie bieten, ohne Belohnung zu erwarten. So waren die ersten Rituale, die der Mensch je durchführte. Was immer auch sonst Sie innerhalb der Magie tun mögen – vernachlässigen Sie diese Dinge nicht! Denn sie werden Ihnen am Ende das größte der Geschenke geben: Geistesfrieden und Zufriedenheit mit dem, was Ihnen die Götter bieten.

Das Verhalten in der Loge

Verhalten in der Loge ist ein Begriff, der in einer Mysterienschule eine große Bedeutung hat. Nur weil Sie eine stark verkürzte Version der Ausbildung durchmachen, heißt das nicht, daß über die feineren Aspekte ritueller Arbeit hinweggegangen werden kann. Es ist auch unwesentlich, ob Sie zur Zeit der einzige sind, der in Ihrem Tempel arbeitet, oder ob Sie mit Freunden arbeiten. Ihr Hauptinteresse sollte alle Zeit auf der spirituellen Sauberkeit Ihres heiligen Ortes liegen. Das bedeutet, daß

Ihre Arbeit, Ihre Einstellung, Ihr Verhalten innerhalb dieser Wände würdevoll, ehrenhaft und ohne niedere Motive sein muß.

Bewegen Sie sich ruhig und graziös. Die Stimme sollte fest sein, aber nicht schrill (den Einsatz der Stimme werden wir uns an späterer Stelle genauer ansehen). Wenn Sie eine Geste machen, sollte sie entschieden sein, nicht halbherzig. Tratschen Sie nicht über Trivialitäten, wenn Sie den Raum betreten haben. Alles sollte zuvor arrangiert worden sein. Machen Sie keine Bemerkungen über die anderen Offiziere; beobachten und lernen Sie. Wenn Sie wütend sind, betreten sie den Tempel nicht, bevor Sie sich beruhigt haben. Machen Sie diesen Ort zu einer Stätte des Friedens, so daß, sollten Sie eines Tages seine Stärke und Hilfe brauchen, er bereit sein wird, Sie mit seinem Frieden zu erfüllen.

Seien Sie höflich im Umgang mit den Wesen anderer Dimensionen. Gute Manieren zählen auf anderen Existenzebenen genausoviel wie auf Ihrer eigenen. Vergessen Sie niemals, jenen zu danken, die mit Ihnen unsichtbar zusammengearbeitet haben. Das schließt den Tempelwächter mit ein und den Gesamtaspekt der Gottheit oder des Lehrers, der Ihren Tempel leitet. Halten Sie den Tempel, Ihre Roben und alle übrigen Gewänder sauber und ordentlich. Betreten Sie den Tempel nie in Straßenschuhen. Putzen Sie regelmäßig Silber, Leinen und Glas. Nehmen Sie vor jedem Ritual ein Bad. Versuchen Sie, in Ihrem Tempel immer Blumen zu haben, vorzugsweise eher Grünpflanzen als Schnittblumen. Reinigen Sie den Kelch sofort nach dem Ritual, wenn Sie ihn für Wein verwendet haben. Werfen Sie übriggebliebenen Wein oder Oblaten nicht irgendwo weg. Schütten Sie den Wein in den Garten und geben Sie die Oblate oder das Brot den Vögeln. Es wurde gesegnet, und die Erde und die Vögel werden an diesem Segen teilhaben.

Da die Weihe näherkommt, betätigen Sie sich etwas langsamer und verbringen Sie etwas mehr Zeit in ihrem Tempel. Sitzen Sie einfach da, nicht, um zu meditieren, sondern um Ihren Geist mit dem Wunder des Ganzen zu füllen und erfüllen zu lassen. Wenn Sie Ihre Robe nähen, denken Sie an die Jahre, die vor Ihnen liegen, und an die Arbeit, die Sie verrichten werden. Diese Vibrationen werden mit in den Stoff eingenäht. Gehen Sie Ihre bisherigen Aufzeichnungen durch, sehen Sie, wie Sie sich verändert und verbessert haben. Schauen Sie sich Ihr Alltagsleben an, ob es sich überhaupt verändert hat. Zuletzt spüren Sie einen heiligen Ort auf, der nicht zu weit von Ihrem Wohnort entfernt ist. Es kann dies ein Steinkreis sein oder ein altes römisches Fort, eine Quelle, ein Menhir, ein Hügel mit einem Baumkreis auf der Spitze oder nur ein sehr alter Eichenbaum. Es könnte die Kapelle der Lieben Frau einer präreformistischen Kirche sein.

Machen Sie eine kleine Wallfahrt. Gehen Sie zumindest einen Teil des Weges zu Fuß, genug, um Sie zu ermüden, aber nicht völlig zu erschöpfen. Nehmen Sie eine kleine Opfergabe mit, Blumen für die Kapelle Unserer Lieben Frau, eine Silbermünze für den Steinkreis oder die Druidensteine, einen Kranz aus Efeu und wildwachsenden Blumen für den Eichenbaum; oder aber Sie entzünden ein kleines Feuer an der Stelle des Forts. (Achten Sie darauf, daß Sie nicht gegen irgendwelche Feuerbestimmungen verstoßen.)

Rufen Sie Ihre Tempelgottheit an und den Wächter; laden Sie sie ein, mit Ihnen an diesem Ort zu verweilen und verbinden Sie sich alle drei mit der Erdmutter zu einem einzigen lebendigen Wesen. Bieten Sie ihr einen Platz in Ihrem Tempel an, so daß sie in ihm eine Stimme hat. Als Zeichen Ihrer neuen Einheit mit dem Wesen des Planeten schneiden Sie eine Locke von Ihrem Haar ab und begraben Sie sie. Wenn Sie gehen, nehmen Sie ein wenig Erde mit sich und geben Sie diese unter den Teppich neben der Tempeltür. Das wird die gesamte Erdkraft in Ihren Tempel bringen, und jene, die sich darin aufhalten, werden sich stets ihrer Präsenz bewußt sein.

Roben-Gebete

Roben-Gebete werden heutzutage im Tempel nicht sehr häufig verwendet, aber sie stellen eine Verbindung zur Vergangenheit dar; und es ist nett, sie anzuwenden, wenn Sie es wollen. Jedes Stück hat sein eigenes Gebet, und obwohl Sie nicht die gesamte Ritualkleidung verwenden werden, ist es eine gute Idee, sie zum Nachschlagen für die Zukunft bereit zu haben.

Die Innenrobe

Sie ist immer weiß, aus dünner Seide und lose. Sie symbolisiert das Höhere Selbst. Sie könnten sich eine Garnitur weißer Unterwäsche für den Tempelgebrauch zulegen und an Stelle der Innenrobe verwenden.

Mit Reinheit im Herzen und Klarheit im Geist lege ich dieses Gewand (diese Gewänder) an. So wie sie mich umgeben, möge mein eigenes Höheres Selbst mein physisches Selbst umgeben, und beide mögen eins werden während dieses Ritus.

Die Außenrobe

Das ist die Robe, die Sie jetzt anfertigen und die Sie in Ihrem Tempel verwenden werden. Sie kann jede beliebige Farbe haben und wird mit einem Gürtel der gleichen oder einer kontrastierenden Farbe getragen.

So ist mein Höheres Selbst verborgen, spähenden Augen entzogen, da diese Robe den heiligen Teil meines Selbst umgibt und verbirgt. So umgibt und verbirgt auch der Tempel das Allerheiligste, und so sind der Tempel und die Außenrobe eins.

Der Umhang

Der Umhang ist der Schutz dessen, was er verbirgt. Er ist gleichbedeutend mit dem männlichen Aspekt, der den heiligen weiblichen Aspekt der Innen- und Außenrobe bedeckt.

Möge dies mein Schutz sein gegen alles, das mir widerfahren kann. Ich werde diesen meinen Umhang über die Schutzlosen breiten, um ihnen Wärme und Beistand zu geben.

Der Gürtel

Der Gürtel ist ein weibliches Symbol, da er umschließt oder enthält. Er präsentiert die geheiligte Zone, die mit spirituellem Schutz umgeben ist.

Ich lege um mich diesen geheiligten Kreis, auf daß kein Übel in den Tempel meines Körpers eintrete. Mit diesem Gürtel binde ich das Übel an seine eigene Sphäre. Mit diesem Gürtel helfe ich dem Müden, den Berg der Erkenntnis zu besteigen. Dies ist mein Tierkreis, mein Gurt der Sterne, Symbol meiner Priesterschaft.

Die Pantoffeln

Die Pantoffeln symbolisieren Verständnis. Sie tragen den Eingeweihten über die Regenbogenbrücke und zwischen die Welten. Mit ihnen an den gesalbten Füßen überquert der Priester den Abyssus.

Die Götter haben meine Füße mit Öl gesalbt, und sie sollen mit Verstehen beschuht werden. So werde ich die Brücke zwischen den Welten überschreiten. Die silbernen Pantoffeln des Mondes und die goldenen Pantoffeln der Sonne sind mein; ich werde im Licht mit Freude und in der Dunkelheit ohne Furcht wandeln.

Der Kopfschmuck

Er repräsentiert die spirituelle Krone Kethers, den ersten Punkt der Manifestation. Normalerweise ist das der erste Teil des Körpers, der geboren wird. Im Augenblick der Geburt wird ein Kind vom Bekkengürtel gekrönt. Wenn Sie das von der richtigen Perspektive aus sehen könnten, würden Sie das Kind wie mit einem Geweih gekrönt sehen. Das ist auch einer von vielen Gründen, warum der gehörnte Gott des Hexenkultes als der Spender der Fruchtbarkeit angesehen wird.

Das Haupt des Priesters und das Haupt des Königs sollen bedeckt sein, so sagen die alten Gesetze. Dies ist der Punkt, an dem der Geist bei der Geburt eintritt und den er beim Tod wieder verläßt. Verborgen und geschützt sei das geheiligte Haupt, nicht befleckt.

Der Ring

Wir haben bereits über den magischen Ring und seine Symbolik gesprochen. Er wird als letztes angesteckt, und damit ist auch die magische Persönlichkeit voll angenommen.

Ich rufe jetzt ____________ *(magischer Name) auf, hervorzukommen und den ihm zuerkannten Platz einzunehmen. Dieses Symbol meiner Macht stelle ich in den Dienst von* ____________ *(Tempelgottheit).*

Lernen Sie diese Gebete, das heißt diejenigen, die Sie verwenden möchten, auswendig und sprechen Sie sie regelmäßig.

Die Auswahl der Musik für die Weihe

Sie sollten jetzt die Musik für die Einweihungszeremonie auswählen. Wenn Sie mit der Kabbala arbeiten, wählen Sie eine Kassette mit Gregorianischen Chorälen. Wenn man diese eher leise spielt, werden sie den kleinsten Tempel größer erscheinen lassen. Wenn Sie etwas vorziehen, das mehr heidnisch ist, so schlage ich eine Panflötenmusik von George Zamfir vor. Neptun oder Uranus von Holsts »Planeten-Suite« können ebenfalls sehr wirkungsvoll sein. Mein Favorit für solche Rituale ist eine Aufnahme von »I will Arise and go into the House of the Lord« vom Zemal-Chor. Das ist eine alte Schallplatte, und ich bin nicht sicher, ob man sie noch immer bekommen kann. Zemel ist ein jüdischer Chor, und auch all die anderen Stücke auf dieser Schallplatte sind hervorragend für den Tempelgebrauch geeignet.

Leseliste

Ashcroft-Nowicki, Dolores: *The Shining Paths* (Aquarian Press, 1983)
Davidson, Gustave: *A Dictionary of Angels* (Macmillan, 1967)
Highfield, Andrew: *The Book of Celestial Images* (Aquarian Press, 1984)
Matthews, John: *At the Table of the Grail* (Routledge, Kegan Paul, 1984)
Matthews, John: *The Grail, Quest for the Eternal* (Der Gral. Die Suche nach dem Ewigen, Insel. o. J.)
Samuel and Samuel: *Seeing With the Mind's Eye* (Random House Books, 1975)

Der fünfte Monat

Das Vigilium und die Weihe

Beginn: ________________ Ende: ________________

Es besteht keine Notwendigkeit mehr, den Monat in Tempelarbeit und Arbeit am Selbst aufzuteilen. Von nun an wird Sie jeder Monat in Wissensgebiete einführen, die für Ihre zukünftige Arbeit von Wichtigkeit sein werden. Jahreszeitliche Rituale und Rituale für die anderen wichtigen Feste des Jahres müssen erarbeitet, geschrieben und in ein besonderes Buch eingetragen werden. Sie werden in den nächsten paar Monaten beginnen, mit dem magischen Spiegel zu arbeiten; beginnen Sie daher, sich nach etwas Passendem umzusehen. Im Gegensatz zur Meinung mancher Leute muß er nicht schwarz sein. Sehen Sie sich nach einen um, der etwa 45 bis 50 cm lang ist, oval oder rund, je nach Geschmack, und mit einem dünnen Rahmen rundherum. Nehmen Sie keinen, der nur abgeschrägte Kanten hat. Am besten wäre es, wenn Sie einen neuen kaufen könnten. Wenn nicht, dann suchen Sie einen alten, aber stellen Sie ihn genau gegenüber einem anderen Spiegel auf und lassen Sie ihn, wenn möglich, einen Mondzyklus lang stehen, bevor Sie ihn verwenden. Ein Spiegel wird die »schalen, abgestandenen« Reflektionen aus dem anderen ziehen. Zeichnen Sie den Spiegel, der das Reinigen übernimmt, mit einem Band. Das ist alles, was Sie brauchen, um diesen Prozeß zu beginnen.

Das Anbringen der dritten Siegel

Beginnen Sie den Monat, indem Sie die dritten und somit letzten Siegel am Tempel anbringen. Stellen Sie Ihre vier Kerzenhalter vor jede Himmelsrichtung, wie in Abbildung 21 dargestellt. Auf den Altar kommen vier neue, ungebrauchte Kerzen bester Qualität. Binden Sie um jede ein Band in den Farben der Himmelsrichtungen. Des weiteren stehen auf dem Altar das Altarlicht und die Räucherschale. Die Räuchermischung sollte mit Daath oder der höheren geistigen Ebene assoziiert werden. Entzünden Sie das Altarlicht und stellen Sie sich an der Ostseite des Altars auf mit Blickrichtung zum Altar. Nehmen Sie die Kerze für den

Osten mit beiden Händen, zünden Sie sie am Altarlicht an und gehen Sie zum Osttor. Stellen Sie sich vor, daß eine Lichtschnur mit Ihnen verbunden ist, die Sie hinter sich nachziehen, wenn Sie umhergehen. Wenden Sie sich nun und gehen Sie langsam vom Osten nach Süden, dann nach Westen und Norden und wieder zurück nach Osten, immer mit der Vorstellung von der Lichtspur hinter sich. Heben Sie die Kerze in die Höhe und sprechen Sie die Invokation:

Oh Ihr mächtigen Schlangen der Flamme, heilige Seraphim des Osttores, gewährt diesem geheiligten Ort Euren höchsten Schutz, ich rufe Euch an, ich fordere Euch auf im Namen des heiligen Wortes, das verlorenging. Setzt das letzte Siegel auf diesen Tempel!

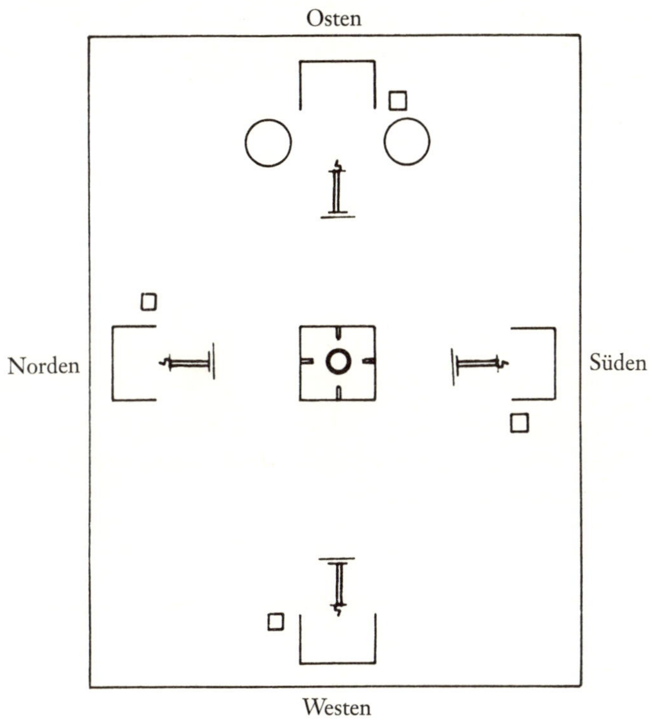

Abb. 21: Das Setzen der dritten Siegel

Stecken Sie die Kerze in den Halter und gehen Sie zum Altar. Nehmen Sie die Kerze für den Süden, entzünden Sie sie und gehen Sie nach Süden, wieder mit der Vorstellung, eine Lichtspur hinter sich zu lassen. Gehen Sie nun vom Süden nach Westen, nach

	Sonne	Mond	Vater	Mutter	Erde	Feuer	Wasser/ Ozean
Grie-chisch	Apollo	Artemis	Zeus	Hera	Demeter	Hephai-steos	Poseidon
Römisch	Helios	Diana	Jupiter	Juno	Ceres	Vulkan	Neptun
Nordisch	Freyr	Gefyion	Odin	Frigga	Nerthus	Loki	Njord
Keltisch	Lugh	Arianrhod	Dagda	Dana	Cernnunos Ceridwen	Wayland Govannon	Hanannan Llyr
Kabba-listisch	Tiphareth Raphael	Yesod Gabriel	Chockmah Ain Soph Aur	Binah Netzach	Malkuth Uriel	Netzach	Binah Yesod
Ägyptisch	Ra	Isis	Aton	Nut	Nephthys	Sekmet	Isis
Hindu	Surya Nakayana	Soma Mitra	Indra Vishnu	Mahasakti Lakshmi	Aditi	Agni	Varuna
Assyrisch	Shamash Marduk Ninagal	Sin	Baal Enlil An	Mami	Ninlil Nintu Ninhursag	Nusku	Ea Tiamat
Indianisch (Amerika)	Diese Reihe ist von Ihnen auszufüllen.						
Aztekisch	Huitzilo Pochtli Tonatiuh	Nanahoatl	Viracocha Ome- teountu	Coatlicue	Cihuacoatl	Ueueteotl	Tlaloc
Chinesisch	Fu-Hsi	Heng-O	Huang-Ti	Nu-Koa	P'an Chu	Chu Yung Flamme Drachen	Yu-Chiang
Stichworte	Leier Bogen Wagen Scheibe	Bogen Jungfrau Mond- sichel Gezeiten	Himmels- zelt Blitz	Himmel Ehe Treue	Getreide Sichel	Schwert Götter der Schmiede	Erdbeben Pferde Dreizack

Krieg	Weisheit	Schönheit Liebe	Bote	Unterwelt	Musik	Wein Opfer
Ares	Athene	Aphrodite	Hermes	Hades	Musen Apollo	Dionysos
Mars	Minerva	Venus	Merkur	Pluto	Helios	Bacchus
Wotan Thor	Odin	Iduna Freya	Heimdall	Hel		Baldur
Bran	Gwydion	Rhianon Oengus	Gwion	Pwyll	Brigid Taliesin	Bran
Geburah Khamael	Chesed Daath vier Cherubime	Netzach Haniel	Hod Yesod Gabriel	Qliphoth	Tiphareth Raphael	Tiphareth Christus
Horus	Thot	Hathor	Anubis	Osiris	Hathor	Osiris
Skanda Kali Shiva	Garuda Tvashiri	Kama Krishna	Ganesha Hanuman Pushan		Naiaraja	Avatare des Vishnu
Nergal Anat Teshup Sharma	Nabu El	Tanith Ishtar Ninsig	Nabu	Mot		Anat
Gukomatz	Quetza-coatl	Tlazol-teutl	Nanualpili	Mictlan-tecutli Tiazol-teoti	Xochpilli	Xipetotec
Chiyou		Hsi Wang Mu	Yi Bogen-schütze	Herr On High		
Schild Ägide Speer	Webstuhl Spinne Buch Bleistift Baum	Apfel Smaragd Öllampe Spiegel Gürte!	Caduceus Stab	Hund Reichtum Djed Schuhe	Harfe Flöte Leier	Trauben Köpfe Säule Mistel-zweig

Norden und Osten und wieder zurück nach Süden. Stehen Sie vor dem Südtor, heben Sie die Kerze in die Höhe und sprechen Sie die Invokation:

Oh Ihr mächtigen Leuchtenden, die Ihr die Tore zum Paradies mit erhobenen Flammenschwertern verteidigt, gewährt diesem geheiligten Ort Euren höchsten Schutz. Ich rufe Euch an. Ich beschwöre Euch. Im Namen des ersten Schwertes, geschmiedet von Tubalcain, setzt das letzte Siegel auf diesen Tempel.

Stecken Sie die Kerze in ihren Halter und gehen Sie zum Altar. Nehmen Sie die Kerze für den Westen, entzünden Sie sie am Altarlicht und gehen Sie nach Westen mit der Ihnen folgenden Lichtschnur. Gehen Sie vom Westen nach Norden, nach Osten, Süden und wieder zurück nach Westen. Stehen Sie vor dem Westtor, heben Sie die Kerze in die Höhe, sprechen Sie die Invokation:

Oh Ihr mächtigen Cherubim, Erbauer des westlichen Tores, gewährt diesem geheiligten Ort Euren höchsten Schutz. Ich rufe Euch. Ich beschwöre Euch. Im Namen der rollenden siebenten Welle der siebenten Küste setzt das letzte Siegel auf diesen Tempel.

Stecken Sie die Kerze in ihren Halter und kehren Sie zum Altar zurück. Nehmen Sie die Kerze für den Norden, zünden Sie sie an und gehen Sie nach Norden, die Lichtschnur hinter sich nachziehend. Gehen Sie vom Norden nach Osten, nach Süden und Westen und schließlich zurück nach Norden. Stellen Sie sich vor das Nordtor; heben Sie die Kerze empor und sprechen Sie die Invokation:

Oh Ihr mächtigen Malachim, Könige der Elemente, gewährt diesem geheiligten Ort Euren höchsten Schutz. Ich rufe Euch. Ich beschwöre Euch. Im Namen des höchsten Punktes des höchsten Berges und des tiefsten Tales unterhalb des Meeres setzt das letzte Siegel auf diesen Tempel.

Stecken Sie die Kerze in den Halter und kehren Sie zu Ihrem Stuhl zurück. Lassen Sie die Kerzen für einige Stunden brennen, dann löschen Sie sie mit der Kerzenschneuze aus und lassen nur das Altarlicht brennen, bis es von selbst verlöscht. Bitte beachten Sie: alle diese Versiegelungen können einfacher von vier Leuten als von nur einer Einzelperson durchgeführt werden.

Ihr Tempel ist jetzt dreifach versiegelt und wird Ihnen von nun an allen Schutz, den Sie brauchen, geben.

Etwas muß ich noch erwähnen: Eine Versiegelung wie diese wird nicht ungültig, unabhängig davon, welche Öffnung Sie in einem Ritual vornehmen. Die Siegel werden nur dann aktiv, wenn irgend etwas, das kein Recht dazu hat, einzudringen versucht. Dann legt sich ein Schild um den Tempel auf allen Ebenen; und alles ist wassersicher, feuersicher, dämonensicher und, wenn notwendig, sogar höllensicher.

Das Öffnen der Tore

Wenn Sie zu Beginn eines Rituals jedes Tor öffnen, werden Sie feststellen, daß sich eine Reihe von Bildern in Ihrer Vorstellung aufbaut. Sie werden mit jenen Bildern beginnen, die Ihnen beigebracht wurden. Wenn jedoch der Tempel eine Zeitlang besteht, werden Sie vielleicht feststellen, daß eine neue Reihe von Bildern in Ihrem Bewußtsein aufsteigt. Niemals haben auch nur zwei Leute die gleichen Bilder; aber sie ergänzen einander; und auf die normal-paradoxe Art des Okkulten passen sie perfekt zusammen.

Das normale Öffnen der Tore geschieht, indem man entweder schmiedeeiserne Tore baut oder gewaltige Holztore mit massiven Angeln und Schlössern. Sie können alles haben, was Sie wollen, solange Sie sich hinter diesen Toren sicher fühlen. Wenn sie sich öffnen, kommt zuerst die Gottform oder der Erzengel dieser Himmelsrichtung hervor. Die Landschaft dahinter sollte mit der Symbolik der jeweiligen Himmelsrichtung konform gehen, also Wüste oder vulkanisches Gebiet für den Süden, saftige Felder oder tiefe Höhlen für den Norden und so weiter. Nach dieser Figur kommt der Elementarkönig, der in den Farben, die seiner Natur entsprechen, gesehen wird. Dann fügen Sie die Elementarwesen selbst hinzu und sogar die Tiere, die mit dieser Himmelsrichtung assoziiert werden. Es ist eine gute Methode, sich Dinge durch Assoziationen zu merken.

Wenn Sie Ihre eigenen Rituale schreiben, werden Sie sich vielleicht manchmal entschließen, nur die Elementarkönige, nur die Gottformen, Erzengel oder was auch immer zu invozieren. Dazu werden Sie für jeden einzelnen eine ordentliche Invokation brauchen. Der beste Weg ist, Poesie zu lesen, denn das ist es im wesentlichen, was eine Invokation ausmacht. Durch lautes Lesen werden Sie Ihr Ohr für den wichtigsten Teil der Poesie schulen, und das ist der Rhythmus. Es muß das richtige Versmaß eingehalten werden. Laienhaft ausgedrückt: Es muß einen leiernden, wiederholenden Klang haben wie ein Kinderreim.

Am Ende dieses Kapitels werden Sie einige Beispiele finden, die Sie verwenden können, bis Sie mit eigenen Sachen aufwarten können. Besorgen Sie sich ein Exemplar von *The Poet's Rhyming Dictionary*. Es wird Ihnen eine Menge Zeit sparen, wenn Sie versuchen, Worte zu finden, die gleich klingen.

Wenn Sie mit Gottformen in den Himmelsrichtungen arbeiten, müssen Sie die Pantheonen im kleinen Finger haben. Es taugt nichts, wenn Sie sich in der Mitte des Rituals daran erinnern, daß Vulkan in den Süden gehört, Sie ihn aber im Osten stehen haben. Aber es gibt einen Weg, vorzuplanen. Kaufen Sie sich ein großes Zeichenblatt und teilen Sie es in 2 bis 3 cm große Quadrate. In die linke Reihe schreiben Sie die verschiedenen Traditionen: Griechisch, Römisch, Keltisch, Kabbala, Ägyptisch, Assyrisch, Chaldäisch, Nordisch, Chinesisch, Hindu, Aztekisch, Indianisch - und was sonst Sie finden können. An die Spitze schreiben Sie die Herrschaftsbereiche: Sonne, Mond, Sterne, Erde, Meer, Himmel, Schmied, Getreide, Magie, Weisheit, Zeit, Liebe, Krieg, Schlaf, Träume. Mit Hilfe einer mythologischen Enzyklopädie aus Ihrer Bücherei schreiben Sie nun die Namen der Götter und Göttinnen in das passende Quadrat (siehe Abb. 22).

Mit Hilfe dieser Tabelle werden Sie nie mehr den falschen Gott an den falschen Ort stellen. Sie wird Ihnen auch als Erinnerungshilfe dienen, und bald werden Sie die richtige Reihenfolge wissen, ohne auf die Graphik schauen zu müssen. Sie werden feststellen, daß einige Götter mehrere Herrschaftsbereiche haben; das ist normal und bedeutet, daß Sie diese Gottform in jeden dieser Bereiche stellen können. Das gleiche können Sie auch mit Farben und Symbolen machen, wenn Ihre Wand groß genug ist, um alle diese Karten aufzuhängen!

Der Wachhund

Sie sollten nun bereits Ihren Tempelwächter gewählt und ihm einen Namen gegeben haben. Es gibt eine Invokation, die als »Erschaffen des Wachhundes« bekannt ist. W. E. Butler hat sie mir beigebracht, und er hat sie von Dion Fortune bekommen, die sie lernte, als sie ein Mitglied der Golden Dawn war. Sie scheint die Bearbeitung eines ägyptischen Zauberspruches zu sein, um einen Wächter vor das Tor eines Grabmales zu stellen. Sie ist nach vielen Jahrhunderten noch immer kraftvoll; und wenn Sie die Worte ein wenig verändern, können Sie sie verwenden, um Ihren Wächter aufzustellen. Hier nun das Original:

Erhebe dich, Wachhund, auf daß ich dich in deine Pflichten einführe. Hab du allezeit dein wachsames Auge auf den Norden und den Süden, den Osten und den Westen, hinter dir und über dir, unter dir und um dich. Nimm deine Wache auf von Sonnenuntergang bis zur Morgendämmerung, und stehe Wache, wie dir geheißen.

Die Anpassung für den Tempel könnte in etwa so lauten:

Erhebe Dich, ... der Wache, auf daß ich Dich unterweise, über diesen heiligen Ort zu wachen. Blicke nach Osten und Süden, nach Westen und Norden, über Dich und unter Dich und aus welcher Richtung auch immer das Übel zuschlagen kann. Stehe hier für ein Jahr und einen Tag vom Untergang der Sonne bis zu ihrem Aufgang. Wenn Deine Zeit um ist, mögest Du an Deinen eigenen Ort zurückkehren; und mögest Du gesegnet sein, so wie es Dir zukommt.

Ein Wächter ist normalerweise ein Elementarwesen, dessen Form durch Ihren Willen jede Gestalt, die Sie wollen, annimmt. *Kein Elementarwesen sollte jemals zu dauerhafter Arbeit, welcher Art auch immer, gezwungen werden*, daher auch das Zeitlimit von einem Jahr und einem Tag. Danach schaffen Sie einen neuen Wächter. Sie können den Wachhund verwenden, wenn Sie fern von zu Hause sind und das Bedürfnis von Schutz, welcher Art auch immer, haben. Er ist sehr wirksam; und wenn Sie zufällig ein Medium sind, sogar eines, dessen Materialisationsfähigkeiten nur latent sind, dann werden Sie möglicherweise mit etwas sehr Handfestem dastehen.

Das Vigilium der Fünf Zacken

Wenn Sie ein Exemplar von *The Shining Paths* haben, dann führen Sie in diesem Monat den fünfundzwanzigsten, vierundzwanzigsten und dreiundzwanzigsten Pfad durch. Alle drei haben einen Bezug zu der Ausbildung, die Sie bis jetzt erhalten haben, und zu dem, was Sie in Zukunft erwarten können. Machen Sie jede Woche einen Pfad durch, und halten Sie sich die letzte Woche frei für das Vigilium der Fünf Zacken und das Weiheritual selbst. Vielleicht ist es jetzt an der Zeit, Ihnen zu sagen, daß es nicht nur der Tempel sein wird, der eingeweiht wird. Während des Rituals werden Sie den Rang des Neophyten hinter sich lassen, und Ihre Priesterschaft wird beginnen.

Die Zeremonie wird am besten an einem Freitag- oder Samstagabend durchgeführt, so daß Sie sich am nächsten Tag etwas ausschlafen und den Tag genießen können. Wie Sie vielleicht schon herausgefunden haben, können Rituale manchmal eigenartige Effekte haben. Die Arbeit, die Sie an den Himmelsrichtungen und Gottformen getan haben, ist bereits Teil der Weihe; aber wegen der verkürzten Zeit Ihrer Ausbildung habe ich Sie behutsam nach und nach in das Ritual eingeführt, so daß schon ein wenig »Dampf« aus seinem Höhepunkt entwichen ist. Das letzte Stück vor-ritueller Arbeit muß wenige Tage vor dem Finale getan werden. Das ist das Vigilium der Fünf Zacken. Lassen Sie sich warnen: es ist trügerisch ruhig und einfach!

Die Absicht des Vigiliums ist, Sie und den Tempel eins werden zu lassen. Wir haben bereits ausführlich über die Wesen, die mit Ihnen arbeiten werden, gesprochen, aber der Tempel selbst *ist – oder wird es werden – ein eigenständiges Wesen.* Sie werden mehr darüber lernen, wenn wir zur Lektion über Gruppenseele und den Gruppengeist kommen.

Es ist eine gute Idee, vor dem Vigilium eine Mahlzeit auszulassen. Aber halten Sie eine Thermosflasche mit einem heißen Getränk und ein paar einfache Kekse für die Zeit danach bereit. Zeichnen Sie die wichtigsten Einzelheiten auf und gehen Sie dann gleich zu Bett. Es liegt an Ihnen, die Dauer des Vigiliums zu bestimmen; es kann so lang oder so kurz sein wie Sie wollen. Dennoch gebe ich Ihnen den Rat, sich nicht auf eine oder zwei Stunden zu beschränken, sondern jede Station so zu nehmen, wie sie kommt, und Ihr Gefühl entscheiden zu lassen, wann es Zeit ist, zur nächsten Station weiterzugehen.

Ein paar Kapitel vorher sprach ich darüber, daß der Tempel vier Tore, jedes in einer Himmelsrichtung, hat, mit *Türmen* dazwischen. Wenn Sie sich Abbildung 23 ansehen, werden Sie erkennen, wie die vier Türme plaziert sind, mit der fünften Spitze als das Tor des Ostens, wo die auslösende Kraft den Tempel betritt. Sie können auch sehen, daß die Linien dieser Kraft einen fünfzackigen Stern bilden. Das ist nun nicht nur zum Gebrauch für dieses eine Mal gedacht. Sie können dieses Muster genauso als Teil eines Öffnungsrituals verwenden. Wie das besser bekannte Rosenkreuzritual ist es außerordentlich stark und kann die Kraftpunkte in einem Tempel sehr rasch aktivieren.

Nehmen Sie ein Bad und legen Sie Robe, Gürtel, Pantoffeln und Ring an. Versehen Sie die Kerzenhalter mit neuen, ungebrauchten Kerzen und stellen Sie sie an den in Abbildung 23 mit A, B, C und D bezeichneten Stellen auf. Der Osten braucht kein Licht, da Sie, der Magus, später das Licht in dieser Ecke repräsentieren werden. Stellen Sie das Altarlicht und eine einzelne rote Rose auf den Altar. Legen Sie eine lange Wachskerze neben das Altarlicht. Entzünden Sie die Räucherung (einfachen Weihrauch) und stellen Sie ein Glas Wasser auf das Tischchen im Osten. (Sie werden es vielleicht brauchen, um während des Vigiliums Ihren Mund anzufeuchten.) Wenn Sie wollen, stellen Sie Musik an, aber so leise, daß sie gerade noch hörbar ist.

Wenn Sie das Gefühl haben, bereit zu sein, betreten Sie den Tempel und nehmen Ihren Platz im Osten ein. Versenken Sie sich in Ihre

Meditation und denken Sie an den Tempel, den Sie in den vergangenen Monaten erbaut haben; denken Sie an das Osttor und seine Kraft als den Ort des »Ersten Lichtes«. Sie sitzen jetzt in der Position des »Lichtbringers«. Es sind Sie, der das Licht über die Schwelle des Ostens bringen und zu den Türmen tragen muß, so daß diese als Leuchttürme für jene, die nach Ihnen kommen, dienen können. Sie müssen auch wissen, daß Sie durch das Entzünden dieser Leuchttürme die Verantwortung übernehmen, daß diese erleuchtet bleiben. Fühlen Sie die Last, die sich damit auf Ihre Schultern legt; prüfen Sie sorgfältig, erkennen Sie, was es ist, was es bedeutet, ein Offizier des Ostens zu sein, ja mehr noch, was es bedeutet, ein Priester der Westlichen Mysterien zu sein.

Wenn Sie über diese Dinge nachgedacht und Sie in Ihrem Geist geordnet haben, erheben Sie sich und gehen zum Altar. Legen Sie Ihre Hände flach neben beide Seiten des Altarlichtes und blicken Sie tief hinein. Denken Sie über seine Bedeutung nach, wen und was es darstellt; stellen Sie sich vor, an seiner Stelle zu sein. Nun nehmen Sie die Wachskerze auf, entzünden Sie, kehren zum Osten zurück und stehen mit dem Rücken zum Tor. Beschreiten Sie den Weg, wie in Abb. 23 auf Seite 154 gezeigt wird, gehen Sie zu dem Kerzenhalter im Nordwesten, entzünden Sie die Kerze, wenden Sie sich und schreiten Sie zum Kerzenhalter im Südosten. Entzünden Sie die Kerze; dann wenden Sie sich und gehen langsam zum Kerzenständer im Nordosten. Zünden Sie die Kerze an, dann wenden Sie sich und gehen diagonal zum letzten Kerzenständer im Südwesten, zünden ihn an und kehren zum Osten zurück. Löschen Sie die Kerze. Stehen Sie für einen Augenblick ruhig da. Mit dem gleichen langsamen Schritt wie zuvor begeben Sie sich dann wieder zum Nordwesten und bleiben vor der dortigen Kerze stehen. Blicken Sie tief in ihre Flamme und bauen Sie in Ihrem Geist das Bild eines großen Turmes auf, wie er sich in einem Himmel der untergehenden Sonne erhebt. An seiner Spitze wurde ein Feuer entzündet, gerade so, als würde es den einsamen Reisenden in einen sicheren Hafen geleiten. Denken Sie sich diesen Turm als Teil von sich selbst, jenen Teil, der bereit ist zu helfen, wenn Hilfe benötigt wird. Krümmen Sie Ihre Hände wie zu einem Becher um die Flamme, segnen Sie sie und den Dienst, den sie darstellt.

Wenden Sie sich jetzt und gehen Sie zu der Kerze im Südosten. Blicken Sie in die Flamme, und wie zuvor bauen Sie einen anderen Turm auf, wie er sich gegen die gelben Wolken der Morgendämmerung abhebt. Das Feuer in seinem obersten Teil lodert empor und erhellt alles rundum. Sehen Sie dieses Feuer als hereinströmendes Wissen und den Turm als jenen Teil von sich selbst, der eines Tages weitergeben wird,

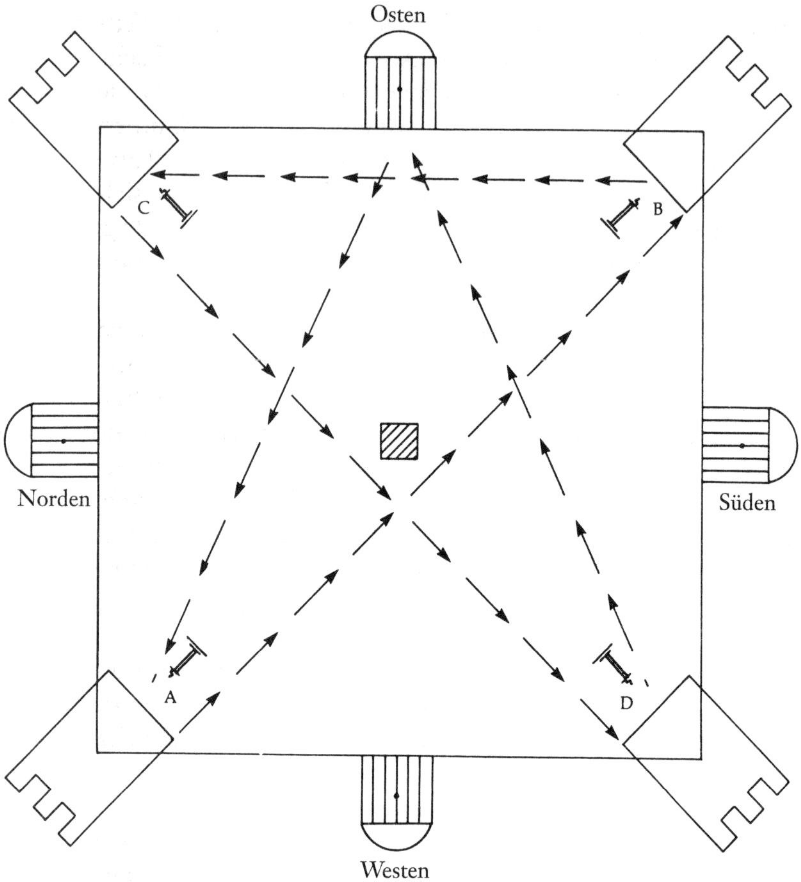

Abb. 23: Die Türme im Tempel

was Sie gelernt haben. Legen Sie Ihre hohlen Hände um die Flamme und segnen Sie, was sie symbolisiert.

Wenden Sie sich nun und gehen Sie hinüber auf die andere Seite zur Kerze im Nordosten. Blicken Sie in ihr feuriges Herz und sehen Sie, wie sich der große Turm aufbaut. Er steht groß und dunkel gegen einen Nachthimmel, der vom Vollmond erleuchtet wird. Das Feuer, das ihn krönt, schimmert bleich im Mondlicht. Es steht für die Mysterien, alt und ehrfurchtgebietend. Der Turm selbst ist jener Teil von Ihnen, der danach strebt, das zu sehen, was verborgen ist. Krümmen Sie Ihre Hände über der Flamme und segnen Sie sie und alles, wofür sie steht.

Einmal mehr schreiten Sie durch den Tempel, diesmal nach Südwesten und zu der Kerze, die dort leuchtet. Der Turm steht im vollen

Schein der Mittagssonne; sein Flammenkranz steht im Wettstreit mit Apollos Wagen. Das ist das Feuer der Liebe, die frei und schrankenlos gegeben und angenommen wird. Der Turm ist das Symbol jenes Geistes, der treu und loyal zu seinen Prinzipien steht. Krümmen Sie Ihre Hände über der Flamme und segnen Sie sie und den Turm, der sie verbirgt. Kehren Sie nun nach Osten zurück und setzen Sie sich. Versenken Sie sich in Meditation und denken Sie an das, was gerade geschehen ist; denken Sie an die inneren Bedeutungen und Symbole und speichern Sie das Wissen, das zu Ihnen kommt.

Nun schreiten Sie zum dritten Mal den fünfzackigen Stern ab; aber dieses Mal, wenn Sie vor der Kerze stehen, lassen Sie den Turm erscheinen und betreten Sie ihn und sehen, was hinter seinem Tor liegt. Folgen Sie dem gleichen Muster wie zuvor, kehren sie nach Osten zurück und setzen sich hin, über das meditierend, was Sie gerade gelernt haben.

Machen Sie nun zum letzten Mal diese Reise der verschlungenen Pfade. Löschen Sie der Reihe nach jede Kerze und kehren Sie zum Osten zurück, um das Muster vollkommen zu machen. Dann gehen Sie zum Altar, nehmen die Rose auf und heben Sie hoch.

Das Vigilium der Fünf Zacken wurde getan, die Türme wurden erbaut, die Feuer entzündet. Nun lege ich diese Rose in das Zentrum des Sterns, denn sie symbolisiert Vollkommenheit, Stille und Schönheit. Laß diese Dinge in mir voll erblühen.

Legen Sie die Rose in die Mitte des Altars, löschen Sie das Altarlicht, vergewissern Sie sich, daß der Weihrauch abgebrannt ist und verlassen Sie den Tempel.

Wenn Sie dieses Ritual lesen, werden Sie vielleicht denken, daß es einfach und leicht durchzuführen sei. Tatsächlich jedoch können seine Wirkungen stärker sein als die eigentliche Weihe. Vielleicht werden Sie die Auswirkungen bereits am nächsten Tag spüren, vielleicht aber auch erst nach ein paar Tagen. Aber früher oder später wird es Sie wie ein Blitz treffen. Schreiben Sie alles nieder, woran Sie sich erinnern können, bevor sie zu Bett gehen. Der Rest wird später an die Oberfläche kommen.

Die Weihe

Alles, was Ihnen jetzt noch bevorsteht, ist die Weihe; und sie wird nicht so ermüdend sein, da eine Menge Arbeit, die normalerweise während einer solchen Zeremonie geleistet wird, bereits erledigt wurde. Sie werden sich vielleicht fragen, was der Sinn einer Weihe ist. Sie scheidet vom Mundanen, was immer der Gegenstand eines solchen Rituals ist, in diesem Fall ein Tempel. Es ist wie der Feingehaltsstempel auf einem Stück Gold, der es als »nur zum heiligen Gebrauch« abstempelt. Die Weihe übergibt den Gegenstand der Gottheit, die ihn nun in ihre Hände nimmt. Ein Geschenk des Menschen an seinen Gott.

Die Weihungsregel

Legen Sie Altarlicht, Weihrauch, Wasser, Salz, Wachskerze und einen Kelch mit Wein auf den Altar. Ihre magischen Waffen können Sie in die entsprechenden Himmelsrichtungen stellen. Die Kerzenhalter der Himmelsrichtungen, komplett mit Kerzen (nicht angezündet), sind an ihrem Platz. Haben Sie Musik bereit, wenn Sie welche verwenden wollen. Sorgen Sie dafür, daß der Raum angenehm warm ist.

Geben sie etwas Meeressalz in das Bad, das Sie vor dem Ritual nehmen und, wenn Sie wollen, ein aromatisches Öl Ihrer Wahl. Waschen Sie auch Ihr Haar und sorgen Sie dafür, daß Ihre Fingernägel sauber sind! Wie zuvor beim Vigilium bereiten Sie eine Thermosflasche mit Tee oder Schokolade vor, nicht aber Kaffee, denn das Ritual wird Sie auch ohne Koffein genügend stimulieren. Einige einfache Kekse oder Sandwiches werden helfen, die Zentren wieder zu schließen.

Kleiden Sie sich langsam und sorgfältig an. Dann setzen Sie sich einige Minuten hin, um Ihre Gedanken zu sammeln. Sie haben immerhin fünf Monate auf diesen Augenblick hingearbeitet. Wenn Sie bereit sind, begeben Sie sich in den Tempel. Wenn Sie vor der Tür stehen, visualisieren Sie den Wächter dahinter, sagen in Ihrem Geist das Paßwort; dann gehen Sie hinein und verschließen die Tür hinter sich.

Machen Sie Ihre Vorbereitungen ohne Hast. Entzünden Sie das Altarlicht und die Holzkohle; und wenn diese glüht, geben Sie den Weihrauch darauf. Dieses Mal ist das einzige Licht im Tempel das Altarlicht. Zünden Sie die Wachskerze am Altarlicht an, wenden Sie sich nach Osten und verneigen Sie sich. Entzünden Sie jetzt die Kerze im Osten und sprechen Sie:

Im Osten ist Licht.

Gehen Sie nach Süden und verneigen Sie sich.

Im Süden ist Licht.

Gehen Sie nach Westen und verneigen Sie sich.

Im Westen ist Licht.

Gehen Sie nach Norden und verneigen Sie sich.

Im Norden ist Licht.

Gehen Sie nach Osten zurück.

Verlöschen Sie die Wachskerze, nehmen Sie den Weihrauchkessel, schwenken Sie ihn dreimal gegen das Tor und sagen:

Im Osten ist Stärke.

Gehen Sie nach Süden.

Im Süden ist Stärke.

Gehen Sie nach Westen.

Im Westen ist Stärke.

Gehen Sie nach Norden.

Im Norden ist Stärke.

Gehen Sie nach Osten, stellen Sie den Weihrauchkessel an seinen Platz. Segnen Sie Salz und Wasser, schütten sie beide zusammen und gehen nach Osten. Besprengen Sie den Osten und sprechen:

Im Osten ist Leben.

Gehen Sie nach Süden.

Im Süden ist Leben.

Gehen Sie nach Westen.

Im Westen ist Leben.

Gehen Sie nach Norden.

Im Norden ist Leben.

Gehen Sie zurück nach Osten, stellen Sie Salz und Wasser an seinen Platz. Drehen Sie sich nach Osten, die Arme weit ausgebreitet.

Im Namen der einen schöpferischen Quelle, die beide ist, männlich und weiblich: Dieses Tor des Ostens ist geöffnet für die Kräfte des Lichtes. Kommt vor, Ihr Heiligen, die Ihr den Menschen in seiner Suche nach der Wahrheit geleitet habt. Kommt vor und nehmt an, daß dieser Tempel Eurem Dienst gewidmet wird. Weiht diesen Ort zu Eurem Gebrauch, auf daß wir in Frieden und Harmonie zusammen arbeiten mögen. Laßt Eure Kräfte durch dieses Tor des Ostens fließen und öffnet sie jenen, die an diesem heiligen Ort arbeiten werden. Lasset sie auch durch jene, die hier versammelt sind, fließen, auf daß diese Kräfte nicht mißbraucht, sondern erhalten werden und eingesetzt zum Wohle der Erde und ihrer Kinder. Akzeptiert diesen Ort und macht ihn zu Eurem eigenen. Akzeptiert jene, die hier versammelt sind, und helft ihnen, in Anstand und Wahrheit zu wachsen.

Imaginieren Sie, wie ein breiter Lichtstrahl und eine Duftwolke vom Osten hereinfließen und Sie umschließen. Lassen Sie sich davon durchfluten, Ihre Adern erfüllen und jeden Teil Ihres Körpers durchströmen. Fühlen Sie, wie der Tempel davon erfüllt wird, nicht nur auf der physischen Ebene, sondern auf allen Ebenen, die Sie so sorgfältig aufgebaut haben. Lassen Sie diese ganze Kraft in sich steigern, bis sie eine solche Intensität erreicht, daß es wie ein Schrei aus Ihnen hervorbricht:

Fiat, Fiat, Fiat

Lassen Sie dieses Gefühl für einige Augenblicke etwas ausklingen, dann schreiten Sie nach Süden und breiten Ihre Arme weit aus:

Im Namen der einen schöpferischen Quelle, die beides ist, männlich und weiblich: Dieses Tor des Südens ist geöffnet für die Kräfte der Liebe, des Mutes und der Stärke. Kommt vor, Ihr Söhne und Töchter Gottes, die Ihr seit dem Anbeginn der Zeit verehrt wurdet, kommt vor und nehmt an, daß dieser Tempel Eurem Dienst gewidmet wird. Weiht diesen Ort zu Eurem Gebrauch, auf daß wir in Frieden und Harmonie zusammenarbeiten können. Laßt Eure Kräfte durch dieses Tor des Südens strömen und stellt sie jenen, die an diesem heiligen Ort arbeiten, zur Verfügung. Laßt sie auch jene durchströmen, die hier versammelt sind, auf das diese Kräfte nicht mißbraucht werden, sondern eingesetzt zum Wohle der Menschheit und allem, das mit ihr auf Erden lebt und ihr dereinst jenseits dieser Erde begegnen mag. Akzeptiert diesen Ort und macht ihn zu Euren eigenen. Akzeptiert jene, die hier versammelt sind und erfüllt sie mit Eurer uralten Stärke und Eurer Liebe zum Leben.

Imaginieren Sie, wie eine große Flamme durch das Tor des Südens lodert. Lassen Sie sich von ihr umhüllen und liebkosen. Öffnen Sie Ihren Mund und ziehen Sie sie hinunter bis in Ihre Lungen. Fühlen Sie, wie sich das Feuer in Ihrem Körper ausbreitet, die Wirbelsäule entlang bis in Ihren Kopf, und alles mit seiner Kraft erfüllt. Lassen Sie dieses Gefühl der Stärke und gezähmten Kraft der Liebe in sich anschwellen, bis es zu einem Schrei an Freude und Ekstase wird:

Selah, Selah, Selah

Ruhen Sie für ein paar Minuten aus und sammeln Sie ihre Stärke; dann gehen Sie nach Westen und breiten Ihre Arme weit aus:

Im Namen der einen schöpferischen Quelle, die männlich und weiblich ist: Dieses Tor des Westens ist geöffnet für die Kräfte der Form des Glaubens und des schweigenden Verstehens. Kommt vor, Ihr Erzengel der kristallenen Sphären, Boten jenseits von Zeit und Raum, Vorboten von Wissen und neuen Ideen, kommt vor und nehmt an, daß dieser Tempel Eurem Dienst geweiht wird. Weiht diesen Ort zu Eurem Gebrauch, auf daß wir in Frieden und

Harmonie zusammenarbeiten. Lasset Eure Kräfte durch dieses Tor des Westens strömen und stellt sie jenen, die an diesem heiligen Ort arbeiten, zur Verfügung. Lasset sie auch jene, die hier versammelt sind, durchströmen, auf daß diese Kräfte nicht mißbraucht werden, sondern kontrolliert und eingesetzt dazu, daß der Mensch nicht länger zerstört, was ihm gegeben wurde, sondern lernen möge, mit allen Dingen in Harmonie zu leben. Akzeptiert diesen Ort und macht ihn zu Euren eigenen. Akzeptiert jene, die hier versammelt sind, und erfüllt sie mit Glauben und Verstehen.

Imaginieren Sie eine riesige Welle, die durch das Tor des Westens tost und Sie mit seinen Tiefen erfüllt. Lassen Sie sie in Ihre Seele, lassen Sie sie in sich zu Ebbe und Flut werden, wie sie gemeinsam mit jenen anderen kosmischen Gezeiten, die das Leben der Galaxien beherrschen, sinken und steigen. Lassen Sie eine Welle von Geduld, Glauben und Toleranz in sich aufsteigen, stärker und stärker, bis sie zu einem reißenden Gefühlsstrom wird, der zu einem lauten Schrei wird:

Amen, Amen, Amen

Ruhen Sie für ein paar Minuten aus, dann gehen Sie nach Norden und breiten ihre Arme aus:

Im Namen der einen schöpferischen Quelle, die beides ist, männlich und weiblich: Dieses Tor des Nordens ist geöffnet für die Kräfte des Wachstums und der Fruchtbarkeit, für die Dauer und Zeit. Kommt vor, Ihr mächtigen Könige der Elemente. Tretet vor und vergebt mit Euren Herzen allen Schaden, den der Mensch Euren Königreichen zugefügt hat. Kommt vor und nehmt an, daß dieser Tempel Eurem Gebrauch gewidmet wird, auf daß wir von nun an in Frieden und Harmonie miteinander arbeiten mögen. Lasset Eure Kräfte durch dieses Tor des Nordens strömen und stellt sie jenen, die an diesem heiligen Ort arbeiten, zur Verfügung. Lasset sie auch jene, die hier versammelt sind, durchströmen, auf daß sie Eure Gesandten auf Erden werden mögen. Akzeptiert diesen Ort und macht ihn zu Eurem eigenen. Akzeptiert jene, die hier versammelt sind und erfüllt sie mit Eurer Geduld und Ausdauer und Eurem Vermögen zu verzeihen.

Imaginieren Sie, wie ein Gefühl großer Sorge, vermischt mit Hoffnung, durch das Tor des Nordens kommt. All der Schmerz der Erde und seiner Kreaturen strömt durch das Tor und erfüllt den Tempel, als würde er einen Zufluchtsort suchen. Nehmen Sie all diesen Schmerz in sich auf, nehmen Sie ihn an, erkennen Sie ihn voll und ganz; erkennen Sie, was die Menschheit getan hat zu ihrem Eigennutz. Fühlen Sie den Schmerz der zerrissenen Erde, die Qual der Falle, den Schrecken des Schlachthauses, die Traurigkeit, wenn der Letzte einer Art stirbt. Nun lassen Sie die Hoffnung hereinkommen, die Anteilnahme und das Angebot zu helfen. Öffnen Sie sich allem, das die vier Tore geboten haben und lassen Sie sich von den Armen der Hoffnung und des Vertrauens hochheben. Lassen Sie sich davon erfüllen und stoßen Sie den Schrei aus:

Friede, Friede, Friede

Gehen Sie zum Osten und ruhen Sie etwas. Wenn Sie sich bereit fühlen, gehen Sie zum Altar und nehmen Sie den Wein auf. Segnen Sie den Wein mit eigenen Worten und bieten Sie ihn dem Osten an, indem Sie einen Tropfen auf die Kerze fallen lassen; dann trinken Sie. Machen Sie das gleiche in allen Himmelsrichtungen. Gehen Sie zum Altar zurück, heben Sie den Kelch hoch; und in eigenen Worten bieten Sie sich selbst dar, so wie Sie vorher den Tempel dargeboten haben. Dann lassen Sie einen Tropfen auf das Altarlicht fallen und trinken den Rest.

Ich rufe Raphael vom Süden, Gabriel vom Westen und Uriel vom Norden. Nehmt die Widmung dieses Tempels an und die Hingabe meiner selbst an den höchsten Punkt des Lichtes, und lasset in dem großen Buch der Aufzeichnungen niedergeschrieben sein, was in dieser Nacht dargeboten und angenommen wurde. Ich invoziere den Meister diese Tempels ... und bitte, daß ... diesen Ort zu einem des tiefen Friedens für Geist, Körper und Seele mache und daß ... in ihm wohne, so lange er besteht.

Gehen Sie zum Osten, breiten Sie die Arme aus, als wollten Sie die Wesen, die dort stehen, umarmen. Sagen Sie:

Meine Brüder, nehmt an meine Liebe und meinen Dank für alles, das in dieser Nacht dargeboten und aus freien Stücken gegeben wurde. Bleibt bei mir bis zur Morgendämmerung, bewacht meinen Schlaf und belehrt mich in meinen Träumen. Lebt wohl! Mit herannahender Morgendämmerung kehrt mit meinem Segen an Euren eigenen Ort zurück.

Gehen Sie nach Süden und breiten Sie die Arme aus:

Meine Brüder, nehmt an meine Liebe und meinen Dank für alles, das in dieser Nacht dargeboten und aus freien Stücken gegeben wurde. Bleibt bei mir bis zur Morgendämmerung und erfüllt mich mit Stärke, um der Zukunft entgegentreten zu können. Lebt wohl! Mit herannahender Morgendämmerung kehrt mit meinem Segen an Euren eigenen Ort zurück.

Gehen Sie nach Westen und breiten Sie die Arme aus:

Meine Brüder, nehmt an meine Liebe und meinen Dank für alles, das in dieser Nacht dargeboten und aus freien Stücken gegeben wurde. Bleibt bei mir bis zur Morgendämmerung und lehrt mich die wahre Bedeutung von Verstehen. Mit herannahender Morgendämmerung kehrt mit meinem Segen an Euren eigenen Ort zurück.

Gehen Sie nach Norden und breiten Sie die Arme aus:

Meine Brüder, nehmt an meine Liebe und meinen Dank für alles, das in dieser Nacht dargeboten und aus freien Stücken gegeben wurde. Bleibt bei mir bis zur Morgendämmerung und zeigt mir, wie ich die Fehler der Vergangenheit gutmachen kann. Mit herannahender Morgendämmerung kehrt mit meinem Segen an Euren eigenen Ort zurück.

Gehen Sie zum Osten, verneigen Sie sich und gehen Sie dann zum Altar. Heben Sie das Licht hoch und sprechen Sie den Segen:

Im Namen von Adonai, des Herrn der Erde, segne ich alle, die in dieser Nacht bei mir waren. Mögen alle ihr gerechtes Schicksal annehmen. Dieser Tempel ist mit Licht, Feuer, Wasser und der Frucht der Erde geweiht worden. Nun beginnt seine Arbeit.

Gehen Sie zum Osten und löschen Sie das Licht; gehen Sie zum Süden und löschen Sie das Licht; zum Westen und löschen das Licht; zum Norden und löschen das Licht. Schreiten Sie den Tempel ab vom Osten nach Süden, vom Westen nach Norden und wieder nach Osten, dreimal. Lassen Sie das Altarlicht brennen. Sie können jetzt den Tempel verlassen oder aber für eine Weile zur Meditation bleiben. Wenn Sie die Kräfte, die in diesem Tempel gerufen wurden, voll auswerten wollen, können Sie diese Nacht hier schlafen.

Der Tempelschlaf ist ein eigenständiges Ritual. Es gibt viele verschiedene Arten, es durchzuführen. Sie können ein wichtiges Ritual wie die Weihe damit beenden, daß Sie neben dem Altar schlafen. Oder Sie können ein- oder zweimal im Jahr drei aufeinanderfolgende Nächte im Tempel schlafen. Sie können hier schlafen nach einem Ritual, in dem Sie nach Antwort auf eine spezielle Frage oder ein Problem gefragt haben. Oder es kann als eigenständiges Ritual durchgeführt werden, wozu ein Mann und eine Frau benötigt werden. Mehr Einzelheiten darüber werde ich im nächsten Kapitel geben.

Dies beschließt die Weihungszeremonie. Halten Sie die wesentlichen Einzelheiten fest, so daß Sie nicht während des Schlafes verlorengehen. Essen und Trinken Sie eine Kleinigkeit; dann gehen Sie schlafen.

Leseliste

Regardie, Israel: *Foundations of Practical Magic* (Aquarian Press, 1979)
Stillman, Francis: *The Poet's Rhyming Dictionary* (Thames and Hudson, 1966)

Der sechste Monat

Neubewertung und Beginn rituelller Magie

Beginn: ________________ Ende: ________________

Nun, da Ihr Tempel fertig und geweiht ist, wird Sie eine große Versuchung überkommen, einen Erleichterungsseufzer auszustoßen und Ihre astralen Beine hochzulagern. Überlegen Sie es sich. Die Zeit, sich am meisten anzustrengen, ist der Augenblick, in dem Sie glauben, sich eine Rast verdient zu haben. Das ist eine Maxime, die Sie auch auf Ihr Alltagsleben anwenden können. Alle guten Geschäftsmänner und -frauen setzen sich ein Jahresziel, genauso wie große Konsortien und Regierungen es tun. Sie sollten deren Beispiel folgen, wenn Sie Erfolg in Ihrer okkulten Arbeit haben wollen. Gewöhnen Sie sich jetzt gute Gewohnheiten an, und Sie werden sie nie verlieren. Erinnern Sie sich daran, daß das, was Sie durch Ihre innere Arbeit lernen, in Ihr Alltagsleben durchsickern wird. Das ist der Punkt, an dem sie beginnt, ihre Wirkungen zu zeigen. Alles, was Sie begonnen haben, auf den inneren Ebenen aufzubauen, wird bald in die physische Welt durchsickern.

Prüfen Sie Ihre tägliche Arbeit! Führen Sie sie noch immer aus? Wenn ja, dann sind Sie ganz klar aus dem Stoff, aus dem Magier gemacht werden. Wahrscheinlicher ist es jedoch, daß Sie feststellen werden, etwas schlampig geworden zu sein, wenn auch nur ein wenig. Ziehen Sie die Zügel straffer. Machen Sie zumindest zehn Minuten täglich Entspannungs- und Atemübungen. Wenn nötig teilen Sie sie auf in drei oder vier Einheiten zu je drei Minuten. Fahren Sie fort mit Ihrer Beobachtungspraxis. Lernen Sie, Menschen und Orte genau zu beobachten und sich an sie zu erinnern. Spielen Sie noch immer Kims Spiel? Wie gut sind Sie? Sehr gut, gut, schlecht. Sie tun es nicht mehr? Aber, aber!

Die »Locus«-Erinnerungshilfe

In seinem Buch *Getting What You Want* stellt J. H. Brennan einen jahrhundertealte Erinnerungshilfe vor, die von römischen Rednern verwendet wurde, um sich an ihre Schlüsselphrasen zu erinnern. Es ist dies das Prinzip des Locus. Wie Brennan erklärt, bedeutet »locus« Ort; und das

Prinzip ist so einfach anzuwenden, daß man sich wundert, warum es nicht weitläufiger bekannt ist. Zusätzlich hilft es noch, Ihre innere Visualisation zu schulen. Die Methode ist ganz einfach. Wenn Sie eine Reihe von Dingen haben, Zahlen, Fakten, Daten, Namen oder Schlüsselsätze für eine Rede, dann plazieren Sie sie in einem genauen Muster innerhalb und um einen speziellen Ort, der, wie Herr Brennan meint, »je größer, desto besser« sei. Sie sollten ein großes Gebäude verwenden, mit dem Sie bereits sehr vertraut sind. Ich verwende meine nahegelegene Bücherei für kleinere Listen und das British Museum für die wirklich langen. Brennan gibt den Rat, einige Tage lang nur Ihren *Locus* zu visualisieren, bis Sie alle Ecken deutlich vor Ihrem geistigen Auge haben. Er unterstreicht auch, daß es wichtig ist, jedesmal die gleiche Route zu nehmen. Wenn Sie das alles sofort visualisieren können, dann sind Sie bereit, Ihren Ort zu verwenden.

Beginnen Sie Ihren normalen Gang durch das ausgewählte Gebäude mit einer Liste der Dinge, an die Sie sich erinnern müssen. Beginnen Sie beim Eingangstor, der Treppe oder womit Sie normalerweise beginnen. Folgen Sie einfach der Route und visualisieren Sie jedes Ding, auch Zahl oder Symbol, mit Ihrem Schlüsselsatz in den vielen Räumen, Ecken und Treppen. Heben Sie sie gegenüber ihrer Umgebung hervor, in exotischen Farben, wenn Sie so wollen. Verankern Sie sie fest entlang Ihres normalen Ganges durch den Ort. Lassen Sie sich Zeit. Zuerst werden Sie vermutlich die ganze Route mehrere Male abgehen müssen, aber Sie werden bald erstaunt sein, mit welcher Leichtigkeit Sie sich an die komplexesten Daten erinnern können. Sie können dies in Ihrem Beruf sehr wirkungsvoll anwenden als einen Bonus von Ihrer inneren Welt an Ihre äußere. Eine genauere Erklärung sowie jede Menge Ratschläge voll gesundem Menschenverstand, wie Ihre inneren Kräfte Ihrem Alltagsleben helfen, finden Sie in *Getting What You Want* von J. H. Brennan.

Neubewertung Ihrer Aufzeichnungen

Gehen Sie durch Ihre Aufzeichnungen, datieren und bewerten Sie sie; seien Sie selbst ihr schärfster Kritiker. Wenn Sie das getan haben, stellen Sie sich vor, Sie seien ein Tutor, der einen Studenten in seinem halbjährlichen Examen bewertet. Alle Ihre Aufzeichnungen bekommen eine gewisse Wertung innerhalb von 100. Kalkulieren sie 20 für konsequente Arbeit, 20 für Sachverständnis, 20 für Inhalt und Qualität der Aufzeichnungen, 20 für Ergebnis in ritueller Arbeit, und die letzten 20 für wachsende Integration Ihres inneren und äußeren Selbst. Da nur Sie selbst die Ergebnisse sehen werden, müssen Sie durch und durch ehrlich sein. In dem Brennan-Buch werden Sie einen interessanten Selbsttest finden, der Ihnen dabei helfen kann. Wenn Sie tiefer in das Studium der Magie eintauchen wollen, müssen Sie sich angewöhnen, Ihre Arbeit und Ihren Fortschritt alle sechs Monate zu rekapitulieren und zu bewerten. Nur dadurch können Sie das Schreckgespenst des selbsterlernten Okkultismus bannen, das da ist: nicht rechtzeitig einen Fehler zu erkennen und ihn zu korrigieren. Es wird immer Zeiten geben, in denen Sie Fehler machen; einen Fehler in der Beurteilung; eine Idee, die nicht im Einklang mit Ihrer gewählten Tradition ist, obwohl sie so aussieht, als wäre sie in Ordnung; ein Standpunkt, der Sie im Ritual auf sehr unsicheren Boden führen wird, wenn Sie Ihre Gedanken nicht berichtigen; oder einfach der alte »Favorit«, das »Ich-bin-der-Größte«-Syndrom. Wenn Sie Ihre Arbeitsergebnisse regelmäßig durchgehen, können Sie die Fehler korrigieren oder sie sogar aufspüren, bevor sie tatsächlich gemacht werden. *Seien Sie immer hart zu sich selbst*, bevor die inneren Ebenen hart mit Ihnen umspringen. Das läßt sich leichter handhaben.

Höhere Ziele setzen

Setzen Sie sich fortschreitend höhere Ziele bei Meditationsthemen, bessere Ergebnisse in der rituellen Arbeit und in Ihren persönlichen Studien. Denken Sie an die Ausbildung Ihres ersten Monats zurück und »machen Sie sie schwierig genug, um danach streben zu müssen, aber nicht so schwierig, daß es hoffnungslos ist, sie zu erreichen«. Machen Sie sich zum Ziel, genügend Griechisch zu lernen, um die Himmelsrichtungen in einem orphischen Ritual zu invozieren. Sie werden überrascht sein, welchen Unterschied das macht. Entwerfen und fertigen Sie eine Robe, Kopfschmuck und einen Umhang an. Studieren Sie die Aufzeichnungen des Golden Dawn und machen Sie verschiedene Garnituren von Stäben. Forschen Sie nach alten Kräuter- und Räuchermischungen und probieren Sie sie aus. Langeweile wird der Vergangenheit angehören; und das Schönste daran ist, daß Sie weder jung noch entsetzlich fit sein müssen, um dies alles tun zu können. Magier wie Stilton oder ein guter Bordeaux gewinnen eine Menge, wenn sie altern.

Ihre Disziplin darf nicht nachlassen, aber wenn Sie die Arbeit bis jetzt die ganze Zeit getan haben, wird sie bereits zur Gewohnheit geworden sein. Wenn dem so ist, können Sie sich den Luxus erlauben und einmal in der Woche nichts tun. Von nun an können Sie sonntags faulenzen, wenn Sie wirklich wollen.

Es ist wichtig, nicht zu vergessen, daß, wenn Sie sich Ziele setzen, Forschungsarbeit leisten und Ihr Wissen erweitern, jeder Aspekt Ihrer Arbeit mit den anderen verbunden sein muß. Der letzte Grund der Mysterienarbeit besagt, daß es eine Ebene gibt, auf der alle Dinge EINS sind. Lassen Sie uns zum Beipsiel annehmen, daß Sie sich als Ziel für dieses Jahr vorgenommen haben, die ägyptische Hieroglyphenschrift zu erlernen.

Verbinden Sie diesen Lehrgang mit etwas Forschung über frühägyptische Religion und ihre Entstehung, ihr Wachstum und die vielen Variationen der Osiris-Legende. Studieren Sie gleichzeitig ägyptische Kleidung. Dann entwerfen Sie eine Garnitur von Gewändern, die für einen Hohepriester oder eine Hohepriesterin dieser Periode passend wären. Schreiben Sie ein Ritual, das auf einer der alten Legenden basiert, oder vielleicht auf einen Teil des Totenbuches; und entwerfen Sie auch die dazu passende Räuchermischung. Sehen Sie sich einen Gott oder eine Göttin besonders genau an, und legen Sie sich ein Notizbuch mit deren Legenden, Eigenschaften, Symbolen und Intelligenzen an.

Diese Aufgabe wird vermutlich ins zweite Jahr hineinreichen. Fahren Sie fort damit, bis Sie das Gefühl haben, Ihr Ziel erreicht zu haben, das heißt, bis Sie wirklich ein Experte auf einem speziellen Gebiet einer speziellen Tradition geworden sind, mit dem Schwerpunkt auf einer Gottform. Dies alles gemeinsam mit der Erfahrung, die Sie durch die Forschungsarbeit und das Entwerfen von Roben und Räuchermischungen erlangt haben, wird Ihnen eine solide Basis geben, auf der Sie Ihre zukünftige Arbeit aufbauen können *und* vielleicht andere lehren können. Bevor Sie mit Autorität sprechen oder lehren können, müssen Sie über Ihr Thema Bescheid wissen. Geben Sie sich nicht damit zufrieden, nur das weiterzugeben, was Sie gelehrt wurden; *fügen Sie das hinzu, was Sie durch Ihre eigene Erfahrung als Wahrheit herausgefunden haben.*

Wieviele Rituale sind genug?

Eine der am schwersten zu beantwortenden Fragen ist: Wieviel rituelle Arbeit sollte ich, sagen wir, in einem Monat tun? Es gibt keine strikte Regel. Für manche kann ein Ritual pro Monat bereits zu viel sein im Hinblick auf Zeit, Vorbereitung, Lernen und besonders *Druck* auf die Seele. Machen Sie sich klar, daß Hohe Magie eine umwerfende Wirkung auf manche Leute haben kann. *Nicht jeder kann Rituale vertragen.* Sie müssen den physischen wie auch den psychischen Druck in Betracht ziehen. Und in diesem Stadium können Sie nur durch Fehler lernen! Die meisten Leute halten ein Ritual pro Monat aus, aber die Tiefe der Rituale sollte variiert werden. Wechseln Sie ein wirklich intensives Ritual mit einem leichteren ab. Das hat auch den Vorteil, daß Sie sich nicht an eine einzige Tradition binden.

Ein tiefgehendes ägyptisches oder kabbalistisches Ritual kann durch einen leichteren griechischen Ritus ausgeglichen werden. Aber glauben Sie jetzt nicht, daß alle griechischen Rituale leicht und alle ägyptischen Rituale schwer seien. Sie müssen lernen, sie nach ihrem Gehalt zu beurteilen oder indem Sie sie selbst schreiben und den Druck Ihren Bedürfnissen anpassen.

Wenn Sie sich nach einem Ritual lethargisch fühlen und tagelang dahinsiechen, dann haben Sie entweder etwas falsch gemacht (meist wurde eine Himmelsrichtung nicht genügend geschlossen), oder es bedeutet, daß Sie nur ein Ritual alle zwei Monate durchführen sollten, zumindest für die Dauer eines Jahres oder bis Ihre Psyche stabil genug ist, um dem Druck standhalten zu können. Glauben Sie nicht, versagt zu haben, wenn Sie nicht zwei oder drei Rituale pro Woche durchführen können! Tatsache ist, daß nur ein Narr so viele versuchen würde. Ich habe zu meiner Zeit viele Briefe von Möchtegernmagiern erhalten, die sich beschwerten, daß sie, obwohl sie nahezu täglich ein Ritual durchführten, keine Ergebnisse bekamen, und ob ich ihnen wohl sagen könnte, warum das so sei. Ja, das kann ich tatsächlich. Sie haben die Verbindung durch die exzessive Anwendung zerbrochen und kommen nicht durch zu den inneren Ebenen.

Was ist daher die Antwort? Jenen, die es richtig machen wollen und keine Probleme in der Zukunft bekommen wollen, rate ich zu höchstens zwei Ritualen pro Monat, ein leichteres und eines, das ein wenig tiefer geht und stärker in seiner Wirkung ist. Das ist alles Teil Ihrer Studien, Rituale, Forschungsarbeit und Arbeitsfortschritt in ein Ganzes einzugliedern, und das wird auch Rituale für Frühjahr, Sommer, Herbst und Winter mit einbeziehen, die dann die »Schwergewichte« in diesem besonderen Monat sein werden. Zu Ihrer rituellen Arbeit fügen Sie dann noch die tägliche Meditation hinzu, die Sie auf fünfzehn Minuten steigern sollen. Nicht viel, werden Sie vielleicht denken; aber wenn das regelmäßig getan wird, ist es in seinen Ergebnissen weitaus wirkungsvoller als eine Stunde ein- oder zweimal pro Woche. Entspannungs- und Atemübungen können Sie immer dann machen, wenn Sie mal fünf Minuten Zeit zwischendurch haben; aber vernachlässigen Sie sie nicht. Magie funktioniert am besten, wenn Körper und Geist entspannt sind. Das kann willentlich am besten erreicht werden, wenn Sie täglich üben.

Rechnen Sie sich aus, wieviele Stunden pro Woche Sie für Ihre Studien erübrigen können. Wiederum: kürzer, aber regelmäßig, ist besser als länger, aber nur hin und wieder. Das gleiche haben Sie, wenn Sie eine Sprache erlernen. Opfern Sie fünfzehn Minuten täglich, um ein Verbum und zehn neue Vokabeln zu lernen, und Sie werden innerhalb von sechs Wochen einen brauchbaren Wortschatz haben.

Weiters benötigen Sie Zeit für Ihre Forschungsarbeit. Dies kann in einem getan werden, sagen wir an einem Nachmittag alle zwei Wochen, oder an einem Wochenende einmal im Monat. Eine Menge wird davon abhängen, wieviel Zeit Sie mit anderen Menschen verbringen müssen. Wenn Sie Familie haben, dann hat sie das Recht auf einiges von Ihrer Zeit. Der Pfad des Häuslichen Herdes darf nicht vernachlässigt werden. Jede magische Arbeit hat Ankerpunkte, die im Physischen festsitzen. Es sind genau jene Punkte, an denen sich die Ergebnisse unserer Arbeit manifestieren. Deshalb schneiden Sie sich nicht selbst von ihnen ab.

Wegen des enormen Umfanges magischer Arbeit wird ein Gutteil Ihres Erfolges auf Ihrer Bereitwilligkeit, zu lesen und Daten zu sammeln und diese dann einzusetzen, beruhen. Ein Buch kann Sie nicht alles lehren, was Sie wissen sollten; weshalb ich Sie auch auf sorgfältig ausgewählte andere Bücher verweise, die Ihnen in leicht verdaulicher Form Wissen vermitteln. Soviel Grundinformation wie möglich habe ich bereits an Sie weitergegeben, und mehr wird nachkommen; aber Sie werden die unvermeidlichen Lücken mit Ihrer praktischen Erfahrung und Ihrer Zielstrebigkeit füllen müssen.

Nachdem wir gerade von praktischer Erfahrung sprechen – jetzt ist es an der Zeit, uns den jahreszeitlichen Ritualen zuzuwenden. Späterhin sollten Sie Ihre eigenen schreiben; aber für den Augenblick können Sie eine komplette Garnitur aus verschiedenen Traditionen in diesem Buch finden. Sie sind ausreichend für zumindest ein Jahr und geben Ihnen die Grundlage, auf der Sie Ihre eigenen Ideen aufbauen können.

Jahreszeitliche Rituale

Wir sprachen bereits von Ritualen als der reinen Form der Verehrung, wobei man durch mythologische Gottformen, Erzengel und die Elementarkönige arbeitet, aber immer gezielt auf den Urschöpfer/Schöpferin, aus welchen sie und die ganze Menschheit hervorgegangen sind. Solche Rituale verbinden uns mit dieser Urkraft durch seine Botschafter, die diese Kraft, die sonst zu viel für einfache Sterbliche sein könnte, verringern. Die Geschichte von Zeus und Semele ist mehr als nur eine Erzählung; es ist eine Warnung an jene, die zu rasch zu hoch zielen.

Obwohl sie manchmal ziemlich heftige Wirkungen haben können, sind jahreszeitliche Rituale vergleichsweise leicht aufzubauen und zu verwenden. Der Grund dafür ist, daß eine Menge an Arbeit auf den inneren Ebenen bereits für Sie getan wurde. Das höhere Astralreich hat, wie jede andere Ebene, seine Gezeiten, und jede davon bringt ihr großes Abbild an die Küsten der physischen Welt, Abbilder, die wir im Ritual verwenden können. Der Gezeitenstrom des Frühlings bringt Bilder des neuen Lebens, Ostern, Eier, Tod und Wiedergeburt des Sohnes der Sonne, die Göttin Flora, die Wiederkehr Persephones aus der Unterwelt und eine Unzahl von anderen fertigen Bildern, alle bereit, ohne extra Anstrengung von Ihnen verwendet zu werden. Das gleiche gilt für die anderen Gezeiten, alle mit eigenen Symbolen, Festen, Bildern. Tatsächlich können Sie mit Hilfe einer Liste von traditionellen Ereignissen alle diese Bilder, die aufgebaut, verwendet und mit jahrhundertealten Emotionen beseelt wurden, verwerten. Lichtmeß, das erste Licht des Jahres, wird in Skandinavien und dem Baltikum mit einem Mädchen gefeiert, das einen Kerzenkranz auf seinem Haupt trägt; oder Muttertag kann der Brennpunkt eines wunderschönen und äußerst wirksamen Rituals der Erdmutter werden. Frauentag, Beltane (Maifest), Johannistag, Lammas (Erntefest), Erntedankfest, Thanksgiving (Dankfest), der vierte Juli, Hallow'een (Abend vor Allerheiligen) ... Es gibt genug Feste, um Rituale für ein ganzes Leben zu finden.

Wenn Sie solche »gebrauchsfertigen« Bilder verwenden, brauchen Sie nicht so viel Energie aufzuwenden; und das ist für Anfänger eine große Hilfe. Solche Feste, christliche und heidnische, können Sie mit reichlich Material für Ihre eigenen zukünftigen Rituale versorgen. Wenn Sie schon dabei sind, untersuchen Sie auch die Festtage in anderen Teilen Europas; geben Sie sich nicht mit Ihrem eigenen »Hinterhof« zufrieden. Vielleicht nehmen Sie Kontakt mit Folkloregesellschaften auf und abonnieren deren Zeitschrift. Sie können zu verschiedenen Jahreszeiten in die Natur hinausgehen und Unterschiedliches erfahren, wie Sie in einem späteren Kapitel sehen werden.

Sehen Sie sich nach Quellenmaterial um für Rituale in Folklore und Festtagen Ihrer Umgebung, von verschiedenen Rassen und auf anderen Kontinenten, in der Mythologie, den heiligen Büchern dieser Welt, in speziellen Quellen wie den einzelnen Vignetten des ägyptischen Totenbuches oder sogar in Büchern über Anthropologie. Sie werden in allen etwas finden, wenn Sie beginnen werden, Ihre eigenen Rituale zu schreiben. Später dann werden weitere Ideen aus Ihren inneren Schichten aufsteigen; und das werden die am meisten befriedigenden sein. Wenn das geschieht, werden Sie einem neuen Problem gegenüberstehen, nämlich zu verstehen, was das Ritual und seine Wirkungen ausdrücken wollen.

Aber bis es soweit ist, werden Sie Ihr Ritual-Material auswählen und im vorhinein wissen, nach welcher Wirkung Sie aus sind. Wenn Ihr inneres, höheres Selbst Ihnen das Thema für ein Ritual gibt, dann werden Sie folgendes herausfinden müssen:

1. Warum wurde Ihnen dieses Thema gegeben?
2. Welche Wirkung beabsichtigt es zu haben?
3. Welche Ergebnisse werden sich aus diesen Wirkungen zeigen?

Sehen Sie sich zuerst das Thema selbst an und meditieren Sie etwa eine Woche lang darüber. Setzen Sie sich mit der Symbolik auseinander, vergleichen Sie sie mit anderen ähnlichen Symbolen und meditieren Sie wieder über das, was Sie herausgefunden haben. Wenn Sie dann das Ritual geschrieben haben, gehen Sie es zuerst in Form einer Pfadarbeit durch und überprüfen Sie die Ergebnisse. Gehen Sie dann all Ihre Aufzeichnungen durch, und Sie werden ein gutes Verständnis vom Prinzip des Rituals bekommen. Es ist immer das beste, bevor man ein Ritual durchführt, es genau durchzulesen, die Symbolik nachzuschlagen und sich allgemein mit seinem Inhalt vertraut zu machen. Nehmen Sie bei dieser Art von Arbeit nichts als gegeben oder selbstverständlich hin.

Nachdem der Frühling die Zeit für das erste vierteljährliche Ritual ist, werden wir damit beginnen, obwohl Sie dieses Kapitel vielleicht früher oder später lesen. Beginnen Sie dann einfach mit jenem Ritual, das für die Jahreszeit passend ist. Nachdem der Frühling mit neuem Wachstum nach Winterfrost und Schnee zu tun hat, werden Sie als Tempelfarben für alle drei Arten von Ritualen saftige Grüntöne, Narzissengelb, Zartrosa und Erdbraun verwenden. Alle diese Rituale wurden speziell für dieses Buch geschrieben und wurden nur durchgeführt, um ihre Wirksamkeit zu testen. Sie gehören daher zu keinem Orden und können unbeschränkt zelebriert werden. Wir nehmen das keltische Ritual zuerst.

Das keltische Frühjahrsritual

Dies ist ein Ritual für vier Personen, kann aber auch von dreien durchgeführt werden; die Frühlingsjungfrau im Norden wird einfach visualisiert. Sie werden dazu benötigen:

Räucherung: Eine Mischung aus Rosmarin, Damiana, Anissamen und Koriander, vermengt mit etwas Sassafrasöl und Kopalharz. Diese Räuchermischung kann ein wenig berauschend sein; deshalb verwenden Sie sie sparsam.

Altar: Anstelle eines einzigen Altarlichtes verwenden Sie einen kleinen Kranz aus Grünzeug und wildwachsenden Blumen, in den Sie große dünne Kerzen stecken. Salz und Wasser, ein Zweig Rosmarin und eine kleine Schale mit verschiedenen Blättern und Blütenblättern. Ein Glas oder Kelch mit Met. Einige Zweige, die Sie an der Spitze zu einem Besen zusammenbinden. Einen Hammer und ein Stück Eisen. Ein Kranz aus wildwachsenden Blumen und Blättern.

Stellen Sie Ihre Frühlingsjungfrau mit grüner Robe und Gürtel, barfuß und mit einem langen schwarzen oder grauen Schleier bedeckt, im Norden auf.

Beginnen Sie das Ritual mit einigen Minuten Meditation über den herannahenden Frühling. Dann beginnt der Magus, indem er Salz und Wasser segnet:

MAGUS

Salz, Geschöpf dieser Erde, sei gesegnet in dieser Stunde und gib alles Übel in Dir auf. Sei an diesem Ort so rein, wie Du zur Zeit Deiner Schöpfung gewesen bist. Wasser, Kind der kosmischen See, sei gesegnet in dieser Stunde und gib alles Übel in Dir auf. Sei an diesem Ort so rein, wie Du im Augenblick Deiner Schöpfung gewesen bist.

[*Kehrt zu seinem Sitz zurück.*]

SÜDEN

[*Krümelt die Räuchermischung auf die glimmende Holzkohle.*]

Geschöpf des Feuers, brenne hell in dieser Stunde und reinige diesen heiligen Ort mit Deinem Duft.

[*Kehrt zu seinem Sitz zurück.*]

WESTEN

[*Schüttet Salz in das Wasser und hebt den Kelch hoch.*]

Heiliger Kelch, gefüllt mit honigsüßem Ale, sei Du das Glied zwischen den Göttern und den Sterblichen.

[*Kehrt zum Sitz zurück.*]

MAGUS

[*Steht mit Blickrichtung Osten. Mit dem Zeigefinger der rechten Hand zeichnet er eine Spirale in die Luft, von außen nach innen gehend, und spricht dabei:*]

Schutzherr des Ostens, ich rufe Dich, Gwydion, Sohn des Don, Meister der Magie. Gestaltwandler, ich rufe Dich und heiße Dich, an diesen heiligen Ort zu kommen.
[*Geht mit ausgestrecktem Finger nach Süden und zieht eine Spirale.*]
Schutzherr des Südens. Ich rufe Dich, Govannon, Sohn des Don und Bruder des Gwydion. Meister des Schmiedfeuers, Schlächter von Dylan von der Woge, ich rufe Dich, an diesen heiligen Ort zu kommen.
[*Geht in gleicher Haltung wie zuvor nach Westen und zeichnet die Spirale.*]
Schutzherrin des Westens. Ich rufe Dich, Arianrhod vom Silbernen Rad. Göttin der Wogen, ich rufe Dich und heiße Dich, an diesen heiligen Ort zu kommen.
[*Geht nach Norden und wiederholt.*]
Schutzherrin des Nordens. Ich rufe Dich, Ceridwen des Kessels, Herrin über alles, das wächst. Ich heiße Dich, an diesen heiligen Ort zu kommen.
[*Kehrt zum Altar zurück und blickt nach Osten.*]
Gwydion, Hüter der Gesegneten Inseln, sei willkommen an diesem Ort und höre unsere Bitten. Gib uns die Jungfrau des Frühlings wieder, auf daß der Winter seine Herrschaft über die Erde aufgebe und es wieder blühe.
[*Blickt zum Altar.*]

SÜDEN
[*Blickt nach Süden.*]
Govannon, Speermacher, beginn wieder, Pflugscharen zu schmieden, auf daß das Land, das wir lieben, wieder Korn hervorbringe. Gib uns die Jungfrau des Frühlings wieder, auf daß ihre Tränen der Freude die harte Erde lockern und den Samen darunter Leben geben.
[*Blickt zum Altar.*]

WESTEN
[*Blickt nach Westen.*]
Arianrhod mit dem Silbernen Bogen. Göttin der großen Gezeiten. Hebe den Samen aus der dunklen Erde und bring ihn in das Licht des wachsenden Mondes. Gib uns die Jungfrau des Frühlings wieder, auf daß ihr Lachen alles rundum zu Liebe, Freude und Fruchtbarkeit erwecke.
[*Alle blicken nach Norden.*]

ALLE
Gib uns die Jungfrau des Frühlings wieder, oder die Menschheit wird kalt und hungrig sein. Laß die Kinder nicht weinen nach Brot und die Vögel nicht ihr Nest verlassen.

Norden
Wer wecket die Jungfrau des Frühlings aus ihrem Schlaf im Königreich des Annwyn? Was wollt Ihr von mir? Lasset mich schlafen und träumen.

Osten
Erwache, oh Jungfrau des Frühlings; die Inseln der Seligen bedürfen Deiner. Erwache und bringe uns Freude.

Norden
Was wirst Du tun, um mich zu wecken und mich Dir auf Erden anzuschließen?

Osten
Ich werde den Schnee des Winters aus Deinem Pfad fegen und jeden Stein unter Deinen Füßen.
[*Nimmt den Besen, geht zur Jungfrau und bleibt vor ihr stehen.*]

Norden
Vielleicht werde ich kommen, wenn Schnee und Steine hinweggefegt sind.
[*Sie erhebt sich. Der Magier bewegt sich rücklings und fegt den Pfad vor ihr rundum im Kreis, bis sie wieder nach Norden kommen.*]
Nein, ich werde zu meinen Träumen zurückkehren.
[*Osten kehrt zu seinem Sitz zurück.*]

Süden
Erwache, Jungfrau des Frühlings. Die Feuer der Erde bedürfen Deines süßen Atems. Ja, und die Feuer in den Menschen ebenso.

Norden
Was wirst Du tun, daß ich diese Feuer wecke?

Süden
Ich werde die Schwerter zu Pflugscharen schmieden und einen eisernen Kessel aus meinem Speer für Dich.
[*Nimmt Hammer und Eisen, geht zur Jungfrau und bleibt vor ihr stehen.*]

Norden
Vielleicht werde ich kommen, wenn es einen Pflug für die Erde gibt und einen Mann für die Jungfrau.
[*Der Süden geht vor der Jungfrau rund um den Tempel und schlägt mit dem*

Hammer auf das Eisen, bis sie zum Norden zurückkommen.]
Nein, ich werde die Feuer nicht wecken.
[*Süden kehrt zu seinem Sitz zurück.*]

WESTEN
Erwache, Jungfrau des Frühlings. Die Wasser der Flüsse sind vereist und bedürfen Deines Blickes, um sie zu befreien. Laß die Flüsse fließen und mach das Blut der Menschen frei.

NORDEN
Was wirst Du tun, daß ich den Fluß vom Eis befreie?

WESTEN
Ich will Salz vor Dich streuen, daß Du es kostest, und süßes Wasser zum Trinken.
[*Nimmt die Schale mit Salz und Wasser und einen Zweig Rosmarin vom Altar, geht zum Norden und bleibt dort stehen.*]

NORDEN
Vielleicht werde ich kommen, wenn es Salz zu kosten und Wasser zu trinken gibt.
[*Der Westen geht der Jungfrau voran rund um den Tempel und versprengt vor ihr das Salz und Wasser mit dem Rosmarinzweig, bis sie nach Norden zurückkehren.*]
Nein, ich werde den Fluß nicht vom Eis befreien.

WESTEN
Jungfrau des Frühlings, ich werde Blütenblätter vor Deine Füße streuen, wenn Du nur zu uns zurückkehrst, wenn Du uns Freude bringst, die Feuer weckst und den Fluß freisetzt.
[*Geht zum Altar, nimmt die Schale mit Blütenblättern und kehrt zum Norden zurück.*]

NORDEN
Ich werde zu euch kommen und euch Freude bringen, ich werde die Feuer wecken und den Fluß vom Eis befreien. Streu die Blütenblätter vor mir aus, und ich werde kommen.
[*Westen streut Blütenblätter vor ihr aus, und sie kommen zum Osten. Die Jungfrau wirft ihren Schleier zurück und küßt den Osten. Sie gehen weiter nach Süden, wo ein weiterer Kuß ausgetauscht wird, dann nach Westen, wo der Blumenkranz der Jungfrau aufs Haupt gesetzt wird. Dann begleitet sie der*

Westen zurück nach Norden, und sie nimmt, nachdem sie den ganzen Kreis abgeschritten hat, wieder ihren Sitz ein.]

NORDEN

Die Jungfrau des Frühlings ist erwacht. Lasset die Erde sich freuen und fruchtbar sein.

[*Alle kommen zum Zentrum, geben sich die Hände und gehen dreimal im Kreis herum.*]

ALLE

Komm, Frühlingsmaid, kommt, Freude und Leben.
Kommt alle und hört
Das Lied der süßen Rhiannon-Vögel,
Das laut erklingt und betört.
Das Leben erwacht in Mensch und Tier;
Beltane Feuer lodern froh,
Und die Flamme, die in Rehbock und Hirschkuh brennt,
Glimmt in Männern und Mädchen lichterloh.
Sonne und Mond und Erde und Stern;
Sie alle spielen ihren Teil.
Und ja, die Frühlingsjungfrau ist hier.
Und wird bei uns bleiben für eine Weil.

[*Jeder sollte jetzt wieder in seiner eigenen Himmelsrichtung sein. Der Met wird herumgereicht. Ein Rest wird übriggelassen und in den Garten geschüttet oder auf einen grünen Fleck. Nun kann der Kreis geschlossen werden.*]

OSTEN

Lasset uns Dank sagen für die Rückkehr des Frühlings, für die neue Wärme der Sonne, das Wachsen des Lebens und der Schönheit um uns.

[*Blickt nach Osten.*]

Schutzherr im Osten, Gwydion, Sohn des Don, heil, Dir, und leb wohl. Hab Dank für Deine Anwesenheit und kehr zu den Hallen von Math zurück.

SÜDEN

[*Blickt nach Süden.*]

Schutzherr im Süden, Govannon, Sohn des Don. Meister aller Schmiede. Heil, Dir, und leb wohl. Hab unseren Dank für Deine Anwesenheit und kehre zu den Hallen des Math zurück.

Westen

[*Blickt nach Westen.*]

Schutzherrin des Westens, Arianrhod mit dem silbernen Rad, heil Dir, und leb wohl. Hab unseren Dank für Deine Anwesenheit und kehre zum Mondschloß zurück.

Norden

[*Blickt nach Norden.*]

Schutzherrin im Norden, Ceridwen des Kessels des Lebens, heil Dir, und leb wohl. Hab unseren Dank für Deine Anwesenheit und kehre nun an Deinen Ort zurück.

Osten

[*Blickt in seine eigene Himmelsrichtung und macht das Spiralzeichen, aber dieses Mal vom Zentrum nach außen. Er geht vom Osten zum Süden, nach Westen, Norden und wieder nach Osten zurück.*]

Der heilige Kreis ist geschlossen; Friede sei zwischen uns allen; lasset die Hüter scheiden. Alles ist getan.

Löschen Sie die Kerzen aus und verlassen Sie schweigend den Raum. Nach etwa einer Stunde kann der Tempel aufgeräumt, können die Blütenblätter entfernt werden.

Wie Sie sehen, ein sehr einfaches Ritual, das die Lockung der Frühlingsjungfrau zurück zur Erde darstellt. Es verlangt wenig an Vorbereitung und ist grundsätzlich nichts anderes als die Erklärung einer der Jahreszeiten. Es gibt andere weitaus kompliziertere Frühlingsrituale, aber dieses hier reicht für Ihre Zwecke aus, besonders da Sie sich erst an den neuen Druck ritueller Arbeit gewöhnen müssen. Einfachheit ist in der magischen Arbeit nichts Schlechtes. Leider haben viele Leute die Tendenz, Dinge zu kompliziert zu gestalten, und was ein ruhiger, würdiger Ritus hätte werden sollen oder ein einfaches, freudiges Ritual, wird oft zu einem »Hollywood-Spektakel«. Ich habe es schon einmal gesagt und sage es wieder: Der wahre Magier braucht nichts, nicht einmal einen Tempel, um seine Kunst zu praktizieren.

Das griechische Ritual des Frühlings

Ich habe das griechische Frühlingsritual ganz verschieden vom keltischen angelegt. Zuerst habe ich im Unterschied zum ersteren, das für vier Leute geschrieben wurde, dieses nur für eine Person entworfen. Zweitens wird es für Sie eine gute Erfahrung sein, Bewegung zu verwenden als Mittel, um Kraft in den Tempel zu ziehen, wie Sie es im Vigilium der fünf Zacken getan haben. Für dieses Ritual benötigen Sie:

Räucherung: Mischen Sie für dieses Ritual eine Räucherung aus Sanderac, Kiefernharz, Benzoeharz mit Eukalyptusblättern, Kiefernnadeln, Rosmarin vermengt mit Jasminöl. Sie können auch etwas pures Rosmarin hinzufügen.

Altar: Schieben Sie Ihren Hauptaltar bis knapp vor die Säulen und stellen Sie die kleinen Tischchen von den Himmelsrichtungen in die Mitte jeder Himmelsrichtung, mit genügend Bewegungsfreiheit. Bedecken Sie jeden Altar mit einem weißen Tuch und einem kleinen Altarlicht (ein Nachtlicht in einer weißen Untertasse oder Schüssel ist ideal). Ihre großen Kerzenhalter stellen Sie zwischen den Himmelsrichtungen auf, mit Grünzeug rundherum und abwechselnd grünen und goldenen Kerzen. Auf den Ostaltar stellen Sie einen Teller mit einigen Stücken hausgemachten Brotes und einen Teelöffel voll Honig. Im Süden plazieren Sie den Weihrauchkessel mit der glimmenden Holzkohle, bereit zum Räuchern. Im Westen haben Sie einen Krug mit rotem Wein und einen Kelch. Und schließlich im Norden stellen Sie eine Schale mit Früchten hin. (Verwenden Sie ausschließlich Früchte, die in Griechenland wachsen, wie Äpfel, Weintrauben, Feigen, Granatäpfel, zusammen mit geschälten Mandeln, einigen Rosinen und einer Schale mit gemischtem Blumensamen.)

Robe: Eine weiße Robe im Stil einer griechischen Tunika wäre ideal, wenn Sie sich eine anfertigen können. Wenn nicht, dann genügt ein weißes Tuch, in Falten herumgelegt und mit einem Ledergürtel zusammengehalten. Für Damen kann ein weißes Nachthemd mit einer blaßgrünen Stola (siehe Abb. 24) sehr wirkungsvoll aussehen. Ein Kranz mit Blumen und Grünzeug, wenn Sie wollen, an den Enden mit grünen Bändern zusammengehalten.

Zünden Sie eine kleine Wachskerze an, und mit Blickrichtung Osten entzünden Sie die Altarkerze. Dann machen Sie mit der kleinen Wachskerze das Unendlichkeitszeichen: ∞. Bauen Sie vor Ihrem geistigen Auge die Figur des Hermes zwischen den Säulen auf und sprechen Sie die Invokation:

Abb. 24: Robe für den griechischen Frühjahrsritus

Osten

Sohn von Zeus und Maya, schnellfüßiger Bote des Olymp, nähere Dich und erfülle diese Himmelsrichtung mit dem Lebenshauch der Götter. [*Warten Sie, bis das Bild klar ist, dann bewegen Sie sich im Uhrzeigersinn um den Altar, vorn an dem Kerzenleuchter im Südosten vorbei und rund um die Rückseite des südlichen Altars. Bleiben Sie hier mit Blickrichtung Süden stehen (siehe Abb. 25 auf Seite 178, Route A). Entzünden Sie das Altarlicht, machen Sie das Unendlichkeitszeichen, bauen Sie die Gottform von Apollo auf und sprechen Sie die Invokation.*]

Süden

Sohn von Zeus und Leto, Gott von Delphi und Delos, Lenker des Sonnenwagens, nähere Dich und erfülle diesen Ort mit Licht.
[*Lassen Sie das Bild sich aufbauen. Dann bewegen Sie sich um den Altar, weiter nach Westen, vorn am südwestlichen Kerzenleuchter vorbei und hinten herum um den Westaltar. Bleiben Sie hier mit Blickrichtung Westen stehen. Entzünden Sie das Altarlicht, machen Sie das Unendlichkeitszeichen, bauen Sie die Gottform der Artemis auf und sprechen Sie die Invokation.*]

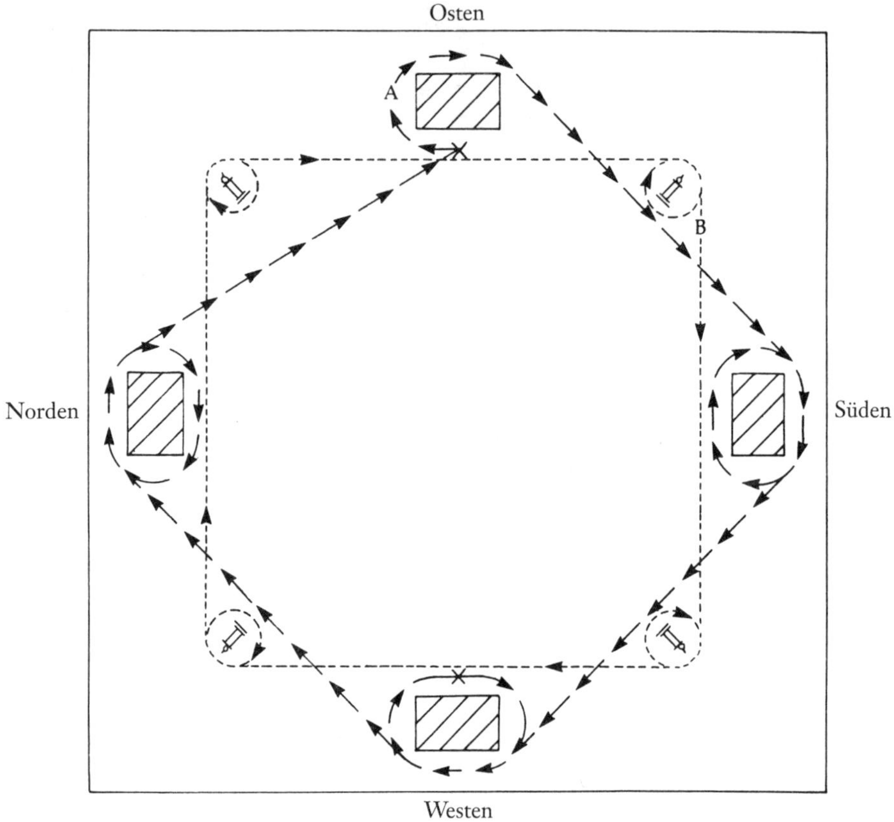

Abb. 25: Bewegungsabläufe für den griechischen Frühjahrsritus

WESTEN

Tochter von Zeus und Leto, schlanke Jägerin der Nacht, Jungfrau des Mondes, nähere Dich und erfülle diesen Ort mit der Kraft der Gezeiten. [*Wenn das Bild deutlich genug ist, gehen Sie um den Altar herum und weiter nach Norden, vorn am nordwestlichen Kerzenhalter vorbei und rund um den Nordaltar. Bleiben Sie hier stehen mit Blickrichtung Norden. Entzünden Sie das Altarlicht und machen Sie das Zeichen. Bauen Sie die Gottform der Demeter auf und invozieren Sie.*]

NORDEN

Tochter von Chronos und Rhea, Erdmutter und Spenderin des Brotes, nähere Dich und erfülle diesen Ort mit Stärke und Wachstum. [*Wenn das Abbild deutlich genug ist, gehen Sie um den Altar herum und kehren sie nach Osten zurück, vorn am nordöstlichen Kerzenhalter vorbei und von hinten rund um den Ostaltar. Bleiben Sie an seiner Vorderseite stehen und blicken Sie auf ihn. Zünden Sie eine neue kleine Wachskerze an; gehen Sie zum südöstlichen Kerzenhalter und entzünden Sie ihn. Bauen Sie die Gottform von Iris, der Regenbogengöttin, auf und invozieren Sie.*]

SÜDOSTEN

Vielfarbige Iris, Dienerin der Hera, nähere Dich und sei bereit, unsere Bitte in die Hallen des Olymp zu tragen, vor die Füße von Zeus.
[*Gehen Sie einmal um den Kerzenleuchter herum, dann gehen Sie zu dem im Südwesten, entzünden Sie die Kerzen, bauen Sie die Gottform von Aphrodite, der Göttin der Liebe, auf und invozieren Sie.*]

SÜDWESTEN

Goldene Göttin der Liebe, Aphrodite von Paphos, nähere Dich und gewähre uns Deine Hilfe, daß wir Hades überzeugen mögen, Kore zur Erde zurückkehren zu lassen.
[*Gehen Sie einmal um den Kerzenleuchter herum, dann weiter zu dem im Nordwesten; entzünden Sie die Kerzen, bauen Sie die Gottform von Hades auf und invozieren Sie.*]

NORDWESTEN

Dunkelhaariger Hades, Gott der Unterwelt, gib uns Deine Königin, die schöne Persephone, für sechs kurze Monate, daß die Erde fruchtbar werde und die Menschheit an Stärke wachse.
[*Gehen Sie einmal um den Kerzenleuchter herum, dann weiter zu dem im Nordosten; entzünden Sie die Kerzen und invozieren Sie Kore, die Jungfrau des Frühlings.*]

NORDOSTEN

Süßgesichtige Kore, Persephone mit weißen Armen, verlasse Deine Hallen der Unterwelt und komm zu uns auf die Erde. Bring neues Leben der Erde und Freude uns allen.
[*Gehen Sie einmal um den Kerzenleuchter herum, dann quer hinüber zu dem im Südosten, verneigen Sie sich einmal und kehren Sie nach Osten zurück. Blasen Sie die kleine Wachskerze aus. (Siehe Abb. 25, Route B.) Nehmen Sie ein Stück Brot, tunken Sie es in Honig und essen Sie es; bieten Sie das Tellerchen dem Osten dar.*]

OSTEN

Großer Hermes, nimm, was wir dem großen Zeus darbieten, und bitte, daß Kore auf Erden zurückkehren kann.

[*Begeben Sie sich nach Süden, heben Sie den Weihrauchkessel hoch, riechen Sie daran und bieten Sie ihn dem Süden dar.*]
Goldener Apollo, halt an Deinen Wagen und höre unsere Bitte. Nimm diesen Weihrauch mit zum olympischen Zeus und bitte ihn darum, daß uns die Erdjungfrau zurückgegeben werde.
[*Gehen Sie nach Westen, schütten Sie Wein in den Kelch und trinken Sie; dann bieten Sie ihn dem Westen dar.*]
Tugendhafte Artemis, jungfräuliche Göttin des Mondes, nimm diese Opfergabe mit zu Deinem unsterblichen Vater Zeus und bitte ihn, die Spenderin des Lebens freizugeben.
[*Gehen Sie nach Norden, nehmen und essen Sie ein Stück Frucht, dann bieten Sie die Schüssel dem Norden dar.*]
Demeter, Korngöttin, Erdmutter, wie Du betrauern wir den Verlust von Persephone. Bitte Deine Brüder Zeus und Hades, sie freizusetzen, auf daß die Felder gesegnet werden.
[*Gehen Sie in die Mitte des Tempels und heben Sie die Arme.*]
Hört mich, oh Ihr Götter, gebt der Menschheit den Segen des Frühlings.
[*Knien Sie nieder und legen Sie Ihren Kopf in beide Hände. Bauen Sie in Ihrem Geist das Geräusch von laufenden Füßen auf, hören Sie, wie sie den verschlungenen Labyrinthpfad, den Sie im Tempel aufgebaut haben, entlangkommen. Es ist der heilige Weg aus alten Zeiten, und Kore beschreitet ihn jetzt auf ihrem Weg zur Erde. Fühlen Sie die Erde unter sich erzittern und die ganze Natur den Atem anhalten. Lassen Sie das Gefühl des unmittelbar bevorstehenden Frühlings und Wachstums in sich entstehen und verstärken, bis seine Intensität durch einen Schrei aus Ihnen hervorbricht . . .*]
Kore, Kore, Kore, Kore
[*Stehen Sie auf, blicken Sie der Reihe nach in jede Himmelsrichtung und danken Sie dabei schweigend den Göttern. Dann tragen Sie die Schale mit den Samenkörnern zu jeder Himmelsrichtung und halten sie zur Segnung hoch.*
Stellen Sie Ihren Kranz in die Mitte des Tempels und die Schale in seine Mitte. Nun gehen Sie nach Osten und verfolgen die Schrittmuster zurück, entweder indem Sie die Routen nochmals abschreiten oder, noch besser, entlangtanzen. Tanzen Sie, bis Sie müde werden, dann nehmen Sie den Kranz und die Samenkörner auf, gehen der Reihe nach in jede Himmelsrichtung und sagen:]
Gehe in Frieden und Harmonie. Unser Segen für die Arbeit dieser Nacht geht mit Dir.
[*Löschen Sie die Kerzen in der Reihenfolge, in der Sie sie entzündet haben. Stellen Sie das Brot ins Freie für die Vögel, gießen Sie den Wein in die Erde, streuen Sie die Samenkörner aus oder vergraben Sie sie, teilen Sie die Früchte mit Ihrer Familie oder Freunden.*]

Dies ist ein komplexeres Ritual mit weniger Worten, aber mehr Bewegung. Aber Bewegung ist sehr wichtig zum Aufbau von Kraft; und Sie müssen lernen, ganz ungehemmt Dinge wie Tanzen im Tempel zu akzeptieren. Männer werden oft sagen: »Ich werde *nicht* umhertanzen wie ein Narr«, aber mit ein wenig Wein, den Kerzen, dem Weihrauch und der sich aufbauenden Energie könnten Sie sehr wohl ihre Meinung ändern. Die Menschheit tanzt seit Jahrtausenden für ihre Götter, und sogar David, der König der Israeliten, tanzte vor der Bundeslade des Herrn in Gebet und Verehrung.

In Ägypten wurden die Jahreszeiten angezeigt durch die Überflutung des Nils, und die Menschen waren abhängig vom reichhaltigen Schlick, den der Nil hinterließ und in dem sie ihre Feldfrüchte pflanzen konnten. Für sie war daher die Überflutung des Niltales ein jährliches Wunder, ohne das sie hätten hungern müssen.

Die beiden ersten Beispiele haben Ihnen eine Idee von einigermaßen komplexen Ritualen gegeben. Das letzte ist eher eine rituelle Pfadarbeit. Die ägyptischen Mysterien reichten von unglaublich schwierigen bis zu erstaunlich einfachen Ritualtypen; und da ich möchte, daß Sie eine so große Auswahl und Erfahrung wie möglich bekommen, ist dieses letzte Ritual nur für zwei Personen gedacht und erfordert kaum Bewegung, dafür jedoch eine Menge an innerer Visionsarbeit.

Das ägyptische Ritual des Frühlings

Für das Ritual benötigt man zwei Personen, die die Rolle des Hohepriesters und der Göttin Isis im Osten beziehungsweise im Westen einnehmen, während Süden und Norden mit den passiven und schweigenden Figuren von Anubis und Nephthys ausgefüllt wird. Die Ost-West-Achse ist als die Länge des Nils gedacht, wobei der Hohepriester Isis invoziert, die die lebenspendenden Fluten hinuntersenden soll. Sie werden noch einige andere Extradinge herstellen müssen. Planen Sie deshalb rechtzeitig im voraus, um alles bereit zu haben.

Wenn möglich, besorgen Sie eine weiße Robe für den Priester und eine blaßgrüne für die Priesterin/Isis. Wenn Sie auf Abb. 26 schauen, können Sie die Dinge, die benötigt werden, sehen. Den Kragen und den Schurz des Priesters (siehe Abb. 27) können Sie einfach selbst anfertigen; sie werden Ihnen auch für zukünftige Rituale dieser Art nützlich sein. Wenn möglich, versuchen Sie, sich ein hölzernes Podium zu beschaffen, auf dem der Thron von »Isis« aufgestellt werden kann. Das ist wichtig, da es dem ganzen Ritual eine formellere und ägyptischere

Abb. 26: Roben für den ägyptischen Frühjahrsritus

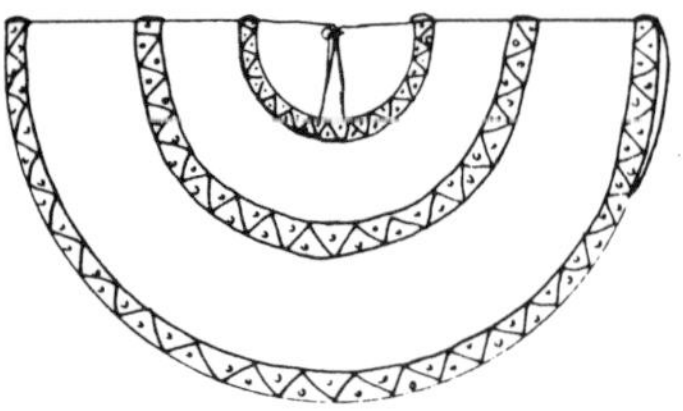

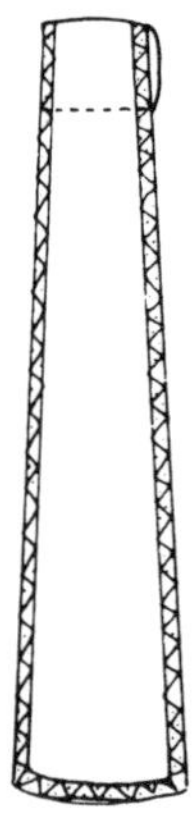

Satin auf steifem Unterfutter. Schlagen Sie den obersten Teil für die Gürtelschlaufe um.

Ägyptischer Kragen. Satin auf aufbügelbarem, steifem Unterfutter. Verzierungen mit Bändern und Pailetten.

Abb. 27: Kragen und Schurz für den ägyptischen Frühjahrsritus

Atmosphäre verleiht. Das Podium sollte stark genug sein, um den Stuhl und die Priesterin zu tragen. Ein kleiner Fußschemel wird ihr helfen, das Podium zu besteigen.

Die Priesterin wird ein Anch und ein Sistrum benötigen, der Hohepriester einen schulterhohen Zeremonienstab. Alle diese Dinge werden auch in anderen Ritualen eingesetzt werden; es ist daher keine Zeitver-

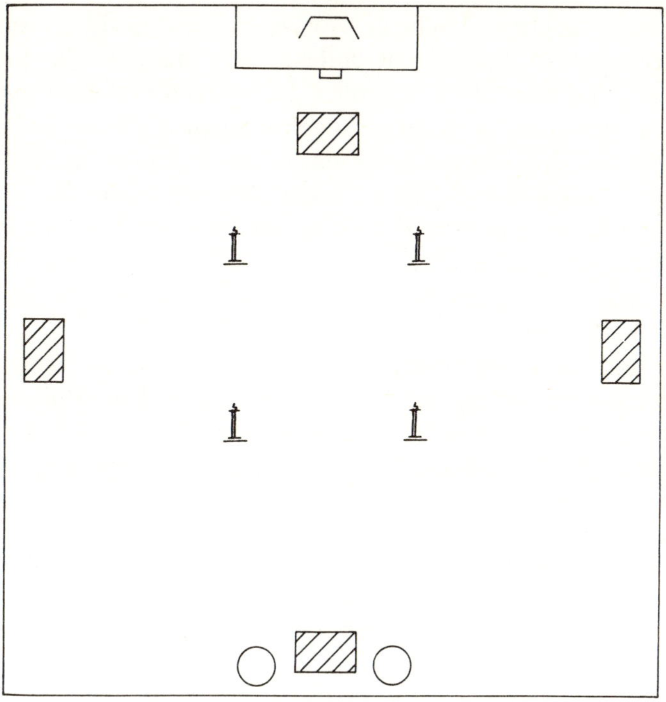

Abb. 28: Die Anordnung für den ägyptischen Frühjahrsritus im Tempel

schwendung, sie anzufertigen. Anch und Sistrum können Sie in den meisten Okkultläden fertig kaufen. Der Stab wird am besten vom Priester selbst hergestellt und, wenn möglich, mit einem Falken- oder Hundekopf gekrönt. Wenn Sie nicht gut im Modellieren sind, schlage ich vor, daß Sie in einem Chinaladen ein billiges Modell eines Wolfshundes kaufen, den Kopf abbrechen und am Stab befestigen. Malen Sie ihn schwarz und gold an. Sollten Sie das nicht tun können, formen Sie aus Modellierwachs ein kleines Anch und krönen Sie den Stab damit.

Räucherung: Verwenden Sie Kyphi, das Sie kaufen können; oder Sie können sich Ihr eigenes zusammenmischen. Dazu brauchen Sie Weidenholzkohle, Mastixharz, Myrrheharz, Skammoniumharz, Gartenraute und Eisenkraut, vermischt mit Myrrhe- oder Wacholderöl. Das ergibt eine sehr angenehm riechende Räuchermischung, die für alle ägyptischen Rituale verwendet werden kann.

Altar: Stellen Sie den Hauptaltar im Osten zwischen den Säulen auf (siehe Abb. 28), so daß Sie einen ungehinderten Kräfteaustausch zwischen Priester und Priesterin über die ganze Länge des Tempels haben. Stellen Sie zwei kleine Tische im Norden und Süden auf und eines vor die Priesterin. Auf diese Tische und auf den Ostaltar stellen Sie je ein Altarlicht. Plazieren Sie Ihre großen Kerzenhalter, je zwei und zwei, zwischen »Isis« und dem Osten. Der Priester ist der Bittsteller, der um das »Wunder der Überschwemmung« bittet, damit die Feldfrüchte gepflanzt werden können. Keine Angst: Das wird keine lokale Überschwemmung verursachen. Die Götter kennen den Unterschied zwischen West Acton, Downtown, San Francisco und dem alten Ägypten! Dies ist ein Frühlingsritual, und »sie« wissen, daß das die Bebauung der Felder bedeutet.

Wenn Sie ein wenig danach suchen, werden Sie sicher Schallplatten und Kassetten mit ägyptischer Harfenmusik finden. Die Musikabteilung einer guten Bücherei wird Ihnen mit Namen und Titeln behilflich sein.

Auf den Ostaltar stellen Sie eine Schale mit Blütenblättern, eine Weihrauchschale und einen Kelch mit Wein. Nun sind Sie für das Ritual vorbereitet.

Die Priesterin sollte den Tempel zehn Minuten vor dem Priester betreten und ihren Platz einnehmen. Sie muß dann an die Gottform der Isis denken und diese intensiv visualisieren, wie sie hinter dem Stuhl steht. Errichten Sie gedanklich und gefühlsmäßig eine Verbindung zu dieser Gottform; dann ziehen Sie die Figur schrittweise herunter und in Ihren Körper. Fühlen Sie, wie die Göttin eins mit Ihnen wird. Fühlen Sie, wie ihre Würde und Anmut Sie ganz erfüllt. Lassen Sie ihre liebende Besorgnis für die Menschheit zu Ihrer eigenen werden. Lassen Sie die Ruhe, die man oft auf alten Statuen sieht, sich auf Ihrem Gesicht widerspiegeln. Blicken Sie nach vorn, aber schauen Sie nicht den Priester an, bis es das Ritual von Ihnen verlangt.

Nun tritt der Hohepriester ein mit einer brennenden kleinen Wachskerze in einer Hand und mit dem Zeremonienstab in der anderen, mit dem er seine langsamen Schritte markiert. Er wendet sich Isis zu und verneigt sich, dann geht er zurück und entzündet das Altarlicht. Anschließend entzündet er die Lampen im Süden, Westen und Norden und verneigt sich vor jeder. Zuletzt entzündet er die großen Kerzenleuchter, löscht die kleine Wachskerze und nimmt seinen Platz ein mit Blickrichtung Osten:

Hohepriester

Heil Euch, große Götter, ich trete vor Euch als Priester und Mann, um Eure Hilfe und Euren Beistand zu erbitten, auf daß die Menschheit nicht hungere und die Kinder nicht an leeren Brüsten schreien. Heil Dir, Ra

mit dem Falkenhaupt; erhebe Dich im Osten dieses heiligen Ortes und lenke Dein Licht auf uns.
[*Streckt seine Handflächen auf Schulterhöhe aus.*]
Lasset unsere Stimmen Dich in dem Millionen Jahre alten Kahn erreichen und eile uns zu Hilfe.
[*Hebt die Hände auf Kopfhöhe.*]
Heil Dir, Herr des Himmels.
[*Verneigt sich und begibt sich nach Süden.*]
Heil Dir, Anubis von den Wüsteneien. Ich trete vor Dich als jüngerer Bruder und bitte Dich um Deine Hilfe, auf daß die Ernte nicht verderbe und Sand die Gebeine der Menschen bedecke.
[*Hebt die Hände wie zuvor.*]
Heil Dir, Schakalköpfiger, lenke die Wasser des Nils zu uns.
[*Hebt die Hände auf Kopfhöhe.*]
Laß unsere Stimmen Dich zwischen den beiden Welten von Leben und Tod erreichen.
[*Verneigt sich und begibt sich nach Westen. Kniet auf einem Knie nieder und hält die Arme ausgestreckt zu Isis empor.*]
Heil, Dir, große Mutter, Geliebte des Osiris, gewähre uns, Deinen Kindern, die Gnade Deiner Wasser. Höre die Stimme Deines Volkes, wie sie Dich anfleht; öffne die Tore Deiner Gnade und laß die Wasser des Mondes Leben in das Land von Khem bringen. Höre uns, höre uns, höre uns.
[*Verneigt sich und begibt sich nach Norden.*]
Heil Dir, dunkeläugige Nephthys, lege Fürsprache für uns ein bei Deiner göttlichen Schwester; breite die sanfte Dunkelheit Deiner Schwingen über uns aus und behüte uns vor allem Übel.
[*Hebt die Hände auf Schulterhöhe.*]
Sei mit uns, Du süßer Kelch des Weines.
[*Hebt die Hände auf Kopfhöhe.*]
Sei mit uns und rette uns.
[*Begibt sich nach Osten zurück und hebt die Weihrauchschale hoch. Mit dieser in Händen schreitet er die Länge des Tempels ab zur Göttin und bietet ihr dreimal den Weihrauch dar.*]
Große Isis, Mond von Ägypten, nimm an diesen süßen Duft als Unterpfand unserer Liebe zu Dir und Deinem göttlichen Sohn Horus. Gib uns ein Zeichen, daß Du dieses Geschenk annimmst.
[*»Isis« neigt sich vor und schüttelt das Sistrum dreimal über dem Weihrauch. Der Priester verneigt sich und trägt den Weihrauch rund um den Tempel. Zurück im Westen, stellt er die Weihrauchschale auf den Altar. Er geht dann nach Osten, nimmt die Schale mit den Blütenblättern auf und bietet sie Isis dar.*]

Blumengesichtige, blick auf dieses zarte Geschenk und wie Deine eigene-Schönheit sich darin widerspiegelt. Nimm an diese Blütenblätter als Unterpfand unseres Glaubens an Dich, und gib uns ein Zeichen, daß unsere Gebete von Dir erhört werden.

[*»Isis« neigt sich vor und schüttelt das Sistrum sechsmal. Der Priester verneigt sich und, sich rückwärts bewegend, streut er auf beiden Seiten Blütenblätter und markiert so einen Pfad zum Osten zurück. Dann nimmt er den Wein auf und nähert sich dem Osten. Er verneigt sich und bietet den Wein dar.*]

Nach Honig Duftende, laß Deine silbernen Füße in den Tempeln beider Länder hören. Koste den Wein, der hier als heiliges Bündnis zwischen Priester und Göttin dargeboten wird. Laß die Wasser fließen, wie der Wein fließt. Nimm es an und trink mit uns, gib uns ein Zeichen, daß das heilige Bündnis geschlossen ist.

[*Trägt den Wein zur Göttin, hält ihn an ihre Lippen; sie trinkt. Der Priester kehrt zum Altar zurück und trinkt. »Isis« neigt sich vor und schüttelt das Sistrum neunmal. Der Priester trägt den Wein rund um den Tempel, bietet ihn dar und nippt an jedem Altar daran. Er kehrt nach Westen zurück kniet nieder.*]

Isis

Höre meine Stimme in diesem Tempel, höre die Stimme von Isis, der Herrin des Mondes. Weil du mir süßes Parfüm dargeboten hast, bin ich von den Hallen von On an diesen Ort gekommen. Weil du mir die Symbole der Schönheit der Erde gestreut hast, habe ich deine Gebete erhört. Weil du mir Wein als Zeichen des heiligen Bündnisses zwischen uns geboten hast, will ich die Wasser des Mondes öffnen, und das Land wird fruchtbar sein. Aber am meisten ist es wegen meiner Liebe zu euch, meine Kinder, daß ich euch erhören werde. Seid emsig in eurer Aussaat und bei eurer Arbeit auf den Feldern, und mein Lächeln wird über euch sein. Vergeßt nicht die Erde, die euch nährt, und gebt ihr einen kleinen Teil der Früchte eurer Arbeit zurück. Ich werde in euren Tempel eintreten und ihn mit meiner Anwesenheit ausfüllen.

[*»Isis« erhebt sich und steigt von ihrem Thron hernieder und, vom Priester gefolgt, schreitet sie im Kreis den Tempel ab, bleibt vor jedem Altar stehen und schüttelt das Sistrum dreimal. Wieder im Westen, besteigt sie ihren Thron und nimmt ihren Abschied.*]

Lebe wohl, Priester und Freund, ich werde wiederkommen, wenn ich gerufen werde. Sieh zu, daß meine Kinder die Große Mutter nicht vergessen. Komm zu mir, auf daß ich dich segne.

[*Der Priester kniet auf ihrem Fußschemel nieder, und Isis berührt ihn mit dem Anch, dann schüttelt sie dreimal das Sistrum über ihn. Er erhebt sich, verneigt sich, geht zum Westaltar, verneigt sich nochmals und kehrt zum Osten zurück.*

Er geht einmal im Kreis um den Tempel und löscht alle Kerzen außer der am Westaltar. Zuletzt kommt er wieder nach Westen und bietet der Göttin ein schweigendes Lebewohl. Dann löscht er das Licht und verläßt den Tempel. Die Priesterin läßt sich Zeit, bis die Göttin ihr Bewußtsein völlig verlassen hat. Dann bringt sie ihren eigenen Dank dar, erhebt sich und verläßt den Tempel. Dies beendet das Ritual.

Leseliste

Brennan, J. H.: *Getting What You Want* (Thorsons, 1985)
Fortune, Dion: *The Mystical Qabalah* (Benn, 1935) (*Die mystische Kabbala.* Verlag Hermann Bauer, 2. Aufl. 1989)
Green, Marian: *A Harvest of Festivals* (Longman, 1980)
Hope, Murry: *Practical Egyptian Magic* (Aquarian Press, 1984)
Hope, Murry: *Practical Greek Magic* (Aquarian Press, 1985)

Der siebente Monat

Der Aufbau der Gruppenseele

Beginn: ________________ Ende: ________________

Öffnen und Schließen

Die Art, wie Sie ein Ritual eröffnen und schließen, ist sehr wichtig. Solche Dinge sind das Alpha und Omega des Ritus und verdienen daher immer Ihre volle Aufmerksamkeit. Wenn Sie den Tempel nicht auf die richtige Art und Weise öffnen, werden Sie nicht den vollen Zustrom an Kraft erfahren, der notwendig ist, um das Ritual bis zum Ende voll durchzuführen. Wenn Sie nicht sicher schließen, werden Sie ein schlappes Ritual und sehr oft auch eine Art von Phänomenen wie Geräusche, Gerüche, Lichtkugeln, die umherflattern, bekommen. Es ist dies nichts, was Sie fürchten müßten; es ist nur eine ungenutzte Kraft, die versucht, einen Weg »nach Hause« zu finden. Machen Sie also diese Stellen Ihrer Rituale sehr bestimmt und mit fester Stimme. Tatsächlich müssen Sie während des gesamten Rituals autoritär sein, aber nicht etwa »den Chef hervorkehren«. Vor allen Dingen aber seien Sie nicht pingelig. Kriechen Sie nicht devot durch den Tempel, sondern schreiten Sie in aufrechter Haltung und mit Würde. Flüstern Sie nicht Ihre Invokationen in die Himmelsrichtungen, sondern sprechen Sie laut und deutlich und voll Selbstvertrauen. Sie brauchen aber auch nicht zu brüllen wie ein Schauspieler. Finden Sie heraus, wie die Akustik im Raum ist und stellen Sie Ihre Stimme entsprechend ein. Während des Öffnens und Schließens eines Rituals entstehen mehr Probleme als in jeder anderen Phase. Lernen Sie also gut.

Sie sollten jetzt das Kleine Bannende Pentagrammritual bereits aus Ihren magischen Fingern schütteln können. Wenn es wirkungsvoll durchgeführt wird, ist es sehr wertvoll. Trotzdem kann sich, wie mit allen Dingen, im Lauf der Zeit eine gewisse Nachlässigkeit einschleichen. Achten Sie darauf, Ihre »Aufführung« von Zeit zu Zeit zu »überholen« und dies auszumerzen. Das Problem tritt auf, wenn genau die gleichen Worte, Gesten und Bewegungen zu Beginn und am Ende des Rituals verwendet werden. Ein Bannungsritual bannt, *also* kann es nicht am Beginn *und* am Ende eingesetzt werden. Nur wenige Magier denken daran und stolpern unweigerlich in ein Ritualchaos.

Man kann die zunehmende Popularität des Okkultismus für die Zufallstreffer-Methoden der zeremoniellen Magie verantwortlich machen. Leute mit wenig oder gar keiner Ausbildung wenden ihre eigenen Ideen an; und meistens geht das schief. Alle Rituale werden in drei Teile geteilt: einer Eröffnung, einer Schließung und dem Mittelstück, das der Kern der ganzen Sache ist. Die Öffnung lädt gewisse Kräfte als Verbündete oder Freunde in die Himmelsrichtungen ein. Sie bitten um deren Unterstützung oder versuchen, zumindest ihr Interesse an dem, was Sie tun wollen, zu wecken. Das kreisförmige Abschreiten des Tempels oder heiligen Ortes ist dazu da, um den Raum abzugrenzen, um ihn als Territorium der Götter zu markieren. Und das ist normalerweise mit einem Reinigungsritus verbunden, wie zum Beispiel dem Besprengen mit Salz und Wasser, dem Umhertragen des Weihrauches. Wenn Sie das Kleine Bannende Pentagrammritual zum Öffnen verwenden, dann tun Sie es, *bevor* Sie die Anwesenheit einer Gottform invozieren, nicht danach, denn sonst würden Sie einen netten, reinen Tempel haben – mit niemandem darin! Sehen Sie auch zu, daß Sie wissen, welches Pentagramm ein anrufendes und welches ein entlassendes ist. Das ist ein sehr wichtiger Punkt.

Es gibt verschiedene Pentagramme für die verschiedenen Elemente; und sie werden verwendet, wenn Sie mit einem bestimmten Element durch das Ritual arbeiten. Es ist nützlich, sie zu kennen. Sie können sie in Abb. 29 auf Seite 190 finden. Es braucht etwas Zeit, bis man sie beherrscht, aber das Ergebnis ist die Anstrengung wert.

Es gibt verschiedene Eröffnungen und Schließungen. Jede Tradition hat ihren eigenen Anstrich, der der Arbeit ihren Stempel aufdrückt. Aber alle sind gleichzeitig ein integraler und ein separater Teil jedes Rituals. Integriert, weil die Arbeit nicht ohne sie getan werden kann, und getrennt, weil sie einen klaren Zweck innerhalb der eigentlichen Zermonie haben. Ein guter Magier wird soviele Eröffnungen und Schließungen suchen, bearbeiten und erlernen, wie er nur kann. Dies sollte in Ihr Ausbildungsprogramm mit einbezogen werden.

Der Ritualablauf im Detail

Sehen wir uns nun jeden einzelnen Ritualschritt genauer an. Die Eröffnung selbst kann in einzelne Teile aufgegliedert werden, dem Abgrenzen des Arbeitsraumes, der Reinigung und dem Hereinziehen von Kräften,

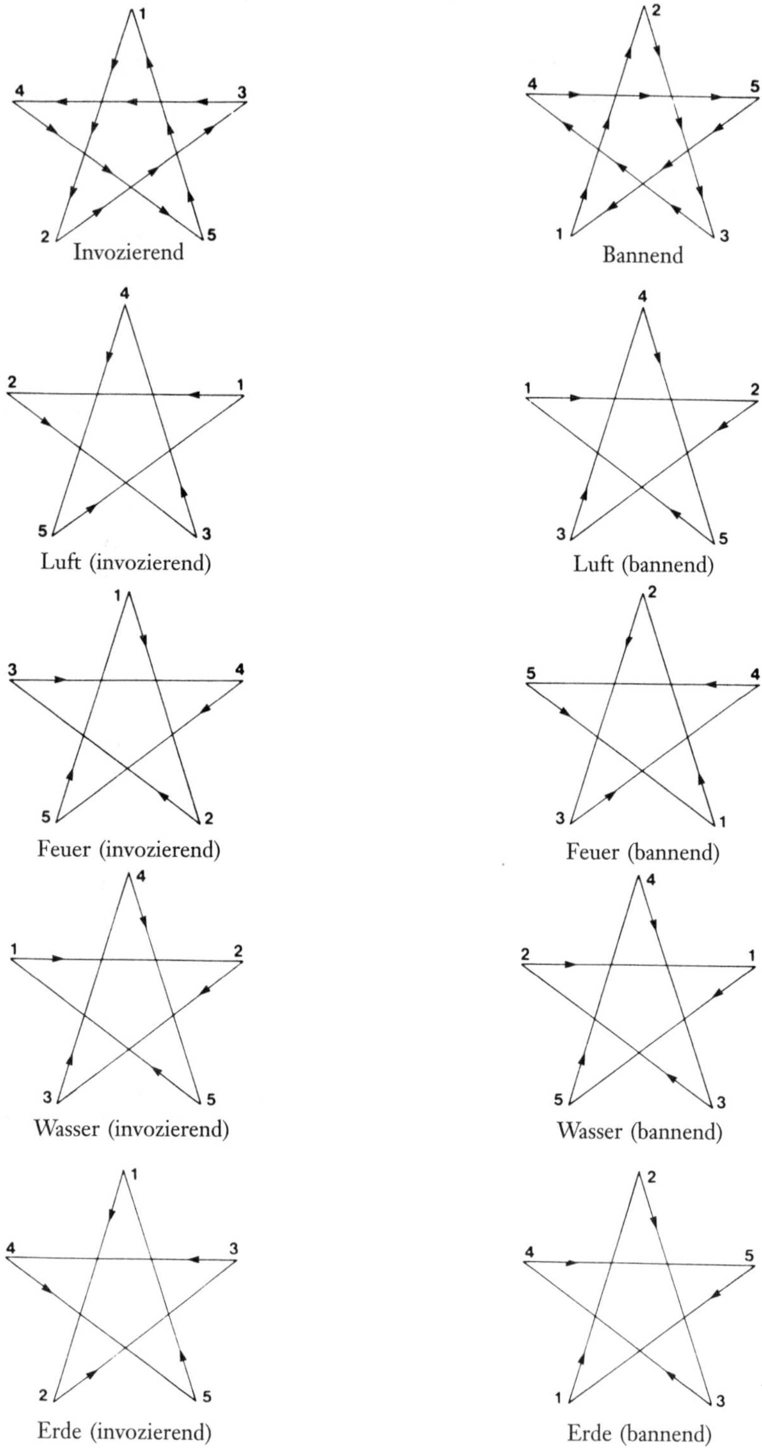

Abb. 29: Pentagramme zum Öffnen und Schließen des Tempels

Gottformen, Erzengeln und was oder wen auch immer Ihr Ritual benötigt. In kabbalistischen Ritualen geschieht das Markieren der Grenzen oder das Herumgehen immer dreimal. Drei deshalb, weil das Ritual auf der Ebene der Form stattfindet, also in Malkuth, und drei die Zahl von Form in ihrer höchsten Bedeutung, Binah, ist. Dies gewährleistet, daß Ihr Ritual sich in der höchsten Bedeutung von Form manifestiert. In den höheren Ebenen eines kabbalistischen Rituals gleichen Sie die Kreise an die Ebene derjenigen der vier Welten, mit der Sie in Kontakt treten möchten, an. Oft wird nicht erkannt, daß das gleiche Ritual auf verschiedenen Ebenen mit unterschiedlichen Ergebnissen durchgeführt werden kann, einfach, indem Farben, Symbole und Zahlen geändert werden, um sich mit den höheren Ebenen zusammenzuschließen.

Nach dem Markieren des Arbeitsraumes kommt als nächster Schritt die Reinigung. Das wird normalerweise zuerst mit Salz und Wasser und dann mit Weihrauch getan. Beide Pflichten können vom Magus übernommen werden, oder aber die Reinigung wird von einem anderen Offizier durchgeführt. Manchmal in der keltischen Tradition ist das Reinigen und Abstecken der Grenzen eine einzige Pflicht, die von der Priesterin ausgeführt wird, die einen Kräuterzweig verwendet, um damit Salz und Wasser zu versprengen. Bei seltenen Gelegenheiten wird in den griechischen Mysterien der Tempel durch das Blasen einer Panflöte markiert, wobei für jede Himmelsrichtung ein anderer Triller verwendet wird. Ein schottischer Dudelsackpfeifer, der zur Dinnerzeit durch die Halle schreitet, wenn der Gutsherr Gäste hat, und das Blasen des Dudelsacks auf dem Schlachtfeld zu Sonnenuntergang haben einen gemeinsamen Ursprung. Musik kann einen komplizierten Klangkegel errichten, der ein sehr wirksames magisches Siegel abgibt. Aber dazu muß man wirklich ein fundiertes Wissen über Musik haben.

Im dritten Stadium der Eröffnung wird die Kraft in den Tempel gebracht. Das wird getan, indem entweder die Gottform invoziert *oder* die inneren Kräfte einer Priesterin eingesetzt werden. Ich sagte zu Beginn dieses Buches, daß die ideale Zahl im Tempel drei sei, zwei Männer und eine Frau oder zwei Frauen und ein Mann. Das stimmt mit drei als der höchsten Zahl der Form überein. Eine Frau kann den Tempel mit ihrer inneren Kraft füllen und durch das Invozieren der Archetypen den »Zündstoff« für das Ritual liefern. Auch ein Magus, wenn er allein arbeitet, verwendet – bewußt oder unbewußt – die Kraft seiner Anima, um diesen Funken bereitzustellen. Wenn es im Tempel eine Polarität der Geschlechter gibt, so bringt die Priesterin die Kraft herein, und der Priester lenkt sie. Wenn Sie das nicht völlig verstehen, haben Sie gute Chancen, Ihr Ritual zu zerstören.

Eine Priesterin kann einen Tempel mit Kraft erfüllen, einfach, indem sie ihn ein paar Minuten vor den anderen betritt, sich ruhig hinsetzt und visualisiert, wie der ganze Ort von einem sanften violetten Licht erfüllt wird. Das ist ein einfacher und sehr sicherer Weg. Es gibt noch andere Wege, aber die erfordern mehr an Ausbildung, als Ihnen hier gegeben werden kann.

Die nächste Phase ist die eigentliche Eröffnung der vier Himmelsrichtungen und das Invozieren der »Helfer«. Es gibt viele verschiedene Symbole, Sigillen oder Pentagramme, und sie werden normalerweise mit dem Zeigefinger oder dem Stab gezogen oder ebensogut mit dem Athame oder Schwert. Alle vier Himmelsrichtungen *müssen* durch eine nicht unterbrochene Lichtlinie miteinander verbunden sein; es darf *keine* Lücken geben. Wenn die Symbole gezogen wurden, kann die Gottform mit Namen invoziert und an ihren Platz gestellt werden. Halten Sie alle Symbole oder Sigillen einfach so, daß Sie sie klar vor Augen haben, wenn Sie sie ziehen. Die Form sollte auch einfach genug sein, um sie mit einer einzigen fortlaufenden Bewegung zeichnen zu können. Mit Hilfe eines Freundes, einer Kamera und einer Taschenlampe – oder noch besser einer Wunderkerze für Kinder – können Sie ausprobieren, ob die Form gut ist. Verwenden Sie eine lange Belichtungszeit im dunklen Raum und gehen Sie mit der entzündeten Wunderkerze sanft und ruhig durch den Bewegungsablauf. Das Photo sollte dann ein Abbild des Symbols, mit Licht gezogen, ergeben.

Welche Form soll man verwenden? Neben dem allgegenwärtigen Pentagramm können Sie auch eine Spirale verwenden. Suchen Sie sich eine Drehrichtung für die Eröffnung aus und verwenden Sie die andere für die Schließung. Eine Fleur-de-lis (Lilie, königliches Wappen Frankreichs) ist nützlich in Ritualen, die mit weiblichen Archetypen zu tun haben; ein vierfältiges Blütenkreuz, das Unendlichkeitszeichen einer Acht, auf der Seite liegend, das Anch, der Ichthys, der Gürtel der Venus und viele andere können alle verwendet werden. Wenn Ihre Archetypen aufgestellt sind, können Sie zum Hauptpunkt des Rituals, nämlich der Absicht oder der Willenserklärung, übergehen.

Die Willenserklärung des Rituals

Die Willenserklärung, außer wenn sie offensichtlich ist wie in jahreszeitlichen Ritualen, sollte klar und deutlich am Altar verkündet werden, denn sonst sind Ihre Gottformen in der unguten Position, zu einer Party eingeladen zu sein, aber nicht zu wissen, für wen sie gedacht ist oder welches Ereignis eigentlich gefeiert wird. Die Himmelsrichtungen und deren Besetzungen werden nun um Hilfe für die Erfüllung der Willenserklärung gebeten und daran erinnert, daß ihre besonderen Eigenschaften für die erfolgreiche Ausführung der Absicht geeignet sind. Der Magus und die Offiziere konzentrieren sich die ganze Zeit über auf das Ergebnis. Sie sehen es als bereits vorhanden an und von den Kräften, die Sie zu Hilfe gerufen haben, auf die physische Ebene gestoßen. Sie werden feststellen, daß sich ein Ritual ganz von selbst auf einen Gipfel an Intensität zuspitzt. Halten Sie diesen Augenblick fest, solange Sie können. Es genügen ungefähr dreißig Sekunden. Danach gibt es eine kleine Pause, in der jeder, die Gäste mit eingeschlossen, Atem holen kann. Im Anschluß daran neigt sich das Ritual dem Ende zu.

Das Schließen des Rituals

Das Schließen besteht erstens darin, daß man den Wesen der inneren Ebenen für ihr Erscheinen dankt. Bieten Sie ihnen immer einen Segen dar, bevor Sie ihnen erlauben zu scheiden. Machen Sie das in umgekehrter Reihenfolge und geben Sie ihnen Zeit, sich zurückzuziehen; galoppieren Sie nicht rund um den Tempel, nur weil Sie müde sind und Ihren Tee haben wollen. Man kann den Tempel in Eile schließen, aber ich würde es nicht empfehlen. Lassen Sie sich Zeit. Wenn Ihre Gottformen gegangen sind, können Sie die entgegengesetzten Kreise und Sigillen ziehen. Verlöschen Sie die Lichter und erklären Sie den Tempel für geschlossen.

Rituale im Freien

Bei warmem Wetter gibt es keinen Grund, warum Sie Ihre Rituale nicht im Freien durchführen sollten. Dennoch gibt es dabei einige Schwierigkeiten. Zuerst *müssen* Sie einen Platz finden, an dem Sie nicht gestört oder beobachtet werden können. Das ist wichtig für Ihren eigenen Geistesfrieden und Ihr Wohlbefinden. Ein abgelegener Garten, weit genug entfernt von Nachbarn, ein Stück Moor- oder Heideland, auf dem Wanderer, Scharen von Pfadfindern oder Manöversoldaten unwahrscheinlich sind, oder sogar der Gipfel eines kleinen Berges, sind geeignet. Sie können Ihren geheiligten Arbeitsplatz mit einer geweihten Kordel oder einem Seil abstecken und große Steine verwenden, um die Himmelsrichtungen anzuzeigen. Gebrauchen Sie Ihren gesunden Menschenverstand. Ein kabbalistisches oder ägyptisches Ritual wird besser in Räumen durchgeführt, aber griechische, nordische und keltische Rituale können sehr erfolgreich draußen zelebriert werden. Das gibt der Arbeit eine völlig neue Dimension, und jeder, der sich magischer Arbeit zuwendet, sollte es zumindest einmal tun.

Ein paar Worte der Warnung. Wenn Sie ein Feuer entzünden, dann sorgen Sie dafür, daß es sicher genug ist und Sie nicht gegen ein Gesetz verstoßen. Und nehmen Sie den Umstand, daß Sie im Freien sind, nicht als Entschuldigung, gleich eine ganze Flasche Wein zu leeren. Wenn Sie auf dem Heimweg ins Röhrchen blasen müssen, ist dies sicherlich nicht der richtige Weg, ein Ritual zu beenden. Zu guter Letzt: Denken Sie *immer* an die Möglichkeit, daß jemand unerwartet in Ihre Nähe kommen kann. Nehmen Sie einen Freund mit, der als Beobachtungsposten fungieren und Sie früh genug warnen kann. Wie gehen Sie mit einer solchen Situation tatsächlich um? Ihre Visualisationsfähigkeit muß gut entwickelt sein: Verhängen Sie Ihre Himmelsrichtungen mit einem goldenen Schleier und – außer Sie haben Ihre gesamte Tempeleinrichtung mitgebracht – es wird wenig geben, das Sie verraten könnte. Löschen Sie den Weihrauch und halten Sie die Himmelsrichtungen fest vor Ihrem inneren Auge, so als ob sie eingefroren wären. Lächeln Sie den Eindringlingen freundlich zu und, wenn möglich, beantworten Sie etwaige Fragen auf französisch! Mit etwas Glück werden sie bald weitergehen, und Sie können in Ihrem Ritual fortfahren.

Für den Notfall, *aber wirklich nur dann*, biete ich Ihnen meine eigene Lösung an. Fixieren Sie Ihre Himmelsrichtungen mit strengem Blick und sagen Sie bestimmt: »Ihr seid alle geschlossen!« Ich habe das nur ein einziges Mal gemacht und würde es nicht zum regelmäßigen Gebrauch empfehlen; aber es kann getan werden – wenn es Ihnen nichts ausmacht, für den Rest des Tages rasende Kopfschmerzen zu haben.

Invokation und Evokation

Invokation und Evokation sind beinahe, aber doch nicht ganz, das gleiche. Beide werden in der magischen Praxis verwendet. *Invozieren* Sie, um »herein- oder herabzurufen«, und *evozieren* Sie, um »hervorzurufen«. Wenn Sie die Himmelsrichtungen in einem Ritual besetzen, dann *invozieren* Sie, weil Sie höhere und größere Wesen, als Sie selbst es sind, auffordern, in den Tempel, der für sie vorbereitet wurde, zu kommen. Aber wenn Sie in einem Ritual daran arbeiten, etwas aus sich selbst hervorzubringen, wenn Sie zum Beispiel versuchen, etwas an sich zu verbessern, dann *evozieren* Sie Ihr höheres Selbst, um »hervorzukommen«. Paradoxerweise, wenn Sie eine Gottform invozieren, wird ihre

Anwesenheit ein Gegenstück, das von Ihrem inneren Selbst kommt, *evozieren*. Sehen Sie zu, daß Sie den Unterschied dieser zwei Arten von Rufen wirklich verstehen.

Die Verwendung des magischen Spiegels

Sie hatten jetzt genügend Zeit, um einen Spiegel für magische Arbeiten zu erstehen. Er sollte nicht zu groß sein, höchstens 45 cm lang. Eine ovale Form mit einem einfachen Rahmen ist am besten. Spiegel können zum Kristallsehen verwendet werden, zum Zurückgehen in die eigene Vergangenheit und zum Wahrsagen. Es gibt Leute, die können nicht erfolgreich mit Kristallkugeln arbeiten – ich bin eine von ihnen –, aber ich kann einen Spiegel oder eine Schale mit Wasser verwenden und tue es auch. Viele sind der Meinung, daß alle magischen Spiegel schwarz sein sollen. Das ist nicht wahr. Ein einfacher Spiegel, nur ein wenig aufbereitet, kann für magische Arbeiten ohne Schwierigkeiten verwendet werden. Als erstes kaufen Sie sich, oder stellen es sich selbst her, zwei Quadrate irgendeines schwarzen Materials. Eines davon sollte groß genug sein, um den Hintergrund abzudecken, wenn Sie in den Spiegel schauen. Ein großes Blatt schwarzes Zeichenpapier reicht völlig, wenn Sie es an der Wand befestigen können. Das zweite Stück sollte ungefähr 85 qcm groß sein, mit einem Loch in der Mitte, groß genug, daß Sie Ihr Gesicht – nicht aber den ganzen Kopf – durchstecken können und es wie angegossen paßt. Der Spiegel sollte ungefähr ein Meter von Ihnen entfernt aufgehängt oder befestigt werden. Ein kleines Nachtlicht oder eine Kerze sollte unterhalb Ihres Gesichtes stehen, um dieses zu beleuchten. Die schwarze Umgebung und der schwarze Hintergrund vermitteln den Eindruck, als würde Ihr Gesicht in einem schwarzen Nichts schweben.

Konzentrieren Sie sich jetzt auf Ihr Gesicht und richten Sie Ihre Augen auf die Augen ihres Spiegelbildes. Versuchen Sie, nicht zu zwinkern. Bald werden Ihre Augen außer Fokus geraten, und das Gesicht vor Ihnen wird sich verändern. Gesicht auf Gesicht wird sich ablösen, und Sie werden sehen, wie es sich von Mann zu Frau verändert, von einer Farbe zur anderen, von einer Rasse zur anderen und von Zeit zu Zeit. Gehen Sie die ersten paar Male nicht über fünf Minuten hinaus, und niemals über fünfzehn, gleichgültig wie groß die Versuchung sein mag. Anfangs werden Sie es eher unheimlich, ja sogar bestürzend finden. Wenn das eintritt, hören Sie sofort damit auf und lassen es für ein paar Tage ganz sein. Wenn man sich auf eine Person konzentriert, so ist es möglich, diese im Spiegel zu rufen; doch dies erfordert eine Menge Praxis. Es *muß* Ihnen klar sein, daß es die Person, die so beschworen wird, verstören kann, manchmal sogar mit gefährlichen Konsequenzen. Mit etwas Erfahrung ist diese Methode so erfolgreich wie die Benutzung einer Kristallkugel. Aber Vorsicht: Es kann zur Sucht werden!

Gruppenseele und Gruppengeist

Wir haben bisher noch nicht die Lehren über Gruppengeist und Gruppenseele berührt, aber Sie als arbeitender Magier müssen über dieses Gebiet etwas grundlegendes Wissen haben. Zum Wissen über Gruppengeister gehört auch das manchmal gefährliche Wissen um »künstliche Elementale«. Mit ihnen spielt man am besten nicht herum, aber es ist in Ihrem Interesse, zu verstehen, was sie sind und was sie tun können.

Gruppengeist und Gruppenseele werden von Novizen oft miteinander verwechselt, tatsächlich aber sind sie sehr verschieden in Struktur und Verwendung. Ein Gruppengeist ist das Ergebnis eines organisierten Gedankens von einer Gruppe hoch motivierter Leute, und hat seinen Ursprung in einem Thema, das den Beteiligten sehr viel bedeutet und das in ihnen tiefe Gefühle erweckt. Vergessen Sie nie, daß Emotion die Grundlage eines Gruppengeistes ist. Darin liegt seine Kraft – zum Guten oder zum Bösen.

Nehmen Sie als Beispiel eines Gruppengeistes die Besatzung eines Schiffes. Diese Männer können, und tun es auch, von dem Moment, in dem sie das Schiff für die Jungfernfahrt auf See bringen, einen Gruppengeist schaffen. Für einige Schiffe kann die Geburt seines »Elementals« sogar noch in der Schiffswerft stattfinden. Jeder Schiffsbauer wird Ihnen sagen, daß ein Schiff genau wie eine Person mit einem eigenen Geist »geboren« wird. Als die »Ark Royal« zum letzten Mal in den Hafen segelte, hatte jedermann an Bord Tränen in den Augen. Sie war ihnen allen ein Freund, nicht nur ein Haufen Metall, das in die Schrottwerft gehen sollte. Jeder Seemann spricht voll Liebe über sein Schiff, und er spricht von ihm als Frau. Der Steuermann wird einem Neuling erklären, daß »sie« nach links zieht, und er solle nicht zu ungeschickt sein, da »sie« das nicht möge. Das Schiff ist eine weibliche Person für Seeleute, jemand, der sie beschützt und sie in ihrem Schoß trägt. Als Antwort darauf lieben sie das Schiff; und das Schiff antwortet, indem es einen Gruppengeist aufbaut, etwas, das jeden Mann an Bord umfaßt, vom Kapitän bis zum letzten Rekruten.

Der moderne Ausdruck für ein solches Phänomen ist »Teamgeist«. Er bezeichnet eine Gruppe von Leuten mit einem einzigen emotional gefärbten Ziel im Auge. Normalerweise wird sich ein Gruppengeist auflösen, sobald die Gruppe, die ihn geformt hat, auseinandergeht. Aber sobald diese Gruppe wieder zusammentrifft, wird der Gruppengeist sehr rasch wieder da sein. Manchmal löst sich solch ein Gruppengeist nicht auf, sondern wird von der Gruppe entweder absichtlich am Leben erhalten, oder, weil so viel an Emotion hineingelegt wurde, daß der Gruppengeist beseelt wurde, kann das Ergebnis ein künstliches Elemental mit einem Eigenleben sein. Wenn seine Grundlage gut war, dann bleibt es als Erinnerung im Rassengedächtnis erhalten; war sie schlecht, dann kann es zu toben und zu wüten beginnen.

Wenn dies mit einer okkulten Gruppe, einer Mysterienschule oder einer religiösen Versammlung geschieht, so kann es manchmal sein, daß die Beseelung nur zum Teil von der Gruppe selbst kommt, der größere Teil aber von einer höheren Ebene. Kurz gesagt: der Gruppengeist wird vom Wesen eines Meisters oder Engelwesens beseelt. Wenn dies geschieht, sagen wir, daß die Gruppe oder Schule jetzt »Kontakt geschlossen hat«. Im Lauf der Zeit und wenn der Kanal für den beseelten Gruppengeist rein und treu zu den ursprünglichen Prinzipien gehalten wird, wird die Schule zu einem Kanal für neue Lehren, die der ganzen Welt übermittelt werden. Es hängt vom Potential der Schule ab. Die Idee vom Beseelen einer Gruppe ist in dem Ausspruch von Jesus enthalten: »Wo zwei oder drei sich in meinem Namen versammeln ...« Er dürfte gewußt haben, daß sogar eine solch kleine Gruppe – vorausgesetzt ist tiefer Glaube, verbunden mit Liebe zum Meister und Lehrer – ausreicht, um einen Gruppengeist entstehen zu lassen, den er dann mit seinem eigenen göttlichen Wesen hätte beseelen können. Würde dies getan, so wäre der Kontakt auf den inneren Ebenen mit seiner Herde viel einfacher.

Jeder tiefe Glaube, der von der Gefühlsenergie einer ergebenen Gruppe auf höhere Geistebenen gehoben wird, wird einen Gruppengeist schaffen, und dieser wird schon von seiner Natur her Zugang zu den höheren inneren Ebenen haben.

Genauso wie zum Guten kann ein Gruppengeist auch auf sehr beängstigende Weise zum Schlechten arbeiten. Es ist zu unserer Schande eine Tatsache, daß die Menschheit viel schneller einen Gruppengeist zum Bösen als zum Guten schaffen kann. Denken Sie an einen Lynchmob, und Sie haben ein gutes Beispiel. Denken Sie an die hirnlose Gewalt einer aufgebrachten Fußballmenge, und Sie haben ein anderes. Das Schlimmste daran ist, daß Sie nicht einmal selbst gewalttätig sein müssen, um von einem solchen Mob mitgerissen zu werden. Es ist nahezu unmöglich, der Macht eines Gruppengeistes, der besessen ist von Zerstörung, zu widerstehen. Sie haben sicher viele Male Leute sagen hören, daß sie es nicht verstehen könnten; ihr Sohn wäre doch außerstande, jemandem ein Leid zufügen . . ., aber er hat es doch getan. Diese Leute haben sogar halb recht, Ihr Junge mag sehr wohl eine ordentliche Person sein, aber in den Geist des Mobs hineingezogen, war er hilflos.

Wirklicher Experte auf diesem Gebiet ist der Ku-Klux-Klan, der den Haß mit Worten von scheinbar patriotischem Eifer, mit Musik, Paraden und seltsamen Kostümen anstachelt. Mit hochgehaltenen brennenden Kreuzen durch die Nacht zu reiten, kann den Gruppengeist innerhalb von Minuten hochpeitschen. Aber sie sind nicht die einzigen. Solche Dinge können überall und in jeder Rasse geschehen und tun es auch. Meist werden sie von Experten angezettelt, die dafür bezahlt werden, die Gesetze der Massenpsychologie anzuwenden und für ihre eigenen Zwecke zu gebrauchen. Sie brauchen nur den Anfang zu machen; der Gruppengeist wird den Rest erledigen. Wenn er einmal wachgerufen ist, übernimmt er das Kommando. Er ernährt sich buchstäblich von der Gewalt, die weiter zunimmt und zurück zum Mob geht, ein grauenhafter Kreislauf mit Zerstörung und sogar Tod in seinem Gefolge.

Wenn sich der Mob zerstreut, verschwindet der Gruppengeist sehr rasch, denn er ernährt sich von menschlicher Energie. Dann kehrt der Verstand zurück, und mit ihm Reue und Selbstverachtung. Die Tragödie ist nur, daß, wenn solch ein Gruppengeist einmal geschaffen wurde, es wenig Mühe erfordert, ihn mit denselben Leuten wieder wachzurufen. Hitler war den Herren des Dunklen Antlitzes ergeben. Er wußte um die Macht des Gruppengeistes und gebrauchte ihn gut. Seine öffentlichen Reden waren entworfen, um Furcht, Wut und schließlich beißenden Haß zu erwecken, den er dann gegen jene, die er zerstören wollte, lenken konnte.

Was auch immer für ein Grund dahinter steckt – die Zutaten, die verwendet werden, um einen Gruppengeist zu bilden, sind immer die gleichen: Gefühl und Energie. Dies ist eine gute Lektion über das Grundprinzip, daß es so etwas wie Schwarze oder Weiße Magie nicht gibt, sondern nur reine Kraft und Energie. Es sind die Menschen, die die Kraft färben. Wenn eine Gruppe aufrichtig einen höheren Zweck für ihre Energien sucht, können die Ergebnisse genauso spektakulär sein wie die von Gruppen, die Zerstörung suchen. Furcht und ein verzweifeltes Bedürfnis nach Hoffnung und Trost schufen solche Phänomene wie die Engel von Mon im Ersten Weltkrieg. Stolz auf sich selbst, ihr Land und ihren König, führte die Engländer zu einem überwältigenden Sieg in Agincourt. Die Krönung eines neuen Monarchen wird einen Gruppengeist von großartiger Majestät schaffen, der bei weitem alles übersteigt, was auf der physischen Ebene gesehen werden kann.

Jede Art von Gruppe kann einen Gruppengeist schaffen, vom Gemeinderat bis zu Damenkränzchen, von der Eröffnungszeremonie der Olympischen Spiele bis zu jenen, die sich über lange bestehenden religiösen Häusern und Kathedralen bilden. Der Mensch hat immer um ihre Existenz gewußt, und sie werden uns in Form von Legenden über geflügelte Pferde und Schutzengel überliefert. Die Cherubim verkörpern das Höchste, das solche Dinge erreichen können; sie werden dann zum Eigentum nicht nur einer Gruppe, sondern der gesamten Menschheit. Sie sind zu Synonymen der vier Evangelisten geworden, einer »Gruppe« mit mehr als den gewöhnlichen Fähigkeiten, einen Gruppengeist zu schaffen.

Oft lebt ein Gruppengeist nur kurze Zeit und gehört in die Kategorie von Bürofeiern, Theaterpremieren, Wiedervereinigung alter Kameraden. Aber wenn er zum Brennpunkt von fortgesetzten Gedanken und Gefühlen einer ganzen Rasse wird, kann er zu etwas Dauerhaftem und Unverrückbarem werden. Gruppengeister sind die nationalen Archetypen John Bull, Uncle Sam, Marianne von Frankreich usw. Manchmal haben sie eine Doppelform, wobei die zweite eine Totemform annehmen kann, wie der amerikanische Adler, der britische Löwe oder der russische Bär. Sie sind vom Stolz auf Rasse und Volk geschaffen und wurden seit vielen Jahrhunderten invoziert, so daß sie jetzt Teil des Volkes selbst geworden sind und nie ausgelöscht werden können.

Manchmal im Zusammenhang mit einer Mysterienschule werden Sie vom Gruppengeist auch als Egregorium hören. Das ist die hoch entwickelte Form eines Gruppengeistes, der absichtlich von den Brüdern eines Ordens oder einer Schule über viele Jahre hinweg aufgebaut wurde. Er vereinigt Liebe, Prinzipien, Ergebenheit und ist der Hüter jener Schule *wie von jedem einzelnen ihrer Mitglieder.*

Was können Sie tun, wenn Sie jemals in den Gruppengeist eines Mobs verwickelt werden? *Versuchen Sie nicht, dagegen anzukämpfen;* eine Einzelperson kann das nicht machen; Sie bräuchten eine ganze Gruppe von hochausgebildeten Leuten, um das tun zu können, und sogar diese würden möglicherweise nicht gewinnen. Finden Sie einen Platz abseits der ärgsten Schwierigkeiten und umgeben Sie sich mit einer Aura von blauem Licht. Sehen Sie zu, daß Sie so schnell wie möglich davonkommen. Versuchen Sie, eine Kirche, Kapelle oder ein Gebäude der Heilsarmee zu erreichen, eine Atmosphäre, die rein ist und von Menschen, die nach dem Höchsten in sich selbst streben, geheiligt wurde. Bauen Sie einen Archetypus wie den Hl. Georg oder den Hl. Michael auf oder

Athene/Horus, irgendeinen der Schutzgottheiten. Sobald es möglich ist, gehen Sie nach Hause und nehmen ein Bad mit einer guten Handvoll Meeressalz. Das wird nicht nur Ihren Körper reinigen, sondern auch Ihre Aura von allem befreien, das sie beschmutzen könnte. *Gehen Sie nicht in Ihren Tempel, bevor das nicht getan ist.* Wenn Sie nicht aus dem Gebiet hinauskönnen, suchen Sie sich einen geschützten Fleck und beschäftigen Sie Ihren Geist mit dem trivialsten Unsinn, den Sie sich nur ausdenken können. Kinderreime sind am besten. Wiederholen Sie sie unentwegt, so daß Ihr Geist nicht in den Malstrom der Gefühle um Sie herum gezogen wird.

Es gibt sehr wenige Bücher über die okkulte Seite des Gruppengeistes, aber eine Reihe über Massenpsychologie und Verhaltenspsychologie. W. McDouglas *The Group Mind*, W. Trotters *Psychology and the Herd in Peace and War* und das von C. G. Jung und Marie Luise v. Franz herausgegebene *Der Mensch und seine Symbole* sind die besten. C. Leadbeaters Buch »Science and the Sacraments« ist vergriffen, aber vielleicht können Sie es bekommen. Wenden wir uns nun der Gruppenseele zu; Sie werden sehen, daß dies eine völlig andere Sache ist.

Die Struktur einer Gruppenseele

Eine Gruppenseele besteht aus Astralstoff, aus dem sich durch Erfahrung und den Ansprüchen des Organismus, den er repräsentiert, ein individueller Seinszustand entwickelt. Das klingt kompliziert, kann aber vereinfacht werden. Zu Beginn seiner Evolution war der Mensch noch kein Individuum; er existierte als eine »Ganzheit«, als ein Stamm. Er konnte von sich als »Wir« denken, aber nicht als »Ich bin«. Ohne Eigenidentität war er wenig mehr als ein wildes Tier. Das Leben war kurz und die Wiedergeburt rasch. Aber jedes kleinste Stück Erfahrung ging zurück in den Seelenteich, denn der Mensch teilte in jenen prähistorischen Tagen seine Seele; es gab nur eine Stammesseele. In diese Gemeinschaftsseele wurde jede Erfahrung gesteckt und geteilt. Jedesmal, wenn ein Mensch einen Schritt vorwärts machte und etwas Neues erfand oder etwas auf neue und bessere Art durchführte, gingen nach seinem Tod sein Wissen und seine Erfahrung in die Stammesseele ein, und die Erfahrung wurde geteilt. Im Lauf der Zeit wurden die Menschen zu Individuen mit individuellen Seelen, aber tief unten, in einer Schicht, die nun für immer begraben ist, gibt es einen Teil der Menschheit und *allen Lebens*, der eine vereinte Gruppenseele teilt. Diese primitive Lebensseele kann unter bestimmten Umständen angezapft werden.

In den Frühtagen des Lebens auf der Erde versorgte eine große Seele die Gesamtheit all der vielen Lebensformen; später jedoch begannen einzelne Gattungen, den Astralstoff mit deutlichen und abgegrenzten Mustern zu prägen. Dem göttlichen Plan folgend, entwickelte jede Lebensform sehr langsam ihre eigene Gruppenseele. Von hier aus begann die menschliche Gruppenseele sich weiterzuentwickeln und entfaltete eine Seele für jede einzelne Person. Die jüngeren Lebensformen jedoch teilten weiterhin eine Seele. Wir können das Symbol eines Baumes verwenden, um zu zeigen, daß, obwohl jede Spezies ihre eigene Gruppenseele hat, sie das Einssein des Lebens mit allem auf diesem Planeten teilt (siehe Abb. 30).

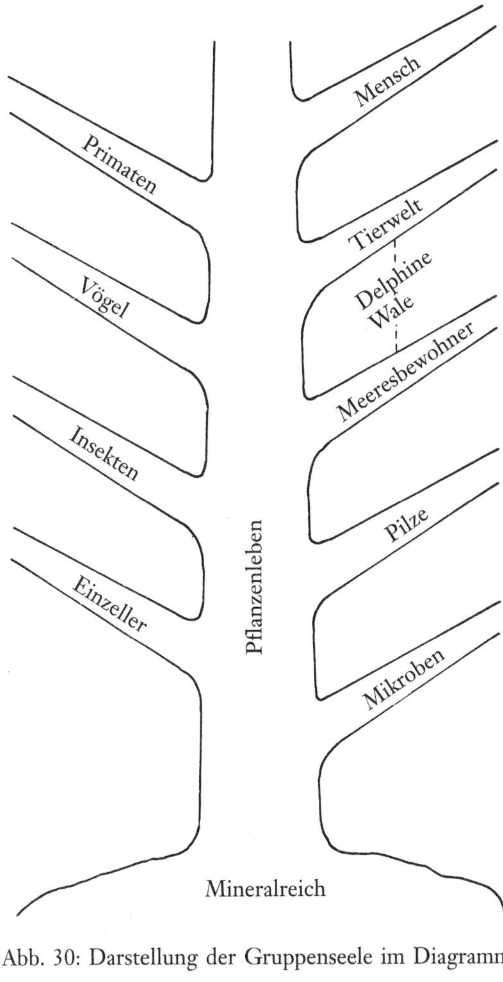

Abb. 30: Darstellung der Gruppenseele im Diagramm

Mit dem Wachstum jeder einzelnen Gruppenseele entwickelte sich eine archetypische Form auf den höheren astralen und mentalen Ebenen. Dies führte zur Schaffung eines großen Musters für jede Spezies. So wie der Mensch den Archetypen des Adam Kadom, des Gottmenschen, hat, so gibt es einen Großen Hund, eine Große Katze, ein Großes Pferd. Jede Lebensform hat ihr eigenes Muster, ihre Gruppenseele, zu der die Mehrheit nach ihrem Tod zurückkehrt. Jede Rückkehr bereichert das große Muster oder den Archetypen mit der Erfahrung, die das einzelne Tier, sei es Vogel, Fisch oder was auch immer, gemacht hat. Wenn daher das Leben gekennzeichnet war durch Entbehrung, Hunger und schlechter Behandlung, wird die Gruppenseele dies aufnehmen; und neue Tiere werden geboren mit angeborenem Mißtrauen gegenüber Menschen und anderen Raubwesen. Das erklärt auch, warum junge Vögel auf ihrem ersten Flug nach Süden den Weg »kennen«, obwohl die älteren Vögel später starten. Die Flugroute ist ihnen als Teil einer ererbten Erinnerung angeboren.

Wenn Tiere ihr Leben jedoch mit Wesen, die ihre Rolle als erklärte Initiatoren eines Tierkönigreiches verstanden haben, verbracht haben, wenn ihnen Liebe, Verständnis und die Freiheit, sie selbst zu sein, gegeben wurde, dann bringt das Wesen dieses Tieres nach seinem Tod einen enormen Beitrag zur Gruppenseele seiner Spezies mit. Auf diese Weise wurden Hunde zu Freunden des Menschen, obwohl Menschen den Namen »Freund eines Tieres« oft nicht verdienen.

Manchmal wird einem Tier so viel Verständnis entgegengebracht, daß es dazu neigen wird, in die gleiche Umgebung zurückzukehren. Man hört Leute oft sagen, wie sehr ihr gegenwärtiges Tier im Verhalten ihrer früheren Katze oder ihrem Hund gleicht. Manchmal wird das Wesen eines Tieres eine Folge von solchen Leben haben, und dann wird etwas mit diesem Wesen geschehen. Es individualisiert sich aus der Gruppenseele heraus und wird zu einem eigenen Muster. Bei seinem Tod kehrt es zu seiner Gruppenseele zurück, um seine Erfahrung weiterzugeben, doch dann wendet es sich seinem neuen Muster zu und einem anderen Leben *auf einer höheren Stufe*; oder aber es wird auf die Ankunft der Person(en) warten, die ihm geholfen hat (haben), seine neue Individualisation zu erreichen. Und es wird versuchen, diese Seele zu begleiten, um mehr von ihrer gegenseitigen Kameradschaft zu lernen. Manchmal werden sie in Umstände inkarnieren, die sie wieder zusammenbringen. Das Wesen eines solchen Tieres wird schließlich nach vielen Leben als menschliches Wesen auf einer niedrigen Lebensstufe oder in einem sehr kurzen Leben inkarnieren, um die neue Erfahrung einer persönlichen Seele machen zu können.

Orthodoxe Religionen lehren, daß nur der Mensch eine Seele hat und auf »ein Leben nach dem Tode« hoffen kann. Mir scheint das ein Hohn auf »Gottes Liebe« zu sein, daß ein Tier um der Wissenschaft willen zu Tode gequält werden kann und ihm dann die gerechte Belohnung verweigert wird.

Das soll jetzt nicht bedeuten, daß sich ein Tier seine persönliche Seele nicht verdienen soll. Das soll es. Aber im Unterschied zum Menschen ist das Tier noch nicht von dem Weg, der für seine Spezies am Anfang gelegt wurde, abgewichen. Tiere mögen in der Wildnis gefährlich sein, aber sie folgen einem ihnen bestimmten Lebensweg. Die Menschheit vergißt zu oft, daß ihr Leben mit dem aller anderen Lebensformen auf diesem Planeten verflochten ist. Wenn man eine zerstört, werden unweigerlich der Reihe nach alle anderen zerstört werden. Als Oberherr über diesen Planeten wird der Mensch eines Tages über die Art, wie er ihn verwaltet hat, Rechenschaft ablegen müssen. Die »jüngeren Brüder« sind Mitreisende auf der Straße der Evolution. Denken Sie daran, daß jede Gruppenseele einen Kern besitzt, einen göttlichen Lebensfunken, von Gott gegeben, der es zu einem heiligen Geschöpf macht, das genauso Teil des Großen Göttlichen Planes ist wie der Mensch, sogar noch mehr, da es seinen Platz in diesem Plan noch nicht verlassen hat.

Das keltische Sommerritual

Wir kommen zu den jahreszeitlichen Ritualen für den Sommer. Sie sollten jetzt bereits in der Lage sein, Ihre eigenen Rituale zu schreiben. Daher werde ich Ihnen von nun an nur zwei Beispiele geben. Das erste ist in der Wahl der Gottformen keltisch, aber es verdankt auch viel der oft verrufenen Tradition des Hexenkultes, die jedoch reich an Symbolen ist. Obwohl es auch im Tempel durchgeführt werden kann, habe ich es in erster Linie als ein Ritual im Freien geschrieben! Sie werden nur wenige der üblichen »Zutaten« benötigen.

Sommer ist eine Zeit des Wohlbefindens, des sich Freuens über das wachsende Getreide, des sich Entspannens in der Wärme der Sommersonne. Alle diese Dinge sollten sich in Ihrem Ritual widerspiegeln, da ein Ritual in vielerlei Hinicht ein Spiegel des Lebens ist. Daher ist diese Zeremonie zum reinen Vergnügen. Sie beinhaltet nichts von der Dringlichkeit der Rückkehr des Frühlings oder der Dankbarkeit des Herbstes für die Ernte, und auch nichts von der Notwendigkeit des Schutzes gegen die Dunkelheit des Winters. Sommer ist da für das Leben, die Liebe und das Lachen.

Da Sie im Freien sein werden, tragen Sie etwas Sommerliches und frisch Gewaschenes. Wählen Sie einen Ort, an dem Sie, wenn möglich, barfuß gehen können. Sie werden ein langes Seil oder einen dicken Strick brauchen, eine Flasche Met oder echtes Ale, hausgebackenes Brot, Kuchen, Käse und Früchte, einen großen altmodischen Korb (keinen aus Plastik), der den Hexenkessel ersetzen wird; ein Gefäß, woraus Sie den Wein trinken. Tonkelche sind hübsch für diese Art von Ritual. Blumenkränze für die Frauen, Efeu für die Männer. Das ist ein Ritus, den Sie mit Freunden teilen sollten. Sie werden auch noch eine kleine Tasche mit Getreide und etwas Honig brauchen.

Wo auch immer Ihr erwählter Platz ist – zumindest die letzten paar hundert Meter sollten Sie zu Fuß zurücklegen. Das Ritual ist der erste Punkt auf der Tagesordnung. Es wird wahrscheinlich, sehr trocken sein und daher zu riskant, ein Feuer zu machen. Sehen Sie sich lieber nach etwas um, das Sie als Altar verwenden können, einen Stein oder Baumstrunk. Wenn Sie nichts dergleichen finden können, legen Sie ein weißes Tuch in die Mitte Ihres Arbeitsplatzes und stellen Sie alles darauf, was Sie für das Ritual brauchen. Nehmen Sie Ihr Seil und binden Sie die beiden Enden zusammen. Dann sollen die vier Leute, die als Offiziere fungieren werden, das Seil aufnehmen, zu einem Quadrat formen und es auf den Boden legen. Der Magus tritt in die Einfriedung, nimmt einige Getreidekörner und geht nach Osten. Er wirft ein paar Körner auf den Boden außerhalb des Kreises.

MAGUS:

Cernnunos, Cernnunos, Cernnunos, heiliger Hirsch der gesegneten Inseln, höre meinen Ruf. Komm hervor aus Deinem tiefen Wald, laß die Hirschkuh und das Kitz zurück und komm zu uns, die wir Dich rufen. Wache über unseren Sommerritus und freue Dich mit uns. Wir werden uns an die alten Wege und an die alten Götter erinnern. Nimm die Wache des Ostens auf und nimm unser Opfer an.

[*Wirft einige weitere Getreidekörner auf den Boden, wendet sich um und blickt nach innen.*]

Der Osten ist geschützt.

[*Der Offizier des Südens nimmt den Honig und geht in seine Himmelsrichtung, dort schüttet er den Honig auf den Boden außerhalb des Kreises.*]

SÜDEN

Artus, Artus, Artus, Bärenwächter der Inseln des Westens; seit alten Zeiten wirst Du verehrt, und Gaben werden Dir dargebracht. Wir sind gekommen, um die Alten wieder zum Leben zu bringen. Verlasse Deine

Höhle, verlasse Deinen Fluß, komm zu uns, die wir Dich rufen. Wach über unseren Sommerritus und freue Dich mit uns. Nimm auf die Wache des Südens und nimm unser Opfer an.

[*Gießt ein wenig mehr von dem Honig aus, wendet sich um und blickt nach innen.*]

Der Süden ist geschützt.

[*Der Offizier des Westens nimmt einige Körner auf, geht nach Westen und wirft ein paar auf den Boden.*]

WESTEN

Epona, Epona, Epona, weiße Stute der westlichen Hügel, verlasse das süße Gras des Cwm (sprich aus: kuum) und komm zu uns, die wir Dich rufen. Zu lange bist Du aus unserem Leben gewesen. Schließe Dich uns an in diesem Sommerritus. Nimm auf die Wache des Westens und nimm unser Opfer an.

[*Wirft einige weitere Körner auf den Boden und blickt dann nach innen.*]

Der Westen ist geschützt.

[*Der Offizier des Nordens nimmt etwas Getreide auf, geht nach Norden und wirft es auf den Boden.*]

NORDEN

Mona, Mona, Mona, heilige Kuh der dunklen Insel, älteste von unseren Göttern, höre uns, die wir Dich rufen. Komm herab von Deinem schattigen, felsigen Hügel und schließe Dich uns an in diesem Sommerritus. Komm und höre die alten Worte der Verehrung, nimm auf die Wache des Nordens und nimm unser Opfer an.

[*Wirft etwas mehr Getreide auf die Erde und blickt nach innen.*]

Der Norden ist geschützt.

[*Der Osten geht zu der Stelle, wo das Seil verknotet ist, und löst den Knoten. Wenn andere mit Ihnen sind, dann können Sie jetzt den Kreis genau an dieser Stelle, aber an keiner anderen, betreten. Jeder, der den Kreis betritt, bekommt einen Tropfen Honig auf die Zunge. Alle versammeln sich jetzt in der Mitte, halten sich an den Händen und beginnen einen Kreistanz, drei Schritte nach rechts, zwei Schritte nach links, dann wieder drei Schritte nach rechts und zwei nach links. Wiederholen Sie das, so oft Sie wollen. Es ist nett, Musik dabei zu haben. Englische Madrigale oder Rundtänze sind am besten. Shakespeares vertonte Lieder sind äußerst passend, besonders das liebliche »Summer is a-coming in«. Wenn Sie das Gefühl haben, genug getanzt zu haben, setzen sich alle hin mit dem Korb in ihrer Mitte. Nehmen Sie Ihre Blumen- und Efeukränze ab und legen Sie sie vor sich hin. Das Essen, das Sie aus dem Korb nehmen, wird in die Mitte des Kreises aus Pflanzen gelegt. Der Magus – oder, wie er in dieser Art von*

Ritual genannt werden sollte: »Herr« – und seine »Herrin« stehen und halten den Korb zwischen sich.]

ALLE

Gesegnet sei die Nahrung in dem Kessel, gesegnet sei der Wein im Faß, gesegnet die, die uns mit Liebe und Schutz umgeben, gesegnet seien der Herr und die Herrin, die uns dienen.

HERR UND HERRIN

Gesegnet seien die Großen, die hier mit uns sind, gesegnet alle jene, die mit uns sind, gesegnet sei das Leben um uns, gesegnet das Leben in uns. [*Der Herr reicht allen die Nahrung, und die Herrin den Wein. Zusätzlich sollten Sie extra Wein und Getreidekörner bei sich haben. Wenn der Segen gesprochen ist, streuen Sie die Getreidekörner auf den Kreis und gießen den Wein aus.*]

Wenn das Sommerfest vorüber ist, sammeln Sie alles ein, so daß kein Abfall liegen bleibt, der die Landschaft verunstaltet. Lassen Sie die Kränze auf der Erde liegen und verwenden Sie den Kreis aus Seil und Blumen als Tanzkreis. Soweit das möglich ist, sollte jeder an dem Tanz teilnehmen, entweder durch Singen, Tanzen oder Spielen. Lassen Sie das Gefühl des Sommers in sich eindringen. Wenn Sie finden, der richtige Zeitpunkt sei gekommen, rufen Sie alle im Kreis zusammen. Stehen Sie eine Weile schweigend da, segnen Sie das Leben um sich herum und teilen Sie Ihre innere Freude, Glück und Zufriedenheit mit diesem Leben.

HERR

Lasset uns nun unseren alten Göttern unser Lebewohl entbieten.

[*Geht nach Osten.*]

Gesegnet seist Du, großer Cernnunos, stolzer Hirsch dieser hellen Insel von Grammerye. Geh in Frieden an Deinen eigenen Ort, aber wisse, daß wir Dich voll Liebe in unserem Herzen behalten; und solange wir leben, wirst Du geehrt werden und als Herr des Waldes anerkannt sein.

[*Die Herrin geht nach Westen.*]

HERRIN

Schnellfüßige Epona, Stute der westlichen Hügel, geh in Frieden an Deinen Ort zurück, nimm mit unsere Liebe und unseren Segen. Du bist unserer Rasse teuer. Wir werden Dich ehren, solange unser Leben dauert.

[*Der Herr geht nach Süden.*]

HERR:

Artus, Herr der Briten, gesegnet sei Dein Name. Kehre in Frieden an Deinen eigenen Ort zurück. Wir werden Dir immer unsere Liebe bieten; behüte uns, sei mit uns in all unseren Sorgen. Teile Deine Stärke mit uns und sei in diesem Land für alle Zeiten verehrt.

[*Die Herrin geht nach Norden.*]

HERRIN:

Mona, Du von der dunklen Insel, höre mich, wenn ich meinen Segen über Dich spreche. Von allen Göttern bist Du die älteste. Erfülle das Land mit Fruchtbarkeit, so wie Du es all die Jahrhunderte getan hast. Segne alle hier Versammelten und empfange unsere Verehrung für Deine Größe.

Alle geben sich die Hände und verharren schweigend. Hängen Sie dann die Blumenkränze an die umliegenden Bäume und bereiten Sie sich vor, den Ort zu verlassen. Gehen Sie leise singend im Gänsemarsch weg, und wenn Sie im Dämmerlicht nach Hause gehen, denken Sie an die alten Götter, die Sie zurücklassen.

Das mag Ihnen für ein Ritual zu einfach erscheinen, aber Sie werden finden, daß es wirkungsvoller ist als manch ein Tempelritual mit Kerzen, Weihrauch und Roben. Einfachheit ist das Schlüsselwort, wenn es um Wirksamkeit geht. Sie werden einen Augenblick völligen Einsseins mit den verlorenen Göttern Britanniens erfahren, und das ist um so vieles mehr wert als die glanzvolleren Rituale.

Das griechische Ritual des Sommers

Wir kommen jetzt zum griechischen Sommerritual, das etwas formeller ist. Es wurde für zwei Personen geschrieben, die Hermes und Flora, die Blumengöttin, repräsentieren. Die weißen Roben, die Sie für das ägyptische Ritual getragen haben, werden ohne die Kragen sehr gut zu verwenden sein. Ergänzen Sie die Robe mit einer Blumenkrone und einem silbernen Gürtel für Flora. Für Hermes werden Sie ein Paar Flügel brauchen, die Sie aus Pappe ausschneiden, mit Alufolie bekleben und mit einem angehefteten Gummiband um den Hals tragen. Wenn Sie wollen, können Sie sich auch einen Caduceus anfertigen (siehe Abb. 31). Nehmen Sie einen Holzstock und schneiden Sie, wie oben, ein Paar Flügel aus. An die Spitze stecken Sie einen Kiefernzapfen. Für die Schlangen verwenden Sie Modellierwachs; oder aber Sie können sie

Abb. 31: Der Caduceus für den griechischen Frühjahrsritus

Holzstock mit aufgestecktem Kiefernzapfen. Flügel aus Pappe, mit Alufolie überzogen. Schlangen aus Modellierwachs, mit Silberfarbe besprüht.

fertig aus Plastik in einem Laden kaufen. Befestigen Sie sie mit einem guten Kleber und sprühen Sie das Ganze silbern.

Sommerfarben sind Rosa, Grün, Gold und Blau. Stellen Sie den Altar vor den Säulen auf und die kleineren Tischchen vor jede Himmelsrichtung. Stellen Sie auf jedes einen kleinen Becher Wein und ein Stück Brot oder Honigkuchen. Zusätzlich sollte im Süden ein Weihrauchkessel mit glimmender Holzkohle, aber ohne Weihrauch darin stehen, im Westen ein Blumentopf, im Norden eine leere Vase mit Wasser und schließlich im Osten ein kleiner Spiegel. Flora trägt einen kleinen Korb mit etwas Räuschermischung, einer Flasche Wasser und einigen verschiedenen Blumen. Alle Altäre sollten Altarlampen haben. Flora wartet an der Tür, während Hermes den Tempel eröffnet. Er blickt nach Osten und zieht mit dem Caduceus das Unendlichkeitszeichen ∞.

Hermes

Im Namen des Allvaters Zeus, Herr des Olymp, eröffne ich diesen Tempel. Gewähre mir, Deinem Sohn, dem Götterboten, die Kraft, die Tore des Sommers zu öffnen und die Erde mit Wärme zu überfluten.

[*Er geht nach Süden und macht das Zeichen.*]

Im Namen Apollos, meines Bruders, eröffne ich diesen Tempel. Gewähre mir, Deinem Bruder, die Kraft der Sonne, um das Korn reifen zu lassen.

[*Geht nach Westen und macht das Zeichen.*]

Im Namen Poseidons, Bruder meines Vaters, eröffne ich diesen Tempel. Gewähre mir, Deinem Neffen, die Kraft der Ozeane, auf daß ich die Menschheit mit seinen Früchten nähren kann.

[*Geht nach Norden und macht das Zeichen.*]

Im Namen von Hades, Bruder meines Vaters, eröffne ich diesen Tempel.

Gewähre mir, Deinem Neffen, die Kraft des Erdinneren, auf daß ich der Menschheit seine Reichtümer schenken kann.
[*Geht zu Flora, nimmt sie an den Händen und führt sie in einem Kreis rund um den Tempel, dann nach Osten.*]

FLORA
Schnellfüßiger Hermes, Du hast mich gerufen, und ich bin hier. Was möchtest Du von meiner Kraft?

HERMES
Göttin des Sommers, teile mit mir und der Erde das Geschenk der Wärme und des süßen Duftes. Komm mit mir zum Tor des Südens und segne es mit Deiner Anwesenheit.
[*Führt sie nach Süden, wo sie etwas Weihrauch auf die Holzkohle gibt.*]

FLORA
Ich segne dieses Portal mit süßem Duft und Wärme. Lichter Apollo, teile mit mir und Deinem Bruder den Wein und das Brot der Sonne.
[*Hermes bricht das Brot und teilt es mit ihr, ebenso den Wein. Dann führt er sie nach Westen.*]

HERMES
Süße Flora, gieß Deine Liebe aus über das Leben dieser Erde, segne das Tor des Westens mit der Feuchtigkeit Deines Atems.
[*Sie gießt Wasser auf die Pflanze.*]

FLORA
Ich segne dieses Portal mit Feuchtigkeit. Großer Poseidon, teile mit mir und Deinem Neffen den Wein und das Brot des Westens.
[*Hermes teilt Brot und Wein mit ihr wie zuvor. Dann führt er sie nach Norden.*]

HERMES
Gesegnete Flora, gewähre der Erde die Farben Deiner Schönheit; bedekke sie mit Lieblichkeit und erhelle die Herzen der Menschheit.
[*Sie stellt Blumen in die Vase.*]

FLORA
Ich schenke der Erde meine Farben. Lasset den Sommer als Königin regieren. Dunkelhaariger Hades, öffne die Reichtümer der Erde und teile sie mit allen Menschen. Teile mit uns auch Brot und Wein des Nordens.
[*Brot und Wein werden geteilt wie zuvor, und Hermes führt Flora nach Osten.*]

Hermes

Leichtfüßige Flora, goldenhäutige Göttin des Sommers, laß uns gemeinsam den Himmelsvater preisen und um seinen Segen für diese Erde bitten.

[*Sie geben sich die Hände und heben ihre Arme.*]

Beide

Großer Zeus, wir preisen Dich und alles, was vor Dir war. Wir bitten um den Sommersegen für das Antlitz dieser Erde.

[*Stehen einige Minuten schweigend da.*]

Hermes

Tochter des Zeus, hast Du kein Geschenk für das Tor des Ostens?

Flora

Dem Osten gebe ich mich selbst, auf daß ich eins sein möge mit der Erde und allem Leben auf ihr. Süßer Bruder, empfange meinen Kuß als Geschenk für den Osten.

[*Sie küssen sich und teilen Brot und Wein. Ihre Blumenkrone wird als Opfergabe auf den Altar gelegt. Dann umkreisen sie den Tempel, Hermes im Uhrzeigersinn und Flora gegen den Uhrzeigersinn. Sie begegnen sich im Westen und gehen weiter, zurück zum Osten. Flora stellt sich in der Mitte des Tempels auf, und Hermes schließt den Tempel.*]

Hermes:

Mit der Kraft meines Vaters Zeus schließe ich den Tempel. Dein, Du Großer, sei unser Dank und unser Segen.

[*Geht nachSüden.*]

Mit der Kraft der Sonne und meines Bruders Apollo schließe ich den Tempel. Dein sei unser Dank und Segen.

[*Geht nach Norden.*]

Mit der Kraft des Erdinneren und meines Onkels Hades schließe ich diesen Tempel. Dein sei unser Dank und Segen.

[*Hermes geht zurück nach Osten, dann in die Mitte. Er und Flora küssen sich. Gemeinsam löschen sie die Kerzen aus.*]

Leseliste

Brennan, J. H.: *Astral Doorways* (Aquarian Press, 1980)
Stewart, R. J.: *The Underworld Litiation* (Aquarian Press, 1985)

Der achte Monat

Zugang zu den tieferen Schichten

Beginn: ______________ Ende: ______________

Astrale Torwege

Das Buch *Astral Doorways* von J. H. Brennan verursachte unter Okkultisten einen ziemlichen Aufruhr, als es zuerst erschien, hauptsächlich weil es dem Leser zum ersten Mal echte praktische Arbeit vorstellte. Es ist eines der besten sachlichen Bücher zu diesem Thema, und ganz gleichgültig, was Bestsellerautoren oder Randjournalisten Sie glauben machen möchten – der Weg der Magie ist ein sehr nüchterner und sachlicher.

Wenn Sie das Buch, wie im letzten Kapitel verlangt, gelesen haben, sollten Sie ein einigermaßen gutes Verständnis davon haben, was mit dem Begriff »astral« gemeint ist. Das erste Kapitel allein ist so viel wert wie zehn der »spirituelleren« Bücher zu diesem Thema. Viele Leute glauben, daß das Astralreich ein *Ort* sei, ein exotischer Platz wie New York, Khartum oder Basingstoke. Es ist ein Ort – und auch nicht. Es ist ein Ort für Lebewesen, deren Existenz auf jener Ebene ist. Es ist kein Ort für Lebewesen wie wir, die auf einer anderen Wahrnehmungsebene leben. Für sie sind *wir* Gespenster, und für uns sind *sie* nebulose Traumfiguren.

Wenn Sie Ihre Imagination nicht einsetzen können, bleibt die Astralebene für Sie verschlossen, weil das der einzige Torweg in das Land jenseits der Regenbogenbrücke ist. Leider beginnen wir unsere imaginären Gaben zu verlieren, so wie wir so viele andere Talente verloren haben. Der Mörder ist das gedruckte Wort; die Schriftsymbole haben die Vorherrschaft übernommen, und wir akzeptieren sie nach und nach anstelle der Bilder in unserem Geist. Imagination, Gefühl und Energie sind die wesentlichen Talente, die ein Magier braucht, um auf dem Weg der Hohen Magie erfolgreich zu sein. Ohne diese Gaben sind Sie besser daran, wenn Sie die Träume aus zweiter Hand verwenden, die Ihnen das Fernsehen bietet.

Einige der Techniken in »Astral Doorways« sind gefährlich, weshalb Sie dieses Buch auch erst nach einigen Monaten harter Arbeit verwenden. Diese Techniken dürfen nicht leichtgenommen werden, noch sollten Sie sie gedanklich wie ein Videospiel behandeln. Das ist der Grund, warum Sie aufgefordert wurden, dieses Buch sorgfältig zu lesen, bevor Sie die darin enthaltenen magischen Methoden anwenden. Ich verweise Sie auf eine Aussage des Autors: ». . . wenn Ihnen auf der Astralebene etwas Abscheuliches begegnet, dann deshalb, weil bereits etwas Abscheuliches in Ihrem Geist vorhanden ist.« Das ist wahr, wenn auch nicht die ganze Wahrheit, weil in einigen Teilen der astralen Ebenen bereits abscheuliche Dinge existieren; aber es ist die Wahrheit, soweit es den Novizen anlangt.

Dieses Buch enthält die vernünftigsten und sachlichsten Erklärungen darüber, was das Astralreich ist, die je gedruckt worden sind. Ich dränge Sie wirklich, es zu lesen, anzuwenden und die beschriebenen Übungen auszuprobieren, denn sie sind alle wohlerprobt. Zusätzlich zu Ihrer grundlegenden Meditationsroutine üben Sie sich darin, solange Sie können, sich auf eine einfache geometrische Figur zu konzentrieren, ohne andere Gedanken in Ihren Geist eindringen zu lassen. Tun Sie dies drei- oder viermal für mindestens zehn Sekunden pro Durchgang. Dann machen Sie mit Ihrer normalen Meditation weiter. Es ist hilfreich, sich die Form aus einem hellfarbenen Papier auszuschneiden und ein paar Minuten darauf zu sehen, bevor Sie die Augen schließen. Das bringt mich zu den »blitzartig aufleuchtenden Farben«.

Die blitzartig aufleuchtenden Farben

Die meisten Menschen sind mit dem Phänomen vertraut, daß Fernsehbilder vor dem Auge bleiben, auch wenn sie vom Bildschirm verschwunden sind. Wenige Leute wissen jedoch, daß dies als okkulte Trainingstechnik verwendet wird, um die Augenmuskeln zu entspannen und latent vorhandene hellseherische Fähigkeiten zu entwickeln. Das Bild auf dem Schirm wird vom menschlichen Auge *in seinen Komplementärfarben* reproduziert. Das Bild wird rasch »aufblitzen« und von den ursprünglichen Farben zu den Komplementärfarben überspringen und kann dann für einige Minuten anhalten, wobei es nach und nach schwächer wird. Sie können dieses Phänomen ausprobieren, indem Sie eine Ihrer hellen geometrischen Figuren auf einem einfachen weißen Hintergrund anbringen, wobei der Rand rundherum zumindest 10 cm breit sein soll. Starren Sie ein paar Minuten ohne zu zwinkern auf die Form, dann verlagern Sie Ihren Blickpunkt auf ein leeres, weißes Stück Pappe. Das Bild in den Komplementärfarben wird, scheinbar wie von selbst, auf der leeren Pappe erscheinen. Und dieses Sekundärbild kann nun als astraler Torweg verwendet werden, durch welchen Sie in die unsichtbare Welt dahinter eintreten können. Der Torweg ist ein astraler, wirklich auf seiner eigenen Ebene, aber nicht auf dieser. Solche einfache Techniken können Ihre Fähigkeit, innere Bilder zu schaffen, rasch verbessern.

Es ist sehr oft der Fall, daß echte hellseherische Bilder nicht so gesehen werden, wie sie sind, also nicht von vorn, sondern aus den Augenwinkeln heraus. Wenn dies eintritt, ist es wichtig, die Phänomene ruhig zu beobachten und eher durch sie hindurchzuschauen als sie gerade anzublicken. Die Übung mit den blitzartig aufleuchtenden Farben und Bildern wird diese Fähigkeit schärfen. Als Hilfe für diese Übung können Sie in Abb. 32 verschiedene Bildbeispiele sehen. Wenn Sie sie nochmals zeichnen und mit Filzstiften anmalen, können Sie sie auch für die Übung mit den wechselnden Farben verwenden.

Abb. 32: Bilder für blitzartig aufleuchtende Farben

Zurück nun zu den astralen Torwegen. Versuchen Sie, die Übung mit einer kurzen Geschichte durchzuführen, die sowohl Ihre visuelle Vorstellung als auch Ihr auditives Gedächtnis schärft. Versuchen Sie, zumindest einmal am Tag dafür Zeit zu finden. Wenn es notwendig sein sollte, nehmen Sie dafür Ihre Reisezeiten her, die Sie bisher für Atem- und Entspannungsübungen verwendet haben. Diese sollten jetzt beinahe schon ein automatischer Reflex sein, den Sie immer dann anknipsen können, wenn Sie ihn brauchen. Variieren Sie diese Übung und versuchen Sie, Ihre Lieblingsschallplatte zu hören, ohne den Plattenspieler anzustellen.

Als Nächstes überprüfen Sie Ihre Fähigkeit, Geschmacksnuancen und Gerüche zurückzuholen. Nehmen Sie zuerst starke Kräuter und Gewürze und gehen Sie dann zu leichteren, delikateren Geschmacksarten über; dann machen Sie das gleiche mit Gerüchen. Dies mag Ihnen vielleicht wie Zeitverschwendung erscheinen, aber es bildet Sie stufenweise für wesentlich tiefere Ebenen der Pfadarbeit aus, auf denen vieles von Ihrer zukünftigen Ausbildung stattfinden wird.

In jedem von uns gibt es ein Königreich des Geistes, das die Gesetze von Chaos und Ordnung in sich vereint. Bei den meisten Menschen ist dieses Königreich ohne rechtmäßigen Herrscher, ein »Logres« ohne seinen Arthur, ein »Avalon« ohne seine Morgan oder Nimue, ein »Camelot« ohne Königin Guenevere. Nur wenn die Krone zurückgewonnen wurde, wird dieses innere Königreich in seinem wahren Zustand der Vollkommenheit wiederhergestellt sein. Für die meisten unter uns, auch wenn wir ziemlich fortgeschrittene Magier sind, wird es immer Winkel in unserem Königreich geben mit der Aufschrift: »Hier gibt es Ungeheuer«. Wenn Sie beabsichtigen, sich ganz der Hohen Magie zu widmen, dann wird das Regieren dieses inneren Königreiches eine Ihrer größten Aufgaben sein, und Sie werden einen ständigen Kampf gegen diese Ungeheuer führen müssen.

Das bedeutet nun *nicht*, daß Sie sich ständig mit der inneren Welt beschäftigen müssen. Das würde unter den Zauber der Hohen Magie fallen, und Ihre Arbeit würde zu einen Traum von Verliesen und Drachen degenerieren und ein Hohn in sich selbst werden. Dieses innere Königreich ist der Ort, an dem Sie Ihre Ideale und Hoffnungen formen, und die Träume, die wahr werden können. Es ist der Ort, an dem das höhere Selbst ausgebildet wird, so wie Arthur von Merlin auf der Burg von Sir Ector ausgebildet wurde, bevor er Anspruch auf den Thron erhob. Der einzige Weg, durch den dieses innere Königreich gefunden und beansprucht werden kann, ist der durch die tieferen Ebenen der Bewußtseinserweiterung.

Die tieferen Schichten der Pfadarbeit

Sie haben bereits einige der leichteren Arten dieser Arbeit gemacht, aber jetzt müssen Sie lernen, tiefer in dieses seltsame Reich einzudringen, das bei jedem Besuch anders aussieht. Anstatt in Ihrem Lieblingsarmsessel die Pfadarbeit durchzuführen, werden Sie von jetzt an den Tempel als Ausgangspunkt benutzen. Für den Augenblick wird es genügen, die Eintrittspunkte zu formulieren und sich den Wächtern bekannt zu machen. Später werden Sie spezielle Pfadarbeiten bekommen, die Sie zu den wichtigsten Örtlichkeiten führen werden. Aber für den Anfang sollen Sie lernen, tiefer in sich selbst zu gehen, als Sie es je zuvor getan haben.

Am Beginn dieses Buches haben Sie gelernt, daß es möglich ist zu meditieren, während Sie aufrecht stehen oder sich bewegen. Jetzt werden Sie erfahren, daß es außer dem einfachen Sich-Hinsetzen auch noch andere Stellungen gibt, in denen Sie Ihre Pfadarbeiten durchführen können. Viele davon sind in den Statuen der alten Ägypter abgebildet und wurden in der Ausbildung der Tempelnovizen verwendet. Die Ägypter taten nie etwas ohne tieferen Grund. Lernen Sie deshalb, hinter die Position von Händen und Füßen auf den Statuen zu schauen und zu ergründen, warum dies so ist.

Stellen Sie den Altar in den Osten, und in die Mitte des Tempels auf den Boden legen Sie ein festes, aber bequemes Kissen. Setzen Sie sich in der Stellung, wie sie in Abbildung 33 dargestellt ist, hin, die Arme über den Knien verschränkt. In Museumskatalogen werden solche Figuren »Blockstatuen« genannt, weil man annimmt, daß es für den Künstler wesentlich einfacher war, den harten Granit zu behauen, wenn der Körper in dieser Stellung dargestellt wurde. Das ist schon richtig; aber es gibt auch noch andere Gründe. In dieser Stellung ist Ihre Atmung etwas behindert, wird ein wenig flacher. Neigen Sie jetzt Ihren Kopf und legen Sie die Stirn auf die Arme. Die Augen sind geschlossen. Sie üben jetzt Druck auf den Punkt des sogenannten »dritten Auges« aus. Tatsächlich ist das dritte Auge – oder, um ihm seinen medizinischen Fachausdruck zu geben, die Epiphyse (Zirbeldrüse) – viel weiter innerhalb des Kopfes gelagert und ist Teil des limbischen Systems, manchmal auch Mittelhirn genannt. Auf jeden Fall ist die Mitte Ihrer Stirn äußerst empfindlich, und jeder Druck wird eine Reaktion in der Zirbeldrüse auslösen. Wenn Ihr Kopf nach unten zeigt, werden Sie weniger sauerstoffhaltige Luft einatmen, was zusammen mit der flachen Atmung und dem Druck auf das dritte Auge einen leicht einschläfernden Effekt erzeugen wird, der Ihre Erfahrung vertieft.

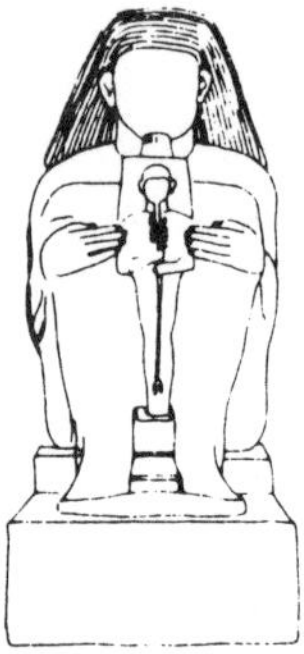

Nakhtef-muti stellt das göttliche Abbild Ptahs dar. 22. Dynastie, Karnak; Museum Kairo

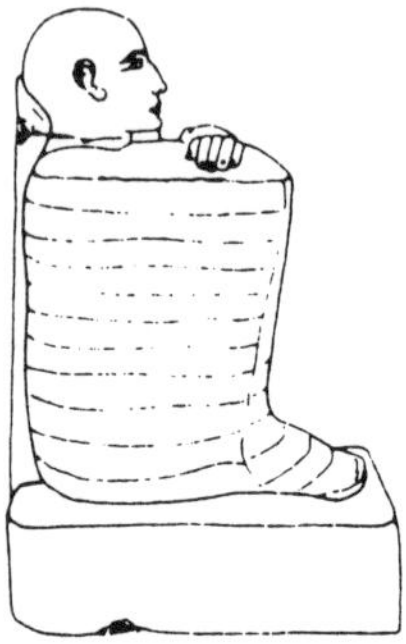

Blockstatue des Hohepriesters Horus

Hockender Mann. Zeit vor den Dynastien. New York Memorial Art Gallery, Rochester

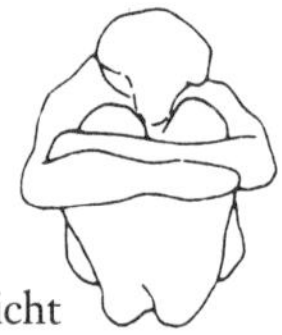

Vorderansicht

Abb. 33: Sitzpositionen für Pfadarbeit

Probieren Sie diese Stellung mehrere Male für ein paar Minuten aus, bevor Sie sie für eine Pfadarbeit verwenden. Überzeugen Sie sich, daß diese Stellung Sie nicht zu sehr einengt, denn nicht jeder findet sie bequem. Sollte das der Fall sein, versuchen Sie die Stellung, wie sie in Abb. 34 dargestellt ist, und senken Sie den Kopf auf die Brust. Das ist zwar etwas weniger wirksam, wird Ihnen aber dennoch eine tiefere Erfahrung bringen als das Sitzen in der Position der Gottform, die allerdings die bekanntere ist.

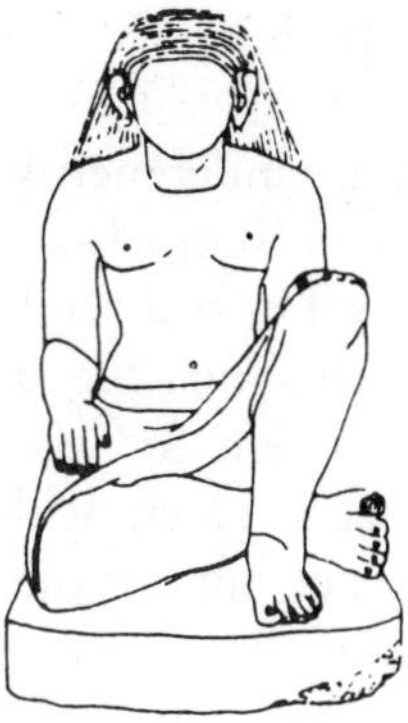

Ruhestellung

Stellung der Gottform

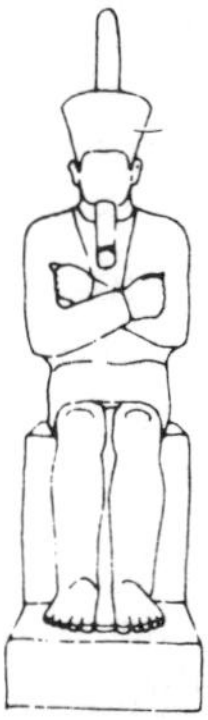

Stellung des
königlichen Richters

Osiris-Stellung

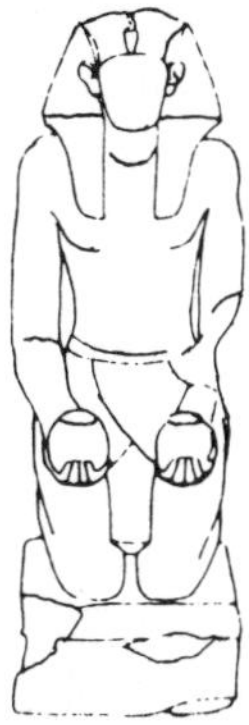

Opferstellung

Stellung des Priesterkönigs

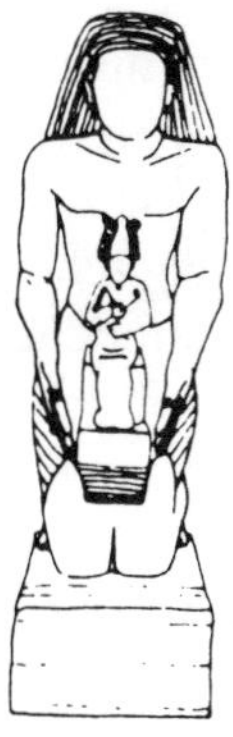

Bittsteller-Position

Abb. 34: Weitere Meditationsstellungen

Wenn Sie sicher sind, daß Sie die obige Stellung einnehmen können, sind Sie bereit, die Arbeit zu tun. Stellen Sie den Tempelwächter an seinen »Schutz«-Platz, damit er Sie behüten kann, während Sie in Trance sind. Nehmen Sie Ihre Stellung ein, entspannen Sie sich und lassen Sie Ihren Atem seinen eigenen Rhythmus finden. Sie werden am Ende dieser Sitzung vielleicht von leichter Trance in einen Schlaf gleiten. Das ist normal und zeigt, daß sich Ihr Körper gut auf die Arbeit eingestellt hat und sich auf seine Weise entspannt. Projizieren Sie das Bild der Ostsäulen auf Ihren Geist und »beschwören« Sie den Eingang zu Ihrem inneren Königreich.

Nach kurzer Zeit wird Ihr Unterbewußtsein ein Bild des Torweges liefern. Lassen Sie ihm Zeit, es aufzubauen, und versuchen Sie noch nicht einzutreten. Beobachten Sie, wie es wächst und immer mehr Form annimmt. Wenn es voll ausgebildet ist, merken Sie sich die Einzelheiten; und dann blicken Sie durch, auf die Landschaft dahinter. Sie können sehen, wie Ihnen aus weiter Entferung eine Gestalt entgegenkommt; sie kommt näher und näher, bis Sie sie ziemlich deutlich sehen können. Es kann ein Tier sein, ein wirkliches oder erfundenes, es kann auch ein Mensch sein. Was immer es ist, es wird der Wächter dieses Tores sein und Ihnen treu ergeben. Grüßen Sie die Gestalt und sorgen Sie dafür, daß sie Sie ebenfalls grüßt. Blicken Sie nun auf die Spitze des Tores, und durch einen Akt des Willens prägen Sie am Sturz das Symbol ein, das Sie für die Rückseite Ihres Pentakels wählten. Mit dieser Handlung haben Sie den Torweg als den Ihren erklärt. Nennen Sie diesen Eingang das königliche Tor. Nun können Sie zu Ihrem Tempel und zu vollem Bewußtsein zurückkehren.

Sobald Sie etwas getrunken und sich ganz »zugemacht« haben, fertigen Sie eine Zeichnung von Ihrem königlichen Tor an und kleben Sie sie in Ihr magisches Tagebuch. Nach ein paar Tagen wiederholen Sie diese Übung mit dem Altar im Süden; und auch Sie blicken in diese Richtung. Folgen Sie den Anweisungen wie zuvor und lassen Sie das zweite Tor sich aufbauen. Es wird sehr verschieden vom ersten sein. Wenn es errichtet ist und Sie und der Wächter Grüße ausgetauscht haben, schnitzen Sie wieder Ihr Symbol auf den Sturz. Geben Sie ihm den Namen Tempeltor. Dann kehren Sie zu Ihrem Tempel zurück, zeichnen den Torweg und räumen die Zeichnung weg.

Wiederholen Sie den Vorgang im Westen und Norden, und nennen Sie die Torwege Sternentor beziehungsweise Tor der Suche. Vergewissern Sie sich, daß jeder Wächter Sie erkennt und jedes Tor Ihr Symbol trägt. Versuchen Sie nicht, mit allen vier Toren in zu kurzer Zeit fertig zu werden. Ein Tor alle drei oder vier Tage ist genug. Wenn das getan ist, sind Sie bereit, Ihr Königreich zu betreten. Setzen Sie sich in Blickrichtung Osten hin und bauen Sie vor Ihrem geistigen Auge das Tor und seinen Wächter auf. Wenn Sie das Gefühl haben, daß alles stimmt, schreiten Sie durch das königliche Tor. Sie werden einen Umhang und einen Stab bekommen. Damit ausgerüstet gehen Sie daran, die Gegend zu erforschen. Denken Sie daran, daß Sie dieses Land noch nicht regieren; Sie werden sich erst noch beweisen müssen. Widerstehen Sie allen Versuchungen, diesen Teil Ihrer Ausbildung idealisieren zu wollen. Das ist kein Videospiel oder Fantasyfilm. Sie sehen sich eine Landschaft an, die den Zustand Ihres inneren Selbst widerspiegelt. Wenn es Ungeheuer, üble Kreaturen, Vulkanwesen und Wüsten gibt, dann *deshalb*, weil sie in diesem Augenblick in Ihrem inneren Selbst da sind. Sie werden lernen müssen, das zu ändern.

Wie ändern Sie das? Das ist etwas, das Sie trainieren müssen. Ich kann Sie zu Ihren Toren bringen, aber ich kann Sie nicht ändern. Nur Sie selbst können das tun. Arbeiten Sie mit allen vier Toren, gehen Sie langsam vor und seien Sie vorsichtig. Machen Sie das einen Monat lang, dann geben Sie sich eine Pause, damit die Änderungen, die Sie intiiert haben, auf diese Ebene durchdringen können. Wenn es tatsächlich Änderungen auf der physischen Ebene geben sollte, notieren Sie es sich und bewahren Sie es auf.

Wenn Sie auf diese Weise arbeiten, verwenden Sie Ihren Astralkörper. Sie wissen bereits Bescheid über Ihre magische Persönlichkeit, die mit jedem Monat langsam an Stärke zugenommen hat. Aber dann gibt es noch eine andere Form, die von einigen Magiern verwendet wird: den Lichtkörper. Manche denken, daß er das gleiche sei wie der Astralkörper, tatsächlich jedoch ist er ziemlich verschieden. Der Astralkörper ist eine ätherische Form, die jeder hat; eine magische Persönlichkeit erhält man durch Praxis und Konzentration. Der Lichtkörper wird bewußt für einen Zweck aufgebaut und wird manchmal auch »Eindringling« (englisch »cowan«, ein Ausdruck der Freimaurer) genannt. Es ist nicht leicht, ihn aufzubauen, und einige Leute schaffen es nie oder zumindest nicht völlig. Wenn er einmal geschaffen wurde, kann er viele Probleme mit sich bringen, und man muß streng mit ihm umgehen.

Setzen Sie sich in der Position der Gottform hin, wie um zu meditieren. Diese Aufbauarbeit wird am besten im Tempel getan, weil das den »Eindringling« davon abhält, herumzuwandern. Schließen Sie die Augen und bauen Sie vor sich, mit so viel Kraft und Konzentration wie Sie können, die Gestalt einer Figur mit Robe und Kapuze auf. Bauen Sie die

Figur so auf, daß sie von Ihnen *wegsieht*, aber mit der Absicht, daß die Gestalt in der Robe ein Abbild von Ihnen ist. Bauen Sie die Figur langsam und sorgfältig auf, hasten Sie nicht, arbeiten Sie jeden einzelnen Tag ohne Ausnahme ein paar Minuten daran, bis Sie das Gefühl haben: die Figur ist so klar und deutlich wie nur möglich. Das kann einige Monate dauern oder noch länger, aber das Wichtigste ist, daß Sie es langsam und sorgfältig tun. Wenn die Figur klar vorhanden ist, beginnen Sie mit der zweiten Phase. Richten Sie Ihre Aufmerksamkeit auf die Rückseite des Kopfes. Stellen Sie sich vor, wie ein dünner Lichtstrahl aus Ihrer Stirn herauskommt und sich langsam zu einem Punkt am Hinterkopf der Figur ausdehnt. Wenn das Licht diesen Punkt erreicht, sehen und fühlen Sie es aufflackern wie der angezündete Kopf eines Streichholzes. Dann ziehen Sie den Lichtstrahl wieder zurück. Wenn Ihnen das leichtfällt, können Sie weitergehen.

Verbinden Sie sich mit dem »Eindringling« wie gewöhnlich; aber dieses Mal lassen Sie ein wenig von Ihrem Bewußtsein mit dem Lichtstrahl in die Figur fließen. Fühlen Sie, als ob *Sie* innerhalb der Figur wären, aber halten Sie die Augen noch geschlossen. Dann ziehen Sie sich wieder zurück. Wiederholen Sie das zwei- oder dreimal am Tag, aber nicht öfter. Wenn Sie schließlich das Gefühl haben, daß Sie Ihr Bewußtsein nach Ihrem Belieben aussenden und wieder zurückholen können, sind Sie für die letzte Phase bereit. Wenn das Bewußtsein in den Lichtkörper eingetreten ist, lassen Sie es als erweiterten Sinn Ihres Selbst frei handeln; versuchen Sie, die Augen der Figur zu öffnen und sehen Sie vom Eindringling aus, was vor Ihnen liegt. Sie werden sich möglicherweise schwindlig fühlen. Schließen Sie einfach die Augen und versuchen Sie es nach ein paar Augenblicken nochmal. Bauen Sie dieses Gefühl, an zwei Orten gleichzeitig zu sein, nach und nach auf. Aber ich wiederhole: *Gehen Sie langsam vor!*

Der Lichtkörper kann, wenn er voll entwickelt ist, über weite Entfernungen als Bote zu solchen, die ihn sehen können, eingesetzt werden. Es ist eine Technik, die in Tibet von hohen Lamas häufig verwendet wird; und es gibt viele Aufzeichnungen, die berichten, daß der Lichtkörper von ihnen als Kommunikationsmittel eingesetzt wird. Das mag phantastisch klingen, kann aber getan werden. Dennoch gibt es nur wenige westliche Magier, die diese Technik vollkommen gemeistert haben. Das soll aber kein Grund sein, warum Sie es nicht wenigstens versuchen sollten. Eine Warnung: Durch die ständige Einpflanzung des Bewußtseins, auch wenn es nur eine geringe Menge ist, wird der »Eindringling« mit der Zeit selbst einen halbbewußten Geist bekommen. Sie werden ihn teilweise beseelt haben. An diesem Punkt wird er ziemlich sicher seine Freiheit erhalten wollen. Das dürfen Sie auf keinen Fall erlauben, denn er hat keinen Schutz gegen die dunklen Kräfte, die sich seiner bemächtigen und ihn gegen Sie und sogar die Leute, mit denen Sie verkehren, einsetzen würden. Diese würden denken, daß Sie es sind, würden der Erscheinung trauen. In dem Augenblick, in dem es sich so anfühlt, als ob der Eindringling die Oberhand gewinnt, geben Sie ihm einen kräftigen seelischen Schock und erinnern Sie ihn unmißverständlich daran, wer der Herr im Hause ist. Brechen Sie jeden Kontakt zu ihm ab; und einen Mondmonat lang versuchen Sie nicht, ihn weiter aufzubauen. Das wird ihn wieder an den rechten Platz weisen. Fangen Sie nicht an, Mitleid mit ihm zu haben oder ihm zu gestatten, zu tun, was er will. Sie spielen dadurch Kräften, die dunkler sind, als Sie wissen können, in die Hände.

Die Verwendung von Mythologien

Sie sind jetzt bereits gut mit Mythologie auf verschiedenen Ebenen vertraut. Die Schule, von der ich ausgebildet wurde, verlangte, daß man Arbeitswissen von zwei – wenn möglich drei – verschiedenen Pantheonen und seinen Mythen hat. Es ist schade, daß die moderneren Mysterienschulen diesem Beispiel nicht folgen, da die Mythen vieles, was für Ihre Ausbildung wichtig ist, enthalten, auch Bruchstücke von Ritualen, die uns einen tieferen Einblick in die Denkweise des Menschen im Altertum geben. Sie lehren uns auch die Wissenschaft von den Entsprechungen und der Symbolik. Mit einem Grundwissen an Mythologie werden Sie immer eine »Landkarte« zur Verfügung haben, mit der Sie sich auf der Astralebene orientieren können.

Wenn Sie in veränderten Bewußtseinszuständen arbeiten, werden Sie es unweigerlich mit Formen und Symbolen der alten Welt zu tun bekommen, was sehr wertvoll sein kann, wenn sie den richtigen Platz im Schema zugewiesen bekommen. Frazers hervorragendes Werk *The Golden Bough* (*Der goldene Zweig.* Das Geheimnis von Glauben und Sitten der Völker) ist wohl die beste Quelle für dieses Material. Die Originalausgabe hat mehrere Bände. Es gibt jedoch einige verkürzte Versionen, in denen das Wesentliche enthalten ist. Wenn Sie mal kurz hineinsehen, merken Sie, wie sehr sich doch alle Religionen gleichen. Es gibt eine Grundwahrheit, die sie alle durchzieht, und es scheint einen zentralen Punkt der absoluten Wahrheit zu geben, von dem jeder Glaube ausgeht. Jede Rasse hatte den Propheten, Erlöser oder geopferten Gott, der ihren Bedürfnissen zu jener Zeit entsprach.

Wenn Sie darüber lesen, werden Sie beginnen, in den Weltreligionen von heute einen Widerhall der Mysterienreligionen zu sehen. Die alten Mythen waren also keine Märchen, die erzählt wurden, als die Welt noch jung war, sondern kleine Fragmente an Wahrheit, die im Laufe der Jahrtausende stark verstümmelt wurden. Doch Kernstücke blieben. Und das ist so wahr wie es immer war. Viele »Fortsetzungsgeschichten« wie die Arbeiten des Herkules, die Geschichte von den Argonauten, die Irrfahrten des Odysseus und die Geschichte von Theseus und dem Minotaurus stellen Einweihungszyklen dar. Sie beschreiben die vielen Ebenen, durch die ein Priester oder eine Priesterin gehen mußten, bevor sie die höchste Stufe ihrer Berufung erreichen konnten. Wo auch immer Sie die Nachsilbe »eus« finden, können Sie sicher sein, daß der Namensträger ein Mann oder eine Frau war, die sich langen ernsthaften Prüfungen unterzogen. Dieses »eus« ist der Name des Königs der Götter, Zeus, und es waren seine Weisheit und seine göttlichen Qualitäten, nach denen die Priester strebten.

Theseus und der Minotaurus

Einer der fesselndsten Mythen ist die von Theseus und dem Minotaurus. Ganz kurz die Geschichte: Theseus war einer der »legendären« Helden, wenn es auch scheint, daß eine reale Person gleichen Namens als Vorlage diente. Das »eus« weist ihn als jemanden aus, der auf der Suche nach einer höheren Bewußtseinsform ist. Theseus hatte viele gefährliche Abenteuer zu bestehen, bevor es zu der am besten bekannten Geschichte über die Schlacht mit dem Minotaurus kommt. Aber am Ende bietet er sich selbst als Teil des Opfers dar, das jedes Jahr als Tribut an König Minos gesandt wurde. Die Opfer wurden in ein Labyrinth getrieben und dort vom Minotaurus, der halb Bulle und halb Mann war, verschlungen. Theseus jedoch gewann das Herz der Königstochter Ariadne, und sie gab ihm einen Knäuel Bindfaden, mit dem er seinen Weg aus dem Labyrinth herausfinden konnte, und ein Schwert, um den Minotaurus zu töten.

Nachdem Theseus das Ungeheuer getötet hatte, flohen die beiden Liebenden auf die Insel Naxos. Hier erschien Dionysus dem jungen Prinzen im Traum und forderte ihn auf, Ariadne zu verlassen und von der Insel wegzusegeln. Der Gott nahm dann Ariadne mit in den Olymp, wo er sie zu seiner Frau machte. Das ist das »Gerippe« der Geschichte. Sehen wir sie uns nun genauer an.

Wegen seines Namens (Thes*eus*) wissen wir, daß wir es mit jemanden zu tun haben, der durch eine Einweihung geht, die mit veränderten Bewußtseinszuständen zu tun hat. Wir können Minos als die mehr erdhafte Seite von Theseus ansehen und den Minotaurus als sein niederstes Selbst. Die Weisen der Vergangenheit hatten viele Arten, ihre Lehren zu übermitteln, zum Beispiel in Form von Parabeln mit Namen von wirklichen Personen und vergangenen Ereignissen. Daher, obwohl Theseus und Minos wirklich existierten, werden sie in dieser Geschichte als Symbole für tiefere und komplexere Lehren benutzt. Der Minotaurus, dessen Name teilweise der von Minos ist, stellt den unteren, animalischen Teil des Menschen dar, dessen Verlangen so unkontrolliert sind, daß sie bis zur Entwürdigung des Geschlechtsaktes führen. (Der Minotaurus soll das Kind von Pasiphae, der Frau von Minos, und dem örtlichen Bullengott gewesen sein.)

Die Symbolik des »halb Mann – halb Tier« ist folgende: Wenn der Körper menschlich ist und der Kopf der eines Tieres, so bedeutet dies, daß der niedere Teil des Menschen den Vorrang hat. Wenn es umgekehrt ist, so zeigt dies, daß der höhere Aspekt des Verstandes sich über das Tierische erhebt. Wenn das Wesen auch Flügel hat, wie der geflügelte Bulle, dann hat sich der Geist zu den Göttern emporgehoben.

Wir haben in unserer Geschichte also einen Eingeweihten, der einen höheren Grad anstrebt, in dem die erdhaften Wünsche gereinigt werden müssen, nicht weggeworfen, aber auf allen Ebenen gereinigt. Zu diesen Ebenen gehören das niedere Selbst – der Bullenmann, der gewöhnliche Mensch – Minos, der Eingeweihte – sowie Theseus. Wir haben auch das höhere Anima-Selbst – Ariadne. Es ist diese Anima, die mit weiblicher Weisheit den Eingeweihten mit einem Knäuel Bindfaden versorgt – die bewußte Verbindung zwischen allen Ebenen – und mit einem Schwert den geschulten Willens. Damit ausgerüstet betritt der Eingeweihte das Labyrinth, die rituelle Erfahrung der höheren Einweihung, und tritt seinem tiefsten und dunkelsten Selbst gegenüber. Diesen Teil von sich »tötet« er, verwandelt es durch sein Schwert des Willens; und nun, völlig ganzheitlich, findet er seinen Weg aus der Dunkelheit und in das Licht. Aber die Einweihung ist noch nicht ganz vorüber. Zuerst muß er einen Teil dieser neugefundenen Ganzheit aufgeben: Ariadne muß Dionysus dargeboten werden, dem göttlichen Funken. Dieser letzte Akt des Selbstopfers (Dionysus war selbst eine der geopferten Gottformen) bringt die höchste Einweihung, die totale Einheit mit der Gottesfigur. Wer sagte, daß Mythologie langweilig sei?

Die Verwendung von Kunst und Poesie

Nicht alle Mythen sind Reste von Ritualen; manche sind einfach Geschichten, die im Lauf der Jahre ausgeschmückt wurden, aber noch immer einen Funken Wahrheit enthalten. Suchen Sie danach, studieren Sie sie; Sie werden immer etwas Nützliches dabei lernen.

Mythen sind nicht die einzige Möglichkeit, um die Vergangenheit nach Hinweisen auf alte okkulte Lehren zu durchforschen. Kunst und Poesie können genauso nützlich sein. Maler haben schon immer okkulte Symbole in ihrer Arbeit verwendet, um über die Jahrhunderte hinweg zu jenen zu sprechen, die die Zeichen zu interpretieren wußten. Viele der alten Meister waren Männer von großer Gelehrtheit, manche von ihnen extreme Okkultisten, die in ihrer Arbeit viele Hinweise hinterlassen haben, die deutlich zeigen, wem oder was ihre Sympathie galt. Das gleiche gilt für die Erbauer der großen Kirchen Europas, die eigenständige Geschichten in Stein sind. Ich empfehle Ihnen das Buch von Fred Gittings *The Hidden Art*.

Auch Dichter hatten traditionellerweise immer Zugang zu der Welt des Geistigen. Wenn Sie Coleridges *The Rime of the Ancient Mariner* lesen, können Sie die großen Arkanen von Anfang bis zum Ende zurückverfolgen. Tatsächlich ist es genauso eine Einweihungsgeschichte wie die von Theseus. Walt Whitman, Longfellow, Thoreau, Byron, Tennyson, Shelley, Keats und Yeats, sie alle können die Tore Ihrer inneren Welt mit dem Schlüssel des geschriebenen Wortes öffnen. Alles, was Sie zu tun haben, ist, ihn umzudrehen.

Dies alles wird Sie vielleicht dazu führen zu denken, daß das Okkulte etwas Wunderbares, Aufregendes und Mysteriöses ist. Und das ist es auch, aber nicht immer in der Art, wie Sie vielleicht glauben. Die Kosten sind: viel Zeit, Konzentration, Studium, und am meisten wohl die Hingabe des Selbst.

In der Vergangenheit wurden berühmte Magier oft als Einsiedler dargestellt, die in kleinen dunklen Räumen lebten, sich kaum die Zeit nahmen, um zu essen, oder die hochmütig und egoistisch waren. Das stimmt alles, aber Sie zielen auf den Mittelweg ab. Die größte Gefahr, der Sie sich gegenüberfinden werden, ist die, »vom Elfenpfeil getroffen« zu werden und in die Falle des okkulten Glamours zu tappen.

Der Weg der Hohen Magie ist nicht glanzvoll, er ist lang und hart, und nur wenige schaffen seine ganze Länge. Man sagt, daß Magier geboren werden und nicht gemacht. Das ist zum Teil richtig. Die größten Magier werden tatsächlich geboren; aber auch Sie können zu einem kompetenten Magier geformt werden, aber nur, wenn Sie den vielen

Versuchungen, die am Wege lauern, widerstehen können. Dazu gehört das Diskutieren darüber, was Sie mit all dem anfangen werden.

Erinnern Sie sich an Ihr Lesezeichen, die erste Übung, die Sie in diesem Buch durchgeführt haben? Nehmen Sie es heraus, sehen Sie es sich an, lesen Sie die Worte darauf und denken Sie darüber nach. Befolgen Sie sie noch immer? Da Sie gerade daran denken ... Machen Sie sich ein neues Lesezeichen!

Der Tempel braucht eine Ruhepause

Sie haben jetzt zwei Drittel dieses Jahres hinter sich. Es ist Zeit, dem Tempel eine Ruhepause zu gewähren. Reinigen Sie ihn sorgfältig, waschen Sie die Vorhänge; dann verschließen Sie die Tür und betreten ihn zwei Wochen lang nicht. Er hat hart gearbeitet, tatsächlich viel härter als Sie selbst. Er mag unbeseelt sein, aber er hat eine Menge Schläge einstecken müssen, wenn Sie Ihre Kunst ausgeübt haben. Machen Sie es sich zur Regel, sich selbst und dem Tempel jedes Jahr einen Monat Ruhe zu gewähren. Teilen Sie das auf zweimal zwei Wochen auf, wenn Sie wollen, aber tun Sie es. Es wird Ihnen und dem Tempel danach viel bessergehen.

Das kabbalistische Ritual des Herbstes

Es ist nun Zeit, sich Rituale für den Herbst anzusehen, der Zeit der Ernte, des Einholens von dem, was Sie das Jahr über ausgesät haben. Es ist auch eine Zeit des Einlagerns für die reinigende Zeit des Winters, der alles, was nicht mehr gebraucht wird, wegfegt. Der erste Ritus ist hauptsächlich kabbalistisch und für eine Person gedacht.

Stellen Sie vier kleine Tischchen in den Himmelsrichtungen auf und die Kerzenleuchter dazwischen, wie es in Abb. 35 auf Seite 226 zu sehen ist. Legen Sie im Osten einen Wecken selbstgebackenen Brotes auf das Tischchen, im Süden einige Äpfel, im Westen etwas Wein, und im Norden eine Garbe Weizen, Getreide oder Gerste. Auf den Hauptaltar kommen einige kleine Kuchen, der Kelch und das Weihrauchfaß. Meditieren Sie an den Tagen vor dem Ritual über Ihr Jahr und Ihre Arbeit. Was haben Sie erreicht, was ist noch zu tun? Was ist Ihr Ziel für den Rest des Jahres? Schreiben Sie es nieder, dann lesen Sie es sich durch und versuchen Sie, soweit es geht, alles auf einem Blatt Papier zusammenzufassen. Dieses Blatt Papier falten Sie so klein wie möglich zusammen und

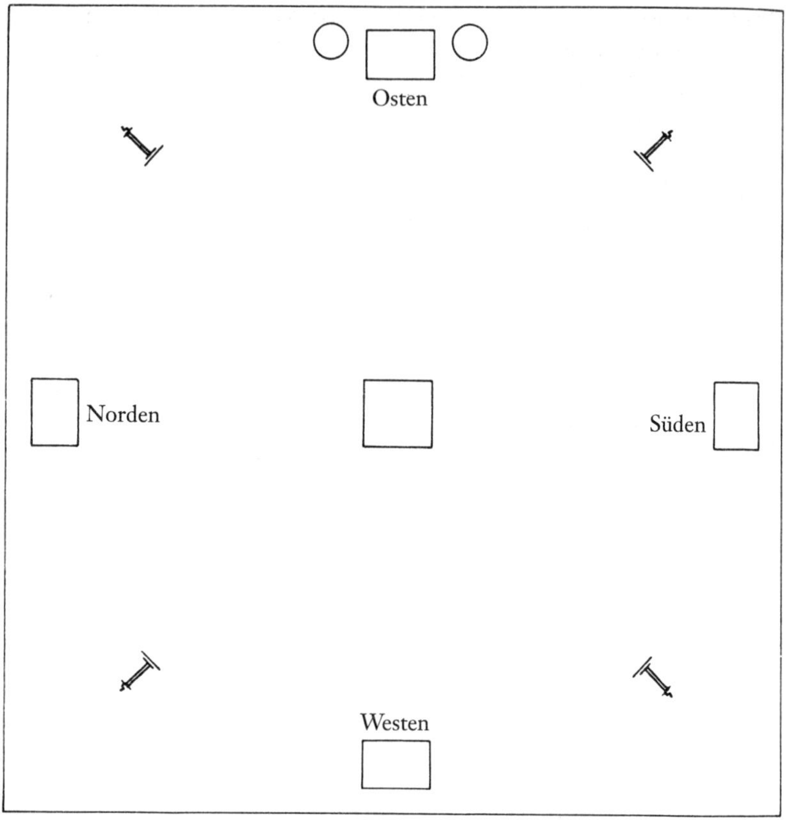

Abb. 35: Die Anordnung für den kabbalistischen Herbstritus im Tempel

legen es auf den Altar. Nehmen Sie ein Bad, waschen Sie sich das Haar, schneiden Sie sich ein paar Haare ab und geben Sie sie zu dem beschriebenen Papier.

Bekleiden Sie sich wie gewöhnlich mit Ihrer Robe und betreten Sie den Tempel. Entzünden Sie das Altarlicht und dann mit diesem alle anderen Kerzen. Beginnen Sie im Osten und dann herum im Uhrzeigersinn. Dann stellen Sie sich zum Osten gewandt auf und machen das kabbalistische Kreuz.

Ateh, Malkuth, Ve Geburah, Ve Gedulah, Le Olahm, Amen.
[*Ziehen Sie das Pentagramm und eröffnen Sie im Namen von . . .*]
Adonai
[*Machen Sie das in allen Himmelsrichtungen. Dann blicken Sie zum Altar.*]

Im Osten Raphael. Im Süden Michael. Im Westen Gabriel. Im Norden Uriel. Seid willkommen an diesem Ort im Namen von Melchisedeck, dem Hohepriester Gottes.
[*Gehen Sie nach Osten und heben Sie das Brot hoch.*]

Raphael, Herr der Himmelslüfte, segne dieses Geschenk, geboren aus Sonne und Luft und Erde. Laß es die Hungrigen nähren und segne die Hand, die es ausgibt.
[*Brechen Sie das Brot entzwei. Gehen Sie nach Süden und bieten Sie die Äpfel dar.*]

Michael, Beschützer der Schwachen und Unterdrückten, segne diese sonnenreife Frucht und laß sie nicht die Frucht der Versuchung, sondern die Frucht des Wissens um Gut und Böse sein, auf daß wir den Unterschied erkennen und der Versuchung widerstehen mögen.
[*Legen Sie die Äpfel zurück, gehen Sie nach Westen und heben Sie den Wein hoch.*]

Gabriel, Überbringer von Gottes Wort, segne diesen Wein für uns, auf daß wir den Wein des Lebens einnehmen, der von jedem Erlöser seit Anbeginn der Welt vergossen wurde.
[*Nehmen Sie einen Schluck und stellen Sie den Wein nieder. Gehen Sie nach Norden und bieten Sie den Weizen dar.*]

Uriel, Herr der Erde und all seiner Gaben, segne dieses Getreide, auf daß es reichlich auf der ganzen Erde vorhanden sein möge, daß dies ein Jahr sei, in dem die ganze Menschheit das Behagen eines vollen Bauches kennt.
[*Legen Sie das Getreide nieder und gehen Sie zum Altar. Entzünden Sie die Holzkohle und geben Sie die Räucherung darauf. Wenn sie glimmt, holen Sie vom Osten ein kleines Stück Brot und vom Westen den Weinkelch. Schütten Sie den Wein in den Hauptkelch und tunken Sie das Brot ein.*]

Melchisedeck, Priester des höchsten Gottes, in der Wüste nach der Schlacht gegen die Könige von Edom brachtest Du Abraham Brot und Wein. In dieser Kommunion, die zwischen der Menschheit und dem Priester des höchsten Gottes stattfand, ward ein Bündnis geschlossen. Ich bitte Dich im Namen Deiner Weisheit und Sorge um die Menschheit, laß aus dieser kommenden Ernte Brot für die Welt werden. Zum Zeichen der alten Sitte nehme ich dieses Brot und diesen Wein auf in meinen Körper.
[*Essen Sie.*]

Hier an diesem heiligen Ort lenke und lehre mich, zeige mir, wie ich mein Wissen für die Kraft des Guten einsetzen kann. Hilf mir, an Weisheit zu wachsen. Segne mich, segne jene, die mein Leben mit mir teilen, segne jene, die mit mir arbeiten, und segne jene unsichtbaren Wesen, die mit mir an diesem Ort sind. Segne den Wächter dieses Tempels und die Elementale, die mit mir arbeiten; segne das Haus und die Erde, auf der es gebaut ist, und laß es ein Torweg zur Liebe sein.
[*Nehmen Sie den Kelch auf, gehen Sie nach Osten, tunken Sie ein Stück Brot in den Wein und legen Sie es auf das Tischchen. Tun Sie das gleiche in allen übrigen Himmelsrichtungen. Gehen Sie zum Altar zurück und nehmen Sie die Haare auf.*]

Dies ist ein Symbol von dem, was aus mir in diesem Jahr geworden ist und was ich hoffe, im nächsten erreichen zu können. Dies ist die Darbietung meines Selbst.
[*Werfen Sie die Haare in den Weihrauchbrenner und gehen Sie nach Osten.*]

Gesegnet sei Raphael, der mein Freund und Gefährte war.
[*Gehen Sie nach Süden.*]

Gesegnet sei Michael, der mein Beschützer und Schild war.
[*Gehen Sie nach Westen.*]

Gesegnet sei Gabriel, der mein Ratgeber und Lehrer war.
[*Gehen Sie nach Norden.*]

Gesegnet sei Uriel, der mein Fürsorger und meine Stärke war. Gesegnet seien alle Geschöpfe, die diese Erde mit mir teilen. Gesegnet sei alles, das wächst, und das Gestein unter meinen Füßen.
[*Schließen Sie nun den Tempel in umgekehrter Reihenfolge, indem Sie die Worte laut aussprechen. Löschen Sie alle Kerzen außer dem Altarlicht, das Sie noch etwa eine Stunde lang brennen lassen. Am Morgen stellen Sie Getreide, Äpfel und Brot für die Vögel ins Freie und schütten Sie den Wein in den Garten. Auf diese Weise wird der Segen allem Lebenden geboten.*]

Das keltische Ritual des Herbstes

Dieses keltische Ritual wurde für vier Personen geschrieben:
Der Alte trägt den Weihrauchkessel mit der bereits glimmenden Holzkohle.

Der Jäger trägt einen silbernen Pfeil.

Die Jungfrau trägt einen kleinen Kessel, der gefüllt ist mit kleinen Kuchen.

Die weise Frau trägt eine silberne Sichel.

Der Pfeil kann aus Holz sein und bemalt werden; einen Kessel kann man manchmal aus Messing bekommen, gedacht als Blumenübertopf. Die Sichel kann aus Pappe ausgeschnitten und mit Alufolie überklebt werden.

Treten Sie einzeln ein. Jeder soll seinen Platz eingenommen haben, bevor der nächste eintritt. Der Alte im Osten, der Jäger im Süden, die Jungfrau im Westen und die weise Frau im Norden. Am Altar stehen Salz, Wasser, ein Becher Wein und eine kleine Getreidegarbe.

Jeder stellt sein Symbol auf das Tischchen neben sich. Dann erhebt sich der Alte und entzündet die Kerzen in jeder Himmelsrichtung. Er tut dies mit einer kleinen Wachskerze, die er vorher am Altarlicht entzündet hat. Wenn das getan ist, kehrt er zum Osten zurück. Alle sitzen schweigend da und meditieren über die Weizengarbe am Altar. Nach ein paar Minuten spricht der Alte.

ALTER

Die Zeit der Versammlung ist gekommen; das Getreide steht hoch. Wir müssen Ceridwen, der Erdmutter, für Ihre Sorge um uns danken. Wie können wir das tun?

JÄGER

Ich werde für sie einen weißen Hirsch erlegen und ihn auf ihren Altar legen.

JUNGFRAU

Ich werde Honig und gemahlene Gerste sammeln und daraus Kuchen für sie backen.

ALTER

Ich werde die heiligen Mistelzweige für sie sammeln und wohlriechende Kräuter zu ihrer Freude verbrennen. Was sonst können wir Ceridwen, der Erdmutter, geben?

JÄGER

Ich werde den wilden Eber für sie erlegen und ihren Altar mit seinen Stoßzähnen schmücken.

Jungfrau

Ich werde mein Haar schneiden und es um ihren heiligen Baum winden.

Alter

Ich werde ein süßes Lied für sie schreiben und es auf der Harfe spielen. Wie sonst können wir Ceridwen, die Erdmutter, ehren?

Jäger

Ich kann mich selbst auf ihrem Altar opfern.

Jungfrau

Ich kann meine Jungfräulichkeit ihrem Dienst opfern.

Alter

Ich kann meine Bardenkrone einem anderen bieten und für sie hinunter zu Anwwn gehen.

Weise Frau

[*Kommt zum Altar.*]

Ich bin sie, die Ihr ruft; ich bin sie, der Ihr all diese Dinge darbietet. Aber Ihr bietet mir nicht das, was ich am meisten ersehne.

[*Geht nach Osten.*]

Das Verbrennen von süßem Weihrauch ist eine Freude, aber weitaus besser ist es, die süßen Kräuter wachsen zu sehen und Kranke heilen zu sehen. Eine Bardenkrone geboten zu bekommen ist großartig, aber wer wird so süß wie Du singen, wenn Du die Straße ins dunkle Anwwn nimmst. Es ist weitaus besser, wenn Du Deine Stimme zur Freude von jungen Liebenden erhebst und das Herz des Jägers rührst.

[*Geht nach Süden.*]

Der weiße Hirsch ist die Form, in der ich im Wald umherstreife. Würdest Du mich erschlagen und mich mir selbst darbieten? Besser den Pfeil zu sparen für die Alten und Kranken, daß ihr Leiden kurz und ihr Tod gnadenvoll sei. Der wilde Eber ist die Form, die mein gehörnter Herr annimmt, um zu laufen. Würdest Du mich trauernd zurücklassen mit nur seinen Stoßzähnen als Erinnerung? Besser, wenn Du die Stoßzähne selbst trägst und ihre Macht anzuwenden lernst. Dein Leben ist süß; ich wünsche nicht, daß es endet; ich wünsche eher, daß es sich verbessert.

[*Geht nach Westen.*]

Süße Jungfrau, iß die Festkuchen selbst, denn meine Nahrung in Tir Nan Og ist besser. Behalte Dein Haar, um das Herz eines Mannes zu gewinnen, und gib ihm Dein Geheimnis. Alles, worum ich Dich bitte, ist, meine

Kinder und meine wachsenden Dinge zu lieben. Alles, was ich brauche, sind eure Herzen; alles, was ihr mir darbieten sollt, ist eure Freude über meine Anwesenheit.
[*Kehrt nach Norden zurück.*]

ALTER
Süße Herrin, weise und gut, wir sind nur Sterbliche und vergessen, wie teuer diese Dinge Deinem Herzen sind. Wir suchten nur, Dir unsere Ergebenheit zu zeigen.
[*Er nimmt den Weihrauch und schreitet den Tempel rundum von Osten nach Norden ab, stellt den Weihrauchkessel auf ihr Tischchen und kehrt an seinen Platz zurück. Der Jäger bringt den Pfeil vom Süden nach Norden, legt ihn der weisen Frau zu Füßen und kehrt über den Osten nach Süden zurück. Die Jungfrau bringt den Kessel, legt ihn der weisen Frau zu Füßen und kehrt über den Osten und Süden nach Westen zurück. Die weise Frau nimmt jedes Geschenk mit einer leichten Beugung ihres Kopfes an.*]

WEISE FRAU
Gesegnet seien jene, die mir diese Geschenke gaben, und gesegnet sei auch dieser heilige Ort.
[*Sie berührt jedes Geschenk mit der Sichel.*]
Möge der aufsteigende Rauch die Gebete und Gefühle nach oben zum Kosmischen tragen. Möge der Flug des Pfeiles den Geist zur Inspiration erheben. Möge der Kessel Nahrung für Körper und Geist geben. Dies ist der Segen von Ceridwen.

ALTER
[*Geht zum Altar und holt den Wein. Die Jungfrau nimmt die Kuchen aus dem Kessel und legt sie auf den Altar.*]
Hier wird Nahrung dargeboten.
[*Alle kommen zum Altar, und die weise Frau reicht zuerst den Wein und dann die Kuchen herum. Die weise Frau bleibt am Altar, während die übrigen ihre Symbole vom Norden zurückholen und zu ihren Plätzen zurückkehren. Die weise Frau schreitet im Kreis um den Tempel und segnet jede Himmelsrichtung mit ihren eigenen Worten; dann kehrt auch sie an ihren Platz zurück.*]

ALTER
Wir haben unsere Gaben dargebracht, und sie wurden mit Liebe angenommen. Dieser Ort wurde gesegnet, und alle jene, die anwesend sind. Lasset uns nun über die Gaben dieser Erde meditieren und uns selbst als ihr Beschützer darbieten.

[*Alle meditieren für ein paar Minuten.*]

WEISE FRAU
Möge der Segen von Ceridwen über dieser Erde sein.

ALLE
Wir nehmen den Segen mit Freude an.

ALTER
Lasset uns nun scheiden und die Ernte, die uns gewährt wurde, mit uns nehmen.

JÄGER
Meine Pfeile werden mit Besonnenheit und Gnade abgeschossen werden.

JUNGFRAU
Mein Kessel wird den Hungrigen dargeboten werden.

ALTER
Meine Lehren werden jenen, die sie suchen, gegeben werden.

WEISE FRAU
Ich bin sehr erfreut über meine Kinder.
[*Alle Lichter außer dem Altarlicht werden ausgelöscht, und alle verlassen den Tempel; nur die weise Frau bleibt noch für eine Weile und läßt die Altarpersona der Ceridwen langsam scheiden.*]

Leseliste

Coleridge, Samuel Taylor: *The Rime of the Ancient Mariner* (Chatto, 1978)
Frazer, Sir J. G.: *The Golden Bough* (Macmillan, 1936) (*Der goldene Zweig.* Das Geheimnis von Glauben und Sitten der Völker, Rowohlt 1989)
Richardson, Alan: *Dancers to the Gods* (Aquarian Press, 1985)

Der neunte Monat

Mantra, Mudra und Bewegung

Beginn: ________________ Ende: ________________

Rassenarchetypen und das Elfenvolk

Bis jetzt haben Sie im Ritual mit Gottformen und Erzengeln gearbeitet, aber es gibt noch andere Kräfte und Formen, die der geschulte Magier im Tempel beschwören kann. Das Elfenvolk ist auf der ganzen Welt zu finden. Es kann in der Begegnung mit Menschen gut, schlecht oder neutral sein. Zuerst wollen wir uns die großen Formen, die innerhalb der Rassengruppenseelen zu finden sind, ansehen und herausfinden, wie sie innerhalb des geheiligten Kreises eingesetzt werden können.

Wir können einen Archetypen als ursprüngliches Modell eines Ideals betrachten. Wenn wir über sie meditieren, ihre Symbole erforschen und die Ideale, die sie verkörpern, können wir der Wurzel ihrer Kraft beträchtlich näherkommen. Sie werden solche Symbole in jedem Land finden. Einige tragen menschliche Form, andere sind Tiere oder unbeseelte Gestalten; manche sind einfach abstrakte Ideale; aber alle sind Gefäße der Macht und Kraft für die jeweilige Rasse und werden in Kriegszeiten - oder immer dann, wenn an den Nationalstolz appelliert wird - eingesetzt. In letzter Zeit ist es modern geworden, den Nationalstolz negativ zu kritisieren; aber ohne ihn hat eine Nation keinen Schild auf den inneren Ebenen und könnte daher auf ihnen besiegt werden, sollte sie angegriffen werden. Einige von diesen Symbolen für die Rassen in England, Schottland und Wales sind im folgenden angeführt.

Britannien: Löwe, John Bull, Tommy Atkins, St. Geoge, die Rose, Beefeater, Wache, die drei aufgerichteten Löwen, die Federn des Prinzen von Wales, Bulldogge (Helfer des Proctors), Excalibur, Tower von London, Parlament.

Schottland: Einhorn, Zweihänder (Schwert der Hochlandschotten), Dudelsack, Tartan, Löwe, die Standarten der schottischen Clans, Schottenmütze, Heidekraut.

Wales: Drache, walisische Harfe, Walisenhut, Cader Idris, Snowdon, Lied, Männerchor, Kohle.

Als Übung können Sie die vielen Symbole, die zu anderen Ländern gehören, herausfinden und aufschreiben. Solche Symbole können sehr nützlich sein, wenn man sie als Wächter in den Himmelsrichtungen des Tempels aufstellt oder als Quellen für gewisse Arten nationaler Kräfte verwendet. Sie können auch mit speziellen Tagen verbunden werden wie Sankt-Georgs-Tag, Waffenstillstandstag, Fahnenparade, Sankt-Andreas- und Sankt-Davids-Tag, Burnsnacht. Solche Tage sind recht brauchbar, weil Sie die »Form«, die bereits durch die Nationalgefühle aufgebaut wurde, für Ihre magische Arbeit verwenden können, ohne sich extra anstrengen zu müssen.

Ein wenig Forschung und Meditation werden Ihnen helfen, solche Symbole an die rechte Stelle zu setzen. Sie werden sehen, daß sie bei gewissen Ritualen eher brauchbar sind als die herkömmlichen Gottformen. Denken Sie daran, daß ein guter Magier alles und jedes, daß er zur Hand hat, einsetzen wird, um seine magischen Fähigkeiten zu stärken, zu verbessern und zu erweitern. Er glaubt, daß jedes einzelne Stück im Universum Teil von allem anderen ist und daß alles innerhalb des *Einen* existiert. Er ist daher genauso Teil eines solchen Symbols, einer Idee, einer Gottform, eines Archetypus oder Erzengels, wie er Teil seiner Rasse, eines Tieres, des Pflanzenreiches oder der allgemeinen Lebensenergie dieses Planeten ist. Das schließt aber auch andere, nebulösere Lebensformen mit ein, zum Beispiel die Königreiche der Feen.

Die meiste Zeit haben Feen wenig mit Sterblichen zu tun. Manchmal jedoch kreuzen sie unsere Pfade. Das geschieht meist dann, wenn Sie besonders sensitiv für ihre Schwingungen sind. In Schottland ist diese Fähigkeit stärker entwickelt als in England, und »das Gesicht« wird in einer Familie in allen Generationen weitervererbt. Es kann Segen und Fluch zugleich sein. Man hört oft, daß Leute sich das Zweite Gesicht wünschen, aber die Realität ist nicht immer bequem oder angenehm. Nachdem ich diese Gabe besitze, wenn auch nicht so stark ausgeprägt wie manche andere, kann ich in aller Ehrlichkeit sagen, daß es Dinge gibt, die ich lieber nicht sehen würde, besonders unter den weniger freundlichen Arten des Elfenvolkes. (Noch einen Ratschlag: Wenn Ihnen das Zweite Gesicht angeboren ist, schweigen Sie darüber, denn obwohl andere Leute mit dem Gedanken, daß Sie »Gespenster« sehen, leben können, werden Sie eine Menge Probleme bekommen, wenn Sie ihnen erzählen, daß Sie auch Elfen sehen können.)

Am ehesten werden Sie Elfen sehen – oder sie vielleicht einladen, an Ihren Ritualen teilzunehmen –, wenn Sie im Freien arbeiten. Es ist ausgesprochen selten, daß man sie überreden kann, in einem Haus zu arbeiten, obwohl es eine Art von Wesen gibt, denen das Leben mit Menschen besondere Freude macht. Begehen Sie nicht den Fehler, Feen, die in der Wildnis leben, mit Elfen wie Aengus Og und Midir, die großen Könige von Tir Nan Og, zu verwechseln. Wenn Sie an parallele Welten glauben können, dann können Sie auch an Tir Nan Og glauben. In der Regel sollte man Elfen in Ruhe lassen. Es kann schwierig sein, mit ihnen umzugehen, und sie haben die garstige Angewohnheit, ihre Versprechen zu vergessen!

Dennoch sind sie und ihre Welt Teil jener allumfassenden universellen Ganzheit, über die ich bereits geschrieben habe. Der Magier glaubt unbedingt daran, daß er ein wichtiger Teil dieser Ganzheit ist, daß er mit ihr in Kontakt sein kann, mit ihr eins sein kann, mit ihr kommunizieren und sie beeinflussen kann, aber auch von ihr beeinflußt werden kann. Und genau hier kommt die Astrologie ins Spiel.

Astrologie im Tempel

Über Astrologie wurden so viele Bücher geschrieben, daß es hier wohl überflüssig ist zu bemerken, daß ein kompetenter Magier zumindest im Ansatz wissen sollte, wie ein Horoskop zu erstellen und zu interpretieren ist. Gleichzeitig jedoch sollten Sie niemals den »Sternen« gestatten, Ihr Leben zu beherrschen. Diese zeigen Tendenzen oder den möglichen Ausgang einer unbestimmten Situation an, aber nicht unwiderrufliche Ereignisse. Lassen Sie sich Ihr Horoskop von einem fähigen Astrologen erstellen, und wenn Sie es sich leisten können, mit den Progressionen für die nächsten drei Jahre, da es Ihnen eine breite Basis geben wird, auf der Sie Ihre Pläne aufbauen können.

Fragen Sie nach den Deklinationen der Planeten in Ihrem Horoskop, so daß Sie wissen, welche oberhalb und welche unterhalb des Horizontes liegen. Mit dieser Information können Sie eine Meditation oder ein Ritual durchführen, das völlig verschieden von jedem ist, das Sie bisher gemacht haben.

Erkenne Dich selbst, ist die Maxime, nach der alle Okkultisten, Magier oder Mystiker leben. Es ist das Ziel jenes großartigen kabbalistischen Rituals, dessen Absicht »das Wissen und die Konversation mit dem heiligen Schutzengel« ist. Es hat andere Namen in anderen Traditionen, aber dies ist der am besten bekannte. Dieses Ritual erfordert eine Menge mehr Erfahrung und Ausbildung, als Sie in einem Jahr erwerben können; aber Sie können zumindest darauf hinarbeiten, indem Sie eine spezielle Art der Meditation verwenden. Sie werden Ihr ganzes Geschick in kreativer Imagination dazu brauchen und jedes Gran Ihrer Konzentration.

Wir werden in kleinen Schritten vorgehen. Bereiten Sie sich mit den normalen Atem- und Entspannungsübungen vor, dann beginnen Sie zu visualisieren. Imaginieren Sie, wie Sie im tiefen Weltraum stehen. Zuerst können Sie nur ein paar undeutliche Sterne sehen, dann entsteht nach und nach um Sie ein großer glänzender Ring, dann außerhalb noch ein zweiter. Wenn dieser Doppelring einigermaßen deutlich ist, sollte er Sie ungefähr auf Taillenhöhe umgeben. Es wird so aussehen, als sei er in großer Entfernung von Ihnen. Sie werden daher den Eindruck von immenser Größe bekommen. Wenn dies alles deutlich ausgebildet ist, werden Sie beginnen, Kraftlinien zu sehen, die aus Ihrem Körper hervorkommen (siehe Abb. 36).

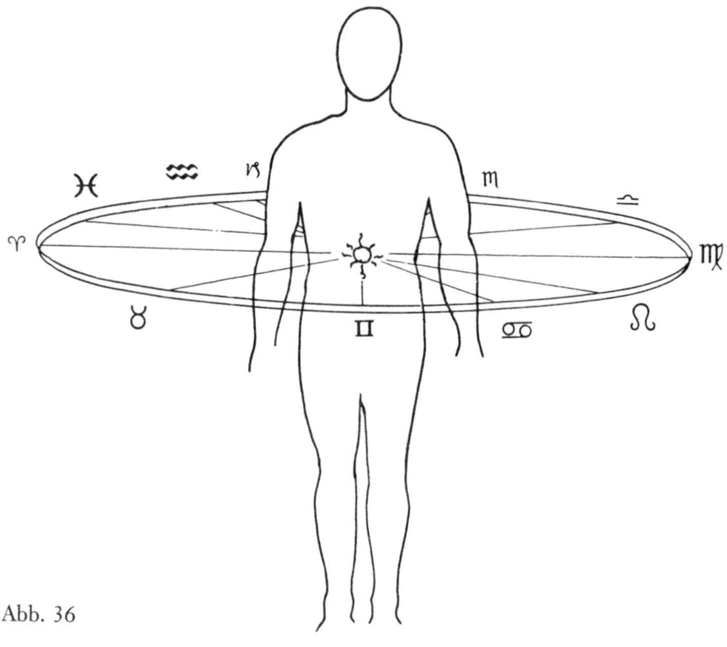

Abb. 36

Diese Kraftlinien fließen nach außen auf den Doppelkreis zu und teilen ihn in zwölf Abschnitte. Fürs erste sollten Sie mit dieser Meditation nicht weitergehen. Stehen Sie für eine Weile da und betrachten Sie den unterteilten Ring, dann kehren Sie zu völliger Bewußtheit zurück. Üben Sie diese kombinierte Meditation und Pfadarbeit, bis Sie Ihr Geburtshoroskop erhalten. Wenn Sie wissen, wie Ihr Horoskop aussieht und wo Ihre Planeten stehen, können Sie zum nächsten Schritt übergehen.

Bauen Sie das Bild auf wie zuvor, zunächst den ersten Ring, dann den zweiten. Nun formen Sie die Unterteilungen. Zählen Sie jede Kraftlinie, wie sie aus Ihrem Körper hervorströmt. Im Weltraum gibt es keine »Richtung«, aber den Ort, wo Sie hinblicken, werden wir Horizont nennen. Erinnern Sie sich, welches Tierkreiszeichen im ersten Haus steht. Wenn Sie Ihre genaue Geburtszeit nicht wissen, dann stellen Sie das Sonnenzeichen in dieses Haus.

Drehen Sie sich langsam, sehen Sie der Reihe nach jeden Abschnitt an und visualisieren Sie Ihrem Horoskop entsprechend das passende Zeichen hinein. Lassen Sie sich Zeit und bauen Sie alles so klar und deutlich auf, wie Sie nur können. Vielleicht haben Sie ein hemmendes Zeichen. Plazieren Sie auch dieses genauso, wie es in Ihrem Horoskop steht. Wenn Ihr kreatives Auge gut genug ist, können Sie versuchen, die Kraftlinien in dem genauen Winkel der Häuser zu »sehen«; aber machen Sie sich keine Sorgen, wenn Sie es nicht schaffen. Lassen Sie das »Horoskop« sich einfach in 30-Grad-Abschnitten aufbauen. Versuchen Sie, dieses Bild stabil vor Augen zu haben und meditieren Sie darüber. Das ist ein Abbild des Tierkreises zur Zeit Ihrer Geburt. Drehen Sie sich und schauen Sie auf jedes Haus. Denken Sie nach, was Sie über jedes Zeichen und jedes Haus wissen. Das ist genug für diesmal, kehren Sie zu vollem Bewußtsein zurück und schreiben Sie nieder, was Sie über Ihren Tierkreis herausgefunden haben.

Studieren Sie in den nächsten paar Tagen Ihr Geburtshoroskop sehr sorgfältig, die Bedeutung der Häuser und Zeichen. Danach lernen Sie die Stellung jedes einzelnen Planeten in Ihrem Horoskop auswendig. Wenn Sie sich alles gemerkt haben, machen Sie die Meditation nochmal. Beginnen Sie wie immer mit dem Aufbau der Ringe und den Kraftlinien und gehen Sie dann zum ganzen Tierkreis über. Stellen Sie sich diesmal so auf, daß Sie auf das Zeichen und Haus, in dem Ihre Geburtssonne steht, blicken. Denken Sie nach über den Einfluß, den sie auf Sie hat. Dann suchen Sie den Planeten Merkur und stellen fest, wie weit oder nahe er von der Sonne entfernt ist. Sehen Sie sich nun nach Venus und Mars um an der Stelle, wo sie Ihrem Horoskop entsprechend stehen sollen. Denken Sie jedesmal über den Einfluß nach, den diese Planeten auf Sie haben, und schauen Sie dabei in die entsprechende Richtung. Nach und nach bewegen Sie sich rundherum, bis Sie jeden Planeten in sein Haus und Zeichen gestellt haben (siehe Abb. 37 auf Seite 238). Das genügt für den Augenblick. Kehren Sie zu vollem Bewußtsein zurück und schreiben Sie nieder, was Sie gelernt haben.

Machen Sie diese Meditationen den ganzen Monat hindurch. Lassen Sie jedoch immer einen Tag dazwischen aus. Versuchen Sie, jedesmal etwas mehr darüber zu lernen, wie jeder Planet auf Sie von seinem

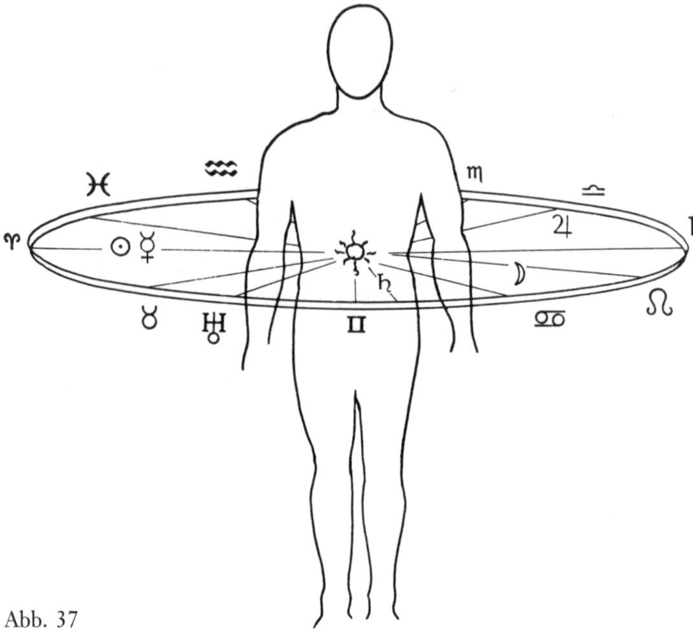

Abb. 37

Geburtshaus und Zeichen aus wirkt und reagiert. An den Tagen zwischendurch beschäftigen Sie sich mit Ihrem Horoskop und einem guten Astrologiebuch, um mehr über dieses Thema zu erfahren. In der Hälfte des Monats sehen Sie sich die Deklinationen der Planeten an, und das nächste Mal visualisieren Sie nicht alle auf einer Ebene, sondern so, wie sie tatsächlich stehen, einige unterhalb des Horizontes, andere weit darüber (siehe Abb. 38). Nun werden Sie beginnen, ihren Einfluß wirklich zu fühlen; nun werden Sie beginnen, »sich selbst zu kennen«.

Wenn Sie wirklich gut darin sind, können Sie einen zweiten Tierkreis oberhalb des ersten aufbauen, auf dem die Planeten in der Progression dargestellt sind, so daß Sie beobachten können, wie sie im Vergleich zu denen bei Ihrer Geburt stehen. Dies ist eine weiterführende Meditation, die verwendet werden kann, um jederzeit astral den Stand Ihres Horoskopes zu beobachten. Man kann das noch weiterführen und mit Hilfe von einigen Hilfsmitteln als Ritual im Tempel durchführen.

Nehmen Sie ein Blatt schwarzes Zeichenpapier und zeichnen Sie darauf eine Sonne mit ausgehenden Strahlen; dann machen Sie das gleiche auf einem anderen Blatt mit einem sichelförmigen Mond. Schneiden Sie diese Figuren sehr sorgfältig mit einer scharfen Klinge aus. Verwenden Sie keine Schere, Sie würden damit die Umrisse verderben (siehe Abb. 39).

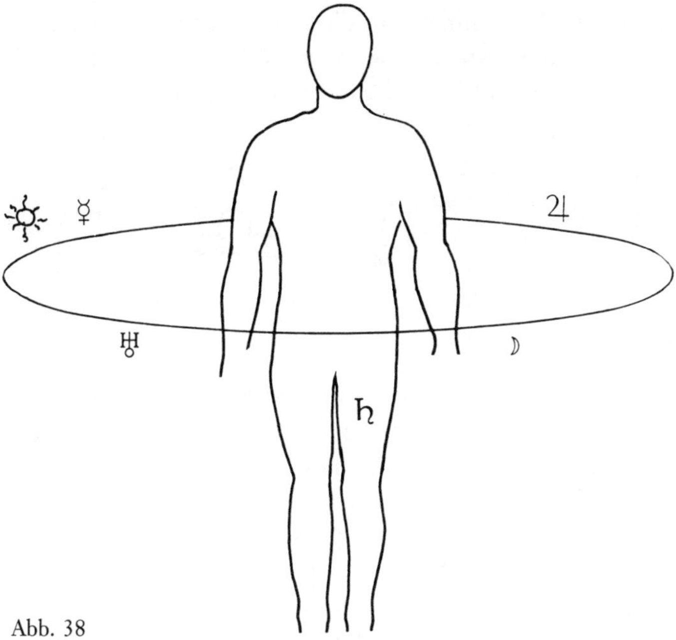

Abb. 38

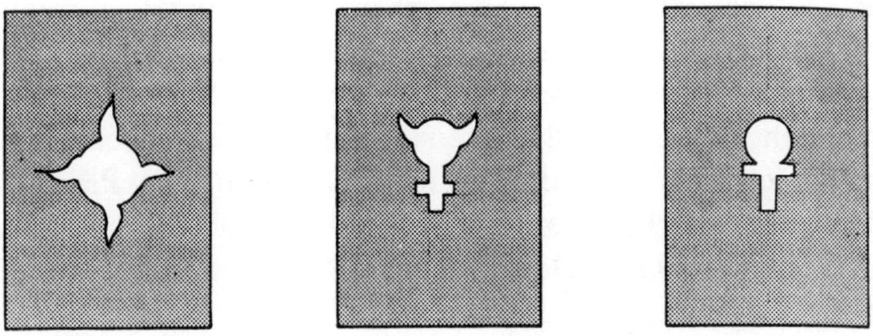

Abb. 39

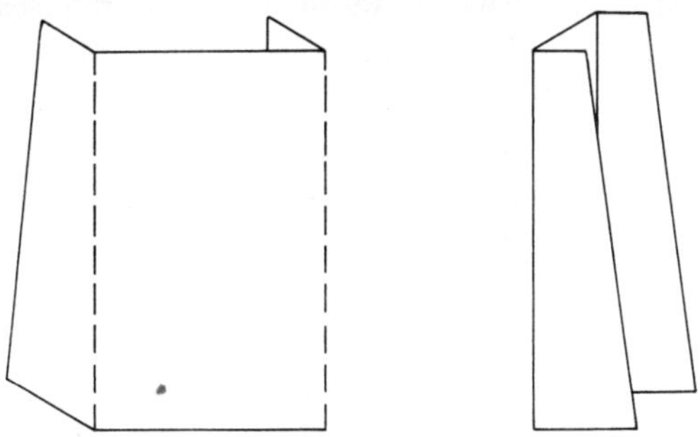

Abb. 40

Schneiden Sie nun auch von den anderen Planetensigillen Schablonen aus, also von Merkur, Venus, Mars, Jupiter, Saturn, Uranus, Neptun und Pluto. Sie sollten nicht höher als 15 cm sein. Falten Sie das Blatt an den Seiten so zurück, daß die Schablonen stehen können (siehe Abb. 40).

Aus weiteren Zeichenblättern, diesmal weißen, schneiden Sie zwölf Quadrate aus von ungefähr 30 × 30 cm und malen auf diese mit einem dicken schwarzen Filzstift die Zeichen des Tierkreises (siehe Abb. 41).

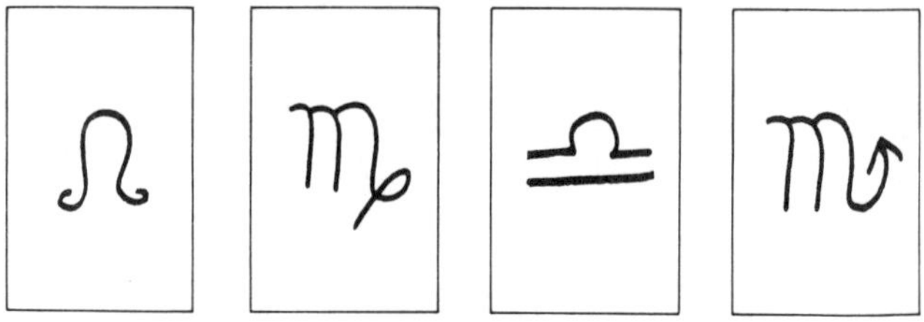

Abb. 41

Nehmen Sie Ihr Geburtshoroskop zu Hilfe und legen Sie den Tempel an wie folgt: Stellen Sie Ihren Altar in den Osten – Sie werden ihn für diese Arbeit nicht brauchen –, dann ordnen Sie die Zeichen im Tempel in einem Kreis an, so wie sie in Ihrem Horoskop auftreten. Beginnen Sie mit dem Zeichen am Aszendenten im Osten (das ist *nicht* Ihr Sonnenzeichen; nur wenn Sie keine genaue Geburtszeit haben, werden Sie Ihr Sonnenzeichen verwenden *müssen*). Im Süden sollte das Zeichen Ihres Medium Coeli (Zenit), im Westen das des Deszendenten und im Norden das des Imum Coeli (Nadir) sein. Die anderen Zeichen liegen dazwischen, so wie sie in Ihrem Horoskop erscheinen.

Besorgen Sie sich neun Kerzen mit stabilen Kerzenhaltern, die nicht umkippen können. Stellen Sie sie hinter den Zeichen auf, und zwar überall dort, wo nach Ihrem Geburtshoroskop ein Planet steht. Die entsprechenden Planetenkarten stellen Sie davor, so daß das Licht durchscheint und Sie beides, Planet und Zeichen, bequem sehen können (siehe Abb. 42).

Setzen Sie sich auf ein Kissen in die Mitte des Kreises mit Blickrichtung auf Ihr Sonnenzeichen und meditieren Sie über die Einflüsse, die Sonne, Zeichen und Haus auf Ihr Leben haben. Wenden Sie sich dann dem zweiten Haus zu; und auch wenn es keine Planeten hat, werden Zeichen und Haus doch einen gewissen Einfluß auf Sie ausüben. Vergessen Sie nicht, daß jeder Mensch die Wirkung von jedem Zeichen mitbekommt und nicht nur von jenen mit Planeten darin. Drehen Sie sich weiter und meditieren Sie über jedes Zeichen, bis Sie die gesamte Reise gemacht haben. Machen Sie das während dieses Monats verschiedene Male, und am Ende schreiben Sie die Gesamtheit aller Meditationsergebnisse auf. Später einmal können Sie den Wert dieser Übung noch vergrößern, indem Sie extra Schablonen und Kerzen verwenden, um die progressiven Planeten anzuzeigen und zu sehen, wie diese Ihr Grundhoroskop beeinflussen.

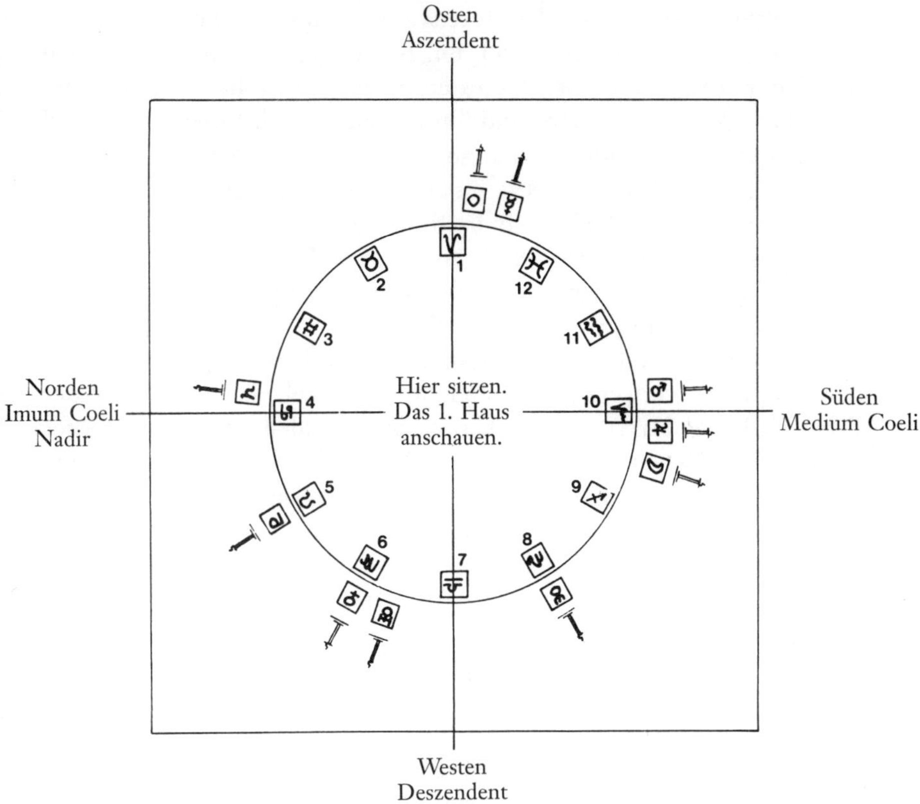

Abb. 42: Anordnung für das Geburtshoroskop-Ritual im Tempel

Der Tanz als Mittel, um Kraft aufzubauen

Tanzen, um Kraft an einem heiligen Ort aufzubauen, war schon vor Tausenden von Jahren üblich. Die Gestalt eines tanzenden Schamanen, mit einem Tierfell bekleidet, wurde auf die Wände der Höhlen von Les Trois Freres im Ariege-Distrikt der Dordogne zu Beginn der Menschheitsgeschichte gezeichnet. Die Kraft dieser tanzenden Figur zieht noch immer Menschen aus aller Welt an. In den alten Tagen wurde sie gezeichnet, um Tiere in die Reichweite von Stammesspeeren zu bringen. Viele Jahrhunderte später zieht sie *noch immer* Tiere an, menschliche Tiere, um genau zu sein, aber dennoch gewissermaßen Tiere; und dies ist, nach all der dazwischenliegenden Zeit, ein überzeugendes Beispiel schamanischer Magie.

Die Kraft, die von einem sich bewegenden Körper im Ritual ausgeht, ist gewaltig. Die Anhänger des Hexenkultes verwenden Tanz und Bewegung noch immer als ein Mittel, um Kraft zu erzeugen, und sie sind dabei sehr erfolgreich. Aber das größte Hindernis ist die Fähigkeit, sein Selbstbewußtsein zu lockern und ihm einzureden, daß man im Tempel auch herumwirbeln kann. Es kann sogar für den entschlossensten Möchtegernmagier lange Zeit dauern, bis er genügend Hemmungen abgelegt hat (zusammen mit Kleidung, in bestimmten Umständen) und die alten Wege des rituellen Tanzes beschreiten kann. Aber wenn Sie eine beträchtliche Menge an Kraft schnell und sicher aufrichten wollen oder müssen, dann ist Tanzen genau das Richtige.

Die Griechen, Ägypter und Hebräer haben den Tanz als eine Form der Verehrung verwendet. Es steht in der Bibel, daß David vor der Bundeslade des Herrn getanzt hat ... Sie befinden sich also in bester Gesellschaft. Der Frühmensch war ein Wesen der Tat, er verehrte seine Götter daher entsprechend – mit dem Tanz. Das war vor langer Zeit auf der ganzen Welt und in jeder Tradition so. Bis zum Spätmittelalter führte der Priester die Gläubigen an gewissen Feiertagen in einem Tanz rund um die Kirche, dann hinaus in das Dorf und wieder zurück. Es ist eine Tatsache, daß Tanzen unter rituellen Bedingungen nicht nur einen eigenartigen Effekt auf die Tanzenden selbst hat, sondern auch auf jene, die zuschauen.

Man könnte sagen, die Erfahrung sei eine rein emotionale, aber wie Colonel Seymour in seinem Essay *Ritual and Religious Experience* sagt: »Die Tatsache, daß eine Erfahrung gefühlsmäßig ist, macht sie nicht weniger *wirklich*.« Er fährt fort und sagt, in den frühen Tagen des Christentums hätten Bischöfe ihre Herde in heiligen Tänzen vor den Altären angeführt. Diese Sitte wurde am Konzil von 692 nach Christus verboten, konnte sie aber nicht völlig auslöschen. Sicherlich war das Tanzen vor dem Hochaltar der Kathedrale in Sevilla bis in die dreißiger Jahre dieses Jahrhunderts am Fronleichnamstag, zum Fest der Unbefleckten Empfängnis und zur Fastnachtszeit erlaubt. Man kann nicht umhin, sich zu überlegen, ob die heutigen Priester nicht besser dran wären, würden sie ein wenig vor dem Altar tanzen!

Wenn Sie eine Kopie der Apokryphen in die Hand bekommen und zu den Schriften von Johannes kommen, werden Sie ein vollständiges Tanzritual finden, das Sie in Ihrem Tempel mit ausgezeichneten Ergebnissen verwenden könnten. Es war ursprünglich als Einweihung gedacht, kann aber einfach als Verehrungsritual durchgeführt werden.

Was macht den Tanz so magisch? Es gibt viele Gründe; aber der wichtigste ist, daß Tanzen genauso wie Wein den Geist umnebelt und das ständige Drehen und Springen einen gewissen Schwindelzustand erzeugt, der die gehemmte Psyche freisetzt. Der Rhythmus des Tanzes spielt dabei eine große Rolle; er wirkt fast hypnotisch und berührt sowohl den Tänzer als auch den Zuschauer, zieht beide an, bis sie eins sind in der Ekstase des Tanzes. Dieses Phänomen ist unter den tanzenden oder wirbelnden Derwischen von Nordafrika wohlbekannt. Sie tanzen sich in einen Zustand der Trance und glauben, daß dann das Göttliche aus ihnen spreche.

Die amerikanischen Indianer tanzen noch immer viele ihrer Rituale, und in Osteuropa ist es nicht ungewöhnlich, daß ein Bauer hoch über sein wachsendes Getreide springt im Glauben, das Getreide würde so hoch wachsen, wie er springen könne. Die alten Bräuche sterben nicht aus; sie liegen nur schlafend da, bis jemand kommt und sie wieder entdeckt. Das altgriechische Wort für Ritual war »Dromenon«, was so viel bedeutet wie »eine getane Sache«. Der Sinn war, selbst etwas tun zu müssen, wenn man etwas getan bekommen wollte, zum Beispiel ein Ergebnis nach einem Ritual. Daher also das Tanzen. Aber kann man das in einem modernen Tempel durchführen? Ja, man kann; aber Sie müssen lernen, sich gehen und Ihr inneres Selbst an die Oberfläche kommen zu lassen, bevor Sie vollen Nutzen daraus ziehen können.

Sie haben bereits Bewegung im Tempel verwendet, um Kraft aufzubauen. Tanzen ist der nächste logische Schritt. Nehmen Sie Ihren Kassettenspieler mit in den Tempel und spielen Sie eine Kassette mit Discomusik. Sie brauchen sich keine Sorgen über die Wirkung auf Ihren geweihten Tempel zu machen. Discomusik ist ähnlich dem rasenden Trommeln, Flöten und Zimbelschlagen der alten Griechen während eines Dionysos-Rituals. Schalten Sie die Musik *nicht* zu laut. Sie sollen sie hören können, nicht aber Ihren Tempelwächter taub machen!

Tanzen Sie jetzt . . ., einfach so, wie es Ihnen gefällt, wie Sie fühlen, wie Sie wollen. Auch wenn Sie in mittleren Jahren sind, lassen Sie sich gehen; denken Sie daran, daß Sie Ihre jungen Jahre nie verlieren. Sie sind noch immer da unter den älteren; lassen Sie sie heraus. Sie brauchen nicht athletisch zu sein, nur so graziös wie Sie können. Tanzen Sie vor Ihren Göttern und lassen Sie Ihren Körper, Ihren Geist und Ihr Herz sie verehren. Wenn Sie wollen, haben Sie Ihre Götter – oder wenn Sie monotheistisch sind, den Einen – vor Augen, und lassen Sie Ihren Tanz Ihre Lobeshymne sein. Tanzen Sie, bis Sie ein wenig müde sind, aber nicht erschöpft. Dann hören Sie auf, essen und trinken etwas und duschen sich.

Machen Sie das jetzt ein- oder zweimal in der Woche, um sich an die Idee zu gewöhnen, in Ihrem heiligen Gehege auch tanzen zu können und sich dabei richtig entspannt zu fühlen. Dann nehmen Sie eine andere Musik, am besten leichte klassische, um Ihre Stimmung und Schritte zu ändern, und tanzen mit der Absicht, ein echtes Ritual zu tanzen. Tun Sie das zuerst einfach als Form der Lobpreisung und Verehrung, dann versuchen Sie es als eine Form von Bitte, lassen den Tanz Ausdruck Ihres Wunsches sein. Entwickeln Sie das weiter und arbeiten Sie sich Ihre eigenen Grundschritte für verschiedene Arten von Ritualen aus. Ein rasendes Stampfen und Springen, um Kraft für Mut und Initiative aufzubauen, ein weicherer, beschwingter Schritt für sanftere Ziele. Sie können die würdigen Tänze mit den feierlichen ägyptischen Gesten und Bewegungen für Wissensrituale verwenden und Springen und Hüpfen für Zeiten des Wachstums wie Frühling und Sommer.

Wenn Sie die Möglichkeit haben, im Fernsehen oder auf der Bühne eine Tanzaufführung zu sehen, so nutzen Sie dies, denn es wird Ihnen neue Ideen bringen. Wenn Ihr Kind Ballettunterricht bekommt, zögern Sie nicht, den Lehrer zu bitten, Ihnen ein paar Grundschritte griechischen Tanzstils zu zeigen. Sie werden angenehm überrascht sein, wenn Sie sehen, wie einfach das sein kann.

Wenn Ihnen dies alles zur zweiten Natur geworden ist, können Sie zum nächsten Schritt übergehen. Ziehen Sie sich aus und tanzen Sie nackt. Der menschliche Körper ist nichts, worüber man sich schämen müßte; er ist die schönste Meisterkonstruktion, die wir kennen. Er mag nicht ganz so aussehen wie der eines Supermannes oder eines Mannequins, aber trotzdem ist er in jedem Alter und jeder Verfassung schön. Also, runter mit den Kleidern – *tanzen Sie!* Sie können Ihren magischen Spiegel bedecken, wenn er Sie stört. Aber: ziehen Sie sich aus, tanzen Sie, fühlen Sie, wie die Musik Sie von den Zehen bis zu den Fingerspitzen durchflutet. Erlauben Sie dem Gott/der Göttin, durchzukommen und eins mit Ihnen zu sein. Bevor Sie es nicht versucht haben, werden Sie nie wissen, wie gut es sich anfühlt, wenn Sie alle diese hemmenden Ideen hinter sich gelassen und vor Ihren Göttern in vollem Wissen Ihrer eigenen Göttlichkeit getanzt haben.

Wenn Sie das geschafft haben, ohne verlegen zu werden oder sich zu schämen, werden Sie in der Lage sein, durch den Tanz einen Kraftkegel aufzubauen. Jedesmal wenn Sie den Tempel eröffnen und bestimmte Gottformen oder Erzengel in die Himmelsrichtungen zitieren, errichten Sie einen Kraftkegel. Aber wenn Sie Ihren Tempel zum Beispiel für ein griechisches Ritual öffnen, indem Sie in den Himmelsrichtungen und um den ganzen Tempel herum bestimmte Tanzmuster verwenden, werden Sie einen doppelt starken Kraftkegel erhalten, mit dem Sie arbeiten können. Im Freien ist es viel sicherer und positiver, Kraft mit Tanzen als mit Invokationen in den Himmelsrichtungen zu beschwören.

Sie müssen im Freien natürlich nicht nackt tanzen; Sie können es tun, wenn Sie wollen, der Ort abgelegen genug ist und das Wetter es erlaubt.

Wenn Sie in der Gruppe arbeiten, versuchen Sie einen Rundtanz. Halten Sie sich an den Händen und gehen Sie zuerst in die eine, dann in die andere Richtung; oder die Männer blicken nach außen und die Frauen nach innen. Oder Sie versuchen einen sogenannten Labyrinthtanz, bei dem der Anführer in engen Kreisen nach innen und dann wieder nach außen tanzt. All dies sind vorzügliche Möglichkeiten, um Kraft aufzubauen.

Davon ausgehend können Sie Ihre eigenen rituellen Bewegungen entwerfen, wenn Sie Ihre eigenen Riten schreiben. Zögern Sie nie, etwas Neues auszuprobieren, denn wenn das nie jemand getan hätte, wären wir nie so weit gekommen. Wenn Sie tanzen, dann ahmen Sie den großen Tanz des Tierkreises, der Schöpfung und der Evolution nach.

Mantra und Mudra

Auf der gleichen Linie liegen auch Mantra und Mudra. Beide haben eine starke Verbindung zum Tanz. Das Mantra ist ein Klangmandala, eine Gruppe von Silben oder Worten, die wieder und wieder heruntergeleiert werden und die am Ende den gleichen Effekt erzielen wie tanzen, sich im Kreis drehen oder wie bei einem dionysischem Ritual ein oder zwei Gläser starken, selbstgekelterten Weines. All dies trennt das Ätherische vom Physischen und verstärkt die feineren Sinne. Das vielleicht am besten bekannte Mantra ist »Aum Mani Padme Aum«, gefolgt von »Hare Krishna, Hare Rama«. Aber auch wir im Westen haben Mantras, die jedoch meist von der katholischen Kirche verwendet werden.

Das Mantra spielt in der Magie eine wesentliche Rolle, da es Teil des Konzeptes vom Schöpfungswort ist, das alle Dinge erschaffen hat. Das Wort und der Gott oder die Göttin, die es aussprechen, sind für alle magischen Zwecke das gleiche. Es kann als Teil des Urschöpfers oder der Urschöpferin angesehen werden, in dem wir und alles Leben überall das Sein haben. Wenn wir daher ein Mantra wiederholen, so schafft dies in uns eine Klangverbindung zu den Anfängen des Universums.

Da es den Geist von allem Physischen befreit, kann das Mantra Teil der Vorbereitung für ein Ritual werden, besonders wenn die Worte mit der Tradition oder dem Ritual selbst zu tun haben. Ein Mantra kann nicht nur aus einer Gruppe von Worten gebildet werden – ein einzelnes Wort oder der Name einer Gottform können so lange wiederholt werden, bis eine Art von Trance erreicht ist. Sie können auch Ihren eigenen

Vornamen verwenden. Alfred Lord Tennyson, der viktorianische Poet, tat dies, und er fand, es sei eine sehr wirksame Art, veränderte Bewußtseinszustände zu erzielen.

Dies paßt alles sehr gut zusammen mit dem, was Sie bereits über Klang und seinen Gebrauch im Tempel gehört haben, und über das Finden und Verwenden eines Körpertones. Sie sollten auch etwas über das Pythagoräische Zahlensystem lernen und wie Zahlen mit Klängen und besonders mit Musik zusammenhängen. Sie haben etwas über die Wichtigkeit der Stimme erfahren; und auch dies paßt wieder mit der Verwendung von Mantras zusammen, genauso wie die täglichen Atemübungen, die Sie regelmäßig machen.

Es gibt noch einen anderen Aspekt der Kraft des Mantras, der Ihnen vielleicht entgangen sein dürfte, aber der jeden Teil Ihres Lebens berührt. Politische Schlagworte sind genauso auf die Kraft des Mantras angewiesen wie die Gesänge eines tibetanischen Lamas. Der Werbeslogan, den Sie nicht aus dem Kopf bekommen, ist ein weiterer Aspekt. Wir werden heute überflutet von albernen Werbesprüchen, an die sich viele Leute oft auch nach Jahren noch erinnern können. Dies ist die Macht einer leicht zu behaltenden monotonen Phrase, und dies ist auch die Macht eines Mantras.

Mudra

Mudra ist die Verwendung von Gesten, Handbewegungen und Mimik. In Hindutänzen ist es der Gebrauch der Hände, der auf einprägsame Weise Leben und Liebe der Götter beschreibt. Die »sprechenden Hände« der Hulatänzer auf Hawaii sind Mudras. Die betenden Hände, die so wunderschön von Dürer dargestellt wurden, sind ein weiteres Beispiel, ebenso die ritualisierten Gesten in der katholischen Messe, die von frühchristlichen Zeremonien überliefert wurden. Auf den Gemälden der alten Meister wurde großes Gewicht auf die Darstellung der Hände, ihre Gesten und die Gegenstände, die sie hielten, gelegt.

Viele Bilder von Heiligen zeigen, wie diese einen Finger auf die Lippen legen und einen Fuß leicht nach vorn stellen. Das ist eine Mudrastellung, eine Gebärde, die anzeigt, daß die dargestellte Person bis zu einem bestimmten Grad fortgeschritten war. Der Finger auf den Lippen war ein Zeichen, das vielfach im alten Ägypten verwendet wurde. Ein anderes gut bekanntes Mudra ist die Pose des tanzenden Shiva und jene des Merkurs, wie er leicht auf einem Fuß balanciert, als ob er bereit wäre davonzufliegen.

In dem Augenblick, in dem Sie Ihren magischen Stab oder das Schwert heben, machen Sie ein Mudra. Das bedeutet: Sie bewegen sich mit einer bestimmten Absicht, formen eine Geste, um etwas kraftvoll auszudrücken.

Zurück zur katholischen Messe. Wenn Sie sorgfältig hinsehen, werden Sie eine ganze Reihe von schönen, graziösen und kraftvollen Mudras erkennen. Holen Sie sich ein Buch über Mimik aus Ihrer Bücherei, studieren Sie es und versuchen Sie, die dargestellten Gesten als Übung nachzustellen. Entwerfen Sie einige eigene Mimikübungen. Üben Sie mit Ihren magischen Waffen, ohne sie tatsächlich in der Hand zu halten. Dann setzen Sie sich hin und versuchen, Ihre Hände und Finger zu Symbolen zu formen und kurz darüber zu meditieren. Ein Buch über Ninja-Philosophie oder ein Photoband über große Ballette werden Ihnen eine ganze Reihe Mudras geben, mit denen Sie arbeiten können. Vergessen Sie nie, daß Beobachung ein ebenso wichtiges magisches Werkzeug ist wie Ihr Kessel und Ihr Schwert.

Es gibt auch Mudras zur übersinnlichen Verteidigung, wie zum Beispiel, wenn Sie den Daumen über die beiden mittleren Finger legen und den kleinen und Ringfinger wie zwei kleine Hörner abspreizen. Ein beleidigendes Mudra, wie den Finger in die Nase zu halten, der anklagend ausgestreckte Finger und der lockende, winkende Finger – sie alle sind Mudras, die wir tagtäglich verwenden. Beobachten Sie also, was andere Menschen mit Händen und Körper anfangen; es wird Ihnen eine Menge sagen. Und wenn Sie daran interessiert sind, mehr darüber zu lernen, lesen Sie Desmond Morris Buch »*Manwatching*« (*Der Mensch, mit dem wir leben. Ein Handbuch unseres Verhaltens*). Es wird Ihnen eine Menge zum Nachdenken geben. Aber Sie werden danach Ihre Hände vielleicht für eine Weile in der Tasche lassen.

Divination im Tempel

Wir kommen jetzt zur Verwendung von Divination und talismanischer Magie im Tempel. Ich werde mich nicht mit der Verwendung von Kristallen, I Ging, des Tarots oder der Geomantie im üblichen Sinne befassen. Ich möchte sie vielmehr als Tempelwerkzeuge und ihre Verwendung innerhalb des geheiligten Geheges betrachten.

Jeder Magier sollte über zwei verschiedene Arten von Divination informiert sein. Es bleibt Ihnen überlassen, was Sie sich aussuchen. Die meisten versuchen irgendwann einmal die Arbeit mit dem Kristall, aber nicht jeder kann damit wirklich umgehen. Ich selbst kann einen Kristall überhaupt nicht verwenden, wohl aber eine Schale mit Wasser, eine Tintenpfütze oder sogar meine Handfläche, wenn Licht darauf scheint. Wenn also der Kristall nicht funktionieren will, brauchen Sie nicht entmutigt zu sein. Versuchen Sie einfach einige Variationen zum Thema, vielleicht klappt es dann. Die Symbolik der Tarotkarten ist einfach und schnell zu erlernen; aber wenn man tiefer gehen will, erfordert dies viel Zeit und Mühe. W. E. Butlers Buch *How To Develop Clairvoyance* (*Hellsehen. Der Weg zur außersinnlichen Wahrnehmung*) ist sehr gut für Anfänger in der Kristallschau. Ein Gegenstück zu diesem Buch ist *The Tarot Workbook* (*Das Tarot-Werkbuch*) von Emily Peach, wohl das beste für Anfänger und Veteranen, sofern es sich um den Tarot handelt. Zusätzlich geht dieses Buch auch noch auf die Kabbala ein.

Das I Ging ist genauso eine alte und wertvolle Form der Divination wie die Geomantie; aber es ist wirklich schwierig, beide völlig zu beherrschen. Sie könnten es auch mit Runen versuchen. Tony Willis *The Runic Workbook* gibt eine ausgezeichnete Einführung und Geschichte der Runen. Welches System Sie auch immer wählen, denken Sie daran: Es ist ebenso ein Werkzeug zum Tempelgebrauch wie jedes andere. Verwenden Sie Divinationssysteme in Ihrem Alltagsleben, aber lernen Sie auch, deren Kraft innerhalb der Loge zu entwickeln.

Da sie am besten bekannt sind, werden wir als Beispiel den Kristall und den Tarot nehmen. Wenn Sie daher andere Methoden verwenden, versuchen Sie, sie an die folgenden Vorschläge anzupassen.

Kristallschau

Die schwarze Ausstattung, die Sie für den magischen Spiegel angefertigt haben, können Sie jetzt auch zur Kristallschau im Tempel verwenden. Bereiten Sie Ihren Tempel folgendermaßen vor: Hängen Sie Ihren Spiegel an die Ostwand und bedecken Sie die westliche Wand mit einer schwarzen Blende. Wenn Sie in den Spiegel blicken, werden Sie hinter sich nur Schwärze sehen können. Stellen Sie einen kleinen Tisch, mit einem schwarzen Tuch bedeckt, vor den Spiegel und darauf Ihren Kristall, dazu eine Kerze zwischen Spiegel und Kristall.

Entspannen Sie sich und beginnen Sie mit Ihren Atemübungen. Hören Sie damit nicht auf, bis Sie sich bereit zum Anfangen fühlen. Schauen Sie tief in den Kristall und nehmen Sie Kontakt mit ihm auf. Blicken Sie in den Spiegel und nehmen Sie, wenn Sie ein Mann sind, die Gottform von Thot an; wenn Sie eine Frau sind, die der Isis. Ziehen Sie die Form mit aller Kraft, die Sie haben, in sich hinein und fühlen Sie, wie sie sich in Ihrem Stuhl niederläßt. Machen Sie eine Invokation an den Gott oder die Göttin, um die Wahrheit klar »sehen« zu können.

Nun gibt es zwei Wege, um fortzufahren. Sie können entweder dem Kristall Ihre Frage stellen und zur Entgegennahme der Antwort in den Spiegel blicken, also Ihr eigenes Gesicht als Weissageobjekt verwenden, oder aber Sie können es umgekehrt machen und Ihr Spiegelbild fragen, aber die Antwort im Kristall suchen. Ich ziehe die zweite Methode vor, wenn ich mit diesen Mitteln arbeite, da Sie in diesem Fall die Frage an die angenommene Gottform richten und die Antwort über die widerspiegelnde Oberfläche des Kristalls in Ihrer eigenen Psyche suchen.

Warten Sie ruhig und geduldig, bis sich ein Bild formt. Es wird vielleicht nicht objektiv im Kristall erscheinen, sondern »nur« vor Ihrem inneren Auge oder in stark symbolischer Form. Halten Sie einen kleinen Notizblock und einen Bleistift bereit und notieren Sie rasch alles, das Ihnen wesentlich erscheint. Wenn Sie den Mut haben – und Sie brauchen wirklich eine Menge Mut dazu –, dann verzichten Sie auf den Kristall und bitten Sie die Gottform, Ihnen die Antwort auf Ihre Frage als Spiegelbild im Spiegel vor Ihnen zu zeigen. Für diese Variation gibt es jedoch einige Bedingungen: 1. Sie dürfen sich *nie* umsehen; 2. wenn Sie diesen Vorgang einmal begonnen haben, *müssen* Sie ihn zu Ende führen, *ganz egal was geschieht*. Sie sollten diese Art nie aus reiner Prahlerei durchführen. Vielleicht haben Sie Glück und kommen mit Herzklopfen oder rasenden Kopfschmerzen davon. Wenn Sie ein wenig von einem Medium, das materialisieren kann, in sich haben, könnten Sie sogar eine tatsächliche Erscheinung bekommen. Das ist allerdings nichts, worauf man sich freuen kann.

Wenn Sie aus Ihrem Kristall das Beste herausbekommen möchten, lassen Sie ihn, wenn möglich, unbedeckt im Tempel stehen. Er wird den Einfluß der Tempelseele absorbieren und dadurch verfeinert werden. Sie können auch eine bevorzugte Gottform in der entsprechenden Himmelsrichtung invozieren, Ihre Frage stellen und den unbedeckten Kristall auf dem Tischchen oder Stuhl in dieser Himmelsrichtung stehenlassen. Am nächsten Morgen oder Abend setzen Sie sich hin und schauen ruhig in den Kristall, um Ihre Antwort zu erhalten. Wenn Sie wollen, können Sie Ihren Kristall solch einer Gottform widmen und sie darum bitten, ein Atom ihres »Wesens« zu erübrigen, um damit den Kristall zu füllen. Dadurch werden Sie mit diesem Gott oder dieser Göttin verbunden sein und die Kristallschau sozusagen unter ihrem Schutz ausführen. Auf die gleiche Art können Sie Ihren magischen Spiegel unter den Schutz von Hathor stellen, deren Symbol er ist, oder unter den von Aphrodite, wenn Sie das griechische Pantheon bevorzugen.

Die Verwendung des Tarot im Tempel ist etwas anderes und kann auf zwei Arten in Angriff genommen werden. Man kann entweder die großen Arkana als eine Leiter verwenden, um das Bewußtsein auf eine höhere Ebene zu heben, oder als divinatorische Hilfe. In beiden Fällen werden Sie nur die großen Arkana brauchen.

Um die Trümpfe zum Erreichen eines geänderten Bewußtseinszustandes zu verwenden, legen Sie die Karten auf dem Boden in einem Kreis rund um den Tempel aus. Sie werden auch einen Kassettenrekorder und eine Kassette von *The Journey of the Fool* brauchen, die Sie von Sulis Music Tapes, BCM Box 3721, London WC1N 3XX, erhalten können. Diese Kassette ist eine gesprochene Reise durch die Arkana, aufgenommen von aufrichtigen Okkultisten bei einer Aufführung der SOL-Konferenz 1983. Der Reihe nach spricht jeder Trumpf. Stellen Sie sich immer vor den jeweiligen hin und hören Sie aufmerksam zu. Der Tempel sollte nur vom Altarlicht erleuchtet sein; und bevor Sie mit der Kassette beginnen, sollten Sie eine ordentliche Tempeleröffnung durchgeführt haben. Beginnen Sie die Reise mit einer kurzen Meditation, in der Sie die Rolle des Narren annehmen, der dabei ist, die große Reise zu beginnen. Die Kombination aus Tempelatmosphäre, dem einzelnen Licht und dem Gefühl »auf eine Reise zu gehen«, wird eine beträchtliche Wirkung auf Sie haben. Sie können die Karten auch in der Form des Baumes des Lebens auflegen und so wie jeder Trumpf spricht, die Pfade des Baumes abschreiten und ihren Einfluß in die Chakras der Mittelsäule Ihres Körpers hineinziehen.

Um mit dem Tarot Divination im Tempel durchzuführen, gestalten Sie Ihren Tempel, wie in Abb. 43 gezeigt. Verwenden Sie ein zusätzliches Tischchen zwischen Altar und dem Westen, das als Yesod dient. Sie sitzen im Osten und meditieren über Ihre Frage mit den Karten in Händen. Mischen Sie sie sorgfältig. Stehen Sie auf und legen Sie die erste Karte mit dem Gesicht nach unten auf den Stuhl. Sagen Sie dabei:

> Dies ist der Beginn meiner Reise zur Wahrheit.
> [*Gehen Sie zur Station von Chockmah; legen Sie eine andere Karte mit dem Gesicht nach unten nieder und sagen Sie:*]
> Dies ist die Gedankenlinie, die mich weiterführt.
> [*Gehen Sie zur Station von Binah; legen Sie die Karte mit dem Gesicht nach unten nieder und sagen Sie:*]
> Diese Karte zeigt die Wurzel meines Problems.
> [*Gehen Sie zur Station von Chesed; legen Sie die Karte nieder und sagen Sie:*]

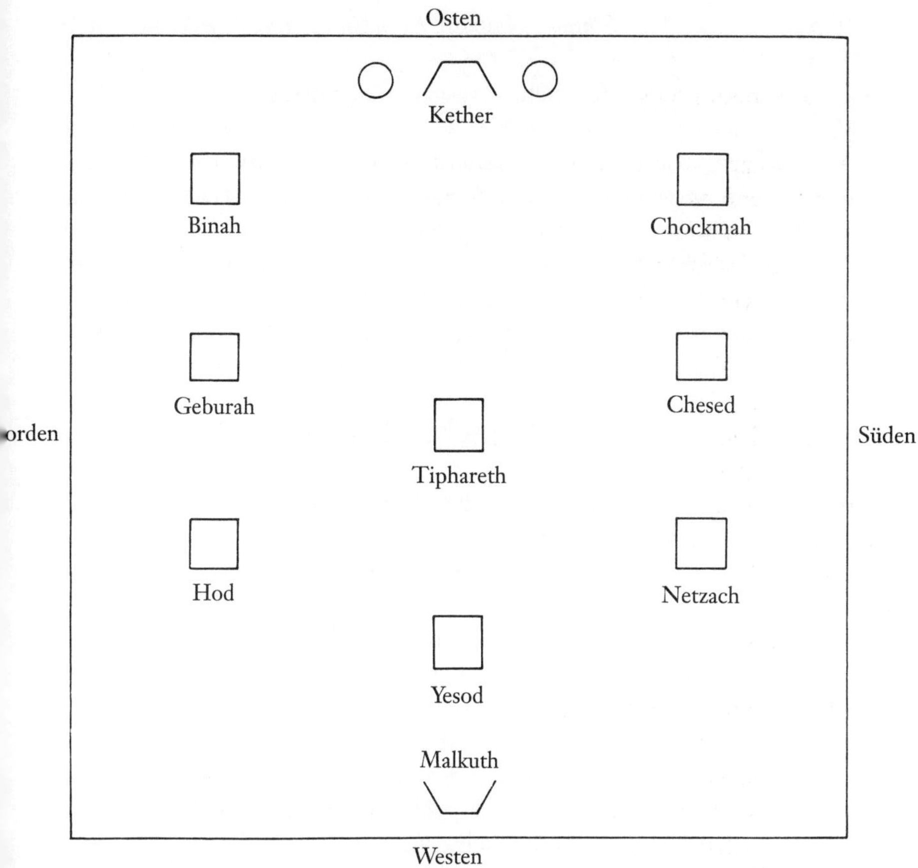

Abb. 43: Anordnung für die Tarot-Divination im Tempel

Diese Karte zeigt den Plan, dem ich folgen muß.
[*Gehen Sie zur Station von Geburah; legen Sie die Karte nieder und sagen:*]
Diese Karte zeigt, was geändert oder ausgelöscht werden muß.
[*Gehen Sie zur Station von Tiphareth; legen Sie die Karte nieder und sagen Sie:*]
Hier ist meine Festigkeit und Stärke in dieser Angelegenheit.
[*Gehen Sie zur Station von Netzach; legen Sie die Karte nieder und sagen Sie:*]
Hier ist der Weg zu Verständnis und Erfolg.
[*Gehen Sie zur Station von Hod; legen Sie die Karte nieder und sagen Sie:*]
Hier ist der Weg, um meine Wünsche mitzuteilen.
[*Gehen Sie zur Station von Yesod; legen Sie die Karte nieder und sagen Sie:*]
Dies ist die Richtung, die den meisten Erfolg verspricht.

[Gehen Sie zur letzten Station, Malkuth; legen Sie die Karte nieder und sagen Sie:]
Dies zeigt den wahrscheinlichen Ausgang der Situation.
[Gehen Sie nun zur ersten Karte zurück, drehen Sie sie um, interpretieren Sie die Bedeutung. Gehen Sie zur nächsten Karte, drehen auch diese um und betrachten sie zusammen mit der vorherigen. Auf die gleiche Weise arbeiten Sie sich durch alle Karten bis zum Endergebnis. Es ist eine gute Idee, ein kleines Notizheft bei sich zu haben und sich die Karten und ihre Positionen aufzuschreiben, um das Blatt später in Ihr Tagebuch legen und darüber meditieren zu können. Sie können diese Anlage natürlich variieren, womit immer Sie wollen.

Talismanische Magie

Eine Menge Verwirrung herrscht über Talismane und Amulette. Dafür gibt es eigentlich keinen Grund, da sie von Ihrer Wirkungsweise her ziemlich verschieden sind. Ein Talisman, nach der Definition des Golden Dawn-Magiers MacGregor Mathers, ist »ein magischer Gegenstand, der mit der Kraft, die er repräsentieren soll, geladen ist«. Es ist ein aktiver Gegenstand, der mit einer ebenso aktiven Kraft gefüllt ist; und dazu entworfen wurde, ein bestimmtes Set von magischen Gesetzen um die Person, für die er angefertigt wurde, zum Wirken zu bringen. Er ist wie ein Richtungsweiser über jemandes Kopf, der sagt: »Hierher, es ist dieser!« Nach heutigen Begriffen ist es ähnlich wie eine Postleitzahl, die sicherstellt, daß Sie Ihre Briefe auch erhalten.

Wenn der Talisman richtig hergestellt wurde, wird er genausolange wirksam sein, wie vorher bestimmt wurde, ohne zusätzliche Mehrarbeit. Er ist sozusagen ein Perpetuum mobile. Ein Amulett ist eher wie ein Sicherheitshelm; es ist hauptsächlich ein Schutz und wendet üble Einflüsse von dem, der es trägt, ab. Manchmal wird es ständig getragen wie ein Heiliger Christophorus als Schild gegen Unfälle während einer Reise oder wie ein Kruzifix gegen jedwedes Übel, wie ein Anch oder ein Pentakel. Jedes Symbol, das um den Hals getragen wird, ist ein Amulett gegen irgend etwas. Auch wenn derjenige, der es trägt, dies verleugnet, ist es doch in seinem Unterbewußtsein verankert. Oft erhält man es als Geschenk; dann trägt es die Wünsche und Gebete der anderen Person für Ihre Sicherheit und Ihr ständiges Wohlergehen in sich.

Ein Talisman besteht oft aus einer Reihe von Sigillen, Namen und/oder Zahlen oder hebräischen Buchstaben, die kreisförmig angeordnet sind. Traditionell werden diese Symbole auf handgemachtem Jungfernpergament oder feinem Pergament mit Tinte aufgezeichnet. Nach dem

Gesetz des Willens jedoch, das in der Magie an oberster Stelle steht, können diese Zeichen auch auf gewöhnlichem Papier mit Filzstiften aufgemalt werden; und der Talisman wird genauso wirksam sein. Wenn Sie echtes Pergament verwenden wollen, bedenken Sie, daß es sehr teuer ist. Üben Sie daher die Anfertigung Ihres Talismans auf gewöhnlichem Papier und erst, wenn Sie das einwandfrei beherrschen, machen Sie Ihre endgültige Zeichnung auf einem Stück Pergament, ungefähr 10 × 10 cm für einen großen Talisman oder 5 × 5 cm für einen kleineren, den Sie mit sich herumtragen wollen.

Die erste Regel bei der Herstellung eines Talismans lautet: sich hinsetzen und entscheiden, was Sie von ihm wollen. Tatsächlich ist dies der schwierigste Teil, und Sie werden sehen, daß Ihnen sechs oder sieben Ideen kommen werden, die alle gleich wichtig sind (oder zumindest glauben Sie das). Wenn Sie sich diese Ideen näher ansehen, werden Sie schließlich bei einer landen, die entweder die meisten anderen mit einschließt oder aber die wichtigste zu sein scheint. Die nächste Aufgabe ist, sich zu entscheiden, unter welche Einflüsse Sie dieses Projekt am besten stellen. Hier werden Ihre Kenntnisse über Symbolik sehr nützlich sein. Ich hoffe, Sie bemerken, daß all diese langweiligen Stunden des Lernens im frühen Teil Ihrer diesjährigen Ausbildung jetzt Früchte zu tragen beginnen! Talismane fallen unter Planeteneinflüsse; Sie werden daher eine Liste von Korrespondenz für jeden Planeten brauchen. Dazu ein paar Beispiele:

Sonne und *Jupiter* liegen auf einer ähnlichen Linie und beherrschen Dinge wie Ehre, Reichtümer, Gewänder, Stellung, Glück, Gold. Sie üben auch Herrschaft aus über nukleare Energie, wenn Sie *nicht* für Kriegszwecke eingesetzt wird; Gesetz und Gerechtigkeit.

Der *Mond* regiert Träume, das Meer, Wechsel, Geburt, Täuschung, Wachstum, Magie, Frauen und weibliche Mysterien.

Merkur: alle Formen der Kommunikation, Bücher, Lernen, Spielen, Reisen, Mathematik, Diebstahl, Wissenschaft, Computer, Taschenrechner, Fernsehen.

Mars: Krieg, Waffen, Gefangenschaft, Feuer, Schmiedearbeit, männliche Mysterien.

Venus: Liebe, Musik, Freude, Luxusgüter und Genüsse, Schönheit.

Saturn: Erde, Landwirtschaft, Vermächtnisse, Tod, Erbe, Zusammenschluß und Festigung, Bankwesen; gerechte Verpflichtungen, entweder monetär oder als Rückzahlungen in anderer Form.

Es ist eine gute Idee, parallel zu anderen Talismanen einen Erdtalisman herzustellen, um diese anderen zu »erden«.

Es gibt eine ganze Reihe guter Bücher, die Ihnen sagen können, wie man einen Talisman herstellt, und die Ihnen lange Listen von Symbolen geben, die mit anderen Symbolen korrespondieren, sowie auch Dinge wie die Sigillen der Planetenintelligenzen und deren magische Quadrate. Aber wenn es darauf ankommt, dann soll der Talisman für *Sie* und in *Ihrem* Interesse handeln. Das bedeutet, Sie werden sich ein Symbol suchen müssen, das für Sie auf einer persönlichen Ebene etwas bedeutet. Wenn Sie zum Beispiel ein Ingenieur sind, vor einer Prüfung für Fortgeschrittene stehen und diese gut bestehen wollen – welche Symbole würden Sie für Ihren Talisman wählen?

Zuerst wählen Sie einen einfachen Merkurtalisman, da Merkur über jede Form von Kommunikation, Bücher, Wissenschaften und Lernen herrscht. Alles davon paßt zu dem, was Sie wollen. An welcher Art von Ingenieurwesen sind Sie interessiert; konstruktiv, mechanisch, Schiffsmaschinenbau oder vielleicht sogar genetisch . . .? Welche Werkzeuge verwenden Sie in Ihrem Fach? Wählen Sie eines aus, das typisch ist, und bauen Sie es in Ihren Entwurf mit ein. Geht das nicht, dann versuchen Sie, eine Gottform zu finden, die speziell für Ihr Fach passend ist. Für Schiffsbau nehmen Sie Poseidon und einen Dreizack, für Brücken vielleicht einen Regenbogen, die erste aller Brücken, oder einen Gott wie Heimdall, der die Brücke von Bifrost bewacht. Für Bauwerke verwenden Sie den Gott/Architekten Imhotep. Je mehr Arbeit und Mühe Sie in Forschung und Vorbereitung Ihres Talismans stecken, um so besser wird das Ergebnis sein. Ihr Symbol, das hinter dem Talisman steht und Ihren Wunsch verkörpert, zählt viel mehr als die Verwendung des richtigen magischen Quadrates oder des richtigen Engelssigills. Es ist gut, am Anfang die Ideen anderer Leute zu verwenden; aber sobald Sie können, beginnen Sie, sie durch Ihre eigenen zu ersetzen, und Sie werden raschere und bessere Ergebnisse erzielen. Gewöhnen Sie sich daran, selbständig zu denken; überprüfen Sie, ob es durchführbar ist, probieren Sie es aus, verändern Sie es, wenn nötig, und versuchen Sie es nochmal.

Eines der wichtigsten Dinge ist, genau zu entscheiden, was Sie wollen, aber wenn Sie sich einmal entschieden haben, bleiben Sie dabei. Zeichnen Sie Ihren Talisman zu Übungszwecken ein paarmal auf gewöhnliches Papier; wenn Sie glauben, Sie sind soweit, machen Sie die endgül-

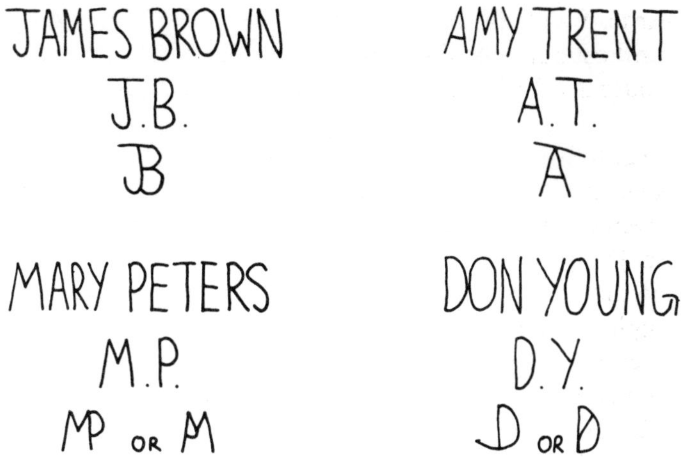

Abb. 44: Herstellung eines Talismans.
In all diesen Kombinationen kann man die Linien
jedes Anfangsbuchstabens zurückverfolgen

tige Fassung. Sehr viele Talismane werden kreisförmig gezeichnet; die verwendeten Symbole stellen den Wunsch dar, für den sie hergestellt wurden. Verwenden Sie die Korrespondenzentafel, die Sie bereits haben und suchen Sie den passenden Planeten. Zeichnen Sie das Planetenzeichen zusammen mit dem Symbol, das Ihrer Meinung nach am besten Ihren Wunsch beschreibt, innerhalb des Kreises; und außen herum schreiben Sie die Namen der Götter oder Erzengel, die mit diesem Planeten verbunden sind. Dann nehmen Sie die Initialen aus Ihrem Vor- und Familiennamen und fertigen ein Sigill daraus. Schreiben Sie zuerst die beiden Buchstaben auf, dann reduzieren Sie nach und nach die einzelnen Striche der Buchstaben (siehe Abb. 44). Vereinfachen Sie, soviel Sie können. Das wird Ihr persönliches Sigill, die *Darstellung Ihrer Individualität* auf den inneren Ebenen. Zeichnen Sie dieses Sigill gemeinsam mit den anderen Symbolen in den Kreis. Verwenden Sie für jedes Symbol eine andere Farbe oder, wenn Sie wollen, nur die Farbe des betreffenden Planeten.

Dann drehen Sie den Talisman um und zeichnen außen am Rand einen magischen Kreis, der versiegelt werden muß. Es gibt eine ganze Reihe von traditionellen Siegeln, die Sie zusammen mit den entsprechenden magischen Quadraten und Sigillen in Abb. 45 auf Seite 256/257 finden. Sie können jedes davon zum Versiegeln Ihrer Arbeit verwenden, oder aber Sie können Ihr eigenes Siegel entwerfen. Auch hier wieder geht es darum, ein Ihrer Meinung nach passendes symbolisches Bild für

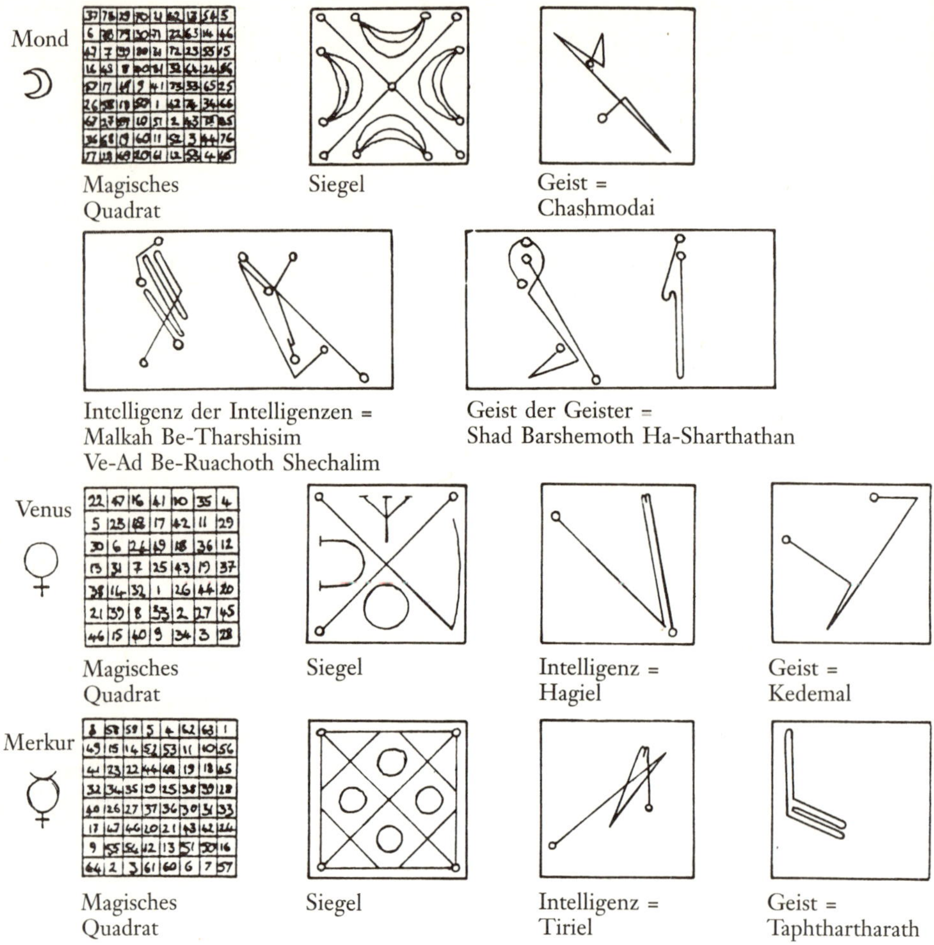

Abb. 45: Siegel für Talismane

das Siegel zu finden. Ein Schlüssel, eine geschlossene Tür, zwei gekreuzte Schwerter, das Fahrverbotszeichen aus der Straßenverkehrsordnung, ein geschlossenes Auge; oder, wenn Sie es etwas phantasievoller gestalten wollen, zeichnen Sie als Siegel ein Tier! Das Wichtigste daran ist: Wenn Sie es für ein Siegel halten, wird es ein Siegel *sein!*

Bei der Herstellung Ihres Talismans sollten gewisse Regeln befolgt werden. Als erstes sollten Sie ihn an dem Wochentag anfertigen, der vom Planeten Ihres Talismans beherrscht wird, also Sonntag für Sonne, Montag für Mond, Dienstag für Mars, Mittwoch für Merkur, Donners-

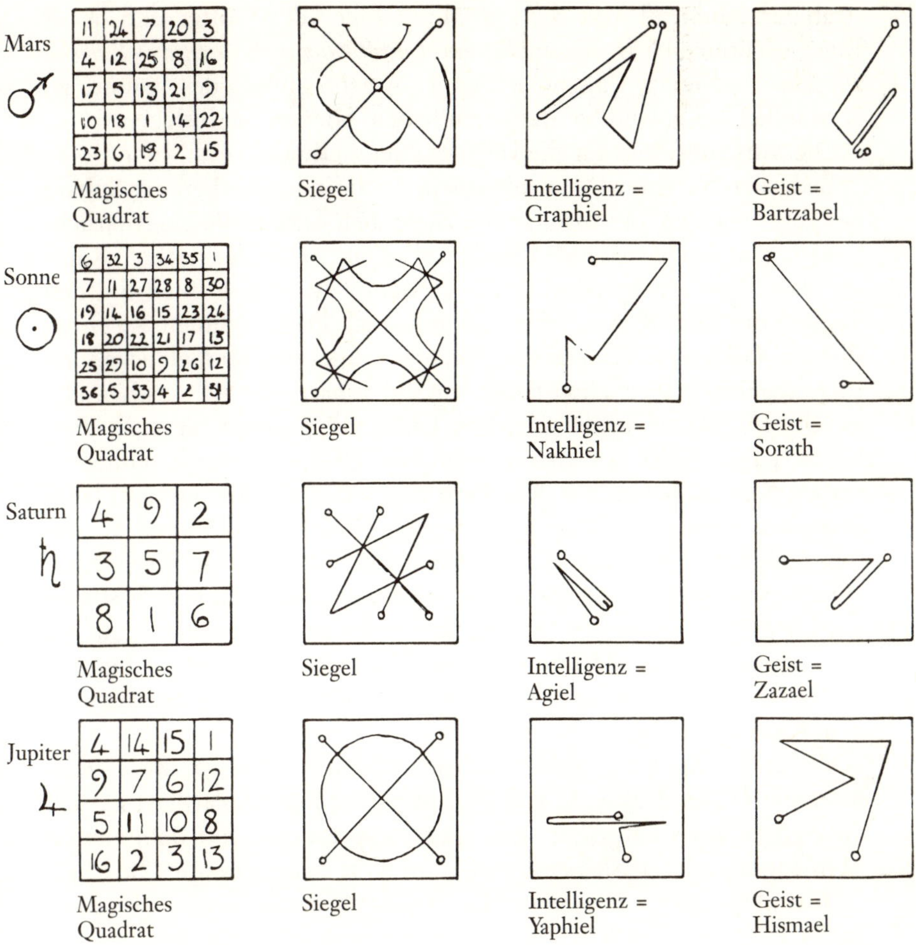

Mars ♂ – Magisches Quadrat

11	24	7	20	3
4	12	25	8	16
17	5	13	21	9
10	18	1	14	22
23	6	19	2	15

Sonne ☉ – Magisches Quadrat

6	32	3	34	35	1
7	11	27	28	8	30
19	14	16	15	23	24
18	20	22	21	17	13
25	29	10	9	26	12
36	5	33	4	2	31

Saturn ♄ – Magisches Quadrat

4	9	2
3	5	7
8	1	6

Jupiter ♃ – Magisches Quadrat

4	14	15	1
9	7	6	12
5	11	10	8
16	2	3	13

tag für Jupiter, Freitag für Venus und Samstag für Saturn. Wenn Sie ganz genau sein wollen, werden Sie ihn zur passenden Planetenstunde herstellen; aber der Talisman kann auch ohne diesen zusätzlichen Aufwand sehr zufriedenstellend ausfallen.

Wenn Ihr Talisman fertig ist, müssen Sie ihn energetisieren und mit der entsprechenden Kraft erfüllen. Dies sollte zur gleichen Zeit am gleichen Tag, nur sieben Tage später, geschehen. Die Weihe kann auf verschiedene Arten erfolgen. Die beliebtesten sind die vier Elemente, die Übung der Mittleren Säule vom Baum des Lebens oder die Lichtstrahlenmethode. Wenn Sie sich Ihren Index der Götter und deren Eigenschaften oder Ihr Exemplar von *Einführung in die mystische Kabbala* zur Hand nehmen, finden Sie heraus, welche Sphäre des Baumes zu verwenden ist. Sobald Sie das getan haben, können Sie loslegen.

Die Vorgangsweise für die Lichtstrahlenmethode:

Bedecken Sie Ihren Altar mit einem Tuch in den Farben der Sphäre und legen Sie den Talisman darauf. Zusätzlich werden Sie das Altarlicht brauchen und eine passende Räuchermischung (sehen Sie nach im Kapitel über Räucherungen, wie man es richtig macht). Öffnen Sie den Tempel mit dem Kleinen Pentagrammritual. Dann nehmen Sie Ihren Platz im Osten ein. Visualisieren Sie, etwas unter der Tempeldecke, eine Lichtkugel in der gleichen Farbe wie die Sphäre, die Sie anrufen. Die gleiche Lichtkugel in der gleichen Farbe visualisieren Sie auch über Ihrem Kopf. Einfacher ist es, wenn Sie dabei die Augen schließen. Atmen Sie ein, halten Sie den Atem für zwei Sekunden an, und beim Ausatmen intonieren Sie den Namen *Eh-heh-ee-yeh*. Während Sie das tun, fühlen Sie, wie die Sphäre auf Sie herabgleitet und auf Ihrem Kopf aufsitzt; und Sie »sehen« die andere Sphäre ungefähr einen Fuß (30 cm) über dem Altar schweben. Atmen Sie wieder ein, halten den Atem an; dann atmen Sie aus und intonieren *Je-ho-vah El-o-him*. Fühlen Sie, wie die Sphäre über Ihrem Kopf zu Ihrem Hals gleitet. Auch die Sphäre über dem Altar senkt sich.

Ein dritter Atemzug, anhalten, beim Ausatmen *Al-lo-ah-va-daart* intonieren. Dieses Mal senkt sich die Sphäre auf Ihren Solarplexus. Auch die Sphäre über dem Altar senkt sich entsprechend. Mit dem vierten Atemzug intonieren Sie *Shadd-i-el-hi*, und die Sphäre berührt Ihre Genitalien. Die Sphäre über dem Altar berührt fast, aber noch nicht ganz, Ihren Talisman. Mit dem letzten Atemzug intonieren Sie *Ad-o-ni-harar-ret-z*, und die Sphäre bedeckt Ihre Füße, während die Altarsphäre nun den Talisman bedeckt.

An diesem Punkt ruhen Sie sich für einige Minuten aus; dann intonieren Sie den letzten Namen nochmals und imaginieren, wie sich die Sphäre von Ihren Füßen zu den Genitalien erhebt, intonieren Sie den Namen Tiphareths und fühlen Sie, wie die Kugel bis zu ihrem Solarplexus aufsteigt. Schicken Sie jetzt von diesem Zentrum einen Energiestrahl auf den Talisman und fühlen Sie, wie sich beide miteinander verbinden. Wiederholen Sie den Zweck des Talismans wie einen Leiergesang, und machen Sie diesen so kurz und intensiv wie möglich. Sehen Sie, wie der Leiergesang auf dem Lichtstrahl, der Sie mit dem Talisman verbindet, pulsiert. Halten Sie dies aufrecht, bis die Wiederholung einen leichten Trancezustand herbeiführt. Dann ziehen Sie die Energie von

Kether und Malkuth an, lenken sie in Ihr Sonnengeflecht und schleudern sie auf den Talisman. »Sehen« Sie, wie der Talisman aufleuchtet, wie dann sein Leuchten langsam geringer wird und sich zu einem steten Pulsschlag aus Licht verändert. Der Talisman ist jetzt aktiviert.

Lassen Sie die übriggebliebene Energie Ihren physischen Körper mit Heilkraft durchfluten. Sitzen Sie einige Minuten ruhig da; dann erheben Sie sich, schließen den Tempel und lassen den Talisman vierundzwanzig Stunden auf dem Altar liegen. Danach geben Sie ihn in ein Seidentäschchen oder Tuch und bewahren ihn an einem sicheren Ort auf. Wenn er klein ist, können Sie ihn auch bei sich tragen. Vergessen Sie ihn dann, und lassen ihn seine Arbeit tun. Gehen Sie nicht alle paar Tage nachsehen.

Eine Elementenweihe kann mit einem einfachen Ritual durchgeführt werden. Sie werden Ihre Altarlampe brauchen, Salz, Wasser und etwas Planetenweihrauch. Versiegeln Sie Ihren Tempel mit einem Siegel Ihrer Wahl; dann legen Sie den Talisman auf ein Stück Seide und beginnen. Weihen Sie Salz und Wasser, wie Sie am Beginn dieses Buches gelernt haben, besprengen Sie den Talisman mit etwas Wasser und sagen Sie:

> Ich, . . ., weihe hiermit diesen Talisman mit dem Element des Wassers und bitte Nixa, den König dieses Elementes, ihm zum Zwecke von . . . Kraft einzuflößen.
>
> [*Streuen Sie nun das Salz über den Talisman und sagen:*]
>
> Ich, . . ., weihe hiermit diesen Talisman mit dem Element der Erde und bitte Ghob, den König dieses Elementes, ihm zum Zwecke von . . . Kraft einzuflößen.
>
> [*Ziehen Sie den Talisman durch die Schwaden der Räucherung und sagen:*]
>
> Ich, . . ., weihe hiermit diesen Talisman mit dem Element des Feuers und bitte Djinn, den König dieses Elementes, ihm zum Zwecke von . . . Kraft einzuflößen.
>
> [*Heben Sie den Talisman hoch, hauchen Sie ihn an und sagen:*]
>
> Ich, . . ., weihe hiermit diesen Talisman mit dem Element der Luft und bitte Paralda, den König dieses Elementes, ihm zum Zwecke von . . . Kraft einzuflößen.
>
> [*Stechen Sie sich jetzt mit einer spitzen, neuen Nadel in den Finger und geben Sie einen kleinen Blutstropfen auf den Talisman. Lassen Sie sich durch diesen Teil nicht abschrecken. Sie gehen keinen Pakt mit dem Teufel ein, sondern machen den Talisman zu einem Stück von sich selbst, indem Sie eine Verbindung schaffen, wie es auch der Lichtstrahl getan hat, der aus Ihrem Körper kam. Hüllen Sie nun den Talisman in Seide und bewahren Sie ihn an einem sicheren Ort auf.*]

Die Methode der Mittleren Säule ist genauso einfach. Sie intonieren, wie im ersten Talismanritual, die Namen der Sphären; nur legen Sie den Talisman diesmal auf Ihren Stuhl direkt unter den Genitalbereich. Sie müssen verstehen, daß alle magische Kraft in der Sphäre von Jesod, den Genitalien, erzeugt wird. In kabbalistischen Begriffen ist dies der Ort, an dem die Maschinerie des Universums arbeitet, und es ist das Zentrum der schöpferischen Kraft der Menschheit. In alten Zeiten wurden alle Eide von besonderer Wichtigkeit auf die männlichen Hoden (Testikel) geleistet, daher auch der Begriff »testimony« (englisch für Zeugnis, Zeugenaussage). Sie machen also tatsächlich Magie und schwelgen nicht in irgendeiner Form von Perversion. Wenn Sie ernsthafte sexuelle Komplexe haben, dann ist Magie ohnehin nichts für Sie.

Visualisieren Sie nun die Sphäre von Kether als glänzend weißes Licht, das leicht auf Ihrem Kopf ruht, während Sie gleichzeitig den Gottesnamen intonieren. »Ziehen« Sie einen Lichtfaden durch das Zentrum Ihres Kopfes nach unten durch Ihr Mittelhirn (das übrigens das meiste Ihrer Sexualkraft kontrolliert und daher mit Recht die magische Kontrollschaltstelle genannt werden kann) bis in den Halsbereich der Schilddrüse. Intonieren Sie den Gottesnamen für Daath und ziehen Sie den Lichtfaden entlang des Rückgrates nieder bis in den Bereich hinter dem Solarplexus. Hier intonieren Sie den nächsten Gottesnamen. Ziehen Sie den Faden weiter das Rückgrat entlang in die Genitalien und intonieren Sie den Gottesnamen von Jesod. Wenn Sie es richtig gemacht haben, werden Sie fühlen, wie das ganze Rückgrat kribbelt; und diese Körpersensation wird sich auf den Talisman zentrieren. An dieser Stelle beginnen Sie mit Ihrem Leiergesang über den Zweck des Talismans wie zuvor und halten das »Licht« die ganze Zeit über auf den Talisman konzentriert. Machen Sie dies so lange, bis der Gegenstand Ihrer Weihe gegen Ihren Körper zu pochen beginnt. Dann wissen Sie, daß er aktiviert ist. Ziehen Sie nun den Lichtfaden zurück, auf die gleiche Art wie zuvor; und zuletzt lösen Sie die Sphäre von Kether auf.

Magier, die von Natur aus faul sind und Ihren Talisman schnell fertig haben möchten, können versuchen, das Symbol auf Reispapier zu schreiben und dann zu verspeisen. Es wirkt, aber nur so lange, wie der Talisman in Ihnen bleibt!

Das kabbalistische Ritual des Winters

Wir kommen nun zum letzten der jahreszeitlichen Rituale, dem Winterritual. Der Winter wird manchmal auch »Zeit der Reinigung« genannt, und alle Okkultisten erwarten von dieser Jahreszeit, daß sie jene Dinge aus ihrem Leben, die nicht länger funktionieren oder nützlich sind, »ausmerzt«. Das ist einer der Gründe für die Tradition, im neuen Jahr gute Vorsätze zu fassen. Wir würden daher erwarten, daß ein Ritual für diese Jahreszeit eine gute Gelegenheit ist, alles loszuwerden, von dem wir das Gefühl haben, es nicht länger zu brauchen, so zum Beispiel eine schlechte Angewohnheit wie Nägelbeißen, Rauchen oder Faulheit. Oder Sie versuchen vielleicht seit längerer Zeit, Ihr Auto oder Haus zu verkaufen, haben es aber bis jetzt nicht geschafft. Verwenden Sie die Jahreszeit der Reinigung, um dies alles »wegzutragen«. Ein Wort der Warnung: Verwenden Sie es nicht für Lebewesen! Sie können sich dadurch eine Menge Karma zuziehen und mehr Probleme schaffen, als Sie handhaben können.

Das erste Ritual ist ein kabbalistisches und für einen einzelnen Magier gedacht. Sie werden für Ihren Altar die normale Altarlampe brauchen, eine Schale mit geweihtem Wasser und ein paar Zweige Ysop. Wenn Sie ihn nicht bekommen können, nehmen Sie Thymian. Die Holzkohle sollte bereits glimmen und die Saturnräucherung bereit sein. Ein Blatt zusammengefaltetes Papier mit dem Datum darauf, an dem der Winter alles, was Sie loswerden wollen, wegnehmen soll. In die Kerzenständer in den vier Himmelsrichtungen stecken Sie je eine blaue, rote, grüne und goldene Kerze.

Nehmen Sie ein Bad mit Meersalz oder einem speziellen Badezusatz für Rituale; dann ziehen Sie Ihre Robe an, bleiben jedoch barfuß. Lassen Sie auch den Gürtel weg, den Sie normalerweise tragen, denn in diesem Ritual müssen Sie außerhalb von Zeit und Raum sein. Wenn alles bereit ist, betreten Sie den Tempel und nehmen vor dem Altar eine Ruhestellung ein. Meditieren Sie über das, von dem Sie sich befreien wollen. Ist es in Ordnung? – sind Sie sicher, es nicht länger zu brauchen; hat es wirklich keinen Wert mehr für Sie? Lernen Sie, immer nach Ihren Motiven zu fragen.

Blicken Sie tief in Ihr innerstes Selbst. Wie war das Jahr für Sie? Hat es Ihnen etwas Neues im Leben gegeben, oder haben Sie das Gefühl, etwas versäumt zu haben? Denken Sie an Ihr Jahr als ein Konto; zählen Sie Soll und Haben auf. Wie waren Sie zu anderen Menschen? Hätten Sie ihnen mehr helfen können? Haben Sie zu sehr geholfen und damit jemanden das Recht, Dinge selbst herauszufinden, genommen? Nehmen Sie sich genügend Zeit und wägen Sie die letzten zwölf Monate ab. Wenn Sie dies getan haben, denken Sie an das, was mit der Jahreszeit weggehen soll. Schauen Sie es sich an. Vergewissern Sie sich, das Richtige gewählt zu haben. Dann erheben Sie sich und nehmen Ihren Platz am Altar ein.

[*Geben Sie die Räucherung in den Weihrauchkessel; dann entzünden Sie mit einer kleinen Wachskerze die Kerzen in den vier Himmelsrichtungen. Öffnen Sie den Tempel im Namen Adonais mit der herkömmlichen kabbalistischen Eröffnungsformel. Nehmen Sie Ihr Stück zusammengefaltetes Papier, gehen Sie mit dem Papier in Händen nach Osten und sagen Sie:*]
Adonai, Herr des Himmels, blick auf Deinen Sohn/Deine Tochter, der/die vor Dich tritt, um Erleuchtung zu suchen. Ich habe mich entschlossen, dieser Winterzeit zu erlauben, dieses Stück, das ich in meinen Händen halte, aus meinem Leben zu nehmen. Laß es von mir gehen ohne Beschränkung, Bitternis oder Schmerz für ein anderes Lebewesen. Laß es zu den vier Himmelswinden gehen. So sei es. Amen.
[*Nehmen Sie die Kerze aus dem Kerzenhalter und versiegeln Sie das Papier mit einem Wachstropfen. Dann stellen Sie die Kerze zurück und gehen weiter nach Süden:*]
Adonai, Herr des inneren Feuers der Erde und der Menschen, blick auf Deinen Sohn/Deine Tochter, der/die vor Dich tritt, um Mut für das kommende Jahr zu suchen. Laß diesen Winter das, was ich in meinem Händen halte, verbrennen. Laß es von mir gehen, ohne daß es das Herz verbrennt. Laß es in den Feuern der Erde seinen Platz finden. So sei es. Amen.
[*Nehmen Sie die Kerze aus dem Kerzenhalter und versiegeln Sie das Papier mit einem Tropfen Wachs. Dann stellen Sie die Kerze zurück und gehen nach Westen weiter:*]
Adonai, Herr der großen Gezeiten des Lebens, die über die sternbesäten Meere branden, blick auf Deinen Sohn/Deine Tochter, der/die vor Dich tritt, um Verständnis für das Leben, das mit all seiner Vielschichtigkeit in uns brandet, zu suchen. Laß diesen Winter das, was ich in meinen Händen halte, davontragen. Laß es die sternengeschmückten Wellen weit weg an die Küste eines unbekannten Ortes tragen. So sei es. Amen.
[*Nehmen Sie die Kerze aus dem Kerzenhalter und verwenden Sie sie, um das Papier ein drittes Mal zu versiegeln. Dann stellen Sie die Kerze zurück und begeben sich nach Norden:*]
Adonai, Herr der fruchtbaren, geduldigen Erde, blick auf Deinen Sohn/Deine Tochter, der/die vor Dich tritt, um Erfüllung des Lebens zu suchen und die Ernte, die nach getaner Arbeit eingeholt wird. Laß die

süße Erde das, was ich in meinen Händen halte, aufnehmen und in ihren eigenen Stoff umwandeln. So sei es. Amen.

[*Nehmen Sie die Kerze und tropfen Sie mit dem Wachs das vierte Siegel auf das Papier. Dann stellen Sie die Kerze zurück und gehen zum Altar. Nehmen Sie das Wasser und den Ysop, gehen Sie um den Tempel herum und besprenkeln Sie die Himmelsrichtungen:*]

Hiermit reinige ich die heiligen Himmelsrichtungen von dem, das sie versiegelt haben. Hiermit reinige ich den Osten; hiermit reinige ich den Süden; hiermit reinige ich den Westen; hiermit reinige ich den Norden.

[*Kehren Sie zum Altar zurück; legen Sie etwas Weihrauch nach; dann werfen Sie das Papier auf die glühende Holzkohle.*]

Hiermit wird alles zu Asche und ist von mir gegangen, die Feuer der Erde, der Rauch des Himmels, gereinigt vom süßen Wasser und aufgenommen in der Erde. Es ist getan.

[*Träufeln Sie etwas Wasser auf Ihren Kopf und Ihre Hände, dann schließen Sie den Tempel und löschen dabei der Reihe nach die Kerzen in den Himmelsrichtungen aus. Lassen Sie die Altarlampe noch ungefähr eine Stunde brennen, bevor Sie auch diese auslöschen. Lassen Sie den Weihrauch die Nacht über glimmen. Am nächsten Morgen nehmen Sie die Asche und verstreuen sie, wo immer Sie wollen.*]

Das keltische Winterritual

Das nächste Ritual ist ein keltisches und von etwas leichterer Art. Es wurde für fünf Personen geschrieben: den Obersten König, den Krieger, die Herrin, für Arawn, König von Annwyn, und die Alte. Der König sollte einen Stab oder Zepter haben, der Krieger ein Schwert, die Herrin den Kessel, Arawn eine Halskette. Die Alte muß einen schwarzen Umhang mit Kapuze und einer weißen Robe darunter haben. Am Altar sollte die normale Altarlampe sein und zusätzlich rechts und links je eine weitere Kerze. Stellen Sie eine nicht brennende Kerze in jede Himmelsrichtung, außerdem sollte jeder Teilnehmer Streichhölzer bei sich haben. Im Kessel sollte Rotwein sein oder, wenn möglich, Met.

Das Ritual funktioniert am besten, wenn jeder seinen Teil auswendig kann, aber wenn das nicht möglich ist, kann es auch gelesen werden. Die vier Himmelsrichtungen betreten den Tempel zuerst; die Alte tritt als letzte ein und stellt sich zwischen dem Norden und dem Osten auf.

Oberster König

Die Zeit des Winters fließt schnell und kalt; einmal vor langer Zeit war das Jahr jung und voll Versprechen; nun verlassen die Blätter den Baum, der sie geboren hat, und die Welt wird dunkel.

Der Krieger
Ich kämpfte einst auf sonnenerleuchtetem Rasen und weihte meine Stärke großen Taten; aber nun hat sich die Erde gewendet; und die Kälte des Winters hat sich über das Land gelegt.

Die Herrin
Junge Männer kamen einst zu mir, miteinander im Wettstreit, um mit mir zum Maifest zu gehen. Nun gibt es keine Blumen zu pflücken; die Wiesen sind kahl, und die jungen Männer kommen nicht mehr.

Arawn
Vor langer Zeit sandte ich eine Jungfrau aus, um über die süßen Felder der Erde zu wandern. Sie nahm mein Herz mit sich; aber die Menschheit bedurfte ihrer, und ich ließ sie von mir gehen. Nun ruft mein Herz sie zu mir zurück. Sie soll bei mir sein und die Erde der Winterkälte überlassen.
[*Die Alte tritt vor und bleibt rechts vom König stehen.*]
Vor langer Zeit lebte ich in einem Land, in dem die Zeit stillstand und jedermann jung und schön war. Aber ich wollte die Welt der Menschen kennenlernen und bat meinen Herrn, mich gehen zu lassen. Er liebte mich sehr und bat mich zu bleiben, aber meine Augen waren geblendet von den Blumen und dem Gesang der Vögel. Nun ist meine Jugend vorbei, und ich muß in mein eigenes Land zurückkehren und für alle Zeiten sterben.
[*Der Oberste König entzündet seine Kerze, und die Alte schickt sich an zu gehen; aber er hält sie zurück:*]
Du warst die Jungfrau, die den Frühling brachte. Ich erinnere mich an Dich, obwohl Deine Schönheit nun den Hauch des Winters kennt. Dein Lachen gab mir Freude, Dein Gesang machte meine schweren Pflichten leicht; dafür schulde ich Dir viel. Bleib hier bei mir, und ich werde zusehen, daß man Dir sanft und mit Liebe begegnet.
[*Die Alte schüttelt den Kopf:*]
Ich kann nicht bleiben, obwohl Deine Worte sanft sind und der Gedanke, der sie trägt, liebevoll ist. Laß mich vorbei, und ich werde wiederkommen.

Oberster König
Nein, geh nicht, und ich werde Dir Pelze und weiche Seide schenken, und Zofen, um nach Deinen Wünschen zu sehen. Bleib, und ich werde Dir ein Schloß schenken und Macht über seine Bewohner.

ALTE

Macht vergeht, und das Schloß wird eines Tages vom Atem der Zeit bezwungen sein. Pelze und Seide sind für die Jungen, und ich muß meinen Weg gehen; aber ich werde Dich für Deine Absicht segnen und Deine Liebe zur Macht von Dir nehmen. Dann wirst Du mit vollkommener Gerechtigkeit regieren können.

[*Sie geht an ihm vorbei zum Süden. Der Krieger entzündet seine Kerze und hält die Alte an, als sie an ihm vorbeigehen will.*]

KRIEGER

Du warst die Jungfrau, deren Zeichen der Gunst ich an meinen Arm steckte; Du setztest mir die Turnierkrone auf. Du machtest mich zum Ritter aller Ritter, und dafür schulde ich Dir viel, gute Herrin. Bleib bei mir, und ich werde Dir ein Sohn sein wie meiner verehrten Mutter. Weiche Betten und sanfte Stimmen werden Dich umschmeicheln, und mein Schwert wird Dich mit der gleichen Höflichkeit umgeben wie damals, als Du jung und blühend warst.

ALTE

Ich mag nicht bleiben; aber ich werde Deine teuren Worte in lieber Erinnerung behalten. Laß mich vorbei; und ich werde wiederkommen.

KRIEGER

Nein, geh nicht, und ich werde Dir einen Ritter geben, der für Dich in den Kampf zieht und Dir Reichtum und erobertes Land bringen wird.

ALTE

Eroberungen sind die Brutstätten von Furcht und Haß, und mein Ritter würde einen Blutpreis auf sein Haupt laden, um mir Freude und Reichtum zu bringen. Diese Dinge sind für die unreife Jugend, die die Regeln der Ritterlichkeit nicht kennt. Laß mich vorbei, und ich werde Dir Seelenfrieden schenken und die Alpträume, die Dich verfolgen, von Dir nehmen.

[*Sie geht an ihm vorbei nach Westen. Die Herrin entzündet ihre Kerze und hält die Alte an, als sie vorübergehen will:*]

HERRIN

Du warst die gute Frau, die mir half, mein Kind zu gebären. Wärest Du nicht gewesen, hätte ich meinen Sohn verloren. Damals hattest Du rosige Wangen und warst taufrisch. Es schmerzt mich zu sehen, wie rasch die Zeit Dein Gesicht verwüstet hat. Bleib bei mir, alte Frau, und ich werde

Dir bis zu Deinem Lebensabend Unterkunft geben, so wie Du mir Hoffnung für einen Beginn gabst.

Alte

Ich mag nicht bleiben; aber ich erinnere mich an jenen Tag der Geburt und an die Freude, als Du und Dein Kind lebten. Dennoch kann ich nicht bleiben. Laß mich vorbei, und ich werde wiederkommen.

Herrin

Geh nicht; und ich werde mein Kind Deiner Sorge übergeben, daß es in Weisheit und Verstehen aufwachsen möge, und wer weiß: dereinst werden seine Hände heilen, wie die Deinen es für mich getan haben. Bleib, und ich werde Dir einen Ehrenplatz in meinem Haus einräumen und Juwelen um Deinen Hals hängen.

Alte

Dein Kind wird die Weisheit nicht brauchen. Ich gab sie ihm, als ich ihn als erste in meinen Armen hielt. Verständnis wird es lernen durch Erfahrung. Eine hohe Stellung in Deinem Haus bedeutet nichts für mich, die ich einst ein ganzes Königreich weit von hier regiert habe, und Juwelen machen sich am besten um einen jungen und taufrischen Hals. Laß mich vorbei, und ich werde Dir Freude mit Deinen Kindern schenken und Dir die Furcht vor dem Altern nehmen, wenn die Zeit ihre Klauen um Deinen Hals legt.

[*Sie geht an ihr vorbei zum Norden. Arawn entzündet seine Kerze, nimmt ihre Hände in die seinen und küßt sie:*]

Arawn

Meine Herrin und meine Liebe, ich habe lange Zeit auf Dich gewartet in diesem Land der ewigen Jugend. Hast Du nun genug von diesem Erdenleben erfahren und bist nun wieder meine Liebe?

Alte

Ach, bin ich doch keine Schönheit mehr; und hat mich auch der Erde Hand berührt mit ihrem Griff, so gab es doch die vielen, die freundlich waren auf meinem Weg. Aber nun bin ich heimgekehrt, um zu ruhen, die einzige alte Frau unter den Priesterinnen. Und doch möchte ich, daß Ihr Bürde und Freude, die ich von dieser Welt erhalten habe, von mir nehmt. Sie würden mich in Ehren gehalten haben, aber ich wollte Euch noch einmal sehen.

ARAWN

Meine Herrin, noch nicht mal jetzt kennst Du meine Macht? Ich ließ Dich nur von mir gehen, daß du lernen mögest und danach Dein Wissen mit der Menschheit zu deren Wohl teilst. Komm näher nun und laß mich Deine Lippen küssen.

[*Er küßt sie, und sie wirft ihren Umhang ab und wird noch einmal jung und lieblich.*]

In diesem schönen Land nannten wir Dich Eithne, und nun bist Du noch einmal zu mir zurückgekehrt, so wie Du einst warst. Bleib und laß mich Dein Herr und Deine Liebe sein; und die Erde soll Deinen Namen nie wieder vernehmen.

EITHNE

Nein, mein Herr, ich versprach, ich würde wiederkommen. Gewährt mir, ein halbes Jahr mit Euch zu verbringen und ein halbes Jahr mit der Menschheit, auf daß ich deren Geschick mit meinen unzulänglichen Künsten lindern mag.

ARAWN

Es sei; wie Du gebietest, meine Liebe, so geschehe es. Wenn der Frühling naht, wirst Du wieder von mir gehen, und ich werde mit gebrochenem Herzen warten und Dich in alle Ewigkeit lieben.

[*Alle löschen ihre Kerzen aus und verlassen den Tempel.*

Zusammenfassung

Dies ist jetzt genau die rechte Zeit, um Ihren Tagesablauf zu überprüfen und sicherzustellen, daß Sie noch immer Ihre Atem- und Entspannungsübungen sowie Ihre Meditation durchführen. Geben Sie diese Dinge nicht auf, denn sie sind die Grundlage von allem, was ein Magier je erreichen kann. Schreiben Sie sich die staatlichen Feiertage auf, alle übrigen Feiertage und zusätzlich die alten Feiertage. Versuchen Sie, für möglichst viele Tage des Jahres einen Festtag zu finden. Marian Greens Buch *A Harvest of Festivals* wird Ihnen dabei helfen und Ihnen wertvolle Informationen geben. Mit einem Heiligen-Kalender und einem Buch über örtliche Geschichte können Sie feststellen, wann Sie welchen »Heiligen« verehren können und welche »Formen« Sie dabei verwenden sollten.

Bestellen Sie sich Ihr Horoskop bei einem Astrologen.

Arbeiten Sie während des kommenden Monats immer wieder an

Ihrem Horoskop mittels Meditation oder Pfadarbeit. Vergewissern Sie sich, daß Sie alle Informationen, die Sie benötigen, zur Hand haben, bevor Sie Ihr Horoskop zu visualisieren beginnen. Wenn Sie damit nicht in einem Monat fertig werden, so machen Sie sich keine Sorgen; Sie können sie im nächsten Monat beenden.

Leseliste

Ashcroft-Nowicki, Dolores: *First Steps in Ritual* (Aquarian Press, 1982)

Baker, Dr. D.: *The Seven Rays* (Aquarian Press, 1977)

Buttler, W. E.: *How to Develop Clairvoyance* (Aquarian Press, 1979) (*Hellsehen.* Der Weg zur außersinnlichen Wahrnehmung, Sphinx 1982)

Butler, W. E.: *How to Read the Aura* (Aquarian Press, 1979) (*Die Aura.* Sphinx 1988)

Harrison, Jane: *Ritual Art and Magic* (Butterworth, 1913)

Morris, Desmond: *Manwatching* (Cape, 1977) (*Der Mensch, mit dem wir leben.* Ein Handbuch unseres Verhaltens. Droemer Knaur 1983)

Peach, Emily: *The Tarot Workbook* (Aquarian Press, 1984) (*Das Tarot-Werkbuch.* Scherz 1986)

Willis, Tony: *The Runic Workbook* (Aquarian Press, 1986)

Der zehnte Monat

Ausweiten des magischen Aktionsradius'

Beginn: ____________________ Ende: ____________________

Sind Sie überrascht, es bis hierher geschafft zu haben? Ich bin es genauso! Lassen Sie uns also ein Stück weiter gehen und unser Glück versuchen.

Medium und Vermittler

Medium. Dieses Wort werden Sie im okkulten Sprachgebrauch immer wieder finden. Vermittler ist ein relativ neuer Begriff. Beide arbeiten auf der gleichen Ebene, aber doch auf sehr verschiedene Weise. Ersteres werden Sie immer im Spiritismus finden, und es bedeutet einen Mann oder eine Frau, die die Fähigkeit haben, mit Toten Kontakt aufzunehmen. Diese Methode gibt es schon seit kurzem. Wie Homer beschreibt, hatte Odysseus auf seinem Rückweg von Troya Kontakte mit Toten. Er hub einen tiefen Graben im Hain der Persephone aus und füllte ihn mit frischem Blut. Dies zitierte die Seelen der unlängst Verstorbenen, von denen Odysseus Informationen erhalten wollte. Unter ihnen war auch der Seher Teiresias. Shakespeare benutzt die Idee der Kommunikation mit den Toten in mehreren seiner Stücke, wie zum Beispiel in *Macbeth* und *Hamlet*. Dr. Dee, der Magier zu Zeiten Elizabeths I., setzte Edward Kelly als Medium ein, um Informationen zu erhalten. Auch in unserer Zeit gab und gibt es eine Reihe von berühmten und berüchtigten Medien. Manche benutzten all ihre Kräfte, um anderen zu helfen; andere wieder, mit eher begrenzten Kräften, mußten diese künstlich verstärken und verloren dabei das wenige, was sie hatten.

In der Hohen Magie wurden Medien schon immer eingesetzt, um Kontakt mit den Adepten der inneren Ebene – die Bezeichnung für Wesen einer höheren Ebene – aufzunehmen. Dies bedeutet: das Medium muß in eine tiefe Trance einsteigen können, was eine lange und harte Ausbildung voraussetzt. Dion Fortune setzte diese Technik sehr effizient ein, um mit ihren »Lehrern« Kontakt aufzunehmen. Normalerweise braucht man dazu eine andere Person, um die Lehren, die durchkommen, festzuhalten, und manchmal auch einen »Beobachter«, um die »leere« Hülle des Körpers des Mediums zu behüten.

Die Methode der Informationsübermittlung durch Medien wird seit Jahrhunderten erfolgreich angewandt; aber sie hat ihre Nachteile. Das Medium weiß überhaupt nicht, was um es herum vorgeht; und wenn es gestört wird, kann die Rückwirkung einen Schock unterschiedlicher Stärke verursachen. Des weiteren ist es nicht leicht, einen guten Beobachter zu finden. Da das Bewußtsein des Mediums ausgeschaltet ist, besteht die Gefahr, daß jede Menge an überflüssigem Material aus dem Unterbewußtsein mit hochkommt.

Diese Art der Kontaktaufnahme stirbt jetzt allmählich aus. Seit dem Beginn des zwanzigsten Jahrhunderts hat sich eine neue Methode entwickelt, obwohl – und da bin ich mir sicher – die alte noch für eine Weile weiter verwendet werden wird. Die neue Methode heißt »Vermittlung«, und ihr Wert liegt in zwei Hauptbereichen. Der erste und offensichtlichste ist der, daß der Mitteilende nie völlig das Bewußtsein verliert. Es gibt verschiedene Stufen, die von vollem Bewußtsein – sogar erstaunlich wachem Bewußtsein – bis zu einer sehr leichten Trance gehen und eher wie ein Tagtraum wirken. Das bedeutet: Was auch immer von den höheren Ebenen durchkommt, wird weniger leicht durch die Einmischung des Unterbewußten verunstaltet werden. Auch ist die Gefahr eines Schocks sehr gering, wenn der Vermittler gestört wird. Wenn jemand gut geschult ist, besteht sogar häufig die Möglichkeit, den Kommunikationsfaden wieder aufzunehmen, nachdem die Störung beseitigt wurde. Es braucht niemand als Schützer und Beobachter danebenzusitzen; das Bewußtsein behält die Botschaft(en) und kann mit einem voll ausgebildeten Erinnerungsvermögen sogar umfangreiches Material für ziemlich lange Zeit behalten.

Der zweite neue Faktor ist, daß, sobald ein starker Kontakt zwischen einem Lehrer der inneren Ebenen und dem Vermittler hergestellt wurde, diese Verbindung oft zu einer dauerhaften wird. Das ist so, als ob Sie im Zentrum Ihres Bewußtseins eine Wechselsprechanlage hätten oder eine Telefonnummer, die nicht im Telefonbuch steht und die nur eine Person kennt. Es kann sogar zu einer noch tieferen Verbindung kommen, was heutzutage eher selten ist, was aber in zunehmendem Maße die Norm sein wird, wenn wir ins nächste Jahrhundert eintreten. Dies ist die Errichtung einer symbiotischen, geistigen Verbindung zwischen einem hochentwickelten Wesen, einem der Lehrer, die den Herren des Lichtes dienen, und einem Menschen als Kanal, der solch eine Verbindung festhalten kann, ohne sich selbst geistig oder physisch zu schaden. Eine solche Person wird »kosmischer Vermittler« genannt.

Diese Art von Verbindung kann auch dazu führen, daß der Kanal fähig ist, mit mehr als nur einem Wesen zu kommunizieren. Daher der Begriff »kosmischer Vermittler«. Wenn dies geschieht, braucht der menschliche Kanal nicht länger ruhig in Meditation dazusitzen oder sich für eine bestimmte Länge an Zeit zurückzuziehen. Er braucht weder einen besonderen Ort noch eine besondere Atmosphäre, um den Kontakt herzustellen, denn dieser ist bereits dauerhaft vorhanden.

Die Samen für diese Art von Kontakten wurden von den großen Mystikern der Vergangenheit – wie dem heiligen Johannes vom Kreuz, Theresia von Avila und Ignatius Loyola – gesät, jedoch nicht nur von christlichen Mystikern, sondern auch von solchen anderer Glaubensrichtungen und Traditionen. Diese Mystiker waren, in der alten Ausdrucksweise, »besessen«, aber nicht von Dämonen oder ähnlichem, sondern von einem Wesen, das einst ein Mensch war, sich jedoch so weit entwickelte, daß es keinen menschlichen Körper mehr braucht. Manchmal war es sogar ein noch höher entwickeltes Wesen, das nie einen Körper besaß. Aber in einem solchen Fall brannte der menschliche Kanal wegen der hohen Belastung ziemlich rasch aus. Diese Art von Besessenheit hat nichts Dämonisches an sich. Der höchste Teil eines menschlichen Wesens strebt nach etwas noch Höherem, Feinerem und Wahrhafterem als es selbst und bietet seine Dienste an. Wenn Sie das verdammen, so verdammen Sie auch gleichzeitig die Visionen und Kommunikationen des heiligen Johannes von Patmos, denn neben allem anderen war er auch ein kosmischer Vermittler, vielleicht sogar der erste überhaupt.

Doch ein Wesen wird nicht nur mit einem Kanal Kontakt aufnehmen. Es kann viele geben, mit denen dieser spezielle Meister auf dieser Ebene oder – abhängig von den Fähigkeiten des Kanals – auch auf anderen Ebenen arbeiten will. Das mag unwahrscheinlich klingen, wenn die Verbindung eine äußerst persönliche ist und das Wesen des Meisters im Kanal verankert zu sein scheint. W. E. Butler sah dafür folgende Erklärung: die Anzahl der Partikel in einem menschlichen Körper geht ins Unendliche. Wenn der physische Körper in einen Zustand jenseits von Zeit und Raum übergeht und ein Meister wird, wird er trotzdem die gleiche Anzahl von Partikeln beinhalten wie zuvor, wenn auch in einer wesentlich feineren Art. Jedes dieser Partikel, wie in einem Hologramm, beinhaltet das gesamte Wesen. Wenn sich daher ein solches Partikel an einen menschlichen Kanal anschließt, ist es, als ob der ganze Meister mit dem Kanal wäre. Aber er zwängt sich seinem Wirt nicht auf. Der betreffende Mensch lebt ein normales Leben und ist sich die meiste Zeit über nicht bewußt, was in seiner Psyche Wurzel gefaßt hat. Nur wenn die Zeit für richtig gehalten wird, kommt dieses innere Wesen in den erforderlichen Bewußtseinszustand und überträgt sein Material. Der Vermittler wird dann das Gefühl haben, als hätte ihn ein Ausbruch an schöpferischer Energie erfaßt. Und solange die Übertragung anhält, kann er stundenlang arbeiten, ohne zu ermüden!

Zu anderen Zeiten, wenn der Kanal zu einer kleinen Gruppe oder großen Versammlung spricht, entsteht plötzlich das Gefühl, als »würde man sich selbst zuhören«; und obwohl die Rede oder der Vortrag an der ursprünglichen Absicht festhält, wird die Qualität der Worte und der Bedeutung sich über die normale Fähigkeit des Sprechers hinaus vertiefen. Man muß dem Sprecher einfach zuhören; und oft hat man das Gefühl des »Ich wünschte, ich hätte daran gedacht«, oder »Ich frage mich, wie *er* dieses Stück in den Rest der Rede einfügen wird«! Dann, ebenso plötzlich, wie er zustandekam, ist der Kontakt abgebrochen. Der Sprecher muß allein ohne geistige Unterstützung fortfahren, oft etwas zögernd, da er seine eigene volle Identität vor einer Gruppe von Menschen, die keine Ahnung von dem kleinen inneren Drama hat, das sich soeben abspielte, wiederherstellen muß.

Wenn Sie nicht gerade eine der seltenen Ausnahmen sind oder von einem persönlichen Lehrer ausgebildet werden, gibt es kaum eine Möglichkeit, solch einen Kontakt herzustellen, was aber nicht bedeuten soll, daß Sie nicht einen weniger intensiven Kontakt herstellen können, einen, der für Sie oder die Gruppe, mit der Sie vielleicht zusammenarbeiten, hilfreich sein kann. Aber die höheren Kontakte verlangen lange, mühsame und sehr hohe Forderungen stellende Lehrjahre in einer Art, die nur wenige einzugehen bereit oder anderer Verpflichtungen wegen fähig sind.

Dennoch ist es wesentlich, daß Sie darüber Bescheid wissen und völlig verstehen können, wie solche Übertragungen funktionieren, denn gelegentlich taucht eine dieser seltenen Personen auf und zeigt, trotz wenig oder gar keiner Ausbildung, klare Anzeichen ihrer Fähigkeit als Vermittler. Solche Personen sollten ermutigt werden, einer Schule beizutreten oder einen passenden Lehrer zu finden, der ihre Fähigkeit bis zu voller Reife ausbilden kann.

Jede Gruppe, wie klein sie auch sein mag, wird fähig sein, einen Kontakt zu schließen, wenn sie nur genügend hingebungsvoll und hart arbeitet. Es wird vielleicht nicht einer der Meister sein, aber sicherlich wird es ein Lehrer sein, der unter der Ägide eines solchen Meisters arbeitet. Als Jesus sagte »Wo zwei oder drei von euch versammelt sind, bin auch ich in eurer Mitte«, erklärte er, daß unabhängig davon, aus wievielen oder wenigen Menschen eine Gruppe besteht, sie ein höheres

Wesen erfolgreich rufen kann, wenn sie nur genügend Hingabe und Arbeitswillen zeigt.

Wie können Sie Kontakt aufnehmen? Es gibt keinen festgelegten Weg, keine Regeln oder speziellen Schritte im Ritual. Ich kann Ihnen nur sagen, daß sie kommen; und wenn sie es tun, werden Sie es ganz sicher wissen. Der Unterschied in Ihrer Arbeit, in den Ergebnissen dieser Arbeit und die Wirkung, die sie auf die Gruppe und deren nähere Umgebung haben werden, können kaum übersehen werden.

Wenn das geschieht, wird Ihre Hauptsorge sein, sich zu fragen, ob es ein echter Kontakt ist, ein nur periodisch auftretender oder einfach ein Ausbruch an psychischer Kraft, der sich monatelang aufgebaut hat und sich wie ein Blitz durch die Gruppe entlädt. Dies bewirkt eine kurze, durchdringende Eruption an hochgespannter, psychischer Aktivität, die sich wie ein Kontakt anfühlen kann. Tatsächlich entsteht dies, weil sich das Bewußtsein der Gruppe bezüglich der inneren Ebenen für eine Weile äußerst verstärkt hat.

Am besten ist es, abzuwarten, zu beobachten und alles mehrere Wochen lang aufzuzeichnen. Es ist sehr wahrscheinlich, daß einer aus Ihrer Gruppe die Zielperson sein wird, wenn es sich um einen echten Kontakt handelt. *Fragen Sie immer nach einer Kontrolle für alles, was Ihnen »gegeben« wird.* Dies ist Ihr Recht; und die inneren Ebenen werden es erwarten. Wenn sich das Material nicht überprüfen läßt, warten Sie, ob irgend etwas anderes durchkommt und fragen Sie nochmals danach.

Wenn es nicht geschieht, lassen Sie sich nicht entmutigen. Es könnte sich um eine einfache seelische Blockade handeln. Überdies wird nicht jede Gruppe einen ständigen Kontakt bekommen, was aber nicht bedeutet, daß deren Arbeit nicht gut sei oder nichts Wertvolles aus der Gruppe herauskommen wird. Jeder und jedes hat in dieser physischen Welt eine Grenze, und wenn Sie an diese Grenze stoßen, ist es einfacher für Sie, wenn Sie sie akzeptieren. Nicht jede Gruppe kann eine Golden Dawn-Loge sein; und es wäre auch nicht gut, wenn dies möglich wäre. Aber jede Gruppe kann ihren Teil zum Göttlichen Plan beitragen.

Heilen im Tempel

Wir kommen nun zum Thema der Geistheilung oder »Tempelheilung«. Tempelheilung deshalb, weil der größte Teil davon innerhalb des geheiligten Ortes vor sich gehen wird.

Die meisten von Ihnen werden an Geistheilung interessiert sein; und die meisten unter Ihnen werden auch wissen wollen, ob sie Heilkräfte besitzen und wie weit diese gehen. Als Antwort auf den ersten Punkt: als angehender Magier werden Sie zumindest verstehen müssen, wie es funktioniert. Nahezu jeder hat instinktiv einige heilende Kräfte. Der Beweis dafür ist zum Beispiel, daß man sich die Hand auf eine schmerzende Stelle legt, an dem Finger, in den man sich soeben geschnitten hat, saugt oder sich Kopfschmerzen wegwischt. Wir tun das, ohne weiter darüber nachzudenken.

Wie weit kann dies gehen? Das ist ein Punkt, an dem ich mich erhebe und sage: »Mit Ausnahme einiger weniger unvorhersehbarer und scheinbar willkürlicher Fälle hat Geistheilung ihre Grenzen.« Es tut mir leid, aber ich habe wenig Geduld mit jemandem, der mit einer akuten Blinddarmentzündung glaubt, ein Geistheiler würde ihn kurieren können, und er erspare sich dadurch eine Operation. Wenn er dann herausfindet, daß er die Operation doch braucht, wird es wahrscheinlich zu spät sein. Ja, Geistheilung ist auch hier möglich, aber sehr unwahrscheinlich. Es ist sinnlos, Blüten der Ringelblume auf einen Gewebebrand zu legen. Sie müssen Geistheilung in die rechte Perspektive rücken.

Von enormer Hilfe ist Geistheilung beim tatsächlichen Heilungsprozeß, zum Beispiel, um Leuten zu helfen, über eine ernsthafte Operation hinwegzukommen und die Wunde schneller und ohne Komplikationen heilen zu lassen. Sie kann auch bei Depressionen und Nervenzusammenbrüchen helfen sowie ganz allgemein den Körper veranlassen, die verordnete medizinische Behandlung anzunehmen. Ich weiß, daß einige der verordneten Medikamente schädlich sind, aber wenn der Körper mit Geistheilung dazu gebracht werden kann, schneller zu reagieren, dann brauchen die Medikamente nicht über längere Zeit hinweg genommen zu werden.

Für weniger ernsthafte Krankheiten sollte man sich homöopathischen Methoden zuwenden, das heißt in Fällen, in denen es nicht notwendig ist, Medikamente einzunehmen, die man von Schulmedizinern verschrieben bekommen hat. Wenn Sie dann tatsächlich eines der Medikamente brauchen sollten, wird eine geringe Dosis genügen, weil Sie wenig oder gar nichts davon in Ihrem Körper haben werden.

Ich stimme zu, daß gewisse Naturheilmittel genauso gut sind, wenn nicht besser, als manche Verordnungen, die man in einer ärztlichen Praxis bekommt. Aber versuchen Sie, dies mal jemandem klarzumachen, der gerade unter den entsetzlichen Schmerzen einer Nierenkolik leidet. Ohne Vorwarnung sind Sie plötzlich bewegungsunfähig vor lauter Schmerzen, und Sie brauchen etwas zur Linderung, dazu etwas, das die Steine auflöst – und Sie brauchen es sofort. Ich weiß, worüber ich spreche, glauben Sie mir. Aber als der Anfall vorüber war und ich die Steine los war, war ich glücklich, Naturheilmittel einnehmen zu können, um das Auftreten weiterer Nierensteine zu *verhindern*.

Geistheilen funktioniert auf einer völlig anderen Wellenlänge als Naturmedizin. Es ist eine Gabe, die in manchen Menschen nahezu unglaubliche Ausmaße annimmt. Solche Menschen können einen äußerst raschen Heilungsprozeß herbeiführen und hilfreich bei Rückenschmerzen und Dingen wie Arthritis und Entzündungen sein. Manche Leute können sogar über ziemlich erstaunliche Entfernungen hinweg arbeiten und die gleichen Ergebnisse erzielen. Wiederum spreche ich aus Erfahrung, wenn ich Ihnen erzähle, daß einer der SOL-Leiter in Großbritannien in der Lage war, einer seiner Schülerinnen in New York zu helfen, als diese sich einer langen und sehr komplizierten Zahnoperation unterziehen mußte. Normalerweise wäre die Patientin grün und blau und unfähig, ihren Mund aufzumachen, aus der Praxis gekommen. Tatsächlich war der einzige blaue Fleck, den sie hatte, der, wo die Infusion in ihren Arm eingeführt worden war.

Ganz selten geschehen auch wundersame Heilungen, und ich bin mehr als bereit, sie zu akzeptieren. Aber dennoch glaube ich, daß es töricht ist, anzunehmen, ein Geistheiler könne *immer* helfen, besonders, wenn das Problem bereits voll entwickelt ist und der Ausgang möglicherweise sogar tödlich sein kann. In diesen Fällen wird die Kraft eines Geistheilers die körpereigenen Heilkräfte unterstützen und den Körper wachhalten, ihn funktionieren und in die richtige Richtung zu lenken helfen. Zusätzlich kann die eigene Kraft des Heilers eine vollkommene Heilung bewirken; und wenn schon nicht das, so kann sie wenigstens die im Gehirn von Natur aus vorhandenen Schmerzkiller aktivieren.

Ich möchte nicht den Eindruck erwecken, daß ich gegen Geistheiler sei. Im Gegenteil! Zwei meiner besten Freunde, Menschen, die ich sehr mag, sind sehr kraftvolle Heiler; aber ich glaube, daß auf den Schultern dieser Menschen eine zu große Last liegt, da die Leute von ihnen »Wunder auf Bestellung« erwarten. Alle Heiler sind emphatisch und ausgesprochen sensitiv. Wenn es ihnen daher nicht gelingt, das, was sie tun wollen, auch zu erreichen, ist der Rückprall auf sie fürchterlich. Ersuchen Sie sie zu tun, was sie können, aber bestehen Sie nicht auf dem Unmöglichen.

Haben Sie Heilkräfte? Ein einfacher Test, dies festzustellen, ist der folgende: Legen Sie Ihre Hand (Hände) jemandem auf den Körper, wenn er Schmerzen hat. Werden Ihre Hände sehr heiß oder sehr kalt oder bleiben sie gleich? Manche, wenn auch nicht alle, Heiler fühlen eine große Hitze in ihren Händen, was auch von den Menschen, die geheilt werden sollen, so empfunden wird. Manche fühlen, daß ihre Hände kalt werden, wenn die Heilungskraft von ihnen auf den Patienten übergeht.

Mein Rat an Sie, wenn Sie glauben, Heilungskräfte zu haben: Suchen Sie eine Gruppe Geistheiler mit gutem Ruf auf und lassen Sie sich von deren Hellsehvermögen auf den inneren Ebenen ansehen. Wenn Sie tatsächlich Kräfte dieser Art besitzen, arbeiten Sie mit diesen Leuten, um Ihre Fähigkeiten weiterzuentwickeln. Manche Heiler, vor allem jene, die mit dieser Gabe geboren wurden, brauchen wenig oder gar keine Ausbildung; sie erinnern sich an das, was Sie lernten, als sie von den alten Therapeutoi ausgebildet wurden. Aber solche Heiler sind wirklich die Ausnahme.

Wenn jemand in Ihrer Gruppe oder ein Familienmitglied eine Heilung braucht, dann können Sie es versuchen, indem Sie die passende Gottform invozieren. Aesculapius, Apollo, Cheiron und Hippokrates in der griechischen Tradition werden es tun, Isis oder Thot in der ägyptischen Tradition und Jesus von Nazareth oder Raphael in der kabbalistischen.

Wenn es ein Gruppenmitglied oder Sie selbst sind, können Sie auch versuchen, im Tempel auf dem Pastos, einer niedrigen Couch speziell für solche Zwecke, zu schlafen. Invozieren Sie die Gottform, für die Sie sich entschieden haben, decken Sie sich mit einem blauen Tuch oder einer Decke zu und schlafen Sie sofort nach der Invokation ein. Manchmal wird Ihnen ein Traum die Ursache Ihres Problems zeigen, was Sie dazu befähigen wird, das Übel an der Wurzel anzupacken.

Wenn Sie gebeten wurden, etwas für jemanden, den Sie nicht kennen, zu tun, oder für jemanden, der weit entfernt ist, dann werden Sie irgendeinen persönlichen Gegenstand von dieser Person brauchen, um Ihre heilenden Kräfte darauf zu konzentrieren. Legen Sie diesen Gegenstand auf den Altar oder das Pastos, eröffnen Sie den Tempel in der Tradition, die Sie verwenden wollen, und invozieren Sie die heilende Gottform. Es ist eine gute Idee, die Kräfte des Südens, Westens und Nordens zu verwenden, um jene des Ostens zu verstärken. Sie können zum Beispiel Aesculapius in den Osten stellen, Apollo im Süden invozieren und ihn als Vater des Aesculap bitten, daß er seine heilenden Kräfte verstärkt. Sie könnten Athene in den Westen stellen und sie bitten, daß Ihre Weisheit die Kraft des Ostens verstärke. Im Norden könnten Sie Hades, den Herrn der verborgenen Aspekte, aufstellen und seine Hilfe erbitten, wenn es darum geht, die Wurzel des Problems herauszufinden.

Bevor ich einen Sack voll Briefe bekomme, in denen steht, daß niemand mit seiner eigenen Kraft heilt, sondern es die Kraft Gottes ist, die heilt, lassen Sie mich eines klarstellen: Männer und Frauen sind die Kinder jener jenseits menschlicher Erkenntnis liegenden Ersten Ursache, die tausend Namen hat, wovon einer Gott ist. Als Kind dieses großen Wesens, ist jeder Mensch dazu berechtigt, alle Kräfte und Talente, die er mitbekommen hat, zu nutzen. Diese Kräfte und Talente wurden freizügig gegeben, als Geschenke, um sie zum Wohle anderer einzusetzen. Der Heiler weiß, wer ihm diese Geschenke gegeben hat und ist sich bewußt, daß er sie bekam, um sie entsprechend zu verwenden. Der freie Wille war das letzte und kostbarste aller Geschenke, die der Mensch erhielt, und er sollte nicht zögern, von ihm Gebrauch zu machen. Viele Heiler heilen im Namen Gottes, aber wie ich schon sagte: Er hat viele Namen, und alle sind vertretbar. Wenn sich daher ein Heiler dazu entschließt, in einem anderen Namen zu heilen, so wird dies nicht weniger heilig oder wirksam sein. Heilkräfte sind nicht das alleinige Vorrecht des christlichen Glaubens.

Erinnerungen

Einige von ihnen werden zweifellos irgendwann einmal daran gedacht haben, ihre vergangenen Leben zurückzurufen. Das psychische Talent des weit zurückreichenden Gedächtnisses ist nicht so weit verbreitet, wie man vielleicht annehmen würde. Es ist in seiner reinen Form eine ziemlich seltene Begabung und kann gemeinsam mit Meditation dazu verwendet werden, um verlorenes Wissen zurückzuerlangen. Es wird selten bewußt dazu verwendet, vergangene Leben ins Gedächtnis zurückzurufen. Meine persönliche Meinung dazu ist, daß, wenn nicht ein echter Grund vorliegt, vergangene Leben zurückzuholen, man sie besser in Ruhe läßt. Sie sind jetzt das Ergebnis aller früheren Erfahrungen, guter und böser, aus all Ihren vorherigen Leben; und ungewöhnliche Erinnerungen werden auftauchen, wenn sie gebraucht werden; Sie brauchen nicht nach ihnen zu suchen. Es gibt vermutlich einige tausend Nofretetes, und im Fall von Tutanchamun können Sie diese Zahl vermutlich noch mit einigen tausend multiplizieren, obwohl mir nicht klar ist, warum irgend jemand beweisen will, achtzehn Jahre unter enormem persönlichem Streß gelebt zu haben und vermutlich eines schmerzhaften Todes durch Vergiftung gestorben zu sein.

Sie werden ganz gewiß Spontanerinnerungen haben, wenn Sie Ihre Fähigkeit, deren Platz in Ihrem Leben zu verstehen, weiterentwickeln, oder wenn Sie an einen Ort kommen, zu dem Sie eine starke Verbindung fühlen. Es wird Zeiten geben, in denen es notwendig sein wird, bestimmte Erinnerungen zurückzurufen; und Sie werden lernen müssen, wie man diese Technik übt. Aber eine Menge an Zeit aufzuwenden, um Ihre vergangenen Leben zu »erforschen«, einfach, um vielleicht beweisen zu können, daß Sie einmal eine berühmte Persönlichkeit waren, ist einfach lächerlich. Überdies kann es traumatisch sein. Denken Sie daran, daß eine echte Rückerinnerung vollkommen ist, mit allen Gefühlswahrnehmungen. Sie können nicht kontrollieren, in welchem Bereich jenes Lebens Sie einsteigen werden. Würde es Ihnen Spaß machen, sich auf der Folterbank in einem besonders schmerzhaften Augenblick wiederzufinden, oder zuzusehen, wie jemand den Scheiterhaufen um Sie herum in Brand steckt; oder, da wir gerade dabei sind, wie würden Sie sich fühlen, wenn Sie derjenige sind, der den Scheiterhaufen anzündet? Wenn Sie in der Gruppe an Rückerinnerungen arbeiten, werden Sie oft feststellen, daß zumindest einige von Ihnen zur gleichen Zeit inkarniert waren. Können Sie sich vorstellen, wie es Ihre heutigen Beziehungen treffen würde, wenn Sie herausfinden, daß Ihr bester Freund oder Ihre Ehefrau, Ihr Ehemann oder Sohn, derjenige war, der Sie an die Inquisition verriet oder zu den »Roundheads« überging, während Sie noch immer Royalist waren? Solche Erinnerungen können genauso alte Fehden zurückbringen wie Lieben – eine andere Sache, die Sie sich überlegen müssen. Und es ist nicht gut genug, sich einzureden, daß Sie über solche Dinge hinwegkommen können. Vielleicht können Sie es, vielleicht aber auch nicht.

Wenn Sie zu einer Mysterienschulausbildung zurückkehren, wie Sie sie vorher erfahren haben, werden Sie vermutlich einige Inkarnationen lang als Geistlicher in religiösen Orden auftauchen oder in einigen noch früheren Leben mit den alten Religionen zu tun gehabt haben. Man sagt, daß es drei Leben tatsächlicher Ausbildung in einer Mysterienschule braucht, um ein Eingeweihter zu werden. Aber es wird viele Leben geben, in denen Sie, mit den Worten von Dion Fortune, einfach »ein Wasserträger und Holzhauer« gewesen sind.

Wie ist es, sich an ein früheres Leben zu erinnern? Ich kann Ihnen dazu nur meine eigenen Erfahrungen als Beispiel anbieten, da sich kein Leben mit einem anderen vergleichen läßt.

Es gibt zwei Arten, auf die es geschehen kann. Sie können immer wieder Erinnerungsblitze bekommen, nicht viel mehr als ein vages Gefühl, einen Ort oder eine Person wiederzuerkennen. Und wenn Sie dann mehr Zeit mit dieser Person oder an diesem Ort verbringen, werden die Erinnerungen deutlicher; aber weiter wird es kaum gehen. Das kann in Ihrem Leben mit vielen Orten und Personen geschehen. Es kann der Grund sein für eine spontane Freundschaft mit jemandem und für eine grundlose, irrationale Abneigung gegen jemand anderen. Ungefähr bis dahin geht es bei den meisten Leuten mit Rückerinnerungen.

Der zweite Weg ist ein langsames Erwachen in einer anderen Realität, die die gegenwärtige Welt zu überlagern scheint. Manchmal ist es wie ein Traumzustand, durch den man sich bewegt und gleichzeitig beobachtet und fühlt, während die eigene Zeit immer vorhanden ist. Wie Sie sich werden vorstellen können, kann dies ein Problem sein, obwohl natürlich nicht jeder die gleichen Erfahrungen machen wird. Wenn ich zu einem bestimmten Zweck »beobachte« und das unter rituellen Bedingungen, so wird das Ergebnis viel schärfer und weniger von der Gegenwart durchzogen sein.

Eine der klarsten persönlichen Rückerinnerungen, die ich je hatte, kam in Winchester zu mir. Es ist ein Ort, den ich immer geliebt habe, sogar noch vor meinem ersten Besuch in diesem Leben. An einem kalten Frühlingstag Mitte der siebziger Jahre traf ich mich mit Ernest Butler in Winchester. Ich hatte gerade eine Reihe von Vorlesungen in London beendet und mich dazu entschieden, über Nacht nach Winchester zu fahren. Ich rief daher Ernest an und fragte ihn, ob er den Tag mit mir verbringen und zum Essen mit mir ausgehen wolle. Die Idee gefiel ihm, und wir verbrachten einen wunderschönen Tag miteinander, einen jener ruhigen Tage, an die man sich noch nach Jahren erinnern kann. Wir spazierten um die Kathedrale und sprachen über viele Dinge, was vermutlich die Flut von Ereignissen auslöste, die folgte.

Ungefähr um fünf Uhr nahm Ernest den Bus zurück nach Southampton; und da ich nun einen freien Abend vor mir hatte, kehrte ich zur Kathedrale zurück, um auf den Abendgottesdienst zu warten. Es war der Beginn der Fastenzeit, und der Bischof von Winchester sollte den ersten einer Reihe von Vorträgen über die Fastenzeit halten. Ich saß bis zu Beginn der Messe ruhig da. Da nur wenig Leute anwesend waren, wurden wir gebeten, vom Mittelschiff in das wunderschön geschnitzte Chorgestühl zu kommen. Ich fühlte, wie mein Bewußtsein sich veränderte, aber ich beherrschte dies sofort wieder, da es weder die richtige Zeit noch der rechte Ort war. Nach dem Gottesdienst sprach ich einige Minuten lang mit dem Bischof und bat ihn um eine Kopie seiner Rede, die veröffentlicht werden sollte. Dann verließ ich die Kathedrale durch eine Seitentür und ging rundherum zur Westseite. Es war nahezu dunkel. Ich blieb stehen und sah das Westfenster und dachte mir, wie sehr ich diesen alten Ort wohl liebte. Und dann geschah es, so langsam, daß ich zuerst nicht begriff, was geschehen war.

Fast alle vertrauten Gebäude waren verschwunden, und die da waren, waren sehr viel anders. Ich war nicht länger eine Frau, sondern ein Mann in mittleren Jahren, nicht sehr klug. Tatsächlich war dieses andere Ich sehr verwirrt. Ich wußte alles über ihn. Sein Name war Walter, und er war seit früher Jugend im Kloster, in das ihn seine Eltern, die zu arm waren, um ihn zu ernähren, geschickt hatten. Er war eine einfache Seele, die es nie zu etwas gebracht hatte. Er hatte die meiste Zeit seines Klosterlebens in der Küche verbracht, wo er half, die Speisen vorzubereiten. Ich konnte mich ganz deutlich an seine Meinung über den Bruder Koch und an seine Ehrfurcht vor dem Bischof erinnern. Die Kathedrale war sein einziges Heim, und er liebte sie mit einer Leidenschaft, von der er fürchtete, daß sie nahe an Verbotenes grenzte. Seine Verwirrung stammte von einer Unterredung, die er gerade vorhin im Refektorium gehört hatte. Sie hatte etwas mit der Möglichkeit zu tun, daß ein Mensch nicht nur ein, sondern mehrere Leben haben könnte.

Dies machte ihm Angst. Er konnte sich nicht vorstellen, irgendwo anders zu leben, und war zu einfach, um die Argumentation zu verstehen. Alles, was er wußte, war die Tatsache, daß dies sein Heim war, das er nie verlassen wollte. Er stand vor dem großen Fenster, blickte hinauf, vor Kälte zitternd, und als ich mich »hinzuschmuggelte«, murmelte er etwas verzweifelt: »Wenn ich zurückkomme, werde ich hier stehen und mich erinnern – ich werde mich erinnern – ich werde mich erinnern.« Dann war ich wieder zurück in meiner eigenen Zeit und stand, vor Kälte zitternd, vor dem großen Westfenster, blickte es an und sagte zu mir selbst verzweifelt »Ich werde mich erinnern«. Die Glocken läuteten noch immer, und ich stand da mit rasch schwindenden Erinnerungen, von denen ein paar geblieben sind. Ich weiß ohne Zweifel und über jeden Verstand hinaus, daß irgendwo unter den Steinen in Winchester die Knochen eines nicht allzu klugen Mannes liegen, der nichts anderes vom Leben wollte als zu sein, wo er war, in Winchester. Wir sind ein und dieselbe Person, und wir lieben Winchester noch immer, und jedesmal, wenn ich auf meinen Weg nach London bin, versuche ich, den kurzen Blick auf die Kathedrale zu erhaschen.

Unter anderen sehr klaren Erinnerungen ist jene, wie ich meine Eltern weggehen sehe, als sie mich bei einer seltsamen Frau lassen, die freundlich, aber streng ist, und von nun an meine Lehrerin sein wird. Lange Jahre harter Arbeit und Studierens liegen vor mir. Ich fühle mich ärgerlich und fürchte mich, und der vordringlichste Gedanke in meinem Kopf ist: ». . . hätte ich nur nicht diese Träume gehabt, dann wäre ich jetzt noch immer zu Hause bei meinem Bruder.« Es kam noch eine Menge mehr, aber das ist eine andere Geschichte.

Sollten Sie solche Erfahrungen machen, versuchen Sie immer, sie zu überprüfen, soweit Sie können. Das wird selten sehr genau möglich sein, aber überprüfen Sie zumindest die Gewänder, Werkzeuge, Häuser usw. Mit dem Teil von sich, der noch immer in der Jetztzeit ist, versuchen Sie, sich soviel wie möglich zu merken, besonders die Jahreszeit und, wenn überhaupt möglich, das Datum.

Es gibt bestimmte Techniken, um vergangene Leben zurückzuholen; aber ich warne Sie davor, sie wahllos zu gebrauchen. Wenn Sie auf eine schlimme Erfahrung stoßen, dann machen Sie sich seelisch zumindest für zwei Wochen zu und lassen sie diese Rückerinnerung aus Ihrem Unterbewußtsein verschwinden. Wenden Sie diese Techniken nicht mehr als ein- oder zweimal im Monat an. Führen sie genaue Aufzeichnungen von allem, was Sie tun, sehen, hören oder an das Sie sich erinnern. Vergessen Sie auch nicht, daß die meisten »besten« Inkarnationen bereits stattgefunden zu haben scheinen. Wir müssen uns also mit dem, was übrigbleibt, abfinden!

In J. H. Brennans Buch *Five Key to Past Lives* werden Sie alles finden, was Sie brauchen, um die Grundtechniken zum Zurückholen von vergangenen Leben zu erlernen. Die einzige Methode, mit der ich nicht übereinstimme, ist die Verwendung der Buchstabentafel. Ich habe gegen diese Dinge eine starke Abneigung und werde mich immer dagegen aussprechen. In Händen eines ausgebildeten Hellsehers mögen sie ihren Vorteil haben, aber neunundneunzig Prozent aller, die sie verwenden, sind nicht einmal annähernd geschult; und das macht es gefährlich. Wenn Leute unangenehme Ergebnisse erhalten oder durch solch unkluge Experimente sogar einen geistigen Schock erleiden, ist es immer der Okkultismus, der dafür verantwortlich gemacht wird, und nie die eigene Dummheit. Dies macht mich so zornig, weil viele Mysterienschulen gewissenhaft sind und offen und ihre Kurse im Einklang mit der Ethik des Okkulten halten. Die Schuld für die Sorglosigkeit von anderen zugeschoben zu bekommen, die alle Warnungen ignorierten, ärgert mich maßlos.

Dennoch sind die anderen Techniken in diesem Buch ideal und mit Brennans schelmischem Humor geschrieben. Sein Kapitel über Hypnose ist einfach und kann sogar von Anfängern sicher angewandt werden.

Sie können seinen Anweisungen natürlich in Ihrem Wohnzimmer folgen, aber die Atmosphäre in Ihrem Tempel könnte den Experimenten noch besser dienen. Ich würde Ihnen empfehlen, immer wenigstens eine andere Person dabeizuhaben oder zumindest einen Kassettenrekorder. Wenn Sie jedoch vorhaben, Hypnose zu verwenden, ist eine zweite Person absolut notwendig.

Halten Sie sich an die gradlinigen Anweisungen von Brennan, und es kann nicht viel schief laufen.

Noch ein letztes Wort zu diesem Thema. Die Akasha-Chronik ist ein Begriff, den Sie zweifellos hören werden, wenn Sie vergangene Leben erforschen. Lassen Sie mich eines völlig klarstellen: es ist möglich, sie zu verwenden, aber es ist *nicht* erlaubt, in ihr nach Aufzeichnungen von anderer Leute Vergangenheit herumzuwühlen. Ich habe es aufgegeben, die Menschen zu zählen, die auf das alte »Ich bin ein hoher Eingeweihter und kann in Ihren Aufzeichnungen in der Akasha-Chronik lesen« hereingefallen sind. Ein wahrer Eingeweihter wird kaum zugeben, daß er einer ist – und würde höchstwahrscheinlich nicht daran denken, in anderer Aufzeichnungen zu lesen. Erstens würde das die okkulte Ethik verbieten, und zweitens sollten Sie ohnehin Ihre eigenen Forschungen betreiben. Wenn Ihnen jemand anbietet, Ihre Akasha-Aufzeichnungen zu lesen, kann dabei herauskommen, daß sie eine karmische Schuld offen haben, und zwar gewöhnlich bei eben dieser Person! Die Erforschung vergangener Leben kann zu einer ernsthaften Studie gemacht werden, kann aber genausogut einige Nachteile haben. Versuchen Sie es auf jeden Fall, aber tun Sie es vorsichtig; fallen Sie nicht auf den bloßen Glanz der Sache herein.

Die Aura und die sieben Strahlen

Die Aura und die sieben Strahlen waren und sind in all den Jahren Gegenstand zahlloser Bücher. Wenn Sie eine derartige Fülle zur Auswahl haben, ist mein Rat, sich an zwei oder drei empfohlene Bücher zu halten, sie sorgfältig zu lesen, um Ihr Thema kennenzulernen. Wenn möglich, gehen Sie auch zu ein paar Vorlesungen über dieses Thema.

Okkultisten verstehen unter der Aura einen Lichtbereich, der normalerweise aus verschiedenen Farben besteht und mehr oder weniger deutlich den Körper eines jeden Lebewesens umgibt. Am stärksten ausgeprägt scheint sie beim Menschen zu sein, wo sie viele Dinge anzeigen kann. Gesundheit, geistige wie physische, den Stand spiritueller Bewußtheit, die Art der Strahlung; und von bestimmten Graden an kann sie auch das Sigill des Meisters der inneren Ebene anzeigen, unter dessen Führung die Person arbeitet.

Die Aura wurde von Künstlern zu allen Zeiten als ein Strahlenkranz um das Haupt von Erlösern und Heiligen dargestellt. Wir wissen, daß alle Lebewesen ein elektromagnetisches Feld um sich haben, und es scheint daher logisch, daß es in Farbe gesehen werden kann und durch wechselnde Stärke und Farbe bestimmte Bereiche anzeigen kann, in denen eine Krankheit vorhanden ist.

Dies ist ein riesiges Gebiet, viel zu groß für einen kurzen Blick auf seine wesentlichsten Aspekte. Aber es ist wichtig, daß Sie verstehen, was es ist, was es kann und wie es gesehen und gedeutet werden kann. Nicht jeder kann eine Aura sehen, aber wenn Sie es können, müssen Sie auf der Hut sein und sie nicht mit dem, was W. E. Butler »falsche Aura« genannt hat, zu verwechseln. Dies kann vorkommen, wenn sie längere Zeit jemanden angesehen haben, zum Beispiel in einer Vorlesung. Die Augenmuskeln entspannen sich, die Einstellung wird weniger scharf, was zu einem plötzlichen Farbenblitz oder einem Lichtband um den Vortragenden führen kann. Man kann dies leicht überprüfen, da dieses Lichtband immer in der Komplementärfarbe der Person sein wird. Das kann ziemlich eindrucksvoll sein, da das Licht meist eine weiße oder blaßgoldene Farbe hat. Aber es ist keine Aura.

Manchmal werden Sie vielleicht einen plötzlichen Blitz in glänzender Farbe aus dem Kopf oder Körper einer Person schießen sehen. Das ist echt. Ein plötzlicher Ausbruch an elektrischer Aktivität in der Aura kann sie vorübergehend sichtbar machen. Ich habe dieses Phänomen mehrere Male gesehen, und es ist atemberaubend. Normalerweise erstreckt sich die Aura 10 bis 15 cm rund um den Körper. Wenn man bei schlechter Gesundheit ist, kann sie auf weniger als die Hälfte schrumpfen. Je höher das spirituelle Bewußtsein einer Person ist, um so größer wird die Aura sein und um so stärker der Einfluß auf andere Menschen in der Nähe. Auf dieser Stufe ist sich die Person selbst des Kraftfeldes um den eigenen Körper physisch bewußt und kann sofort sagen, wenn jemand in ihren Kreis eintritt, besonders wenn die andere Person krank ist oder Hilfe braucht. Daher die Reaktion Jesus, als der Saum seines Gewandes in der Menge berührt wurde.

Wir haben alle einen persönlichen Raum, und wenn jemand auf diesen Raum übergreift, fühlen wir uns aus dem Gleichgewicht gebracht und gereizt. Verschiedene Rassen brauchen einen unterschiedlich großen Raum. Engländer brauchen im Durchschnitt wesentlich mehr Raum als zum Beispiel Italiener oder Spanier. Die letzteren neigen mehr zu Nähe, was Ihnen ermöglicht, nahe beieinanderstehen zu können, ohne sich unbehaglich zu fühlen. Die Engländer sind da ganz anders. Sie brauchen sie nur in einem überfüllten Zug oder Bus zu beobachten, um sehen zu können, wie unbehaglich sie sich durch die extreme Nähe fühlen. Sie werden jeglichen Blickkontakt vermeiden und versuchen, sich in eine Ecke zurückzuziehen, um jeder Berührung zu entgehen. Die gleiche Situation würde einen Italiener überhaupt nicht belasten. Aber Dinge wie diese sind in der Gruppenseele der Rasse verankert und wirken sich dann entsprechend beim Individuum aus.

Man könnte argumentieren, daß wir alle innerhalb der kosmischen Aura des Schöpfers leben. Die erste Lektion in einem SOL-Kurs gibt als Meditationsthema »Der kosmische Ozean, in dem wir leben, uns bewegen und unseren Platz haben«. In diesem Kraftfeld Gottes zu sein, macht den Schöpfer bewußt über alles, was sich darin bewegt, und verursacht auch eine Reaktion auf diese Bewegung.

Es ist möglich, mit den anderen Lebensformen auf diesem Planeten, vom Falken bis zum Granitstein, Kontakt aufzunehmen, indem man ihre Aura berührt. Das ist die Grundlage der Psychometrie, der Fähigkeit, die Erfahrungen, die im aurischen Feld eines Gegenstandes eingeprägt sind, zu lesen.

Es ist unmöglich, kurz auf dieses riesige Thema einzugehen. Ich muß sie wieder einmal auf ein anderes Buch verweisen. Wie über die Rückerinnerung vergangener Leben, gibt es auch über die Aura ein kleines, aber wichtiges Büchlein mit dem Titel *How to Read the Aura (Die Aura)* von W. E. Butler, das einfach, direkt und voll Information ist. Es geht ziemlich ins Detail über Aurasehen, ätherisches Heilen, Aufladen des Ätherischen, Lebensfluß sowie Techniken, um das Aurasehen zu entwickeln. Es enthält wirklich alles, was Sie brauchen. Butler konnte perfekt die Aura lesen und wußte daher genau, was er seinen Studenten zu sagen hatte und wie diese die Aurasicht ausbilden sollten. Sie können nichts Besseres tun, als seinen Anweisungen zu folgen.

Wenn Sie tiefer in Ihre okkulten Studien eintauchen, werden Sie auch über die sieben Strahlen lesen. Genauso wie über die Aura wurden darüber viele Bücher geschrieben. Viele davon sind unverständlich. Ich werde versuchen, Ihnen die Grundidee davon zu geben und Ihnen zwei oder drei Bücher zu nennen, von denen ich glaube, daß sie Ihnen größtmögliche Information geben werden.

Man sagt, daß die sieben Strahlen von den sieben Sternen des Großen Bären stammen. Jeder Strahl sei Ausdruck einer Qualität, eine Art von Lehre, wenn sie so wollen. Und jeder werde von einem Meister überwacht. Diese Strahlen würden durch den Sonnenlogos gelenkt und kämen dann zu den sieben Planetenherren, die sie an jene weitergeben, die auf der Linie ihres speziellen Strahles arbeiten.

Die meisten Menschen werden ein Gemisch von Strahlentypen in ihrer Zusammensetzung haben, wenige nur einen einzigen. Aber wenn Sie okkult zu arbeiten beginnen, wird ihr Strahlentyp die Art der Arbeit, die Sie wählen, bestimmen. Obwohl es sieben Strahlen gibt, hören wir meist nur von dreien, den blauen oder hermetischen Strahl, den grünen oder schöpferischen Strahl und den violetten oder Liebesstrahl. Ihre anderen Namen sind Weisheit, Kraft und Liebe. Die meisten Mysterienschulen werden versuchen, ihr höchstes Amt von Mann und Frau weiterzugeben, von Strahl zu Strahl, so daß alles, so weit wie möglich, ausbalanciert ist. Der vorherrschende Strahl in diesem Sonnensystem ist der violette Strahl der Liebe. Alle anderen sind ihm untergeordnet.

Jeder dieser Strahlen ist mit einem Ton, einer Farbe und einem Edelstein verbunden. Es gibt auch noch andere Entsprechungen, aber diese reichen für den Augenblick. Es muß gesagt werden, daß nicht jeder die drei Hauptstrahlen in der gleichen Farbe oder mit den gleichen Eigenschaften sieht, und Sie werden lernen müssen, das auszuwählen, von dem sie das Gefühl haben, ihm folgen zu können. Erinnern Sie sich an Ihr Lesezeichen mit den Worten »Verschwiegenheit und Einsicht«? Jetzt ist es an der Zeit, mit der Anwendung des ersteren zu beginnen. Sie müssen anfangen zuzuhören, zu lesen und zu lernen, dann den Weg wählen, von dem Sie denken, er sei der beste. Sie werden dadurch ihre eigene Strahlenfarbe aktivieren. Als Student lernen Sie von Ihrem Lehrer. Sie stellen Fragen, hören weiter zu und legen alles Erfahrene ab. Aber es kommt die Zeit, da der Student zum Priester wird, und dann müssen Sie Ihren eigenen Pfad wählen. Nehmen Sie nie etwas an, ohne es zu hinterfragen, scheuen Sie sich nie, nach dem Warum zu fragen oder um eine Überprüfung zu bitten.

Wenn Sie dieses Buch lesen, empfehle ich Ihnen, daran zu denken, daß die Farben und Eigenschaften hier unterschiedlich dargestellt sein können; das setzt ihren Wert nicht herab und bedeutet auch nicht, daß ich nicht weiß, worüber ich spreche. Wir lernten es auf verschiedene Weise, das ist alles. Nichts im Okkulten ist jemals direkt und geradeaus.

Im folgenden können Sie etwas mehr Information über die Strahlen und ihre Eigenschaften finden. Es ist ein Thema, das viel Lernen und eine Menge gründlichen Denkens erfordert. Aber wie alle okkulten Studien trägt es Früchte, und ist Teil jenes riesigen Wissens, das Sie zur Verfügung haben müssen.

Erster Strahl – Wille
Tugenden: Stärke, Mut, Standhaftigkeit, Wahrhaftigkeit, die Fähigkeit, mit Menschen umzugehen.
Schwächen: Stolz, Ehrgeiz, Härte, Arroganz, Zorn.

Zweiter Strahl – Liebe
Tugenden: ruhige Stärke, Geduld, Dauerhaftigkeit, Zuverlässigkeit, Intelligenz, ernsthaftes Gemüt.
Schwächen: Kälte, Gleichgültigkeit, Verachtung geistiger Beschränktheit.

Dritter Strahl – Höherer Geist
Tugenden: umfassender Überblick über das Abstrakte, Aufrichtigkeit, Intellekt, Konzentration, Geduld.
Schwächen: Stolz auf den Intellekt, Kälte, Isolation, Halsstarrigkeit, Selbstsucht, Kritik an anderen.

Vierter Strahl – Harmonie durch Konflikt
Tugenden: Zuneigung, Sympathie, Hingabe an die Pflicht, Mut, rasche Intelligenz.
Schwächen: Selbstsucht, Bekümmertsein, starke Leidenschaften, Trägheit.

Fünfter Strahl – Niederer Geist
Tugenden: Genauigkeit, Gerechtigkeit, aber ohne Gnade, Zähigkeit, Unabhängigkeit, gesunder Menschenverstand.
Schwächen: Engstirnigkeit, Arroganz, Nicht-verzeihen-Können, Mangel an Mitleid und Ehrfurcht.

Sechster Strahl – Hingabe
Tugenden: Pflichteifer, Liebe, Güte, Zielstrebigkeit, loyale Intuition.
Schwächen: Eifersucht, Voreingenommenheit, Selbsttäuschung, Zorn, Vorurteil.

Siebenter Strahl – Zeremonielle Magie
Tugenden: Stärke, Durchhaltevermögen, Liebe zum Detail, Mut, Höflichkeit, Selbstvertrauen.
Schwächen: zu formell, Bigotterie, Stolz, Engstirnigkeit, Starrsinn, zu nachgiebig, oberflächlich.

Denken Sie daran, daß wenige Menschen aus nur einem Strahl bestehen, gewöhnlich aus zwei oder drei, und nur wenige Menschen können ihren eigenen Strahl genau beurteilen. Die beiden Bücher, die ich am hilfreichsten empfunden habe, obwohl sie in manchen Dingen unterschiedliche Informationen geben, sind *The Seven Rays* von Dr. D. Baker und *The Seven Rays* von E. Wood. Wenn Sie tiefer einsteigen wollen, werden Sie dieses Thema genauer studieren müssen. Es kann Ihr Denken sehr erweitern.

Invokationen

»Leiergesänge« (Litaneien) und Invokationen sind ein wesentlicher Teil der rituellen Arbeit, und Sie sollten lernen, Ihre eigenen zu schreiben. Aber es gibt einige sehr alte Invokationen, die jeder Magier für besondere Gelegenheiten zur Hand haben sollte. Eine Sammlung davon werden Sie in der Ritualreihe der »SOL Knowledge Papers« finden, mit dem einfachen Titel »Chants and Invocations«, erhältlich bei der SOL auf Jersey (die Adresse finden Sie am Ende des Buches). Es gibt eine Invokation, die mir mein Lehrer W. E. Butler beigebracht hat. Er erzählte mir, daß sie von einer Gruppe, mit der er zusammenarbeitete, 1926 in Glastonbury aufgenommen wurde. Es wurde damit ein sehr starker Kontakt mit denen, die er »die Meister Britanniens« nannte, hergestellt, auch mit dem Elementarkönigreich. Es ist mehr als ein Leiergesang; es ist eher ein eigenständiges, kraftvolles Ritual.

Der Leiergesang der Elemente

Eine Elementarkraft manifestierte sich und sagte zu uns: »Seid gegrüßt, im Namen der Kraft von Glastonbury-Tor, seid gegrüßt und willkommen.« Dann manifestierte sich eine andere Kraft und sagte: »Seid gegrüßt und willkommen in den Torwegen; die Tore sind offen, schreitet hindurch, und ihr werdet die Vision von der Öffnung des Berges sehen. Das Haus ist bewacht, der Ring des Feuers liegt um das Haus. Die Vision des Hügels ist euer. Tag und Nacht ist das Haus von einer Kraft bewacht, die eure Feinde abwehren wird, die Feuerkraft von Glastonbury-Tor. Denn dies ist der Hügel des Feuers, und die Kräfte des Feuers sind um euch; der Schutz des Feuers umgibt euch.« Er fuhr fort und gab uns, was er den Leiergesang der Elemente nannte.

Der Wind und das Feuer wirken am Hügel,
Der Wind und das Feuer wirken am Hügel,
Der Wind und das Feuer wirken am Hügel,
Invozieret den Wind und das Feuer.
Der Wind und das Feuer wirken am Hügel,
Der Wind und das Feuer wirken am Hügel,
Der Wind und das Feuer wirken am Hügel,
Vertrauet dem Wind und dem Feuer.
Der Wind und das Feuer wirken am Hügel,
Heil dem Wind und dem Feuer.

Zieht die Kraft zu euch herab,
Arbeitet mit dem Wind und dem Feuer,
Sonne und Luft, Sonne und Luft, Sonne und Luft.

Dann manifestierte sich eine andere Elementarkraft und sagte:

Erde und Wasser sind freundlich und gut,
Erde und Wasser sind freundlich und gut,
Erde und Wasser sind freundlich und gut,
Die Sonne und das Feuer wirken am Hügel,
Heil der Sonne und dem Feuer.

Denkt nicht nach über die Naturkräfte, arbeitet mit ihnen, fühlt mit ihnen. Sie haben keinen Verstand; ihr könnt sie also nicht mit dem Verstand erreichen. Fühlt mit ihnen, bewegt euch mit ihnen, singt mit ihnen, habt keine Angst vor ihnen. Ihr braucht sie, und ihr habt sie bereits zu weit hinter euch gelassen. Sie sind die Kraft und Macht hinter allen Dingen. Ohne die Elementarkräfte habt ihr keine Macht, keine Kraft, euren Wünschen und Verlangen Ausdruck zu verleihen, außer es ist der Wille der Herrn der Elemente. Ihr seid an den Toren, die sich zur inneren Welt öffnen. Nur durch die Gnade der Herren der Elemente könnt ihr eintreten. Sie sind eure Freunde, wenn ihr nur eure eigene Elementarnatur beherrschen könnt. Sie werden mit euch die Heiligkeit der Elementarnatur teilen. Form und Kraft müssen ausgeglichen sein. »Wir mögen keine Schwäche«, sagen sie, »wir verachten sie. Du mußt uns lehren, dich zu respektieren, genauso wie du uns respektieren mußt. Liebe uns, und wir werden dich wieder lieben. Jene, die die Herren der Elemente lieben und denen sie vertrauen, sollen auch sie lieben und ihnen vertrauen, und die Kraft der Elemente wird ihnen anvertraut werden.«

»Die Macht der Elemente soll dann wie eine Flamme unter den Menschen sein, wie stürmende Gezeiten, wie ein mächtiger Wind und so reglos wie die Felsen. Ihr werdet Dinge hinwegfegen wie eine Feuersbrunst, wenn die Herren der Elemente mit euch reiten. Die Könige der Mächte der Luft werden mit euch reiten. Die Stetigkeit der Erdtiefen wird euch behüten. Wo meine Freunde sind, da ist Reinheit und Macht, wo die Wasser in den endlosen Horizont hinausschießen, raumlos und zeitlos für immer. Wo mein Volk ist, da ist Reichtum und Stärke und Weisheit.«

Dann kam ein anderes Element und sagte: »Seid gegrüßt, meine Kinder.«

Wind und Wasser, Wind und Wasser, Wind und Wasser,
Wasser und Erde zusammen bringen Fruchtbarkeit,
Wasser und Erde zusammen bringen Fruchtbarkeit,
Wasser und Erde zusammen bringen Fruchtbarkeit,
Ihr werdet nie wieder ohne Wasserquellen sein,
Ihr werdet die Wasserquellen und den Regen zitieren können,
Die Wasserquellen im Namen von Erde und Wasser und den Regen im Namen von Wasser und Wind,
Wasser und Wind, Wasser und Wind, Wasser und Wind.
Feuer und Erde, Feuer und Erde, Feuer und Erde.
Das Feuer der Erde wird die Kraft zum Meister bringen.
Das Feuer wird reinigen, das Feuer wird erleuchten, und sanft wird das Wasser euch tragen.

Liebet die elementaren Dinge; sie sind sehr alt; sie sind immer jung, alterslos und ohne Tod, ewig, unsterblich, denn seit alters und für immer regieren wir unsere Königreiche, und wir sind in den Tiefen eures Seins. Erwachet und kommt, erwachet und kommt, erwachet und kommt. Kommt von den Tiefen der Elementarwesen und erhellt unsere Finsternis. Kommt im Namen des weißen Christus und der Heere der Elemente, kommt auf unsere Aufforderung und dient mit uns dem einen Namen über allen Namen, dem, der die Menschen liebt und die Elementar-Völker. Dann wird dort, wo mein Volk lebt, keine Nacht sein; und die Nacht wird sein wie der Tag im Licht des ewigen Feuers. Dann wird dort, wo mein Volk ist, Frieden sein, der Friede der Höhen über dem Wind. Und dort, wo mein Volk ist, wird Reinheit sein.

Feuer und Luft, Feuer und Luft, Feuer und Luft, und Kraft, um den Meistern zu dienen. Es ist euch die Freiheit der Elemente geschenkt worden, nutzt sie.«

Dann sprach wieder der Meister: »Gut, meine Kinder, ihr habt also die Boten der Elemente getroffen; in den Elementen ist Macht, wenn ihr wagt, sie zu gebrauchen, und etwas, das wir versucht haben, euch zu lehren, ist, daß ihr Elementarkraft haben müßt, wenn ihr auch nur irgend etwas vollbringen wollt. Viele Menschen haben die besten Absichten, haben aber nicht die Elementarkraft, und daher sind ihre Absichten fruchtlos. Ihr braucht euch nicht vor Macht oder Schmerz zu fürchten; es bringt nichts ein, sich vor irgendwelchen Dingen zu fürchten. Ihr müßt ihnen nur wieder begegnen. Warum sollt ihr euch vor irgend etwas fürchten, wo ihr doch durch Erfahrung über eure Unsterblichkeit Bescheid wißt? Man sagt, daß der letzte Feind, den es zu besiegen gilt, der Tod sei. Wenn ihr euch erinnert, wie oft ihr gestorben seid, werdet ihr aufhören, euch vor dem Tod zu fürchten. Es gibt keinen Grund, den Tod zu fürchten, denn er hat keine Macht über euch. Wenn ihr euch nicht vor dem Tod fürchtet, oder vor der Schande, oder dem Schmerz, der Armut oder Einsamkeit, was bleibt dann noch zu fürchten übrig? Und alle diese Dinge müßt ihr lernen, um auf dem Pfad siegreich zu sein. Lernt, unerschrocken zu leben, meine Kinder, lernt, großmütig und edel zu leben. Lernt den Preis für die großen Dinge zu bezahlen und nicht darüber zu murren. Lernt, alles in die Waagschale zu werfen und euer Gewicht auf das reine Gold des Geistes zu legen. Ihr müßt Kontakt mit eurem grünen Strahl haben, ihr braucht ihn. Ihr habt euren blauen Strahl der Weisheit, ihr habt den purpurnen Strahl der Hingabe, ihr müßt auch den grünen Strahl der Macht haben, denn die Zeit wird kommen, da ihr die Strahlen werdet lenken können. Es ist nicht ohne Grund, daß ihr hierher zum Tor gekommen seid und daran gebaut habt. Hier habt ihr die Luft- und Feuer-Kontakte. Lernt den Gesang der Elemente, wie ihr ihn heute abend gehört habt. Lernt mit den Herren der Elemente Freundschaft zu pflegen. Heute abend habt ihr die Grüße der Herren der Elemente erhalten; denkt daran, daß ihr alle Verbindungen mit der Elementewelt über sie aufnehmen müßt. Sie sind Wesen von stolzer Intelligenz, groß an Macht und, wie ihr, den Meistern ergeben. Sie werden euch nicht dienen. Macht nie den Fehler, zu versuchen, ihren Gehorsam befehlen zu wollen, aber verlangt ihre Hilfe als Brüder, als Diener des Einen.«

W. E. Butler sagte weiter, daß das Medium, durch das sie diesen Elementegesang erhielten, Dion Fortune war, und daß zu der Zeit, als sie ihre Schule errichtete, die Elementekontakte zu ihr und ihrer Schule sehr eng waren.

Der Gesang kann entweder als Ritual oder als Pfadarbeit verwendet werden und ist in beiden Fällen genau, was er sein soll: ein Torweg zu den Herrn der Elemente und der Freiheit ihrer Reiche, wenn Sie sie handhaben können.

Ein Eingeweihter werden

Im letzten Kapitel dieses Buches werden wir darüber sprechen, wie man eine Arbeitsgruppe aufbaut. Wenn Sie eine solche Gruppe haben, bedeutet das noch nicht, daß Sie einen magischen Orden haben. Sie haben auch nicht das Recht, sich selbst Eingeweihter zu nennen oder andere einzuweihen. Es gibt zwei Arten von Einweihung, die physische und die nichtphysische. Manchmal werden Sie die physische zuerst erleben, manchmal die andere, aber jede Einweihung wird das Potential einer nichtphysischen in sich tragen. Sie werden physisch ein Eingeweihter, wenn Sie von jedermann mit einem ausreichend hohem Grad, das heißt mit zumindest einem, vorzugsweise jedoch zwei ganzen Graden über dem Ihren, »aufgenommen« werden.

Im letzten Jahrzehnt wurden viele Bücher veröffentlicht mit Kapiteln über Selbsteinweihung. In diesem Buch werden Sie nichts davon finden. Ich gebe zu, daß es passieren kann, aber sehr selten. Ich maße mir nicht das Recht an, Ihnen ein Ritual zu geben und Ihnen zu sagen, daß Sie sich hinterher »Eingeweihter« nennen können. Zumindest nicht in dem Sinn des Wortes, wie ich es verstehe, das heißt, daß ein vorbereiteter Novize zum Tor eines Tempels in einem Orden, mit dem er Kontakt aufgenommen hat, kommt und nach bestimmten Paßworten und Versicherungen eingelassen wird und dann durch ein Ritual geht, das ihn zuerst reinigen soll und wo danach in sein Herzzentrum ein Samen des Lichtes eingepflanzt wird, der vom Wesen des Meisters dieses Ordens stammt. Danach werden dem neuen Eingeweihten bestimmte Anweisungen, Paßworte, Versprechen und Informationen gegeben, der damit das Recht, in den Tempel und Orden einzutreten, erhalten hat.

Wenn Sie nicht einige Zeit im Noviziat dieses Ordens verbracht und eine gewisse Ausbildung erhalten haben, ist eine echte Einweihung mit Kontaktaufnahme nicht möglich. Das bedeutet jedoch nicht, daß Sie nicht eine gute, solide Arbeitsgruppe mit einer Menge gutem Potential aufbauen können. Das bedeutet auch nicht, daß Sie nicht einen Eintrittsritus in Ihre Gruppe entwerfen können, der als eine Trennlinie zwischen dem Außenleben und der Welt innen wirken kann.

Solch ein Ritual wird den Gruppengeist stärken und jenen, die eintreten, ein Zusammengehörigkeitsgefühl vermitteln. Da zweifellos viele von Ihnen auf eine kleine Gruppe hinarbeiten werden, scheint es an der Zeit zu sein, Ihnen ein Beispiel für einen solchen Eintrittsritus zu geben. Dieser besondere ist dazu gedacht, eine Gruppe zu beginnen. Im nächsten Monat werde ich Ihnen ein Ritual für Neuankömmlinge geben. Ich nehme einmal an, daß Sie bereits einige Gefährten haben, mit denen Sie schon eine Zeitlang zusammenarbeiten, und daß Sie sich nun als eine echte Gruppe etablieren wollen. Sie haben bereits einen Tempel, einen Wächter und eine Tempelgottheit oder einen Meister, dem der Tempel geweiht ist. Sie werden daher nicht nochmals durch dies alles gehen müssen. Vielleicht werden Sie die Tradition ändern wollen und andere Namen verwenden. Ich habe für die Himmelsrichtungen die Namen der Erzengel genommen, da sie universell sind.

Der Eintrittsritus

Sehr wahrscheinlich werden Sie im Tempel schon eine Zeitlang zusammengearbeitet haben. Sie werden daher mit der Tempelanordnung und der Öffnung vertraut sein. Bereiten Sie den Tempel mit besonderer Sorgfalt vor, stellen Sie auch eine Blumenschüssel auf den Altar und/oder auf die Tischchen in den Himmelsrichtungen. Die magischen Geräte liegen auf dem Altar. An dieser Stelle muß ich darauf hinweisen, daß Sie sowohl einen Satz an Tempelgeräten wie auch Ihre eigenen, für Einzelarbeiten, haben sollten. Wenn Sie bereits Roben haben, fügen Sie vielleicht ein neues Beiwerk wie einen Überwurf in den Farben der Himmeslrichtungen hinzu. Ein Schnittmuster dafür finden Sie im ersten Kapitel. Stellen Sie neben jeden Offizier einen der großen Kerzenständer. Jeder soll eine Kleinigkeit für den Tempelgebrauch anfertigen und mitbringen, ganz egal wie klein es ist, vielleicht ein Altartuch, eine Garnitur Kerzen, eine Räuchermischung, eine Flasche Wein, irgend etwas.

Versammeln Sie sich am Altar, stehen Sie in Meditation da, denken Sie an die Aufgabe, die Sie sich gesetzt haben, an die harte Arbeit, die vor Ihnen liegt, und die mühevolle Arbeit, die Sie bereits hinter sich haben. Nach ein paar Minuten spricht der Offizier des Ostens:

OSTEN

Brüder, wir sind heute nacht hier zusammengekommen, um formell eine Loge zu errichten, die den Namen »Loge von . . .« erhalten soll. Sind wir alle mit diesem Namen einverstanden?

ALLE

Wir sind einverstanden.

OSTEN

Dann lasset uns dies in das Logenbuch eintragen mit Datum, den weltlichen Namen und den Initialen des Mysteriennamens aller, die anwesend sind. Offizier des Westens, es wird deine Aufgabe sein, die Aufzeichnungen dieser Loge zu führen bis zu dem Zeitpunkt, an dem wir eine genügend große Mitgliedschaft haben, um dies zu einem eigenen Amt zu machen. Bist du damit einverstanden?

WESTEN

Ich bin einverstanden.

Osten

Offizier des Südens, bist du einverstanden, das Tor der Mittagssonne in dieser Loge zu übernehmen, es zu bewachen, zu vertreten und seine Eigenschaften zu übermitteln?

Süden

Ich bin einverstanden.

Osten

Offizier des Westens, bist du einverstanden, das Tor der untergehenden Sonne in dieser Loge zu übernehmen, es zu bewachen, zu vertreten und seine Eigenschaften zu übermitteln?

Westen

Ich bin einverstanden.

Osten

Offizier des Nordens, bist du einverstanden, das Tor des Schweigens in dieser Loge zu übernehmen, es zu bewachen, zu vertreten und seine Eigenschaften zu übermitteln?

Norden

Ich bin einverstanden.

Westen

Offizier des Ostens, bist du einverstanden, das Tor der aufgehenden Sonne in dieser Loge zu übernehmen, es zu bewachen, zu vertreten und seine Eigenschaften zu übermitteln?

Osten

Ich bin einverstanden.

[*Alle wenden sich und blicken in ihre Himmelsrichtungen, den rechten Arm hoch nach außen erhoben.*]

Osten

Mächtiger Raphael, Engel des Heilens und des Lichtes, Dir, dem Herrscher der Luft, gelobe ich meine Treue zu dieser Loge und dieser Gruppe.

Alle

So sei es.

SÜDEN

Mächtiger Michael, kriegerischer Engel des Mutes, Dir, dem Herrscher des Feuers, gelobe ich meine Treue zu dieser Loge und dieser Gruppe.

ALLE

So sei es.

WESTEN

Mächtiger Gabriel, Engelsbote und Verkünder des Wortes, Dir, dem Herrscher des Wassers, gelobe ich meine Treue zu dieser Loge und dieser Gruppe.

ALLE

So sei es.

NORDEN

Mächtiger Uriel, Engel der Barmherzigkeit und Stille, Dir, dem Herrscher der Erde, gelobe ich meine Treue zu dieser Loge und dieser Gruppe.

ALLE

So sei es.

OSTEN

Brüder, lasset uns unsere Plätze einnehmen.
[*Alle nehmen in ihren Himmelsrichtungen Platz.*]

OSTEN

Offizier des Südens, welche Tugend wirst du dieser Loge vermitteln?

SÜDEN

Die Tugend der Liebe.

OSTEN

Offizier des Westens, welche Tugend wirst du dieser Loge vermitteln?

WESTEN

Die Tugend der Intuition.

OSTEN

Offizier des Nordens, welche Tugend wirst du dieser Loge vermitteln?

Norden
Die Tugend der Einheit mit der Natur.

Westen
Offizier des Ostens, welche Tugend wirst du dieser Loge vermitteln?

Osten
Die Tugend der Weisheit.

Alle
So sei es.

Osten
Brüder, sind wir einverstanden, die durchgeführten Rituale in dieser Loge, die Namen, die wir verwenden, und jene, denen wir dienen, vor der Welt zu verbergen und sie in Ehre und Schweigen zu halten?

Alle
Wir sind einverstanden.

Osten
Lasset uns dies besiegeln, indem wir Wein und Brot miteinander teilen.
[*Alle kommen zum Altar. Der Osten segnet Brot und Wein, ißt und trinkt und bietet es dann der Reihe nach allen an.*]

Osten
Es ist getan. Lasset uns nun die Symbole unserer Ämter vom Altar nehmen und zu unseren Plätzen zurückkehren und über sie meditieren.
[*Alle kehren zu ihren Plätzen zurück und meditieren fünf oder zehn Minuten.*]

Osten
Brüder, lasset jeden sein Geschenk zum Altar bringen und Worte, die aus dem Herzen kommen, zu den anderen und den Wächtern dieses Ortes sprechen.
[*Der Reihe nach legt jeder sein Geschenk auf den Altar und spricht einige Worte, beginnend mit dem Süden, endend mit dem Osten. Danach kann die Loge geschlossen werden.*]

Zusammenfassung

Je näher Sie an das Ende dieses Jahres kommen, um so weniger reglementiert wird die Arbeit, dafür jedoch präziser im Detail und natürlich härter und abstrakter. Beginnen Sie, Biographien von großen Mystikern zu lesen; das wird Ihnen viel neuen Denk- und Lernstoff geben. Die heilige Theresia von Avila, der heilige Johannes vom Kreuz, der heilige Ignatius von Loyola und Julian von Norwich sind besonders gut zu gebrauchen. Beginnen Sie, sich in Ihrer Nähe nach Vorträgen von Experten umzusehen über jedes Thema, von dem Sie glauben, daß es wert ist, sich damit zu befassen. Dion Fortunes Bücher wie *Esoteric Orders and their Work*, *Aspects of Occultism* und *The Training and Work of an Initiate* sind gute Ratgeber für zukünftige Arbeit.

Fahren Sie mit Ihren Meditationen fort, aber verbinden Sie sie mit Ihren Studien und verwenden Sie sie eher als ein Werkzeug, nicht so sehr als Mittel, den Geist zu schulen, der Ihnen jetzt wirklich schon gehorchen sollte. Sehen Sie sich nach einer Gruppe um, die Geistheilung praktiziert, und beobachten Sie, wie sie arbeitet. Sprechen Sie mit ihnen und lassen Sie sie wissen, daß Sie ihre Arbeit gerne verstehen würden. Einige werden mißtrauisch sein, aber wenn Sie sich ihnen in der rechten Weise nähern, werden Sie hilfreiche Antworten erhalten.

Beginnen Sie an den Rückerinnerungsübungen aus J. H. Brennans Buch zu arbeiten und vergessen Sie nicht, genaue Aufzeichnungen darüber zu führen. Sie haben in diesem Monat wegen der Aura und den sieben Strahlen eine Menge zu lesen und zu studieren, aber übertreiben Sie es nicht. Sie brauchen nicht alles auf einmal zu tun. Sie können ruhig einige weitere Monate brauchen, um all die empfohlenen Bücher zu lesen, denn was werden Sie im nächsten Jahr lesen, wenn Sie alle jetzt schon lesen? Sie können eine ganze Reihe von Vorlesungen, Ritualen und Pfadarbeiten in den »SOL Knowledge Papers« finden, was Ihre Sammlung von Ritualen und Arbeiten vergrößern und Ihnen fortgeschritteneres Wissen zum Arbeiten zur Verfügung stellen wird. Probieren Sie den Gesang der Elemente aus, vorzugsweise im Freien, und versprechen Sie sich, ihn einmal im Jahr durchzuführen, um Ihren Kontakt mit dem Herrn der Elemente zu bestätigen.

Wenn Sie glauben, Sie wären soweit, bereiten Sie Ihren Eintrittsritus vor; und dann wird Ihr Tempel zu guter Letzt vollkommen geworden sein. Es wird beinahe ein Jahr gedauert haben, aber es wird ein echter Tempel sein, errichtet mit Sorgfalt und Beachtung von uralten Einzelheiten. Er wird Ihnen gut dienen; aber denken Sie daran, daß auch Sie jenen, die er beherbergt, dienen müssen.

Leseliste

Brennan, J. H.: *Five Keys to Past Lives* (Aquarian Press, 1981)
Butler, W. E.: *Practical Magic and the Western Mystical Tradition* (Aquarian Press, 1986)
Fortune, Dion: *Aspects of Occultism* (Aquarian Press, 1978) (*Gesunder Okkultismus*, Hermes 1985)
Fortune, Dion: *Esoteric Orders and their Work* (Aquarian Press, 1982)
Fortune, Dion: *The Training and Work of an Initiate* (Aquarian Press, 1978)

Der elfte Monat

Die Zyklen des Lebens und der Liebe

Beginn: ________________ Ende: ________________

Die Tattwas

Moderne Okkultisten schulden den Männern und Frauen, die dem Orden der Golden Dawn (der Goldenen Morgendämmerung) angehörten, viel. Zu dem Orden zählten viele feine und hochgebildete und intellektuelle, aber flexible Geister. Unter den vielen Reichtümern, die sie uns hinterlassen haben, ist eine Garnitur von Symbolen, die wir Tattwas nennen. Seit vielen Jahrhunderten werden diese Symbole im Osten verwendet. J. H. Brennan schreibt in seinem Buch *Astral Doorways*, daß sie vom Golden Dawn in den westlichen Okkultismus eingeführt wurden.

Sie sind einfach zu verwenden, aber kraftvoll genug, um vorsichtig mit ihnen umzugehen, da sie mit erschreckender Plötzlichkeit Ergebnisse hervorbringen können. Sie repräsentieren die vier Elemente Erde, Wasser, Feuer, Luft und den Geist. Sie können auf viele Arten verwendet werden, als astrale Torwege bei aktiven und passiven Pfadarbeiten, als Tore für die vier magischen Himmelsrichtungen Ihres Tempels, als Meditationssymbole oder als Kombination einer Meditation und dem Ritual des Gesanges der Elemente, das ich Ihnen im letzten Kapitel vorgestellt habe.

Illustrationen der fünf Symbole können Sie in Abbildung 46 finden, zusammen mit der Farbe, die für jedes genommen werden sollte. Meiner Erfahrung nach nimmt man am besten eine sehr steife, sehr glänzende Pappe, denn die Farben scheinen dann intensiver zu sein. Ich würde Ihnen auch empfehlen, ein großes Stück weißer Pappe zu erstehen für die Übungen, die folgen. Wenn Sie nicht die richtige Farbe für die Symbole finden können, zeichnen Sie sie mit der Hand und malen sie mit Acryl- oder Plakatfarben an.

Wenn Sie eine Weile mit den Symbolen geübt haben und abenteuerlustig sind, könnten Sie eine Rolle weißer Tapeten kaufen und diese in Türgröße ausschneiden. Befestigen Sie daran einen Aufhänger von der

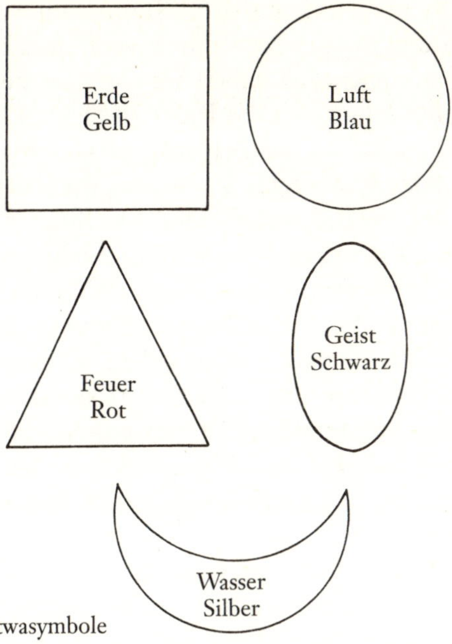

Abb. 46: Die Tattwasymbole

Art, wie man Sie für große Plakate verwendet, und unten irgendein Gewicht, um zu verhindern, daß sich die Plakate aufrollen. Sie können sie jetzt in Elementeritualen im Tempel in den entsprechenden Himmelsrichtungen aufhängen. Sie könnten die Symbole auch in Übergröße auf die Plakate hängen.

Aber nun zurück zu der vorhin angekündigten Übung. Grundsätzlich ist es eine Technik, die Sie bereits kennen, nämlich die der blitzartig aufleuchtenden Farben. Verwenden Sie die Symbole in kleinerer Ausführung und starren Sie sie ohne abzuschwenken ungefähr eine halbe Minute lang an. Dann richten Sie Ihren Blick auf das Stück weißer Pappe, das Sie zur Hand haben. Ein Abbild des Symbols wird in seiner Komplementärfarbe auf der weißen Pappe erscheinen. Gehen Sie ungefähr eine Woche lang täglich alle Symbole durch, bis Sie sich an das »Alternativsymbol« gewöhnt haben und es mit geschlossenen Augen behalten können.

Danach versuchen Sie, das Alternativsymbol vor Ihrem geistigen Auge auf Türgröße »aufzublasen«. Führen Sie auch diese Erweiterung der Übung eine Woche lang täglich durch oder so lange, bis Sie mit dem Ergebnis wirklich zufrieden sind. Nun verlagern Sie die ganze Übung in den Tempel und verwenden Sie die großen weißen Plakate als »Projektionsflächen«, wobei Sie die Ostwand für Luft und Geist nehmen.

Wählen Sie ein Symbol, und stellen Sie Ihren Stuhl vor die entsprechende Himmelsrichtung mit dem gewählten Symbol in Händen. Auf einem kleinen Tischchen neben sich haben Sie eine Lampe stehen, so daß Sie das farbige Symbol sehen und das Licht abschalten können, sobald Sie bereit sind, das Symbol auf das Plakat zu projizieren.

Starren Sie auf das Symbol, bis Sie spüren, wie sich die Augenmuskeln zu entspannen beginnen. Dann richten Sie Ihren Blick auf das weiße Plakat an der Tempelwand und schalten das Licht aus. Das Abbild sollte nun klar auf der Tempelwand zu sehen sein. Denken Sie sich dieses Bild als Torweg zu einer anderen Existenzebene und stellen Sie sich vor, wie Sie hindurch auf jene andere Ebene gehen. Es ist nützlich, wenn Sie jemanden bei sich haben, der aufzeichnen kann, was Sie sehen oder erfahren. Wenn das nicht möglich ist, nehmen Sie die Sitzung mit einem Kassettenrekorder auf. Diese Technik kann in Verbindung mit dem Gesang der Elemente, den ich Ihnen im letzten Kapitel vorgestellt habe, verwendet werden.

Nehmen Sie sich der Reihe nach alle Symbole vor und zeichnen Sie auf, was Sie sehen. Wenn Sie eine Gruppe haben, können Sie diese Technik zu einer Ausbildungsübung machen. Es ist ein ausgezeichneter Weg, um das innere Auge zu schärfen und Erfahrung über die innere Seite der Elemente zu erlangen. Übertreiben Sie es nicht und machen Sie nicht gleich am Anfang ausgedehnte Reisen. Beginnen Sie langsam und wandern Sie die ersten Male nicht außer Sichtweite der Torwege. Gehen Sie erst später auf Forschungsreise. Blicken Sie immer hinter sich und prägen Sie sich das Bild des Tores in Ihrem Geiste als Wegweiser zurück zu Ihrer eigenen Welt ein.

Die Tattwa-Gezeiten

Haben Sie einmal eine gewisse Sicherheit in der Arbeit mit den einzelnen Symbolen, können Sie beginnen, sie zu kombinieren, indem Sie zum Beispiel das rote Feuerdreieck auf die silberne Wassersichel legen. Dann gehen Sie noch einen Schritt weiter und verwenden die Visionen zur tatsächlichen *Zeit* oder der Tattwa-Gezeiten. Diese kombinierten Symbole stehen für die Gezeiten auf der Erde; eine folgt der anderen in einem sehr geordneten Ablauf. Es beginnt bei Sonnenaufgang mit Akasha oder Geist, geht dann über in Vayu oder Luft, darauf folgt Tejas oder Feuer, dann Apas oder Wasser und schließlich Prithivi oder Erde. Ich habe Ihnen sowohl die Namen aus dem Osten als auch die westlichen dafür gegeben.

Wenn Sie Ihre wichtigsten Rituale nach diesen Gezeiten ausrichten, können Sie ihre Wirkungen beträchtlich steigern. Rituale sind nicht nur etwas für den Abend oder die Mitte der Nacht; es gibt auch die größeren Gezeiten des Jahres. Nach *Aspects of Occultism* von Dion Fortune beginnt das Jahr mit der Feuerzeit im Frühjahr, geht über in die Wasserzeit im Sommer, dann in die Luftzeit im Herbst und endet mit der Erdzeit im Winter. Geist durchströmt alle als verbindendes Element.

Diese Zeiten werden von den vier magischen Waffen in Ihrem Tempel und auf dem Tische des Magiers im Tarot repräsentiert. Wenn Sie in sich selbst die Elemente nicht kontrollieren können, werden Sie wenig Erfolg haben, dies im größeren Maße zu tun. Sie können beginnen, dieses Gebiet Ihres magischen Lebens zu beherrschen, indem Sie alles über die Tattwa-Symbole lernen und sie verwenden. Der einzig wirkliche Weg, jede Art von Magie zu erlernen, ist der, es zu tun. W. E. Butler bemerkte einmal bedauernd: ». . . man lernt so viel mehr durch Fehler.«

Vieles mehr über die Tattwas können Sie aus den beiden Bänden *The Golden Dawn* lernen, die von Israel Regardie herausgegeben wurden (deutsch: *Das magische System des Golden Dawn*).

Hypnagoge Bilder

Nach nahezu einem Jahr des Studiums der magischen Künste werden sich Ihre übersinnlichen Fähigkeiten vielleicht zu entwickeln begonnen haben. Wenn das der Fall ist, werden Sie sicherlich das Phänomen der hypnagogen Bilder erfahren haben. Zwischen Wachen und Schlafen gibt es einen Punkt, an dem der Geist in seiner Wachsamkeit nachzulassen scheint und wir fähig sind, Dinge zu sehen und sogar zu hören, die uns normalerweise nicht zugänglich sind. Diese Dinge können sehr real und detailliert sein; aber Sie brauchen nicht verstört zu sein, wenn sie plötzlich auftauchen.

Das gleiche geschieht, wenn wir aufzuwachen beginnen. Diese Bilder steigen aus Ihrem Unterbewußtsein auf, und die Tatsache, daß sie es tun, bedeutet, daß sie zu einem bestimmten Zweck da sind. Sie werden oft fälschlicherweise für »Erscheinungen« gehalten, was Besorgnis erregen kann; aber da sie normalerweise verschwinden, sobald man völlig wach ist, kann man sie dadurch leicht von echten Erscheinungen, die nämlich bleiben, unterscheiden.

Wenn man direkt auf solch ein Bild schaut, wird es zu flimmern beginnen oder sich auflösen. Versuchen Sie, es für eine Weile aus den Augenwinkeln heraus zu betrachten und soviel Sie können darüber zu erfahren. Wenn Sie völlig wach sind, verwenden Sie das Bild als Meditationsunterlage und finden den ursprünglichen Grund für sein Auftreten heraus. Manchmal ist es ein Problem Ihres Unterbewußtseins, das als Bild an die Oberfläche kommt, manchmal kann es ein Hinweis Ihres inneren Selbst sein, das nach einer Ausdrucksmöglichkeit sucht. Wenn das der Fall ist, versuchen Sie, es an die Oberfläche zu bringen und sich genau anzusehen. Es mag wichtig für Ihre Arbeit sein, für Ihre Studien, oder es kann ein Hinweis auf zukünftige Ereignisse sein, gute oder schlechte, auf die Sie Ihr Unterbewußtsein vorbereiten möchte.

Manchmal sind diese Bilder einfach nur, was sie sind: Bilder. Ich habe eines, das immer wiederkehrt. Es beginnt damit, daß ich meinen Namen rufen höre, wenn ich gerade dabei bin einzuschlafen und nach dem Lichtschalter greife, der, so sehr ich es auch versuche, nicht funktionieren will. Normalerweise reicht das, um mir klarzumachen, daß ich »nicht ganz da« bin und der erste Teil, das Rufen meines Namens, hypnagog war. Verschiedene Male, wenn ich an diesem Punkt angelangt war, aufwachte und wieder zurück ins Bett ging, bin ich dann tatsächlich aufgewacht, als ich mich wieder hinlegte.

Wenn solche Ding zu passieren beginnen, leiden Sie nicht etwa an Wahnvorstellungen, sondern es ist ganz normal; und Sie werden keinen Schaden daran nehmen. Ganz selten können solche Geschehnisse alarmierend sein, seltener furchterregend; aber wenn Sie sich einmal daran gewöhnt haben, können Sie sie mit Ihrem Willen wieder verschwinden lassen. Ich erinnere mich, eines Nachts »aufgewacht« zu sein und in die Augen eines riesigen irischen Wolfshundes gestarrt zu haben. Für einen Moment lag ich ganz still da, um zu entscheiden, ob das, was ich sah, echt sei. Ich überlegte, daß, wenn der Hund tatsächlich dort stünde, wo er scheinbar stand, seine Hinterbeine in den Tempel hineinreichen müßten. Der Hund zeigte keinerlei Zeichen von Bewegung, und da ich müde war, drehte ich mich auf die andere Seite und schlief wieder ein. Er kam in der nächsten Nacht zurück, auch in der Nacht danach, und jedesmal gingen wir durch die gleiche Prozedur. Danach kam er nicht mehr. Aber einige Wochen darauf traf ich in einem anderen Land tatsächlich einen irischen Wolfshund. Er wurde ganz verrückt und sprang um mich herum, als ob wir schon jahrelang Freunde gewesen wären. Ich frage mich nur: War er in meiner Wachvision oder ich in seiner?

Weibliche Mysterien und Mondmagie

Sie brauchen nur ein wenig über die Geschichte der Mysterien zu lesen, um zu erkennen, daß gewisse Rituale und Typen von Ritualen ausschließlich für ein Geschlecht bestimmt waren. Männer hatten ihre eigenen Mysterien und genauso auch Frauen. Dieser Punkt wird im modernen Okkultismus mit seiner Überbetonung der Gleichheit zwischen den Geschlechtern oft übersehen. Aber es gibt Zeiten, in denen jedes Geschlecht gewisse spirituelle religiöse Erfahrungen machen muß, die ausschließlich für eben dieses bestimmt sind.

Weil ich eine Frau bin, kann ich wenig über männliche Mysterien sagen! Aber ich kann ein wenig die weiblichen erklären. Zuerst muß ich Ihnen klarmachen, daß dieses Thema so riesig ist wie das Bild der kosmischen Mutter selbst. Deshalb kann ich Ihnen auch nur einen flüchtigen Überblick geben. Da ich jedoch weiß, daß viele Frauen an diesem Aspekt des Okkulten interessiert sein werden, habe ich Ihnen eine Liste von Büchern angegeben (bei weitem nicht alle Titel, die ich hätte nennen können), die meiner Meinung nach für den Anfang am geeignetsten sind.

Durch die ganze Menschheitsgeschichte hindurch kann man verfolgen, daß die Frau schon immer im Zentrum religiösen Glaubens gestanden hat. Sie war die verehrte Priesterin, die erleuchtete Prophetin, die geheimnisvolle Pythia (Zauberin), die geehrte Tempelhetäre oder -prostituierte, und in Byzanz sogar Bischof – heilig, seherisch und zurückgezogen. Sie war auch Zielscheibe des Christentums, verschmäht als diejenige, die die Sünde in die Welt brachte, verantwortlich gemacht für die Lust der Männer, in einigen Fällen mit eingeschlossen die von Priestern, die ihr dafür die Schuld in die Schuhe schoben. Der größte Unfug in der Geschichte kommt wohl in der Bibel vor, wenn Adam zu Gott sagt »Die Frau gab mir es zu essen und ich aß« ... ganz die Tatsache ignorierend, daß er eine Wahl hatte und daher selbst sozusagen bis zu seinem Adamsapfel in die Sache verwickelt war.

Weil die Frau immer schon an ihren monatlichen Zyklus gebunden war, hat sie den Mond als ihre besondere Gottheit und das Meer als ihr Symbol angesehen. Nachdem das Leben selbst aus dem Meer kommt, ebenso wie aus der schwangeren Frau, ist dies genauso, wie es sein sollte. Sie werden vielleicht bemerkt haben, daß ich an verschiedenen Stellen der Gottheit den Doppelnamen Schöpfer/Schöpferin gegeben habe. Das habe ich absichtlich getan, denn meiner Meinung nach ist Gott weit über der Annahme erhaben, ein bestimmtes Geschlecht zu haben. Aber das duale Potential ist vorhanden und soll anerkannt werden.

Die uralte Rolle der Frau als Priesterin wurde mit dem Auftreten des Christentums ausgemerzt, am meisten von Paulus, der es hätte besser wissen sollen, kam er doch aus einer Mysterienschule. Heute schlägt die Frau zurück und bemüht sich, ihre verlorene Position wiederzuerlangen, als Gleichgestellte neben dem Mann und innerhalb der Kirche. Aber irgendwie, und das ist nur meine persönliche Meinung, habe ich ihr größtes Potential immer in der Rolle der Großen Mutter gesehen, fruchtbar und unfruchtbar, in der Rolle der uralten Göttin, Jungfrau, Weib und Mutter. Fähig, die große Bücherei von Alexandria zu leiten wie Hypatia, einige der bedeutendsten Männer der Welt zu inspirieren, wie Cleopatra, oder fähig, ein riesiges Königreich zu regieren wie Elizabeth I. Es liegt an der Stärke einer Frau, daß sie fast alles tun kann, was ein Mann auch kann (mit ein paar Ausnahmen), zusätzlich noch Kinder gebären, einen Haushalt führen, ein Geschäft leiten und trotzdem noch ein Kanal sein für die Göttin der Liebe.

Die meisten weiblichen Mysterien haben mit jungfräulicher Mondmagie oder mütterlicher Erdmagie zu tun. Lassen Sie uns zuerst einmal mit den Mißverständnissen über das Wort Jungfrau aufräumen. Sie können 45 sein, verheiratet mit drei Kindern, und noch immer eine Jungfrau sein! In seiner frühesten Verwendung bedeutet das Wort einfach »eine Frau, die keinem Mann gehört«. Wenn Sie also nicht gerade einer Religion angehören, in der eine Frau entweder ihrem Ehemann oder ihrem Vater gehört, trifft dies auf alle Frauen zu.

Nehmen wir uns ein anderes Wort vor, das in Mißkredit gefallen ist: Prostituierte. In der Antike wurden die Tempelprostituierten in hohen Ehren gehalten und als Wiederherstellerinnen der Fruchtbarkeit des Landes angesehen. Als sich neue Glaubensrichtungen entwickelten, wurden sie ausgestoßen, und es blieb ihnen nichts übrig, als sich ihr Leben auf die einzige Art zu verdienen, die sie kannten. Seit damals ist der einst so stolze Titel zu etwas Billigem und Häßlichem entartet. Aber einmal, vor langer Zeit, war das anders.

Die Mondmysterien konzentrieren sich um die jungfräulichen Göttinnen, obwohl sie sich manchmal, wie im Falle von Isis, mit Erdgöttinnen vermischen. Einige Mondgöttinnen wurden gejagt, andere scheinen selbst Jägerinnen gewesen zu sein! Die Legende erzählt, daß Diana oder Artemis den jungen Schafhirten Endymion stahl und einen dauerhaften Schlafzauber über ihn verhängte, als er in einer Höhle lag, die dem Mond geweiht war. In dieser Höhle besuchte sie ihn jede Nacht.

Mondmagie ist die Magie der Nacht, der Dinge, die in der Dunkelheit wachsen, weshalb wir auch bei zunehmendem Mond pflanzen. Es ist die verborgene Seite weiblicher Kraft, die mit ihrer Sexualität verbunden ist und daher auch mit ihrer magischen Kraft, da jede magische Kraft als natürliche schöpferische Kraft im Genitalbereich beginnt.

Da der Mond alles Leben auf die eine oder andere Weise beeinflußt, haben in der Magie Frauen Männern gegenüber einen natürlichen Vorsprung. Jede Frau hat die natürliche Gabe, auf den inneren Ebenen mehr zu Hause zu sein; sie kann länger auf ihnen arbeiten und hat durch ihre Mond- und Erdverbindungen einen natürlichen Zugang zu den Kraftquellen der inneren Ebenen. Wenn Sie darüber nachdenken, so ist im wesentlichen jede Magie etwas Wachsendes, unabhängig davon, welche Art von Ritualen Sie durchführen oder zu welchem Zweck. Der Zweck muß, beginnend mit einer Idee, durch all die Stadien des Werdens »wachsen«, bis er sich manifestiert. Gedanken sind schöpferisch, und Frauen »denken« auf den inneren Ebenen ausgezeichnet.

Die besten Rituale sind die, die von drei Leuten, einem Mann und zwei Frauen, durchgeführt werden, wie Sie in dem Ritual, mit dem dieses Kapitel endet, herausfinden werden. Im Tempel geht die Frau nach innen zu ihren weiblichen Kraftquellen und bringt reine Kraft in den Tempel. Der Mann, da seine natürliche Kraft am besten auf der manifestierten Ebene arbeitet, kann dann die weibliche Kraft in jenes Gebiet, jene Richtung oder Absicht lenken, die gewünscht ist, und den ganzen Prozeß auslösen. Das ist eine natürliche Gleichheit. Jeder ist an seinem Platz der Größte.

Die andere Seite der weiblichen Magie ist die der Erde, der uralten Korngöttin, die Grundlage der Mysterien von Eleusis. Der Mond überwacht das Pflanzen und ist die Kraft, die die Saat aus der warmen Dunkelheit der Schwangerschaft ans Licht bringt, wo die Erdmysterien beginnen, die Saat aufzurichten, so daß sie reifen kann. Dies ist die natürliche Folge jedes magischen Aktes.

Da sie die Fäden von Leben und Tod, die beiden größten aller Mysterien, in der Hand zu halten schien, wurde die Frau als Priesterin von Männern immer schon gefürchtet. Das Ausmaß ihrer Fähigkeit, zu lieben und zu hassen, ist erstaunlich, und ebenso auch ihr magisches Potential. Aber erst muß sie ihr inneres Mond-Selbst und ihr äußeres Erd-Selbst kennenlernen. Sie muß ihre zyklisch bedingten Stimmungsschwankungen kennenlernen und sie in ihre magische Arbeit integrieren. Es ist richtig, daß sie manchmal allein oder mit einer anderen Frau zusammenarbeitet, aber ihr wirklicher Platz ist an der Seite eines Mannes; nicht vor ihm, nicht hinter ihm, sondern an seiner Seite, um all die Macht und Verantwortlichkeit mit ihm zu teilen. Von allen alten Religionen versteht der Hexenkult dieses Paradigma am besten.

Sogar in unseren modernen Zeiten scheinen Frauen während ihrer

Menstruation »auf die Seite gestellt« zu werden. Männer scheuen noch immer davor zurück, »jene Zeiten« zu erwähnen; und doch ist dies genau die Zeit, in der Frauen am Höhepunkt ihrer magischen Macht sind. Eine alte Redensart sagt: »Die Mondkraft ist in ihr.« Eine alte Frau, die ihr ganzes Leben in Ausübung des Hexenkultes verbracht hat, sagte mir einmal »Wenn Blut fließt, fließt die Kraft, und die Frau herrscht.« Als praktizierende Magierin weiß ich, daß das stimmt. Ich habe manchmal ein Ritual verschoben, so daß es mit meinem Zyklus zusammenfallen würde und der zusätzliche Kraftstrom verwendet werden konnte. Manchmal, wenn ein Ritual sehr gut gelaufen ist, hat das dazu geführt, daß die Periode zu früh einsetzte. Kraft kann zusätzliche Kraft anziehen, wenn die Zeit dafür reif ist.

Eines der Dinge, die in unserem modernen Leben nicht stimmen, ist, daß es keine Übergangsriten gibt. Ein Mädchen beginnt zu menstruieren, und wenn es Glück hat, versteht es, was geschieht und ist darauf vorbereitet; wenn nicht, bekommt es Angst, und das Ereignis wird ein verhaßtes Geschehen, das ihr Leben verdirbt. In den Mysterien war das Mädchen zu diesem Zeitpunkt berechtigt zu einer Einweihung in die weiblichen Mysterien. Der ersten Menstruation wurde eifrig als einem großen Ereignis entgegengesehen. Heute wird es als »der Fluch« betrachtet, was häßlich ist und auch unwahr. Es ist ein Segen, denn die hormonellen Veränderungen helfen der Haut, ihre Geschmeidigkeit zu erhalten, dem Haar seinen Glanz und dem ganzen Körper seinen Elan. Mädchen sollten gelehrt werden, daß zu diesen Zeiten ihr Körper genau funktioniert, wie er soll, um seine Gesundheit zu erhalten. Es ist eigenartig, aber wahr, daß magische Arbeit, besonders Rituale, zwei Dinge für eine Frau tun: ihr Zyklus dauert viele Jahre länger als bei Frauen, die nichts mit Magie zu tun haben, und ihr Haar wird dicker und wächst schneller. Es ist ganz und gar nicht ungewöhnlich, daß die Menstruation bis in die Mitte der Fünfziger normal weitergehen kann, was die Haut rein und faltenlos erhält und die natürlichen Körpertriebe weiterhin im Vordergrund stehen läßt.

Ich würde es gerne sehen, wenn man Mädchen beibringen würde, dem Beginn ihres Mondzyklus als dem Ereignis ihres Lebens freudig entgegenzublicken, den Eintritt zum Frausein mit all seinen damit verbundenen Freuden, Tränen und Erwartungen. Meine Tochter wurde auf diese Art vorbereitet; und sollte ich mit einer Enkelin gesegnet werden, hoffe ich, daß auch ihr die gleichen Dinge beigebracht werden.

In den letzten Jahren haben viele Bücher die Thematik der weiblichen Mysterien aufgegriffen. Manche davon sind sehr wertvoll, andere weniger. Ich würde gerne den Rest des Buches diesem Thema widmen, aber ein Quentchen Praxis ist mehr wert als eine Tonne Theorie. Daher werde ich speziell für Magierinnen etwas Praktisches einfügen.

Wenn Sie allein arbeiten, gibt es kein Problem; wenn Sie in einer Gruppe arbeiten, dann veranlassen Sie, daß eine oder zwei Nächte im Monat den weiblichen Mysterien gewidmet sind. Um das Gleichgewicht zu halten, können auch die Männer ihre speziellen Nächte haben. Auf diese Art wird der Tempel ausgeglichen wachsen und zu einem wahrhaft geheiligten Gehege werden.

Es ist schön, wenn sie zwei oder drei Frauen sind; aber auch wenn Sie die einzige sind, können Sie eine Menge tun, um die Samen der Mond- und Erdmagie im Tempel zu pflanzen. Beobachten Sie zuerst Ihren eigenen Zyklus und Ihre Stimmungsschwankungen, dann bestimmen Sie die Zeiten, in denen Sie sich am Höhepunkt und am Tiefpunkt fühlen. Dies sind Ihre Stimmungspole. Lesen Sie einige der empfohlenen Bücher oder wählen Sie eine der alten Göttinnen und meditieren Sie über sie. Sehen Sie die Göttin als Erweiterung Ihrer selbst in höheren Ebenen und sich selbst als Erweiterung der Göttin auf der Erdebene. Versuchen Sie, Ihr inneres Selbst jener besonderen Kraft zu öffnen und sie zu manifestieren; zuerst in Ihrer Aura, dann im Tempel und danach außerhalb des Tempels. Das wird dazu führen, daß Sie nach einer Weile fähig sein werden, nicht nur im Tempel, sondern auch in Ihrem Alltagsleben als Kanal für diese Göttin zu wirken. Machen Sie dies, wenn Sie sich am Höhepunkt Ihres Zyklus fühlen.

Wenn Sie am Tiefpunkt sind, kehren Sie den Vorgang um; und anstatt nach außen zu blicken und Kraft in die Welt zu bringen, verwenden Sie das folgende Ritual, um Ihren Geist nach innen auf das Zentrum Ihrer Weiblichkeit zu richten. Es basiert auf einer alten Legende und beinhaltet die Rassenerinnerung an ein tatsächliches Ritual. Es heißt der »Abstieg Ishtars«. Bauen Sie den Tempel auf, wie in Abbildung 47 dargestellt. Sie werden eine Robe brauchen, einen Kopfschmuck, Ohrringe, eine Halskette, eine Brosche, über dem Herzzentrum befestigt, Armbänder, einen Ring und Sandalen. Unter der Robe und dem Gürtel oder der Kordel sollten Sie nackt sein. Dieses Ritual wurde für drei Frauen geschrieben; aber wenn Sie allein oder nur zu zweit arbeiten, können Sie die restlichen Rollen auf Band aufnehmen und im Ritual abspielen. Jede Frau sollte der Reihe nach Ishtar sein. Danach kann dieses Ritual einfach als Pfadarbeit zwei- oder dreimal im Jahr durchgeführt werden.

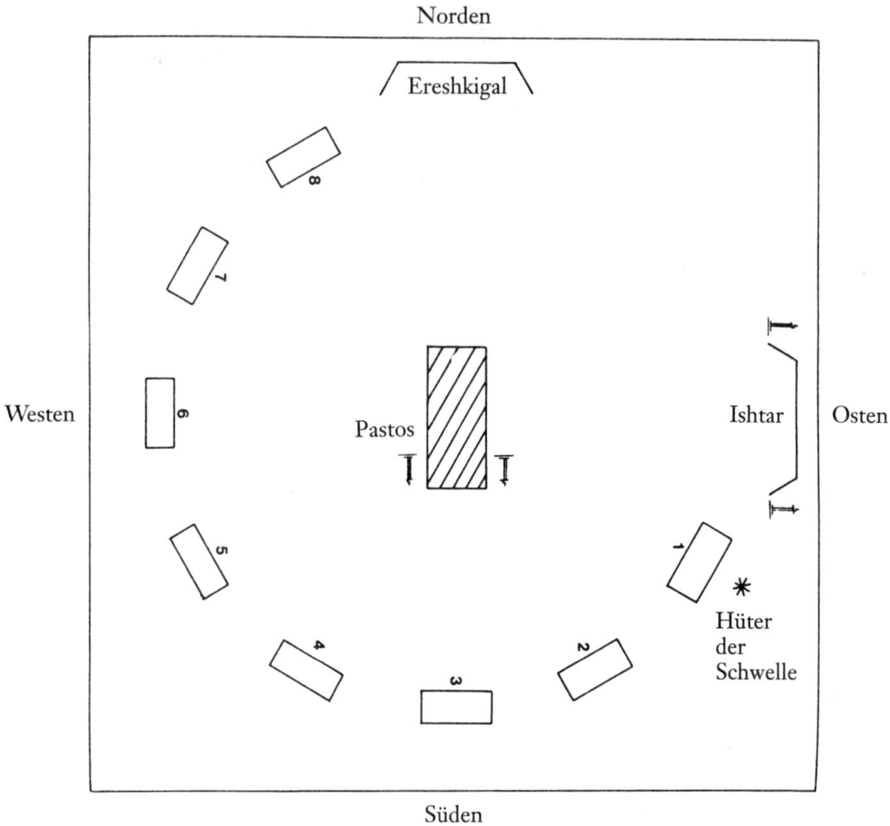

Abb. 47: Anordnung für den Abstieg der Ishtar im Tempel

Zünden Sie die Kerzen auf beiden Seiten des Thrones im Osten an, auf dem Ishtar sitzt. Ereshkigal, die Göttin des Todes, sitzt im Norden. Ihr Hüter der Schwelle steht am Tor 1.

ISHTAR

Ich bin Ishtar, die Himmelskönigin. Alle Dinge verneigen sich vor mir, und ich werde geliebt von Männern und Göttern. Aber mein Herz weint, und ich liebe die Welt nicht, denn Tammuz, mein Sohn und mein Gemahl, wurde von mir genommen in die Tiefen der Unterwelt, wo meine Schwester, die Göttin Ereshkigal, herrscht. Dreimal bot ich ihr Geld, Juwelen und Macht, und doch will sie meine Liebe nicht freigeben. Nun werde ich selbst vor sie treten und bitten; ja, ich, die Himmelskönigin, werde mich vor ihr erniedrigen.

[*Erhebt sich und geht zum ersten Tor.*]

HÜTER DER SCHWELLE
Warum kommt die große Ishtar zum ersten Tor der Unterwelt?

ISHTAR
Ich komme, um einen zu suchen, der für mich verloren ist.

HÜTER DER SCHWELLE
Leg Deine Himmelskrone ab; sie hat keine Macht in der Unterwelt.
[*Ishtar legt ihren Kopfschmuck auf den Tisch, und sie und der Hüter der Schwelle gehen zum zweiten Tor.*]

HÜTER DER SCHWELLE
Kronenlose Ishtar, nicht länger Königin, warum kommst Du zum zweiten Tor der Unterwelt?

ISHTAR
Ich komme, weil ich die Rückkehr meiner Liebe begehre.

HÜTER DER SCHWELLE
Leg Deine Ohrjuwelen ab; ihr Feuer hat in der Unterwelt keinen Platz.
[*Ishtar legt die Ohrringe auf den Tisch, dann gehen beide zum dritten Tor.*]

HÜTER DER SCHWELLE
Törichte Göttin, was suchst Du am dritten Tor der Unterwelt?

ISHTAR
Ich komme, um einen zu suchen, der kostbarer ist als Juwelen.

HÜTER DER SCHWELLE
Leg Dein Sternenhalsband ab; in der Unterwelt gibt es für sie keine Himmel, von denen sie scheinen können.
[*Ishtar legt ihr Halsband auf den Tisch; dann gehen beide zum vierten Tor weiter.*]

HÜTER DER SCHWELLE
Ishtar, in Liebe verzehrt, was suchst Du am vierten Tor der Unterwelt?

ISHTAR
Ich komme, um mein Herz zu begehren, das von mir gegangen ist.

Hüter der Schwelle
Leg ab das große Juwel auf Deiner Brust; es verbirgt den leeren Raum, wo einst das Herz der Ishtar schlug.
[*Ishtar legt die Brosche ab, und beide gehen zum fünften Tor weiter.*]

Hüter der Schwelle
Ishtar, die Herzlose, was suchst Du am fünften Tor der Unterwelt?

Ishtar
Ich suche meinen Herrn und meine Liebe, die mir vom grausamen Tod genommen wurden.

Hüter der Schwelle
Leg ab Deine Armbänder und Deinen Ring; sie gelten nichts hier in der Unterwelt.
[*Ishtar legt ihre Armbänder und den Ring auf den Tisch; beide gehen zum sechsten Tor.*]

Hüter der Schwelle
Was hat die große Ishtar mir nun zu geben, daß sie das sechste Tor der Unterwelt passieren mag? Gib mir Deine königliche Robe, und Du magst passieren.

Ishtar
Um mein Ziel zu erreichen, werde ich meine königliche Robe ablegen, daß ich passieren mag.
[*Ishtar legt ihre Robe ab, und beide gehen weiter zum siebenten Tor.*]

Hüter der Schwelle
Du stehst vor dem letzten Tor der Unterwelt. Willst Du dennoch weitergehen? Und was ist noch übrig, das Du mir geben kannst?

Ishtar
Ich werde weitergehen und vor Ereshkigal selbst stehen. Ich werde den Gürtel der Liebe aufgeben; er ist das Höchste meiner Macht. Aber was ist Liebe, wenn keiner da ist zum Lieben?
[*Ishtar löst ihren Gürtel und legt ihn auf den Tisch; dann geht sie durch das Tor und steht vor der Göttin des Todes.*]

Ereshkigal

Was ist das, stolze Ishtar, Göttin der Liebe, Königin des Himmels, hier steht sie nackt und beschämt vor mir. Was willst Du, Schwester mein?

Ishtar

Ich möchte das Leben meines Gatten und Sohnes, meines Herrn, gib ihn mir, und ich werde Deinen Namen segnen.

Ereshkigal

Du mußt mir für sein Leben zahlen, wirst Dein eigenes aufgeben und für immer hier in der Unterwelt bleiben.

Ishtar

Dies will ich tun.
[*Geht zum Pastos und legt sich mit überkreuzten Armen nieder.*]

Ereshkigal

Nun werde ich, Ereshkigal, an Stelle meiner verhaßten Schwester regieren. Ich werde die Krone und die Ohrringe der Ishtar tragen. Das Juwel und die Robe und der Gürtel der Liebe sind mein; und ich habe die Göttin selbst als meine Sklavin.

Hüter der Schwelle

Oh nein, Ereshkigal! Die Götter haben eine Botschaft zur Unterwelt gesandt. Die Erde stirbt, weil da keine Lebenskraft mehr ist. Sende Ishtar, die Schöne, zurück und sie werden Dir eine andere an ihrer Statt schicken.

Ereshkigal

Diesem Befehl muß ich gehorchen; aber eines will ich haben: Tammuz soll die Hälfte des Jahres bei mir verbringen, und nur sechs Monate soll er bei seiner Göttin sein.
[*Geht zum Pastos.*]
Erhebe Dich, Ishtar, es scheint, ich kann Dich nicht hierbehalten. Erhebe Dich und nimm Deine Liebe mit Dir. Aber sechs Monate jedes Jahres muß er bei mir verbringen; und Du wirst wissen, daß er während dieser Zeit meine Liebe sein wird.

Ishtar

Ich vernehme Deine Worte, Ereshkigal, und werde das Versprechen halten. Laß meine Liebe mich erwarten, wenn ich zur Erde zurückkehre.
[*Erhebt sich und geht zum siebenten Tor.*]

Hüter der Schwelle, gib mir den Gürtel, den ich an diesem Tor abgelegt habe.

[*Der Hüter gibt ihn ihr; sie legt ihn um, und sie gehen zum sechsten Tor.*]

Hüter der Schwelle, gib mir meine königliche Robe, die Du von mir genommen hast.

[*Der Hüter gibt sie ihr, und sie gehen zum fünften Tor.*]

Hüter der Schwelle, gib mir meine Armbänder und meinen Ring zurück, die Du hier von mir genommen hast.

[*Der Hüter gibt beides zurück, und sie gehen zum vierten Tor.*]

Hüter der Schwelle, bring mir das Brustjuwel, mit dem ich Dich an diesem Tor bezahlt habe.

[*Der Hüter gibt ihr die Brosche, und sie gehen zum dritten Tor.*]

Hüter der Schwelle, leg mir das Sternenhalsband um, mit dem ich an diesem Tor bezahlt habe.

[*Der Hüter legt ihr das Halsband um, und sie gehen zum zweiten Tor.*]

Hüter der Schwelle, gib mir die Ohrringe zurück, die mich dieses Tor gekostet hat.

[*Der Hüter gibt ihr die Ohrringe zurück, und sie gehen zum ersten Tor.*]

Hüter der Schwelle, gib mir die Himmelskrone.

[*Der Hüter setzt ihr die Krone auf, und sie nimmt ihren Platz im Osten ein.*]

Ich, Ishtar, Königin des Himmels, bin in die Tiefen hinabgestiegen; ich habe mein Leben für meine Liebe gegeben. Ich weiß, was die Menschheit in der Unterwelt leidet. Ich will des Menschen Hilfe sein und sein Beistand hier im Himmel, denn ich habe mit ihm seine größte Furcht geteilt.

So sei es geschrieben.

Hier endet das Ritual.

Das Ritual ist mehr, als es zu sein scheint, und Sie haben mehr als Juwelen und eine Robe aufgegeben. Die Krone ist die Macht des Geistes, die gedankliche Energie; die Ohrringe sind das Vermögen, das schöpferische Wort, das im Himmel erklingt, zu hören; das Halsband ist das Vermögen Ihres Kommunikationszentrums, die Brosche ist das Juwel, das Ihr Herzzentrum darstellt; die Armbänder und der Ring symbolisieren die Kraft des endokrinen Systems und die Robe Ihre äußere Hülle der Menschlichkeit. Der Gürtel ist Ihre Fähigkeit, sich aus Liebe neu zu erschaffen. Zuletzt geben Sie sogar Ihre Lebensenergie auf. Sie steigen hinab in die Tiefen Ihres eigenen Selbst, denn dies ist der Ort, an dem jede Hölle und Unterwelt, die es je gegeben hat, gefunden werden kann. Ereshkigal ist Ihre eigene dunklere Seite, der Hüter der Schwelle Ihre innere Weisheit, die Ihnen hilft, das innere Gleichgewicht zu halten, und der die Botschaft vom Aufruf Ihrer Wiedergeburt bringt.

Wenn dieses Ritual mit der richtigen Absicht durchgeführt wird, kann es bemerkenswerte Ergebnisse bringen. Sie sollten es zu Neumond durchführen, einen Hekate-Weihrauch verwenden und dunkelblaue oder schwarze Kerzen.

Die Geheime Kunst der Weisen

Kein Buch über Ritualmagie würde vollständig sein, ohne die »Geheime Kunst der Weisen« oder den Hexenkult erwähnt zu haben. Die alte Religion hat so viel Publizität erhalten, meist schlechte, daß es an der Zeit ist, sie ins rechte Licht zu setzen. Trotz all der Geschichten, die sensationslüsterne Sonntagsblätter veröffentlichen, sind 99 Prozent aller Hexen sanfte, ruhige Menschen, die nichts wollen, als ihre Götter auf ihre eigene, alte und wunderschöne Art zu verehren. Leider ist der Name »Hexe« noch immer mit dem Stigma von Satanismus und schwarzer Magie behaftet. Ich sagte es schon einmal und will es wiederholen: So etwas wie schwarze oder weiße Magie gibt es nicht; es gibt nur Kraft; Kraft, die von den Menschen, die sie einsetzen, gefärbt wird. Hexen ziehen es vor, ihre weibliche Gottheit im Freien und in den Wäldern zu verehren. Diese Gottheit, wie all die alten Göttinnen, hat einen Gefährten, einen männlichen Gott, der eine Krone aus Hörnern trägt – ein Symbol der Fruchtbarkeit und *nicht* des Teufels. Außerdem trug auch Moses Hörner . . .!

Die Kameradschaft und Liebe, die von der Mehrheit der Hexen praktiziert wird, ist ein Beispiel, dem andere Religionen folgen sollten. Der ständige Krieg, den Presse und Kirche gegen sie führen, kann sicherlich nicht dadurch beendet werden, daß, wenn immer Hexen versuchen, sich ins rechte Licht zu rücken, ihre Worte verdreht werden und ihre Rituale entstellt. Die Tatsache, daß die Kirche für den grausamen Tod von unzähligen Frauen und Kindern verantwortlich war, wird selten erwähnt. Sie können nicht *alle* Teufelsanbeter gewesen sein. Wir halten Erinnerungsgottesdienste ab für Märtyrer und Menschen, die von Terroristen massakriert wurden, aber wer errichtet ein Denkmal für alle jene, die im Mittelalter verbrannt und zu Tode gemartert wurden? »Es wird am besten vergessen«, sagt man uns, »das war vor so langer Zeit und geschieht heute nicht mehr.« Nein, die Folterbank und den Scheiterhaufen gibt es nicht mehr, heutzutage haben wir subtilere Methoden, um gegen jene, deren Religion von unserer Denkweise abweicht, vorzugehen.

Tatsächlich ist der Hexenkult in erster Linie eine Religion, die die

Natur verehrt und die Hand des Schöpfers/der Schöpferin in allen Dingen um sich herum sieht. Ihre Riten sind eher einfach als kunstvoll und kompliziert, mit dem Hauptgewicht auf der Liebe der Göttin zu ihren Kindern, seien das Menschen, Tiere oder Pflanzen. Hexen feiern mit Musik, Tanz und Gesang und mit der uralten Kuchen- und Wein-Zeremonie, die es gegeben hat, lange bevor sie in der christlichen Kommunion verwendet wurde. Es gibt verschiedene Arten des Hexenkultes, von den Gardnerianern über den Familienhexenkult bis zum traditionellen Hexenkult. Vom Familienhexenkult hört man selten; sein Wissen wird von einer Generation zur nächsten weitergegeben, und es gibt einige Ortschaften, wo verschiedene Familien nahe beieinander leben und miteinander arbeiten; aber es ist selten, daß ein Außenseiter Zugang zu ihren Arbeiten bekommt. Wenn dies geschieht, hat es seinen Grund. So jemanden nennt man dann den Walker (Wanderer) oder den Proud Walker (Stolzer Wanderer).

Wenn Sie nicht Verbindungen zum Hexenkult haben, werden Sie nicht so einfach auf ihn oder seine Arbeit stoßen. Wenn Sie eine Einladung zu einem Treffen mit einer traditionellen Hexengruppe erhalten, haben Sie wirklich Glück, denn diese Leute können Ihnen eine Menge beibringen. Ich habe Ihnen in diesem Buch keine Hexenrituale angegeben, da ich nicht die richtige Person bin, solche Rituale zu veröffentlichen, und da ich außerdem durch Versprechen gebunden bin. Aber ich kann Ihnen sagen, daß die meisten wunderschön sind, voll Bedeutung und sehr nahe am Herzen der Natur.

Das Osiris-Ritual

Dieses Ritual basiert auf einem anderen, viel älteren Ritual. Ich bekam vor vielen Jahren die Fragmente eines Originalrituals und habe den folgenden Ritus darauf aufgebaut. Er ist für einen Priester und zwei Priesterinnen geschrieben, Osiris mit Isis und Nephthys als Begleitung. Die Rituale, die ich Ihnen bisher gegeben habe, waren alle ziemlich einfach und konnten ohne größere Anstrengung durchgeführt werden. Aber die Zeit kommt, da Sie die Linie überschreiten müssen, die den völligen Novizen vom etwas erfahreneren trennt. Diese Zeit ist nun mit diesem Ritual gekommen.

Ich habe zwei Versionen von diesem Ritual; diejenige, die ich Ihnen gegeben habe, ist die leichtere von beiden. Trotzdem lege ich Ihnen nahe, sich ernsthaft darauf vorzubereiten und einen bestimmten Aufwand an Studium zu investieren. Sie sollten sich gut mit der Geschichte von Osiris vertraut machen und besonders mit seiner Beziehung zu Isis und Nephthys. Man könnte sagen, daß er in ihnen seine helle und seine dunkle Anima sieht, sein Leben und seinen Tod. Aber begehen Sie nicht den Fehler, Nephthys mit Übel oder etwas Schädlichem gleichzusetzen. Sie ist eine sanfte Göttin und der Legende nach ihrem Bruder und seiner Gattin völlig ergeben. Beachten Sie vor allem, daß sie durch ihren Bruder die Mutter von Anubis ist, dem Kind, das seiner Tante Isis übergeben wurde, um von ihr erzogen und als ihr Nachfolger in Magie unterwiesen zu werden. Dies macht Anubis zum geheiligten Neffen, den Erben des Königreiches und Nachfolger seines Vaters auf Erden. Er ist auch der Halbbruder, Lehrer und Beschützer von Horus, dem Sonnenfalken. Pfadarbeiten, die Ihnen helfen werden, sich auf dieses Ritual vorzubereiten, können Sie bei der »SOL« anfordern.

Statten Sie den Tempel aus, wie in Abb. 48 auf Seite 316 gezeigt, und stellen Sie die Säulen zu beiden Seiten des Pastos auf, der die zentrale Position in der Ost-West-Richtung einnimmt. Das Pastos sollte mit einem schwarzen Tuch drapiert sein. Darüber legen Sie ein einfaches weißes Tuch. Die Kerzenständer stehen hinter den beiden Thronsesseln der Göttinnen, da das Licht hinter den Göttinnen hervorscheinen soll. Sorgen Sie dafür, daß sie weit genug entfernt sind und nicht umgeworfen werden können, wenn ein Stuhl verschoben wird. Die Kerzenständer müssen hier sein.

Dieser Ritus ist zum Teil ein Ritual und zum Teil eine Pfadarbeit. Da er einen leicht zermürbenden Effekt auf Osiris ausüben kann, schlage ich vor, daß Sie ihn an einem Wochenende durchführen, wenn Sie danach zumindest vierundzwanzig Stunden haben, um langsam »herunterzukommen«. Die Frauen sollten einfache schwarze Roben tragen, ohne Ärmel, mit einem silbernen Kragen im ägyptischen Stil und einem Gürtel. Sie haben entweder silberne Sandalen oder gehen barfuß. Ein silbernes Band um die Stirn wird ausreichen, wenn Sie keinen ägyptischen Kopfschmuck haben. Isis sollte ein Anch tragen und Nephthys ein Sistrum. Osiris trägt einen einfachen ägyptischen Faltenrock mit einem ägyptischen Halskragen und, wenn Sie es anfertigen können, eine Kopie der weißen Krone Ägyptens. Osiris sollte Krummstab und Geißel in Händen halten; seine Arme sind auf der Brust verschränkt.

Osiris nimmt seine Stellung an der Ostwand ein. Das einzige Licht kommt von den beiden Kerzen. Die beiden Frauen treten ein, und Isis versiegelt den Tempel, indem sie rundum geht und das Anch in jeder Himmelsrichtung als Siegel verwendet. Dann stellt sie sich vor der silbernen Säule auf, Nephthys vor der schwarzen. Isis beginnt mit der Anrufung Ras.

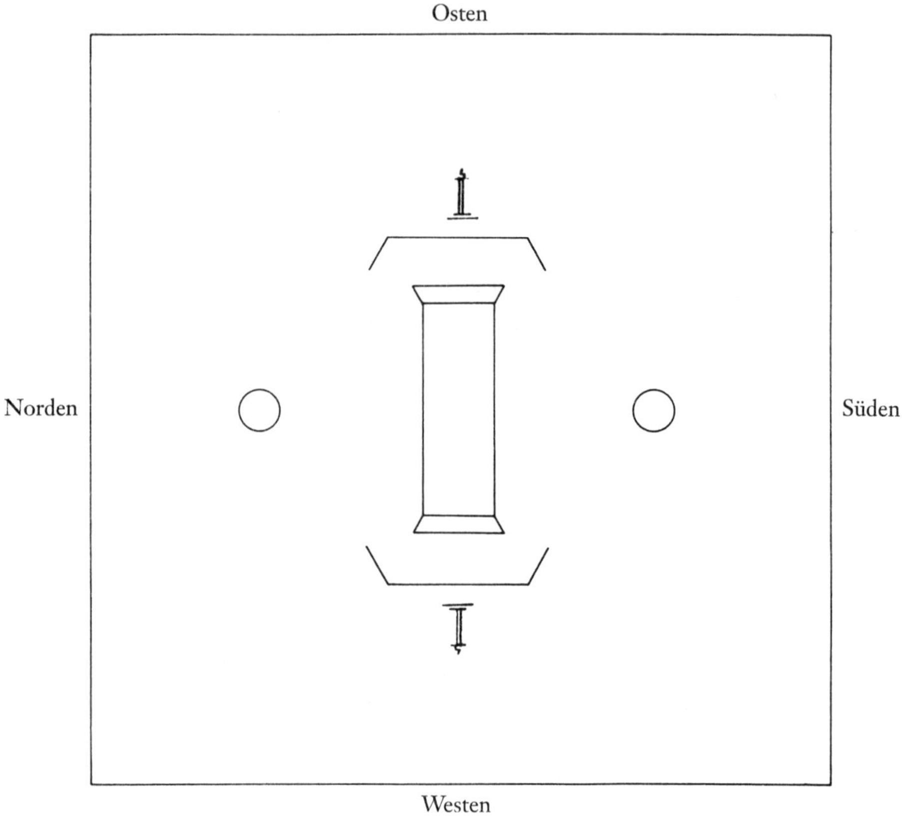

Abb. 48: Tempelanordnung für das Osirisritual

Isis

Heil Dir, Ra, Du Großer in den Himmeln.
Heil Dir, Dreigestaltiger, Ra, Kephra, Atum.
Heil Dir, Licht der Erde, groß und mächtig.
Höre die Stimme der Isis,
Höre die Stimme von der, die Deinen Namen kennt.
Höre die Stimme Ägyptens.
Komm vor und sieh auf dieses Werk von Übel. Osiris liegt ohne Lebenshauch unter Deinen Strahlen. Ohne den Atem des Lebens liegt er vor Dir.
Tröste mich, oh Ra, tröste mich und tröste meine Schwester.
Gib uns den Körper des Osiris, daß wir ihn betrauern können, daß wir ihn bedecken und ihn zwischen süße Kräuter legen können.
Komm vor aus dem Kahn der Millionen Jahre und höre die Stimme der Sorge.

NEPHTHYS

Heil Dir, Herr des Himmels; mächtig ist Dein Zorn.
Heil Dir, Falkenköpfiger, hell ist Dein Auge.
Heil Dir, Arm der Gerechtigkeit, Beherrscher der Welt.
Höre die Stimme der Nephthys.
Höre die Stimme von der, die weint.
Höre die Stimme des Nils.
Komm vor und sieh auf das Werk von Set. Der mich geliebt hat, ist nicht mehr. Ohne meinen Herrn und Bruder bin ich hilflos.
Tröste mich, oh Ra, tröste mich und tröste meine Schwester.
Gib uns den Körper des Osiris, daß wir weinen können, daß wir über seinem Körper die Nachtwache halten können.
Komm vor aus der Sonnenhöhle im Osten und höre unseren Ruf.

OSIRIS

Isis, Schwester und Gattin, Ra hat mir diese kurze Zeit gewährt, um mit Dir zu sprechen. Bald muß ich die weite See nach Amenti überqueren und dort verweilen, bis meine Zeit wiederkehren wird. Nimm meinen Leib und lege ihn in Tücher und süße Kräuter. Wandle mit mir in den Träumen der Nacht und sprich mit mir durch das Schilf im Fluß. Ich werde wiederkommen, und keiner wird sich gegen mich stellen, denn ich bin in der Dunkelheit gewesen und bin auferstanden.
Nephthys, süße Sängerin der Lieder, Sanfthändige, ich grüße Dich. Lindere Deines Herzens Pein, denn ich werde Dich im Schlaf in meinen Armen willkommen heißen. Deine Küsse werden in Amentis ebenso süß sein. Von Set habe ich Dich genommen und Dich zur Mutter meines Sohnes gemacht, und so soll auch Deine Schwester mir einen Sohn gebären, auch wenn ich ohne Lebensatem bin. Dies hat Ra versprochen. Nimm meinen Leib und weine über ihn und halte Wache durch die bittere Nacht. Aber ich werde wiederkommen.
[*Nun treten Isis und Nephthys vor, und Osiris stellt sich zwischen sie. Mit Isis an der Spitze bewegen sich alle langsam zur Station des Südens und halten hier.*]

ISIS

Weinet, weinet, oh Ihr Länder des Südens, denn Osiris ist in die Dunkelheit des Todes hinabgestiegen. Weinet, denn einer wie er wird für tausend Jahre nicht wieder gesehen werden. Bis das Land von Khem gefallen ist und sich wieder erhoben hat. Fremde Füße werden auf dieser heiligen Erde wandeln, und die Tempel werden verfallen; aber Osiris wird weiterschlafen.

Nephthys

Andere Götter und anderen Glauben wird Ägypten kennen; Zeiten von Frieden und Krieg werden seine Wüsten überqueren. Stimmenlos werden die Götter Ägyptens sein, aber Osiris wird weiterschlafen.

[*Sie gehen nach Westen und halten an.*]

Isis

Trauert, trauert, oh Ihr Länder des Westens; drückt Osiris an Euren Busen und bewacht ihn gut. Die untergehende Sonne soll sein Kissen sein und die Wasser der westlichen Meere seine Träume. Aber süß wird der Schlaf des Osiris sein.

Nephthys

Fremde Gestalten und fremde Ereignisse werden das Geschick Ägyptens sein, doch im Westen soll ein Licht gesehen werden. Jede Nacht soll ein Stern in das Meer fallen; eine Träne aus dem Auge der Nephthys wird auf die Brust des Osiris fallen.

[*Sie gehen nach Norden und halten an.*]

Isis

Weint laut, oh Ihr Länder des Nordens, sendet aus Eure Kälte und legt das Herz der Isis in Eis, daß ich keinen Schmerz mehr fühle. Nehmt mich und macht mich wie das Eis auf den Bergen des Mondes; und Isis wird gemeinsam mit Osiris schlafen.

Nephthys

Kein Schlaf für Dich, meine Schwester; Deine Zeit ist noch nicht gekommen. Die Menschheit braucht Dich, und sie braucht auch mich. Wir können uns noch nicht zur Ruhe begeben; aber eines Tages werden wir beide bei unserem Herrn und unserer Liebe sein.

[*Sie gehen zum Osten, wenden sich und begeben sich zur Mitte. Osiris legt sich auf das Pastos, und die Frauen wickeln ihn in weiße Tücher; nur sein Kopf bleibt frei. Dann nehmen sie ihre Plätze ein, Isis im Osten, Nephthys im Westen.*]

Isis

Lasset uns für unseren Herrn einen Traum weben, daß er ruhig in Amenti schlafen möge. Ich werde die Wolken der untergehenden Sonne aus Amethyst und Gold nehmen und daraus ein Gewand für ihn weben, das er im Land jenseits der untergehenden Sonne tragen kann. Ich werde der Sonne erste Strahlen fangen und sie zu einem Diadem für seine Stirn schmieden. Den ersten Vogelgesang des Tages will ich zu einem Juwel für seine Brust machen.

Nephthys

Ich werde das Licht der Sterne zu Mitternacht nehmen und einen indigoblauen Umhang weben. Ein einzelner Stern soll seine Schließe sein. Aus dem Duft der Nachtblumen werde ich ihm eine Brustplatte fertigen, und seine Sandalen werden das Licht des Mondes auf den Wolken sein. Das Rauschen des Meeres wird sein Kissen sein.

Osiris

Süß sind meine Träume und tief ist mein Schlaf. Ich lenke den Kahn nach Amenti im Westen. Um mich sehe ich viele, die mit mir reisen, doch sie kennen mich nicht. Ich höre Eure Stimmen um mich, ich sehe Euch in den schnellgeflügelten Reihern, die über mir fliegen. Aber bald wird Euch das Boot des Todes davontreiben, und wir müssen scheiden. Süße Schwestern, wartet auf mich, und ich werde wiederkommen.

[*Osiris muß sich jetzt als ein Wesen fühlen, das auf einem Boot vom Land wegtreibt. Zwei Reiher fliegen neben dem Boot her. Die untergehende Sonne steht tief am Horizont. Die zwei Frauen sollten ruhig dasitzen und über den Tod und die Wiedergeburt aller Erlöser-Götter meditieren. Nach ein paar Minuten, nicht mehr als fünf, sollte sich Osiris in seiner eigenen Gestalt vom Kahn erheben und den Körper des Osiris dort zurücklassen. Auch er nimmt die Gestalt eines Reihers an und kehrt gemeinsam mit den Frauen ans Land zurück. Als sie näher zur Küste kommen, wird das Land zum Tempel, und Sie sehen unter sich die Gestalt im Pastos und die zwei beobachtenden Frauen. Sie gleiten hinab in Ihren eigenen Körper, mit dem vollen Wissen, daß Sie es sind und nicht Osiris. Öffnen Sie Ihre Augen. Das wird das Signal für die beiden Frauen sein, sich zu erheben und Sie von den osirischen Mumientüchern zu befreien. Dann gehen alle drei nach Osten und stellen sich mit Blickrichtung Osten in einer Reihe auf.*]

Isis

Ich war Isis. Ich verstehe jetzt die Bürde, die ihr als der Großen Mutter auferlegt wird. Ich werde versuchen, zu einem Kanal für ihre Liebe und Weisheit zu werden und dies in meinem eigenen Leben zu vermitteln.

Nephthys

Ich war Nephthys. Ich verstehe jetzt die Freude zu trösten und Mut zuzusprechen. Ich werde versuchen, ein Kanal für ihre Sanftheit und ihren Trost zu werden und dies in meinem eigenen Leben zu vermitteln.

Osiris

Ich war Osiris. Ich verstehe jetzt, was es bedeutet, der auferstandene Osiris zu sein. Ich war tot, und jetzt lebe ich. Ich bin im Kahn von Amenti gesessen und habe das Land jenseits der untergehenden Sonne gesehen. Ich will mich an diese Dinge erinnern und von ihnen lernen.

[*Isis schließt den Tempel, der Ritus ist beendet.*]

Leseliste

Begg, Ean: *The Cult of the Black Virgin* (Routledge, Kegan Paul, 1985) (*Die unheilige Jungfrau.* Das Rätsel der Schwarzen Madonna. Edition Tramontane 1989)

Harding, Ester: *Women's Mysteries* (Rider, 1971)

Harrison, Michael: *The Roots of Witchcraft* (Muller, 1973)

Regardie, Israel: *The Golden Dawn* (Llewellyn, 1978) (*Das magische System des Golden Dawn.* Verlag Hermann Bauer, 1987)

Whitmont, E.: *The Return of the Goddess* (Routledge, Kegan Paul, 1983) (*Die Rückkehr der Göttin.* Kösel 1989)

Der zwölfte Monat

Die Reise beginnt

Psychische Selbstverteidigung

Wenn Leute zum ersten Mal mit der Praxis der Magie in Berührung kommen, sind sie normalerweise voller Ängste und Sorgen, psychisch attackiert zu werden. Um völlig ehrlich zu sein: Ein tatsächlicher hundertprozentiger psychischer Angriff ist sehr selten. Zuerst einmal müssen Sie für jemanden anderen eine echte Bedrohung darstellen, was Sie jedoch kaum tun werden; es sei denn, Sie wären ein außergewöhnlich guter Magier und würden beginnen, auf die magischen Zehen anderer zu treten.

Es braucht eine Menge an Zeit, Mühe und körperlicher und geistiger Stärke, solch einen Angriff zu starten. Es verlangt auch einen äußerst kompetenten Magier, um alles zu planen. Von einem solchen Kaliber gibt es nur wenige. Was Sie jedoch am ehesten erfahren werden, ist die Variante der Gedankenform; und diese ist mehr irritierend als gefährlich. Nachdem die menschliche Natur einmal so ist, wie sie ist, wird es zwangsläufig eine Zeit geben, in der ein Magier verrückt zu spielen beginnt und einen »Knallkörper« wirft. Jeder tut das hin und wieder, zumindest einmal. Der Rückschlag, der darauf folgt, reicht normalerweise aus, um jedem vom nächsten Versuch abzuhalten.

Wenn Sie sich mit ernsthafter Absicht durch dieses Buch hindurchgearbeitet haben, werden Sie gelernt haben, daß Gedanken schöpferisch sind. Sie verursachen Wirkungen, Ereignisse und Manifestationen. Den Gedanken wird durch Emotion Kraft zugeführt; und man braucht nicht genial zu sein, um vorhersagen zu können, daß, wenn Sie jemand sehr aus der Fassung gebracht hat, Sie beginnen werden zu denken: »Ich wünsche, dieses oder jenes würde dem alten Soundso zustoßen . . . Er/sie sollte eine Lektion erhalten.« Ein Novize ist genauso fähig, auf diese Art Leid zu verursachen, wie ein erfahrener Magier. Sie haben beide das Wissen um die Macht der Gedanken.

Glücklicherweise haben nur wenige Novizen die Fähigkeit, sich mit ganzer Kraft über einen Zeitraum, der erforderlich ist, um echten Schaden anzurichten, zu konzentrieren. Aber Novizen werden besser. Daher sollten Sie jetzt beginnen, Ihre Emotionen zu schulen, daß Sie sie immer unter Kontrolle haben. Wenn Sie sich dabei ertappen, verderbliche Gedanken zu haben, stoppen Sie sie sofort, hüllen Sie den Gedanken in die Form eines schwarzen Balles und schleudern Sie ihn durch das Zentrum Ihres Körpers in den Äther hinaus, wo er sich auflösen wird.

Die erste Lektion in psychischer Selbstverteidigung ist, sich selbst zu schulen und andere Leute nicht gedanklich anzugreifen!

Mit anderer Leute Gedankenformen umzugehen ist eine völlig andere Angelegenheit und kann auf drei Arten getan werden. Erstens: Ignorieren Sie sie, und der Sender wird ermüden, bevor Sie es tun. Zweitens: Umgeben Sie die Gedanken mit einer klaren, scharlachroten Flamme und rufen Sie einen der Erzengel auf, um mit ihnen fertigzuwerden. Drittens: Die wirksamste Methode ist, herzlich darüber zu lachen, sich eine Komödie im Fernsehen anzusehen, ins Kino zu gehen oder einfach einen netten Abend mit guten Freunden zu verbringen.

Aber wer auch immer der Sender ist – lassen Sie ihn wissen, wie köstlich Sie sich über ihn amüsieren. Nichts läßt eine drückende Gedankenform oder seinen Sender so rasch zusammenschrumpfen wie die Tatsache, als bloßes Ärgernis oder Amusement abgetan zu werden. Und um nichts anderes handelt es sich meistens.

Magier sein bedeutet nicht, daß andere Magier hinter Ihnen her sind. Halten Sie sich vor Augen, daß echte Schwarzmagier seltener sind als Einhörner. Ein Magier, der auf dem Pfad des Lichtes arbeitet, weiß, daß, auch wenn er etwas falsch macht, das heißt ein Ritual oder eine Pfadarbeit völlig durcheinandergerät, er mit den Adepten der inneren Ebene nicht in Konflikt geraten wird. Er wird nicht bestraft werden, wenn er einen Fehler macht; außer es war Absicht – dann wird er dafür büßen müssen. Im Gegensatz dazu wird ein Magier, der sich den Herren der Finsternis verschrieben hat, ein ernstes Problem haben; ein kleiner Fehler, und er wird sein blaues Wunder erleben. Er wird es nicht wagen, auch nur einen einzigen Fehler zu begehen, denn seine Herren verzeihen nicht so leicht. Das ist der Grund, warum Magier, die sich dieser Seite verschreiben, *sehr gute* Magier werden, einfach weil sie gut sein müssen, um überleben zu können. Diese Art Magier werden sich nicht den Kopf über andere zerbrechen, es sei denn, sie wären vom gleichen Kaliber wie sie selbst. Und das werden Sie sicherlich noch lange Zeit nicht sein.

Ihre größte Bedrohung sind Sie selbst, Ihre Unerfahrenheit und Ihr übergroßer Enthusiasmus. Später, mit wachsendem Selbstvertrauen und zunehmenden magischen Fähigkeiten, wird Ihre Aura auf der inneren Ebene strahlender werden, und je weiter Sie sich entwickeln, um so ähnlicher wird sie einem großen Leuchtfeuer auf den inneren Ebenen werden. Wenn dies geschieht, werden Sie wahrscheinlich von den Wesen auf der anderen Seite als einer der ihren bemerkt. Dann können Sie beginnen, psychische Selbstverteidigung ernst zu nehmen. Wenn sie jedoch Teil einer gut ausgebildeten, ausgeglichenen Gruppe sind, werden Sie eine Reihe von eingebauten Schutzvorrichtungen haben.

Jede Mysterienschule oder Gruppe mit innerem Kontakt hat ein Egregore. Dieses Egregore ist ein sehr mächtiger Schutz gegen alles Häßliche. Jeder Lernende, der in eine solche Schule eintritt, hat das Sigill des Egregores in seiner Aura, die ihn damit auf den inneren Ebenen identifiziert und gleichzeitig als Abschreckung auf mindere Gegner wirkt. Kommt ein stärkerer Gegner, so wird das Egregore automatisch eine Verstärkung durch die Erzengel herbeirufen. Wenn Sie natürlich verdient haben, was Sie bekommen, werden Sie selbst dafür einstehen müssen; aber Sie werden dabei unterstützt werden.

Die meisten Schulen werden ihren Studenten einen Namen geben, durch den der äußere Hof die Meister des Ordens rufen kann. Manchmal kann auch eine Anstecknadel oder ein Symbol der Schule eine ähnliche Wirkung haben. Wenn Sie glauben, daß Sie angegriffen wurden, tun Sie einige Tage lang nichts. Sehen Sie sich das Ganze an und warten Sie ab, beobachten Sie und schreiben Sie alles nieder, von dem Sie glauben, es sei von Bedeutung. Erst wenn es weiter geht, denken Sie daran, etwas dagegen zu unternehmen; und wenn das nicht genügt, schreien Sie um Hilfe. Es könnte etwas ganz Einfaches sein, ein Stück Karma, das Ihren Weg kreuzt. Und dafür können Sie kaum jemanden anderen verantwortlich machen!

Es gibt bestimmte Orte, an denen ich meinen Studenten rate, einfache Vorsichtsmaßnahmen zu treffen. Einer davon sind Hotelzimmer. Wenn Sie an die Anzahl der Leute denken, die ein Hotelzimmer in einem Jahr bewohnen, werden Sie nicht überrascht sein, daß ein solcher Ort ein psychischer Sumpf sein kann. Alle möglichen Dinge gehen in Hotelzimmern vor sich. Manche davon sind harmlos, manche sind traurig und manche furchterregend. Es kommt zum Beispiel vor, daß Leute in ihnen Selbstmord begehen. Wände sind für Gefühle sehr empfänglich, und der Gedanke, in einem Raum zu schlafen, in dem jemand durch ein präsuizidales Trauma gegangen ist, ist nicht gerade angenehm. Reinigen Sie daher den Raum, bevor Sie sich selbst zu Bett begeben. Dabei gehen Sie folgendermaßen vor: Haben Sie immer einen kleinen Behälter Salz bei sich. Segnen Sie Wasser und Salz und vermischen Sie beide. Besprengen Sie den Raum und leicht auch das Bett damit. Stellen Sie fest, wo Osten ist.

Ich, __________, rufe den Frieden und die heilenden Kräfte Raphaels herab auf diesen Ort. Mögen jene Eigenschaften sich auf alle ergießen, die hier schlafen werden, jetzt und in kommenden Tagen.
[*Gehen Sie nach Süden.*]
Ich, __________, rufe die Liebe und den Mut, die Kräfte von Michael, herab auf diesen Ort. Mögen jene Eigenschaften sich auf alle ergießen, die hier schlafen werden, jetzt und in kommenden Tagen.
[*Gehen Sie nach Westen.*]
Ich, __________, rufe Verstehen und geistige Stärke, die Kräfte des Gabriel, herab auf diesen Ort. Mögen jene Eigenschaften sich auf alle ergießen, die hier schlafen werden, jetzt und in kommenden Tagen.
[*Gehen Sie nach Norden.*]
Ich, __________, rufe sanften Schlaf und heilende Träume, das Geschenk das Uriel, herab auf diesen Ort. Mögen jene Geschenke sich über alle ergießen, die hier schlafen werden, jetzt und in kommenden Tagen. Mögen alle, die durch diese Tür gekommen sind, gesegnet sein, wo auch immer sie jetzt sein mögen. Segnet mich, __________, der ich in dieser Nacht hier schlafen werde.

Wenn Sie sich in einer Situation befinden, die Ihnen Grund zur Besorgnis gibt, invozieren Sie Michael oder jede andere Gottesform, die zur südlichen Himmelsrichtung paßt. Denken Sie sich den Erzengel in Gestalt eines großen, kräftigen und gut bewaffneten Soldaten. Das wird Ihnen mehr Vertrauen einflößen als sein traditionelles Abbild, barfuß und in weißer Robe! Was Sie sich immer vor Augen halten sollten, welcher Tradition Sie auch folgen mögen, ist, daß die Kräfte der Erzengel zu hundert Prozent wirklich sind. Seit vielen Jahrhunderten werden sie imaginiert, aufgebaut, gemalt, besprochen und als liebende, hilfreiche Kräfte in Skulpturen dargestellt. Millionen von Menschen haben intensivste Emotionen in sie gesteckt; sie können daher nichts anderes sein als das, wofür sie programmiert wurden: Beschützer und Helfer. Gebrauchen Sie diese Kräfte.

Ich fürchte mich nicht zu fliegen, was gut ist; denn ich fliege jedes Jahr Tausende von Meilen. Dennoch habe ich einige Regeln, von denen ich nie abweiche. Sobald das Flugzeug den Motor auf Touren bringt und die Startbahn entlangrollt, baue ich vier große, stark gebaute Engel in jeder Himmelsrichtung auf. In meiner Vorstellung stelle ich einen unter jeden Flügel, einen unter den Bug und einen unter das Heck. Ich male sie mir aus, wie sie fröhlich die Startbahn entlangtollen und schließlich das ganze Ding in den Himmel heben. Ich danke ihnen, segne sie; dann entlasse ich sie und setze mich zurück, um meinen Flug zu genießen. Ich gebe zu: Es ist ein wenig unorthodox, aber mir hilft es.

Was Sie am meisten zu fürchten haben, ist die Furcht selbst. Wenn Sie auf etwas stoßen, das Sie nicht handhaben können, dann versuchen Sie es erst gar nicht. Das beste und am raschesten wirkende Gebet ist einfach »Hilfe«! Ich habe Ihnen das Ritual des Wachhundes gegeben, das in jeder Situation verwendet werden kann und äußerst effektiv ist. Begeben Sie sich nicht in Situationen, von denen Sie wissen, daß Sie nicht damit zurechtkommen. Überlassen Sie Dinge wie Exorzismus Experten. Man muß schon sehr gut ausgebildet sein, um auch nur das kleinste Übel exorzieren zu können. Diese Dinge nähren sich von Furcht, und Sie werden nicht nur für sich selbst, sondern auch für alle, die in Ihrer Nähe sind, eine Gefahr sein.

Es ist dumm zu glauben, nur weil Sie einer okkulten Gruppe angehören oder mit einer solchen zusammenarbeiten, oder weil Sie Student in einer okkulten Schule sind, fähig zu sein, mit psychisch starken und häßlichen Dingen oder echten Störungen durch Larven umgehen zu können. Jahrelanges Studium und Training sind die Voraussetzungen dazu, und normalerweise, obwohl nicht immer, fällt dies in die Domäne eines geweihten Priesters.

Gehen Sie nicht auf Gespensterjagd, schlafen Sie nicht zum Vergnügen in Spukhäusern oder gehen Geräuschen im Dunkeln nach. Sie werden vielleicht denken, daß nichts geschehen sei und lachend nach Hause gehen; aber wenn dann in Ihrem eigenen Haus etwas vorzugehen beginnt, werden Sie aufhören zu lachen. Dinge, Wesen und anderes Treibgut von den Astralebenen kann sich ohne Ihr Wissen an Sie hängen und mit Ihnen nach Hause gehen. Diese Dinge können wie Fliegen herumschwirren und nach neuen Weidegründen Ausschau halten.

Auf der anderen Seite gibt es keinen Grund, sich mit Kreuzen und Kruzifixen zu überladen; außer Sie tragen sie sowieso jeden Tag. Einige Dinge, auf die Sie stoßen können, sind viel älter als das Christentum, und ein Kreuz ist nicht immer das beste Symbol dagegen.

Besessenheit ist genauso selten wie ein echter psychischer Angriff, und was vor hundert Jahren noch als Besessenheit galt, wird heute als eine Form von Demenz angesehen und mit Psychotherapie und Drogen behandelt. Dennoch gibt es so etwas wie Besessenheit. Sie glauben an die Gottformen, die Sie invozieren. Sie wissen, daß sie gut sind, daher müssen Sie mit der gleichen Intensität auch an die Möglichkeit von *üblen* Gottformen glauben. Der beste Weg, eine Besessenheit zu vermeiden, ist, sich nicht in Situationen zu begeben, in denen so etwas geschehen kann. Vollziehen Sie keine seltsamen Rituale, die Sie vielleicht irgendwo gefunden haben, aber nicht wissen, woher sie kommen. Schlafen Sie nicht in Dolmen, Steinkreisen oder prähistorischen Stätten, wenn Sie nicht genau wissen, wozu diese verwendet und welche Gottformen dort verehrt wurden. Das soll nicht bedeuten, daß solche Orte schlecht sind oder besonders gefährlich, aber solange Sie noch ein Grünschnabel im Umgang mit diversen Kräften sind, sollten Sie vernünftige Vorsichtsmaßnahmen treffen. Nicken Sie nicht ein an einem Ort, an dem es möglicherweise zu Gewalttaten gekommen ist, und schon gar nicht führen Sie dort ein Ritual durch. Solche Orte ziehen Astralwesen an von Ebenen, die dem Menschen oder tatsächlich jeder Lebensform nicht freundlich gesonnen sind, und sogar Tiere können von solchen Orten infiziert und außergewöhnlich feindlich werden.

Wenn sich ein Ort unangenehm kalt anfühlt, wenn er unangenehm riecht, dann verlassen Sie ihn besser. Hören Sie auf Ihre Intuition und handeln Sie danach. Es gibt Leute, die mit solchen Dingen umgehen können, deren ganze Ausbildung darauf abzielt, sie aufzulösen und zum Verschwinden zu bringen. Ihre Aufgabe ist es, von ihnen fernzubleiben. Wenn Sie dazu bestimmt sind, den Weg des Exorzisten zu gehen, werden Sie mit jemandem Kontakt bekommen, der Sie dazu ausbilden wird. Wenn nicht, dann können Sie bessere Arbeit auf Ihrem eigenen Gebiet leisten.

Es gibt nur wenige Bücher zu diesem Thema und Murry Hopes *Practical Techniques of Psychic Self Defence* (*Geistige Selbstverteidigung*), Dion Fortunes *Psychic Self Defence* (*Selbstverteidigung mit PSI*) und F. Strachans Buch *Casting out the Devils* sind einige der neueren. Jenen unter Ihnen, die Neulinge im Okkultismus sind, rate ich dringend, sorgfältigst zu lesen, was ich geschrieben habe und sich daran zu halten.

Heilige Orte

Britannien, die gesegnete Insel, Grammarye, Albion – es hat viele Namen; und sein Ruf als heilige Insel ist wohlverdient. Diese Insel, die so klein ist im Vergleich zu anderen Ländern, hat eine schier unglaubliche Menge an großen Männern und Frauen, Literatur, Kunst, Poesie und Magie hervorgebracht. Schattenhafte Gestalten wie Arthur, Merlin, Wayland, Herne, der Jäger, Epona, Brigantia, Cernnunos, Abaris und der silberzüngige Taliesin existieren neben Columa, Brigid, Aidan und Dunstan. Auf den Hügeln von Wales kann man noch immer die Schatten von Gwydion, Govannan, Llyr, Arianrhod und Rhiannon fühlen und hören, wenn man das Ohr dafür hat. Die Kelpie (schottische Nixen) und

Selkie (schottische Feen im Seehundfell) bewohnen noch immer die stillen Seen Schottlands, und die vier königlichen Clans der Tuatha de Daanan halten noch immer Hof in den Hollow Hills.

England, beispielsweise, ist reich an heiligen Stätten, die, obwohl überwachsen, verfallen und halb vergessen, noch immer lebendig sind und nur ein klein wenig Mühe und Hingabe brauchen, um aus ihrem langen Schlaf geweckt zu werden. Jetzt regiert die Gottform des Autos, und die verborgenen Wege und Stätten werden niedergerissen, um mehr Raum für Autos zu schaffen, wo doch Raum für den Menschen viel besser wäre.

Solange wir unsere alten Stätten noch haben, nutzen wir sie doch, sorgen wir für sie, kämpfen wir für sie, beschützen wir sie. Wir waren einmal ein Land der Wälder. Drei Viertel davon haben wir abgeholzt. Verschiedene Organisationen kämpfen nun darum, zu retten, was noch übrig ist, und versuchen sogar, an Stätten, die nach altem Ritus geweiht sind, neu zu pflanzen und zu erhalten.

Ob Sie allein arbeiten oder in einer Gruppe, es ist wichtig, daß Sie heilige Stätten in Ihrer Nähe oder in annehmbarer Entfernung finden und feststellen, was es mit ihnen auf sich hat. Viele davon sind Kraftzentren, die angezapft werden können; aber versuchen Sie dennoch, soviel wie möglich über sie herauszufinden, bevor Sie sich dort niederlassen. Besuchen Sie sie zuerst, sehen Sie sich um und finden Sie heraus, wie sich die Atmosphäre anfühlt. Bei Ihrem zweiten Besuch sehen Sie sich nach dem »Herz« der Stätte um, dem Kraftzentrum. Nur wenn Sie das Gefühl haben, daß es sicher ist, versuchen Sie, mit dem Hüter dieses Ortes Kontakt aufzunehmen.

Lesen Sie nochmals, was ich über psychische Selbstverteidigung gesagt habe, und schlafen Sie nicht im Kraftfeld der Stätte ein – weder über Nacht noch am Tage, nur weil es ein heißer Sommertag ist. Dennoch können Sie an diesen heiligen Stätten eine Menge Kontakt mit Elementarwesen, Kelten, Römern und Briten aufnehmen. Lassen Sie irgendeine Kleinigkeit an dem Ort zurück, bevor Sie weggehen, vergraben Sie ein Stück Brot, gießen Sie etwas Wein auf die Steine, Ale oder nur Wasser. Es trägt dazu bei, daß Sie sich bei Ihrem nächsten Besuch willkommener fühlen. Wenn der Ort einen schlechten Ruf hat, gilt dies natürlich nicht.

Sie werden alte Heilquellen finden, Wegsteine, alte Bäume und Steinkreuze und Pilgerpfade, die überhaupt nichts mit dem Christentum zu tun haben, und andere, die alles damit zu tun haben. Manche dieser Stätten sind total in der Wildnis gelegen, wie Callanish, aber sie sind es wirklich wert, daß man sie aufsucht, in den Ferien oder wenn man gerade mal in der Nähe ist.

Großbritannien hat einen Überfluß an heiligen Quellen. Fast alle davon sind mit irgendeinem Heiligen verbunden. Aber denken Sie daran; in alten Zeiten mag dieser Heilige sehr wohl einer der keltischen Götter oder Göttinnen gewesen sein. Die ersten Heiligen der Culdee Church kümmerten sich nicht so sehr um die »Bedrohung« durch heidnische Gottheiten, sondern hießen sie vielmehr in ihrer Herde willkommen, und erlaubten dem gemeinen Mann, die gleichen Götter zu verehren, die er immer schon verehrt hatte, mit dem einfachen »heiligen« Zusatz vor dem leicht geänderten Namen.

Solche heiligen Quellen ergeben gute Kontaktstellen, wenn das Wasser noch immer sprudelt, da Wasser, ebenso wie Steine, auch gut Kontakte speichern kann. Die Steinkreise und Menhire scheinen bestimmten magnetischen Strömungen zu folgen, und ein Pendel oder eine Rute werden die Kraftzentren sehr genau herausfinden. Eines der faszinierendsten Bücher zu diesem Thema ist »Patterns of the Past« von Guy Underwood. *Der* Experte jedoch ist Nigel Pennick. Er ist auch der Gründer des Institute of Geomantic Research. Einige seiner vielen Bücher sind: *The Mysteries of Kings College Chapel*, *Leys and Zodiacs*, *The Geomancy of Glastonbury*, *The Ancient Hill Figures of England* und *The Ancient Science of Geomancy* (*Die alte Wissenschaft der Geomantie)*. Sie alle sind sehr zu empfehlen, wenn Sie mehr über die heiligen Stätten Britanniens herausfinden wollen. Ein kleines praktisches Büchlein, ein absolutes Muß, für Stätten außerhalb Ihrer Ära ist *Mysterious Britain* von J. und C. Bord, erschienen bei Paladin.

Alle diese prähistorischen Stätten sind Teil unseres Erbes, eine direkte Verbindung zu unserer Vergangenheit, einer Vergangenheit, die die alten Götter Albions mit einschließt. Wenn Sie mit diesen Göttern Kontakt aufnehmen wollen, ihre Kraftzentren kennenlernen wollen und die Kraft spüren wollen, dann müssen Sie die Pilgerschaft aufnehmen. Versuchen Sie, immer das letzte Stück Weg zu Fuß zu gehen, die letzte Meile oder so. Das wird den Unterschied machen, wenn Sie die heiligen Zentren Britanniens aufsuchen, geradeso wie es die Alten vor vielen Jahrhunderten taten. Wenn Sie vorhaben, die alten Kraftquellen Ihrer Rasse anzuzapfen, dann müssen Sie Ihre alten Götter wiederfinden, um Ihnen als Kanäle zu dienen.

Sie werden feststellen, daß viele von diesen Orten mit den vier Elementen zu tun haben. Die heiligen Quellen mit Wasser, die Kirchen auf den Hügeln, die auf viel früheren heiligen Stätten gebaut und fast immer dem heiligen Michael geweiht sind, würden dem Feuerelement entsprechen. Forts auf Hügeln, Lager auf Bergspitzen gehören zur Luft, während Menhire, Dolmen und die heiligen Grabstätten Erde sind. Wenn

Sie an diesen Stätten arbeiten wollen, müssen Sie zuerst die lokalen Bestimmungen erkunden. Machen Sie kein Feuer, wenn Sie nicht zuvor eine Erlaubnis dazu bekommen haben. Verwenden Sie statt dessen ein Windlicht. Lassen Sie keinen Abfall zurück; es ist unglaublich, wieviel Leute diese heiligen Stätten dadurch entweihen. Neumond und Vollmond sind am besten für diese Arbeiten, und vergessen Sie nicht, die Elementale und ihre Herren in Ihre Arbeit mit einzubeziehen.

In den Mooren von Devon, Cornwall und Yorkshire gibt es viele Steinkreise, die nahezu unbekannt sind und kaum aufgesucht werden. Suchen Sie auf einer Wanderkarte für Ihre Gegend Orte, die für Ihre Arbeit geeignet sind. Arbeiten Sie nicht an Orten, an denen Schlachten oder Gewalttaten vor sich gegangen sind.

Wenn Sie in Küstennähe leben, haben Sie einen wunderbaren Platz für Rituale, besonders zu Vollmondzeiten. Ich habe sehr, sehr schöne Erinnerungen an eine solche Arbeit an einem einsamen Strand in Griechenland, die wir gemeinsam mit Mitgliedern unserer SOL-Organisation durchgeführt haben. Aber auch während des Tages, wenn der Strand verlassen ist, kann man ein kurzes Ritual durchführen. Das gleiche gilt natürlich auch für Wälder oder Hügel. Viele dieser Orte haben eine eigene Atmosphäre um sich, die von häufiger Ritualarbeit kündet.

Mit zunehmender Erfahrung werden Sie in der Lage sein, ruhig dazusitzen und ein komplettes Ritual in Ihrem Geist, eine Art Bewußtseinserweiterung, an jedem beliebigen Ort durchzuführen, sogar, wenn andere Leute um Sie herum sind. Sie werden fühlen, wie der Ort lebendig wird, wenn alte Erinnerungen geweckt werden und die Götter selbst sich regen. Sie brauchen Menschen wie Sie und mich, um atmen zu können.

Leider gibt es nur mehr wenige heilige Irrgärten. Aber wenn Sie ernsthaft suchen, werden Sie sie finden, und wenn Sie einen genügend großen Garten haben, können Sie sogar Ihren eigenen Irrgarten aus Blumen oder Sträuchern anlegen. Durch einen Irrgarten zu gehen, ist wirklich Magie; wenn Sie es einmal getan haben, werden Sie dieses Gefühl nie mehr vergessen. Wenn Sie die Möglichkeit haben nach Frankreich zu kommen, besuchen Sie die Kathedrale von Chartres, nicht nur wegen ihrer berühmten Glasfenster, sondern auch, um das Labyrinth, das im Boden des Mittelschiffs eingelassen ist, zu sehen und vielleicht zu durchschreiten. Chartres wurde auf einem sehr alten Hügel erbaut mit einem einst unterirdischen Tunnel oder Labyrinth, das sich in die Erdmitte des Hügels erstreckte. Es ist noch immer ein großartiges Kraftzentrum, eine Mischung aus Heidentum und Christentum, wie man es kaum woanders findet. Orte, wie wir sie soeben besprochen haben, sind wie ein Gral, den wir suchen müssen, entdecken, verwenden und wieder zum Leben bringen.

Das atlantische Erbe

Wer hat noch nicht von Atlantis gehört und sich vielleicht gefragt, ob dieses magische Land tatsächlich jemals existierte. Ich vermute, fast jeder hat eine winzige Hoffnung, es habe dieses Land gegeben. Aber nur wenige glauben mit ihrem ganzen Herzen daran. Einige Seher haben uns Erinnerungen und Einsichten von diesem goldenen Land übermittelt, die uns sagen, daß die Bewohner keineswegs ein nur glückliches Leben führten, wie die Legende uns glauben machen will. Ob ich daran glaube? Ja. Ich glaube aus mehreren Gründen daran – zum Beispiel wegen der Mitteilungen, die uns ein Mann namens Solon gab. Er war ein Vorgänger Platos, keiner, der zu wilden Phantastereien neigte. Die Ähnlichkeit in den Legenden, Hieroglyphen, Bildern, Bauwerken, Gesetzen, Sprachen, Symbolen und sogar im Körperbau ist bemerkenswert, weil der Name und die Legende sich über Tausende von Jahren erhalten haben und die Geschichte von Troja ein Mythos genannt wurde, nur um dann Form anzunehmen und Tatsache zu werden. Ferner weil ich eine Seherin bin und mich daran erinnere; nicht sehr gut, nicht sehr deutlich, aber in Erinnerungsblitzen, die so lebhaft und real sind, daß ich sie nicht ignorieren kann und auch nicht will.

Ich habe über die verborgenen und weniger verborgenen Kraftplätze des früheren Britanniens gesprochen. Warum sollte ein so kleines Land mit so viel Kraft, Geheimnisvollem und einem solchen Reichtum an talentierten Söhnen und Töchtern gesegnet sein, wenn es das nicht von einer hochentwickelten Blutlinie bekommen hätte, einer Linie, die von einer weitaus höher entwickelten Zivilisation stammt, die über kontrollierte Fortpflanzung Bescheid wußte und sie auch durchführte. So geschmacklos uns das heute erscheinen mag, für die Atlanter war es einfach ein Weg, ihre Rasse, ihre Talente und psychischen Begabungen zu verfeinern. Leider vergaßen sie, Dinge wie Ethik, Moral, Verständnis usw., in ihr genetisches Programm mit einzubeziehen. Und die Rasse degenerierte, anstatt die angestrebte Perfektion zu erlangen.

Wer wissen möchte, was Plato über Atlantis zu sagen hatte, sei auf die beiden Dialoge *Timaeus* und *Kritias* verwiesen. Sie werden darin viel Material zum Nachdenken finden. Sie sind jetzt an einem Punkt in Ihrem Studium angelangt, wo echte Forschungsarbeit beginnt, und Sie werden sich über bestimmte Theorien und Erklärungen Ihre eigene

Meinung bilden müssen. Nehmen Sie nie die erstbeste als die Ihre an, lesen Sie alle, studieren Sie sie und fragen Sie sich selbst, wie Sie darüber denken. Dann fällen Sie eine Entscheidung.

Kollektive Erinnerung eines Volkes ist eine hartnäckige Sache. Sie enthält sogar nach Tausenden von Jahren ein Körnchen Wahrheit. Das ist der Grund, warum ich darauf gedrängt habe, daß Sie sich ernsthaft mit Mythen beschäftigen, und warum ich persönlich glaube, daß es Atlantis tatsächlich gegeben hat. Vor einigen Jahren stieg eine Insel vor der Küste Islands aus dem Meer. Es war das Ereignis des Jahrzehnts, denn wir hatten so etwas noch nie gesehen. Wir wurden mit sowohl wilden als auch ernsthaften Theorien überschwemmt; und die Insel wuchs weiter. Schließlich wurde sie anerkannt und erhielt den Namen Surtsey. Heute ist sie mit Vegetation überzogen, hat eine Fauna, und Menschen leben auf ihr. Aber was aufsteigt, kann auch verschwinden, wie Kraatoa, und was einst unterging, mag wieder aufsteigen – wie Atlantis! Edgar Cayce glaubte daran.

Das wahrscheinlich einzig maßgebliche Werk über Atlantis wurde 1882 von Ignatius Donnelly geschrieben. Es ist eine Goldgrube an Information und enthält alles Wissen über Atlantis bis zum Erscheinen des Buches. Seit damals haben sich die Beweise jedoch beträchtlich vermehrt, und es wäre an der Zeit, daß jemand Donnellys Fakten ergänzen und auf den neuesten Stand bringen würde.

Viele Okkultisten zweifeln nicht an der Existenz einer solchen Insel mit einer hochentwickelten Rasse. Die Kolonialisation von Südamerika, Ägypten, die britischen Inseln und Lyonnesse durch Atlantis würde eine Erklärung für das plötzliche Auftreten organisierten Lebens in diesen Gebieten liefern. Die Landbrücke zwischen Britannien und Europa war zu jener Zeit noch vorhanden, und die Kanal-Inseln waren noch Teil der britisch/cornwallschen Landmasse. Hurds Deep war einfach ein großer See, wo heute Alderney zu finden ist.

Wir vermuten, daß die Atlanter in Wissenschaft, Alchimie und jenen Künsten, die als Magie bekannt sind, sehr weit fortgeschritten waren. Legenden erzählen von Feuern, die leuchteten, ohne daß etwas verbrannt wurde, von Fahrzeugen, die Menschen durch die Luft von einem Ort zum anderen beförderten, von hochentwickelten medizinischen Behandlungstechniken, die Schädelöffnungen erlaubten. Alle diese Dinge gingen in den Jahrhunderten, die auf die Katastrophe folgten, verloren. Aber kleine Wissensfragmente überlebten für kurze Zeit. Im Nationalmuseum in Athen können Sie ein Chirurgenbesteck sehen, komplett mit Wundhaken, Spekulum, Taster und vielen anderen Instrumenten, die bis zum heutigen Tage kaum geändert wurden.

Die Geschichte erzählt, daß die Priester des Sonnentempels und die Priesterinnen des Mondtempels zu Naradek wußten, daß eine Katastrophe bevorstand. Ungefähr fünfzig Jahre vor dem Ereignis sandten sie drei aufeinanderfolgende Gruppen von hoch ausgebildeten Männern und Frauen aus, nicht nur solche aus den Tempeln, sondern aus allen Lebensbereichen, wie Künstler, Ärzte, Gelehrte, Frauen mit guter Erziehung und Lehrer, die nicht nur ihr Wissen weitergeben sollten, sondern auch für die Fortpflanzung ihres hochentwickelten Volkes verantwortlich waren. Viele besondere Blutlinien wurden aufgebaut, und die meisten haben bis heute überlebt; verdünnt vielleicht; aber diese Menschen haben sowohl eine physische wie auch psychische Verbindung zu Atlantis. Das sind jene Menschen, die auf ihre innere Stimme hören, unabhängig vom jeweiligen Arbeitsgebiet. Sie sind die Erfinder, die wahren Priester, die ihre Priesterschaft noch immer als »Berufung« sehen und nicht nur als Torweg zur Bischofswürde. Sie sind die Denker, Künstler, die großen Schauspieler, die niedrig Geborenen, die, die eine Gelegenheit in ihrem Leben beim Schopf packen und wie Kometen erstrahlen. Sie sind wie ihre Vorgänger, gut und schlecht.

Manche Blutlinien errichteten Königshäuser, die viele Jahrhunderte überdauerten und noch immer existieren. Das silberne Verbindungsstück der psychischen Kraft war immer da, das sie miteinander und mit ihren gemeinsamen Vorfahren verband. Diese Verbindungen sind heute nur mehr schwach, aber sie bestehen, und manchmal heiraten zwei Menschen, die eine stärkere Verbindung als normal miteinander haben, und sie bekommen ein Kind oder Kinder, die mehr als fünfzig Prozent atlantische Talente in sich vereinen. Oft werden sie sich ihres Erbes bewußt und versuchen, es vor der Welt zu verbergen.

Die Überlebenden von Atlantis errichteten noch andere Linien, darunter die Linien der Hüter Britanniens, von denen einer Arthur war und ein anderer Merlin, der erste Erzmagier Britanniens, dessen Name zu einem Oberbegriff wurde. Diese Hüter haben in der gesamten Geschichte dieser Inseln ihre Rolle gespielt. Manchmal waren ihre Namen berühmt wie Owen Glyndawr, Alfred, Bruce, Drake und Howard, dann wieder wurden gewöhnlichen Männern, und hin und wieder auch Frauen, diese Aufgabe übertragen. Aber hinter den Hütern standen immer die Merline, die Erzmagier von Grammerye.

Es gibt sie heute, und es wird sie immer geben. Diese Aufgabe geht von einem zum anderen über ohne Unterbrechung, so wie jeder Merlin in ununterbrochener Folge seinen Amtsstab aufnimmt. Für diejenigen unter Ihnen, die glauben, eine Verbindung zu dem versunkenen Land zu haben, gibt es zwei Arbeiten der Bewußtmachung, die Sie bei SOL erhalten können: *The Hall of Mirrors* und *The Temple of Naradek* sowie eine Vorlesung *Atlantis and Lemuria*.

Ich empfehle Ihnen auch, Anthony Roberts Buch *Atlantean Traditions in Ancient Britain* und *Occult Sciences in Atlantis* von L. Spence zu lesen. Ich zweifle nicht daran, daß zumindest einige der Steinkreise in Europa das Werk der dritten oder vierten Generation von Atlantern sind, die versuchten, einiges von den Künsten ihrer Vorfahren zu retten. Es kann sein, daß Sie einen psychischen Draht zu deren atlantischer Vergangenheit bekommen können, wenn Sie die alten Stätten erforschen.

Für die Meditationen während des letzten Monats mit mir bauen Sie folgendes Bild auf und verwenden Sie es als Basis, von der aus Sie jede Verbindung, die Sie mit Atlantis haben mögen, aufspüren können.

Die Atlantis-Pfadarbeit

Sie stehen vor einem alten Stein, auf dessen Spitze ein keltisches Kreuz ist. In den Stein sind alle möglichen Muster und Formen eingehauen, wie dünne, miteinander verflochtene Bänder. Der Kreis und auch das Kreuz fangen an zu glänzen. Das Licht wird heller, bis das Kreuz verschwindet und Sie durch den Kreis hindurch in eine andere Landschaft blicken können. Es wird größer und größer, bis Sie durch den Kreis in das unbekannte Land eintreten können. Blicken Sie sich um und sehen Sie, wie Stein und Kreis hell wie ein Leuchtfeuer brennen. Dies ist Ihr Rückweg. Gehen Sie jetzt los, gehen Sie los und erforschen Sie das Land, das vor Ihnen liegt. Niemand wird Sie sehen können, denn Sie kommen aus der Zukunft. Niemand wird Sie hören können. Alles, was Sie zu tun haben, ist, zu beobachten und es sich zu merken. Wenn Sie das Steinkreuz wie eine Glocke läuten hören, ist es Zeit umzukehren. Vergewissern Sie sich, daß sich der Kreis sicher hinter Ihnen schließt.

Führen Sie diese einfache Arbeit zur Erleuchtung einmal oder zweimal pro Woche durch, aber tun Sie es nicht in einem Steinkreis. Nicht alle führen an den gleichen Ort! Wenn Sie es in der Gruppe machen, vergleichen Sie hinterher untereinander, was Sie gesehen haben.

Sexualmagie

Wir kommen nun zu einem der widersprüchlichsten Aspekte des Okkultismus – der Sexualmagie. Bevor irgend jemand entsetzt seine Arme in die Höhe wirft, lassen Sie mich ein für alle Mal sagen, daß Sexualität magisch ist, und wer das nicht verstehen kann, der vermißt sicherlich einiges in seinem Leben. Aus all dem vorher Gesagten in diesem Buch werden Sie wissen, daß das Zentrum aller Magie im Genitalbereich liegt. Das ist wahrscheinlich auch der Grund, warum einige Leute so viel Aufhebens um die Magie machen! Dieses Zentrum oder Chakra Ihres Körpers ist eines der Wunder des Universums. Es kann ein neues menschliches Wesen hervorbringen, was an sich schon magisch ist; aber es kann auch andere Dinge schaffen, reine Kraft zum Beispiel. Manche Menschen vertreten immer noch die Meinung, daß Sexualität nur dazu da sei, um Kinder zu zeugen. Unsinn! Wenn das alles wäre, wozu Sex da ist, dann hätten sich Natur und Evolution etwas weitaus Einfacheres dazu ausdenken können. Dann hätten wir auch nicht diese Freudezentren in unserem Gehirn bekommen, die durch den sexuellen Akt stimuliert werden. Sexualität kann vieles sein, sogar ein Akt der Verehrung. Aber eines ist sie sicher nicht: schmutzig. Sexualität hat in der Magie ihre Verwendung und ihren berechtigten Platz; sie kann die kraftvollsten Rituale ergeben. Außerhalb davon kann sie sowohl unklug als auch zum Schaden von Menschen und ihrer selbst verwendet werden.

Wann ist Sexmagie erlaubt? In Frühjahrsritualen, Beltane; als Danksagung an eine der Muttergottheiten für ein Kind, oder für eine gewährte Bitte; als Darstellung eines der großen Mythen, wie die Empfängnis von Horus, Osiris mit Isis; oder die Empfängnis von Anubis; Osiris mit Nephthys; die Hochzeit Floras, der Sommerkönigin, mit dem Eichenkönig; der Ritus der Esther, der Ritus von Tanith; dem Ritual, das hinter dem Lied der Lieder steht. Es kann Teil der Annahme einer Gottform durch den Priester sein und die Annahme der Kraft dieser Gottform in ihrem Körper durch die Priesterin.

Sex an einem geheiligten Ort ist keine Entweihung, sondern trägt dazu bei, ihm mehr Kraft zu verleihen, *vorausgesetzt, die Absicht ist klar und stimmt mit dem Ritual überein.* Es soll keine Entschuldigung sein, um Sex zu haben mit jedem, der gerade anwesend ist, und es ist auch nicht für Zuschauer gedacht. Solche Rituale schließen fast immer nur zwei Personen mit ein. Es gibt Ausnahmen zu dieser Regel, aber die sind ausgesprochen selten. Der ganze Ritus sollte als heilige Darstellung eines echten Rituals gesehen werden. Der Augenblick der Kraft, der »Pegasus«, der das Wollen, die Absicht hinter dem Ritual, auf seine höchste Ebene hebt, ist der Orgasmus. Die Freude, die aus diesem Moment der Kraft geschöpft wird, wird mit den Göttern geteilt.

Es gibt andere Rituale, in denen Priester und Priesterin Gottformen annehmen, die ein Paar darstellen: Zeus und Hera, Aphrodite und Ares oder Hephaisteus, Eros und Psyche, Isis oder Nephthys und Osiris,

Thor und Sif, Gwydion und Arianrhod, Hades und Persephone usw. Rituell gesprochen führt dies zu einer Verschmelzung der Kräfte und der Eigenschaften der beiden Gottheiten. Am häufigsten findet sich das in der Hindu-Tradition.

Der Hinduismus hat eine lange Tradition ritueller Sexualität, und ihre Symbole - das Lingham, der Penis des Mannes, und Yoni, die Scheide der Frau - werden als ausgesprochen heilig verehrt. Die Vereinigung dieser beiden Symbole im Ritual wird als eines der höchsten Mysterien angesehen. Der hinduistische Tantriker sieht daran nichts Obszönes, und die inneren Tantrarituale werden ohne Scham, sondern eher mit tiefer Ehrfurcht und ganzer Hingabe in Anwesenheit des Hohepriesters zelebriert. Die Anhänger Shivas hegen für das Lingham die höchste Verehrung, während Yoni das heiligste Symbol der Anhänger Vishnus ist. Die Shakti- und Shakta-Aspekte von Mann und Frau werden als deren höheres Selbst gesehen; sie sind eins, der schöpferische Aspekt der gesamten Natur.

Birgt Sexualmagie Gefahren in sich? Ja, es gibt bestimmte Gefahren. Sie kann zum Beispiel in eine Art Orgie ausarten. Eine andere Gefahr entsteht, wenn die Gruppe nicht den nötigen Abstand zum sexualmagischen Ritual hat, was zu Zwistigkeiten, Streit und schließlich zum Auseinanderbrechen der Gruppe führen kann. Die Gefahr, diese Rituale einfach um der Sexualität willen und nicht für die Götter durchzuführen, darf ebenfalls nicht übersehen werden.

Sexualmagie ist nichts für Unerfahrene, nichts für Dilettanten oder Armsesselokkultisten; sie ist nichts für den Voyeur oder sexuell Ausgehungerten, kurz gesagt: sie ist überhaupt nichts für jeden Okkultisten.

Gibt es niedergeschriebene Sexrituale? Ja, es gibt sie. Aber in diesem Buch sind keine. Die aufgeschrieben wurden, sind nicht gerade die besten der Welt und wurden auch nicht gerade auf die beste Weise verwendet. Wer ein sexualmagisches Ritual durchführen möchte, soll sich sein eigenes schreiben. Sie haben ein Jahr damit verbracht, um zu lernen, ein Ritualmagier zu werden, haben mit vorgeschriebenen Ritualen gearbeitet. Igendwann kommt der Zeitpunkt, an dem Sie beginnen müssen, Ihre eigenen Rituale zu schreiben.

Das Wichtigste bei der Vorbereitung für ein sexualmagisches Ritual ist, zumindest zehn Minuten Meditationszeit für die anzunehmende Gottform mit einzuberechnen, wenn möglich sogar mehr. Die »Geschichte«, der Hintergrund der sexuellen Vereinigung, sollte sowohl dem Priester als auch der Priesterin wohl bekannt sein. Symbole, Kleidung, Kopfschmuck, Räuchermischungen, Farben usw. sind sehr wichtig. Und zuletzt, daß der Akt zu neun Zehntel der Zeit nahezu statisch sein soll, in der die Teilnehmer sich auf ihre Gottform konzentrieren sollen. Das ist der wichtigste Teil überhaupt. Jeder sollte sich während des gesamten Rituals auf seinen Partner als Gott/Göttin konzentrieren.

Das beste Buch, das ich an Information bezüglich Sexualmagie gefunden habe, ist *Sexual Secrets* (*Das große Buch des Tantra.* Sexuelle Geheimnisse und die Alchimie der Ekstase) von Nick Douglas und Penny Slinger. Es geht nicht nur auf Tantra, Yoga-Stellungen und japanische und chinesische Sexualmagie ein, sondern auch auf die Techniken im Mittelmeerraum.

Was liegt vor Ihnen?

Sie sind nahezu am Ende Ihrer Reise angelangt. Was haben Sie vor sich? Sie werden sich einiges überlegen müssen und Entscheidungen zu treffen haben. Wenn Sie dieses Jahr beendet haben, werden Sie weitere zwei Monate brauchen, um zu verankern, was Sie bisher getan haben, was Sie gelernt haben, und sich zu überlegen, was Sie als nächstes tun wollen.

Sammeln Sie Ihre Unterlagen, Meditationsaufzeichnungen, Rituale usw. und beginnen Sie, sie durchzulesen. Nach Ihrem jetzigen Wissensstand werden Ihnen Ihre früheren Aufzeichnungen sehr einfach und naiv erscheinen. Aber in vielen Fällen werden Sie auch finden, daß Sie Ideen, Lehrstoff und Bilder vorweggenommen haben, die erst in späteren Kapiteln an die Reihe kamen. Das ist ein gutes Zeichen und bedeutet, daß Sie sogar in jenem Stadium eine gute Verbindung zu Ihrem Unterbewußtsein hatten. Jetzt verstehen und wissen Sie mehr. Sie sehen die Verbindung zu dem, was ich geschrieben habe, und ob sich daraus weitere Ideen entwickeln. Schreiben Sie sich die Stellen auf, an denen Sie besonders gut waren, und die, wo Sie glauben, Sie hätten es härter versuchen sollen oder bessermachen können.

Gehen Sie Ihre Ritualaufzeichnungen ganz genau durch, besonders die Ergebnisse. Sehen Sie sich als Lehrer, der am Ende des Jahres die Prüfungspapiere bewertet; gewinnen Sie Abstand zu der Person – Sie –, die die Arbeit dieses Jahres getan hat. Dann schreiben Sie über diese Person eine Beurteilung, so ehrlich wie möglich.

Wenn Sie mit anderen zusammengearbeitet haben, veranlassen Sie sie, das gleiche zu tun. Dann treffen Sie sich und vergleichen Ihre Aufzeichnungen. Die Frage, die Sie sich selbst stellen müssen, lautet: »Habe ich mein Bestes gegeben, war es gut genug; habe ich erreicht, was ich hätte erreichen können?«

Wenn Sie das erledigt haben, wartet das nächste Problem auf Sie.

Nach einem Jahr harter Arbeit – wollen Sie noch immer ein Magier werden, oder haben Sie daran gedacht aufzugeben; haben Sie eingesehen, daß diese Arbeit nichts für Sie ist, zumindest nicht in dem Maße, daß Sie sich ihr mit ganzem Herzen widmen. Würden Sie, nachdem Sie nun einen Vorgeschmack auf die Arbeit bekommen haben, lieber ein Armsesselokkultist sein, lesen, darüber sprechen und den Okkultismus diskutieren, aber die praktische Seite anderen überlassen? Oder sind Sie entschlossener denn je, den Weg der Hohen Magie zu betreten?

Wenn dies der Fall ist, wie planen Sie vorzugehen; allein oder mit einer Gruppe? Mögen Sie Gruppenarbeit oder ziehen Sie vor, im stillen Kämmerlein zu arbeiten? Sind Sie bereit, zumindest zwei Tage in der Woche zu opfern, einen, um zu studieren, und einen für praktische Arbeiten? Wie denkt Ihre Familie darüber? Wenn Sie bisher allein gearbeitet haben, kennen Sie noch jemanden, der am Okkultismus interessiert ist? Hätten Sie den Mut, zu jemanden, der sich für Ihre Gruppe als unpassend herausgestellt hat, zu sagen: »Es tut mir leid, aber du paßt nicht zu uns; wann wirst du uns verlassen?« Hat sich Ihre Ansicht über Okkultismus und besonders über rituelle Magie während dieses Jahres geändert? – Wenn ja wie?

All diese Fragen müssen Sie sich sehr genau beantworten, denn wenn Sie weitermachen, gehen Sie eine große Verpflichtung ein.

In Ordnung! Sie haben sich entschieden, weiterzumachen. Was kommt als nächstes? Wenn Sie vorhaben, weiterhin allein zu arbeiten, lesen Sei weiter beim Abschnitt »Weitere Studiervorschläge«. Wenn Sie eine Gruppe aufbauen wollen, dann lesen Sie einfach im nächsten Absatz weiter.

Wie man eine Gruppe aufbaut

Gruppen sind unbeständige Gebilde, hauptsächlich, weil Leute in ihnen sind und Leute menschliche Wesen sind mit Vorlieben und Abneigungen, die gutmütig sein können oder schlecht gelaunt. Wenn Sie daher den Kern Ihrer Gruppe beisammen haben, verbringen Sie gemeinsam einen Monat lang ein oder zwei Abende pro Woche, oder wielange Sie brauchen, um ein paar Regeln auszuarbeiten und aufzustellen. Es genügt nicht, wenn Sie sich sagen »... wir sind alle Freunde und werden einander nicht verärgern«; denn das werden Sie ganz sicher. Rituale bringen das Beste und das Schlechteste in Ihnen hervor. Seien Sie also darauf vorbereitet.

Arbeiten Sie zuerst ein paar Regeln aus für die Leitung der alltäglichen Seite der Gruppe. Sie werden jemanden brauchen, der das Finanzielle in die Hand nimmt. Warum? Weil keine Gruppe ohne Mittel auskommen kann und Sie Geld brauchen werden für Kerzen, Räucherungen, Ausflüge zu heiligen Stätten, neue Bücher und vieles mehr. Einigen Sie sich auf einen monatlichen Betrag, der realistisch ist, und innerhalb von sieben Tagen von einem bestimmten Datum an zu zahlen ist; und machen Sie jemanden für das Einsammeln und die Buchführung verantwortlich. Jemand anderer sollte für die Roben verantwortlich sein, daß sie rein und in gutem Zustand erhalten werden. Wer für den Tempel zuständig ist, sollte ihn auch sauber und ordentlich halten. Das vierteljährliche Großreinemachen und die jährliche Generalüberholung sollte aber von allen Mitgliedern durchgeführt werden.

Haben Sie vor, eine Bücherei einzurichten? Da Bücher recht teuer sind, wäre es sinnvoll, nur ein Exemplar eines Buches zu kaufen anstatt drei oder vier. Sie könnten ein Bücherregal anbringen und die Bücher katalogisieren, damit Sie immer wissen, wo die Bücher gerade sind. Stellen Sie eine Art Dienstplan auf, so daß alle Ämter und Rollen im Tempel regelmäßig ausgewechselt werden. Das bedeutet, jeder wird irgendwann einmal in jeder Himmelsrichtung arbeiten und als Bote, Ministrant usw. dienen. Wenn es in Ihrer Gruppe nicht jemanden gibt, dem alle unausgesprochen vertrauen und der von allen respektiert wird, treffen Sie alle Entscheidungen in der Gruppe. Wenn Sie aber so eine Person in Ihrer Gruppe haben, ernennen Sie ihn oder sie zum Ältesten und folgen Sie seiner Entscheidung.

Wenden Sie sich dann Ihrem Lehrplan zu und arbeiten Sie die wichtigsten Rituale für das Jahr aus. Werden Sie sich strikt an die großen vierteljährlichen Vorhaben halten, oder werden Sie auch kleinere Rituale mit einbauen? Werden Sie alle zwei Monate oder jeden Monat ein Ritual durchführen? (Für das erste Jahr rate ich Ihnen, nicht mehr Rituale zu zelebrieren.) Einigen Sie sich darauf, ein jährliches Treffen zu veranstalten, an dem Sie Dinge wie diese und auch Alltagsangelegenheiten der Gruppe besprechen und entscheiden.

Denken Sie daran, wenn Ihnen das als zu weit von Magie entfernt scheint, daß alles auf einem starken Fundament aufgebaut sein muß, wenn es Dauer haben soll. Finden Sie heraus, wer in Ihrer Gruppe was am besten tun kann. Wenn Sie Glück haben, werden Sie Leute mit den unterschiedlichsten Talenten haben; jemanden, der Tarotkarten lesen kann, einen Hellseher, einen Heiler, einen Astrologen. Ermutigen Sie sie, auch andere Disziplinen zu studieren, um in der Gruppe eine Vielfalt an verschiedenen Fähigkeiten zur Verfügung zu haben. Führen Sie ein Studiensystem ein, vielleicht einmal im Monat ein Treffen, an dem einer von Ihnen einen Vortrag über ein bestimmtes okkultes Thema hält, auf das er sich besonders vorbereitet hat. Wenn Sie in der Nähe einer größeren Stadt leben, gehen Sie als gesamte Gruppe zu Vorträgen und diskutieren Sie im Anschluß darüber.

Wenn Sie die Gruppe einmal aufgebaut haben – fürchten Sie sich nicht, sie zu vergrößern. Die am besten funktionierenden Gruppen haben so zwischen drei und sieben Mitgliedern. Alles, was darüberliegt, wird Schwierigkeiten einbringen, wenn Sie nicht sehr gut organisiert oder in Gruppenarbeit erfahren sind. Wenn ein Mitglied jemanden mitbringen möchte, dann sollten ihn die anderen Mitglieder vorher gesellschaftlich kennenlernen, bevor er der Gruppe beitritt. Das Wichtigste ist die Harmonie im Tempel. Wenn die Entscheidung »nein« lautet und der Abgelehnte ist Ihr Freund oder Schützling, nehmen Sie daran keinen Anstoß. Es war eine Gruppenentscheidung, die Sie befolgen müssen. Es wird von Ihnen allen besprochen worden sein; und Sie werden die Gründe für die Ablehnung erfahren haben. Wenn die Antwort »ja« ist, dann müssen Sie Pläne für die Ausbildung des neuen Mitglieds vorbereiten. Neue Mitglieder sollten zumindest sechs Monate lang zu Treffen kommen, an denen keine Rituale durchgeführt werden, und die Art von Ausbildung, der auch Sie sich unterzogen haben, durchmachen, bevor sie tatsächlich aufgenommen werden.

Diese Aufnahme ist *keine* Einweihung, sondern eine einfache Zeremonie, die die Person dazu berechtigt, den Tempel zu betreten, seinen Wächter kennenzulernen, den Meister des Tempels, die Herren der Elemente in den Himmelsrichtungen usw.

Sie müssen sich auch für den Fall vorbereiten, daß jemand Ihre Gruppe verlassen möchte. Der Name des Tempelhüters muß geändert werden und auch alle Paßworte oder Erkennungszeichen. Ich weiß, daß dies zusätzlicher Aufwand für eine kleine Gruppe zu sein scheint, aber beginnen Sie so, wie Sie vorhaben weiterzumachen. Wenn Sie meine Ratschläge befolgen, werden Sie das erste Jahr überleben, und das ist an und für sich schon eine magische Meisterleistung. Gehen Sie so langsam vor, wie Sie in diesem Ausbildungsjahr vorgegangen sind, und Sie werden erfolgreich sein.

Weitere Studienvorschläge

Wenn Sie weiterhin allein arbeiten wollen, werden Sie sich Ihre eigene Garnitur an verschiedenen Disziplinen aufbauen und sich an sie halten müssen, auch wenn der Teufel selbst hinter Ihnen her wäre. Wenn Sie das nicht tun, werden Sie Ihre Studien nach und nach aufgeben, sich treiben lassen und einfach ein Dilettant werden. Es ist nicht gut, sich zu sagen, daß es nichts ausmache, einmal eine Studierstunde auszulassen. Aus einmal wird zweimal; und schon sind Sie auf der Bahn nach unten.

Gehen Sie vor wie in einer Gruppe, setzen Sie sich hin und stellen Sie sich ein realistisches Studien- und Praxisprogramm für ein ganzes Jahr zusammen. Räumen Sie sich einen Monat Ferien ein, entweder auf einmal oder auf ein oder zwei Wochen aufgeteilt. Wählen Sie ein Gebiet, auf dem Sie schon einige Erfahrung haben oder zumindest einiges darüber wissen; und stellen Sie sich einen Lernplan für sechs Monate auf, in denen Sie sich in diesem Fach vervollkommnen werden.

Für die zweite Jahreshälfte wählen Sie einen Gegenstand, über den Sie wenig wissen; und geben Sie sich wieder sechs Monate, um das Notwendigste darüber zu lernen oder sich zumindest die Grundlagen anzueignen. Wenn Sie es vorziehen, können Sie sich auch eine Tradition als Lernfach aussuchen, alles über die Kosmologie des Pantheons lesen, dann ihre Legenden und zuletzt ein Buch über die Religion selbst, das von einem Experten geschrieben wurde.

Es wird sich auszahlen, diese Lernpläne aufgestellt zu haben, wenn Ihnen das Studium lästig wird; und das wird eintreten. Vergessen Sie nicht, daß alles Wertvolle seinen Preis hat. Nutzen Sie Ihre Lesekarte in der Bücherei voll aus, halten Sie Ausschau nach Vorträgen und Seminaren, die von Schulen und okkulten Organisationen veranstaltet werden. Wußten Sie, daß man an manchen Orten in Abendseminaren ägyptische Hieroglyphenschrift lernen kann? In einem Winter könnten Sie in Abendkursen genügend Griechisch lernen, um Ihre orphischen Invokationen sprechen zu können. Wenn Sie das nicht tun, werden Sie nie erfahren, wie aufregend es ist, eine alte Sprache im Dienst der Mysterien gesprochen zu hören.

Das Segnungsritual

Wir kommen nun zu den beiden letzten Ritualen in diesem Buch. Beide sind kurz, aber wirkungsvoll. Das erste ist ein Segnungsritual und kann entweder in Verbindung mit anderen Ritualen oder eigenständig verwendet werden. Wie schon der Name sagt, ist es ein Segen, der Menschen, Tieren, einer Gottform, einem Erzengel oder Talisman gespendet werden kann. Vom Aufbau her ist es kabbalistisch.

Zünden Sie die Kerzen in den vier Himmelsrichtungen an, haben Sie Wein, Wasser und Salz am Altar bereit. Das Altarlicht brennt bereits und etwas Weihrauch glimmt. Dieses Ritual ist dazu gedacht, eine abwesende Person zu segnen, entweder um einen Schutz über sie zu legen oder ihr einfach Glück zu senden. Sie können es anpassen an das, was Sie sich vorgenommen haben.

Wenn Sie vorher ein anderes Ritual durchgeführt haben, dann wird der Segen vor der Schließung des Tempels ausgesprochen. Sie stellen sich im Osten auf und blicken auf die Säulen.

Ich, __________, rufe die Kräfte des Ostens an, um __________ zu segnen. Im Namen der Mächte, über die ich kraft der Autorität meines Priestertums befehle, bitte ich um den Segen der Mächte des Ostens, der Mächte der Luft und der aufgehenden Sonne. Ich bitte darum im Namen Raphaels und Paraldas und des Gottes, der über den Baum des Lebens herrscht. Legt Euren Schutz und Eure heilenden Kräfte über die Person __________. Möge __________ Gesundheit und zunehmender Wohlstand beschieden sein und möge er/sie immer auf dem Pfad der Sonne wandeln.

[*Gehen Sie nach Süden und blicken in diese Richtung.*]

Ich, __________, rufe die Kräfte des Südens an, um __________ zu segnen. Im Namen der Mächte, über die ich kraft der Autorität meines Priestertums befehle, bitte ich um den Segen der Mächte des Südens, der Mächte des Feuers und der Mittagssonne. Im Namen Michaels und Djinns und des Urhebers der Gerechtigkeit am Baum des Lebens bitte ich darum. Legt Euren Schutz und Euren Mut über die Person __________. Möge __________ an geistiger und körperlicher Stärke wachsen und immer auf dem rechten Pfad wandeln.

[*Gehen Sie nach Westen und blicken Sie in diese Richtung.*]

Ich, __________, rufe die Kräfte des Westens an, um __________ zu segnen. Im Namen der Mächte, über die ich kraft der Autorität meines Priestertums befehle, bitte ich um den Segen der Mächte des Westens, der Mächte des Wassers und der untergehenden Sonne. Im Namen Gabriels und Nixsas und der Göttin der Form und der Sorge am Baum des Lebens bitte ich darum. Legt Euren Schutz und Euer Verstehen über die Person __________. Möge __________ an Weisheit und Vision wachsen und möge er/sie im Glauben wandeln.

[*Gehen Sie nach Norden und blicken Sie in diese Richtung.*]

Ich, __________, rufe die Kräfte des Nordens an, um __________ zu segnen. Im Namen der Mächte, über die ich kraft der Autorität meines Priestertums befehle, bitte ich um den Segen der Mächte des Nordens, der Mächte der Erde und der Mitternachtssonne. Im Namen Uriels und Ghobs und dem Geber von Fülle am Baum des Lebens bitte ich darum. Legt Euren Schutz und Eure Ausdauer über die Person __________. Möge __________ an Festigkeit und Geduld wachsen und möge er/sie in Ruhe und Frieden wandeln.

[*Gehen Sie nach Osten zurück und zum Altar. Segnen Sie Salz und Wasser, vermischen Sie beides und besprengen Sie den Altar damit. Blicken Sie auf den Altar und heben Sie Ihre Arme hoch.*]

__________, ich segne Dich im Namen von __________ (Meister des Tempels). Möge das Licht von Kether wie eine Krone auf Deinem Haupte liegen. Möge die Weisheit von Chockmah wie ein Umhang um Deine Schultern sein. Möge das Verständnis von Binah wie Sandalen an Deinen Füßen sein. So sei es.

Der Ritus des Rückzugs

Das letzte Ritual ist der Ritus des Rückzuges. Jeder Magier sollte sich auf seinen Tod vorbereiten. Er sieht ihn nicht als Ende, sondern als Beginn einer neuen Phase seiner Existenz. Um sich jedoch so rasch wie möglich zu befreien, bereitet er eine rituelle Pfadarbeit vor, die mittels eines Willenssatzes mit einem Zeitschloß versehen ist und im Augenblick seines Todes zu arbeiten beginnt. Wenn der Tod ganz plötzlich kommt, wird die Operation kurz vor dem Verlust des Bewußtseins beginnen; wenn genügend Zeit vorhanden ist, um zu reflektieren, kann die ganze Arbeit bei vollem Bewußtsein durchgeführt werden. Und das ist die Art, wie alle Eingeweihten von dieser Welt gehen sollten.

Nehmen Sie sich Zeit für die Vorbereitung des Rückzugsritus. Denken Sie über Ihr Leben nach und wählen Sie einen Ort und eine Zeit, die Ihre Vorstellungen von Glück verkörpern. Wenn jemand vor Ihnen gegangen ist, benutzen Sie Ihre geschulten geistigen Fähigkeiten, um ein Muster an Ereignissen, in dem diese Person vorkommt, zu weben. Stellen Sie sich in Ihrem Geist eine Arbeit zusammen, wie Sie auf jener anderen Ebene ankommen. Sie sind jünger, stehen in der Blüte Ihres Lebens, und jemand, den Sie lieben, erwartet Sie. Vielleicht hat dieser Jemand einen Hund oder eine Katze bei sich, die Sie sehr geliebt haben. Sie begrüßen sie und beginnen die kurze Reise zu jenem Ort, den Sie immer als Ihr Ideal angesehen haben. Es kann ein Haus mit Ausblick über ein Tal sein oder eines an der Küste. Es kann ein Haus sein, in dem Sie lebten, als Sie jung waren, oder eines, das Sie immer bewundert haben und sich wünschten, es wäre das Ihre. Einige Menschen erwarten Sie dort, und eine Willkommensfeier ist im Gange. Oder wollen Sie nur mit einer einzigen anderen Person zusammen sein? Arbeiten Sie einen Spaziergang oder eine kurze Reise in Begleitung Ihres Freundes, Geliebten oder Verwandten zu jenem Ort aus. Sie wissen, daß Sie sich am Ende Ihrer Reise werden ausruhen können und daß alle Zeit haben, um zu tun, was immer Sie wollen. Alles, das Sie sich erträumt haben, jeder, den Sie wiedersehen möchten – alles ist da. Wenn Sie ankommen, werden Sie in Ihr Zimmer gehen und sich zum Schlafen legen und wissen, daß, wenn Sie aufwachen, alle auf Sie warten werden.

Entwerfen Sie diesen Pfad mit großer Sorgfalt und Detailgenauigkeit. Nehmen Sie sich Zeit und feilen Sie daran herum, bis Sie eines Tages wissen, daß alles genauso ist, wie Sie es haben wollen. Dann können Sie die Arbeit entweder rituell in Ihrem Tempel durchführen oder im Freien an einem schönen Fleck, der Ihnen viel bedeutet. Es kann sogar das Original auf Erden jenes Ortes sein, den Sie geistig aufgebaut haben. Führen Sie hier die Pfadarbeit durch mit jedem Gran an Kraft, das Sie nur aufbringen können. Beginnen Sie mit einem ersten Treffen auf einem Bahnhof, einer Bushaltestelle oder irgendwo anders; dann machen Sie die kurze Reise zu Ihrem besonderen Ort. Denken Sie an die Dinge, über die Sie sprechen wollen und an die Neuigkeiten, die Sie zu erzählen haben. Dann kommt die Ankunft und das Zimmer, in dem Sie schlafen werden. Legen Sie Ihre Kleidung ab und legen Sie sich hin und . . . An diesem Punkt beenden Sie die Arbeit, und wie in einem Film halten Sie das letzte Bild auf dem Schirm fest. Gehen Sie zum Beginn zurück und halten Sie auch dieses Bild fest. Nun haben Sie das Alpha und Omega Ihrer Arbeit. An diesem Punkt müssen Sie einen klaren Willenssatz formen, nämlich, daß diese Arbeit genau im Augenblick Ihres Todes beginnen wird und nicht vorher. Bilden Sie um die beiden Punkte das Unendlichkeitszeichen, eine auf der Seite liegende Acht, die jeweils ein Ende der Reise einschließt.

Es ist wichtig und es ist eine große Erleichterung, sich auf diese Weise vorzubereiten, denn es wird Ihnen helfen, über den ersten Schock hinwegzukommen, und wird Ihnen eine Atempause geben, in der Sie sich unter Freunden oder geliebten Menschen ausruhen können. Wenn Sie wieder aufwachen, wird das Trauma verblaßt sein und Sie können beginnen, sich an Ihre neue Existenzebene anzupassen.

Alle Eingeweihten bereiten sich auf diese oder ähnliche Art vor und vergessen es dann. Die einzige Schwierigkeit dabei ist, sich zu entscheiden, welchen Ort, welches Ideal Sie wirklich wollen. Denn wenn Sie sich einmal festgelegt und den Willenssatz miteingebracht haben, ist es schwierig, das Ganze zu lösen. Deshalb müssen Sie ganz sicher sein. Sie können diese Arbeit auch für einen anderen Menschen machen, wenn er nicht fähig ist, es selbst zu tun oder nichts von solchen Techniken weiß.

Sie haben eine lange Reise gemacht, ein ganzes Jahr voll Mühe und Anstrengung, jetzt ist es vorüber, oder besser, es ist ein Neubeginn.

Leseliste

Bord, Colin und Janet: *Mysterious Britain* (Paladin, 1974)

Campell, J.: *The Heroe with a 1000 Faces* (Princeton University Press) (*Der Heros in tausend Gestalten*, Suhrkamp/KNU 1978)

Campbell, J.: *The Masks of God* (4 Bände) (Princeton University Press)

Douglas, N., und Slinger, P.: *Sexual Secrets* (Arrow Books, 1982) (*Das große Buch des Tantra*. Sexuelle Geheimnisse und die Alchimie der Ekstase. Sphinx 1985)

Fortune, Dion: *Psychic Self Defence* (Aquarian Press, 1977) (*Selbstverteidigung und PSI*. Ansata, 2. Aufl. 1985)

Hope, Murry: *Practical Techniques of Psychic Self Defence* (Aquarian Press, 1983) (*Geistige Selbstverteidigung*. Sphinx 1987)

Roberts, Anthony: *Atlantean Traditions in Ancient Britain* (Rider, 1977)

Spence, L.: *Occult Science in Atlantis* (Aquarian Press, 1978)

Strachan, F.: *Casting Out the Devils* (Aquarian Press, 1972)

Underwood, Guy: *Patterns of the Past* (Pitman, 1970)

Epilog

Es scheint lange her zu sein, daß wir begonnen haben, miteinander zu lernen; und wir haben eine Menge miteinander geteilt. Wir sind ein Jahr lang Gefährten auf einer Reise gewesen, die uns von einem Beginn zu einem anderen Beginn geführt hat. Was die Kunst der Hohen Magie so lohnenswert macht, ist, daß es immer einen anderen Fluß zu durchwaten gibt und einen anderen Berg zu ersteigen. Bald werden Sie das Bedürfnis haben, jemanden anderen zu finden, dem Sie Ihr Wissen weitergeben können, das Sie sich auf Ihrer Suche nach der Wahrheit angeeignet haben. Dann werden Sie vielleicht jene, die Sie gelehrt haben, ein wenig besser verstehen können.

Ich weiß, es wird einige geben, die sagen werden, dieses Buch sei »zusammengestoppelt« und gehe nicht genügend ins Detail. Das mag schon stimmen, aber es war eine schwierige Aufgabe, genügend Lernstoff in ein Jahr zu packen und Ihnen all das Grundwissen zu vermitteln. Ich habe es, so gut ich konnte, getan. Mein größtes Bestreben war, ein Buch zu schreiben, das ich selbst nützlich gefunden hätte, als ich vor vielen Jahren mit der Magie in Berührung kam, ein Buch, das jene Dinge erklärt, die ich wissen mußte, als ich ein Neuling war. Wenn ich nur einen kleinen Teil davon erreicht habe, bin ich zufrieden.

Einfallsreichtum zählt viel mehr als Geld. Die Zufriedenheit, die Sie fühlen, wenn Sie aus nahezu Nichts etwas geschaffen haben, ist der harten Arbeit wert.

Ich wünsche Ihnen alles Gute auf der Suche nach Wissen. Ich wünsche Ihnen Geduld und Ausdauer und die Fähigkeit, lachen zu können, wenn die Dinge düster aussehen. Lachen ist in der Magie wesentlich; ohne Lachen werden Sie das, was Sie suchen, nicht finden. Lachen steht mit dem Teufel im Tarot in Verbindung. Es ist der Zauber, der die Vorstellung, in Ketten zu liegen, zerstört. Lachen hebt das Herz und die Augen.

Danke für Ihre Begleitung, und ich hoffe, wir sehen uns wieder.

Dolores Ashcroft-Nowicki

Anhang

Umziehen mit Magie

Oft ist es sehr schmerzlich, ein besonderes Haus zu verlassen, eines, in dem Sie einen größeren Teil Ihres Lebens verbracht haben oder in dem Sie sich glücklich und zufrieden gefühlt haben. Die meisten dieser Gefühle sind entstanden, weil Sie und Ihre Familie jeden Stein mit Ihrem Wesen erfüllt haben. Das Haus hat ihnen dies zurückgegeben. Erinnern Sie sich an das Kapitel über den Gruppengeist. Ein glückliches Familienhaus, aber auch eines, in dem sich eine Tragödie abgespielt hat, kann einen sehr starken Gruppengeist aus den Leben derer bilden, die es bewohnen. Ein Amulett wirkt, weil die Emotion im Stein festgehalten ist. Steine halten Gefühle länger als irgendein anderes Material, und deshalb wird ein Haus, besonders wenn es aus Naturstein erbaut ist oder auf einem Fels errichtet wurde, einen sehr starken Gruppengeist aufbauen, einen, der Sie an diesen Ort binden wird. Das Gefühl, solch ein Haus zu verlassen, ist gleich dem Gefühl, ein geliebtes Tier den Launen eines neuen Besitzers zu überlassen.

Aber es gibt keinen Grund, sich zu beunruhigen. Nehmen Sie Ihr Haus-Elementarwesen einfach mit sich. Das ist sehr einfach, und Sie brauchen dazu nichts als eine Kerze. Zuerst müssen Sie dem Hausgeist erklären, wie Sie über den Umzug denken, und daß Sie ihn gerne in das neue Haus mitnehmen würden. Lassen Sie ihm Zeit. Lassen Sie ihn die Angelegenheit durchdenken; wenn möglich, lassen Sie ein paar Bilder, die für das neue Haus gedacht sind, im alten herumstehen. Das klingt etwas kurios, aber ich versichere Ihnen: es funktioniert. In Europa gibt es zahlreiche Volkslegenden über solche Wesen, besonders in Polen, wo die Domovoi oder Hausgeister als Teil der Familie betrachtet werden.

Wenn der Hausgeist ein paar Tage darüber nachgedacht und sich an die Idee vom Umzug gewöhnt hat, besorgen Sie sich eine große Kerze, groß genug, um zumindest dreißig Stunden zu brennen. Wählen Sie eine angenehme, klare Farbe, Blau oder Hellgrün, leuchtend Gelb oder Rosenrot. Beginnen Sie an dem Tag, bevor Sie umziehen, im obersten Teil des Hauses. Stellen Sie die Kerze in den ersten Raum, zünden Sie sie an und sagen Sie dem Hausgeist, er möge die Flamme mit all seinen guten Gefühlen und Erinnerungen an diesen Raum füllen und diese Gefühle durch die Flamme der Kerze selbst zuführen. Lassen Sie die

Kerze ungefähr eine Stunde brennen; dann, ohne sie auszulöschen, tragen Sie sie in das nächste Zimmer und wiederholen den Vorgang. Gehen Sie nach und nach durch das gesamte Haus, lassen Sie keinen Raum aus, nicht einmal einen unbenutzten Abstellraum, die Toilette oder die Garage. Zuletzt stellen Sie die Kerze in den Raum, den Sie am meisten benutzt haben, in dem das Herz der Familie schlägt, und lassen Sie die Kerze dort, bis Sie tatsächlich umziehen. Die Kerze darf während dieser Zeit nie verlöschen.

Geben Sie acht, daß Sie sie in all dem Aufruhr nicht umstoßen oder vergessen! Sie soll der letzte Gegenstand sein, der das Haus verläßt, und, wenn möglich, lassen Sie sie brennen, bis Sie Ihr neues Heim erreicht haben. Das kann möglich sein, wenn Sie eine der alten Kerzenlaternen verwenden. Wenn nicht, dann bitten Sie den Hausgeist, sich einfach in den Teil, der von der Kerze übriggeblieben ist, zurückzuziehen (zumindest die Hälfte der Kerze sollte noch vorhanden sein). Verlöschen Sie die Kerzenflamme mit den Fingern.

Wenn Sie in Ihrem neuen Heim ankommen, können Sie beginnen, es mit Ihrem früheren Hausfreund zu erfüllen. Einige unter Ihnen werden jetzt sagen: »Gut, aber was, wenn das neue Haus bereits einen Hausgeist besitzt?« Das stimmt schon; aber wenn das Haus neu ist, gibt es kein Problem. Zünden Sie einfach die Kerze an, sobald Sie das Haus betreten haben, und arbeiten Sie sich vom untersten Geschoß nach oben. In jedem Raum sollte die Kerze zumindest eine Stunde brennen. (Sie sehen, wie wichtig es ist, eine genügend große Kerze zu kaufen.) Im letzten Raum lassen Sie sie ausbrennen.

Wenn Sie das Haus von einer andern Familie übernehmen, müssen Sie natürlich mit einem Hausgeist rechnen. Es ist aber sicher anzunehmen, daß die früheren Besitzer weder um den Hausgeist wußten noch sich darum kümmerten. Daher müssen Sie sich drum kümmern. Wenn Sie die Möglichkeit haben, besuchen Sie das neue Haus vorher; und wenn die andere Familie bereits ausgezogen ist und Sie allein sind, erklären Sie dem vermutlich verwirrten Hausgeist, daß Sie jetzt einziehen und Ihren eigenen Hausgeist mitbringen werden, daß aber er sich nicht verlassen zu fühlen braucht und bald einen Gefährten haben wird. Geben Sie ihm als Geschenk seine eigene Kerze und zünden Sie sie mit einer Invokation für Gesundheit, glücklichen Wohlstand und einer liebenswerten Atmosphäre an. Sammeln Sie den Hausgeist in die Flamme. Sie können das sehr rasch tun, ein paar Minuten lang in jedem Raum, denn im Gegensatz zu Ihrem eigenen Hausgeist transportieren Sie ihn nicht über eine größere Entfernung. Dann holen Sie die Kerze Ihres eigenen Hausgeistes, stellen sie neben die andere und zünden eine an der anderen an. Gehen Sie mit beiden gemeinsam durch das Haus, bis Sie ausgebrannt sind. Bringen Sie sobald wie möglich Blumen ins Haus, am besten Topfpflanzen. Wenn Sie ein Tier haben, wird sich der Hausgeist schneller zu Hause fühlen, da er mit Tieren leichter als mit Menschen kommunizieren kann.

Wenn Sie das Haus vorher nicht besuchen können, erledigen Sie alles in den ersten vierundzwanzig Stunden nach dem Einzug und zünden Sie Ihre eigene Kerze nicht an, bevor Sie nicht den anderen Hausgeist eingesammelt haben. Dann können Sie beide zusammen freilassen als ein einziges stärkeres Wesen. Versuchen Sie, nicht zu vergessen, Ihren Hausfreund in Feiern und Familienereignisse mit einzubeziehen. Geben Sie ihm zu Weihnachen ein Geschenk, eine neue Türmatte, ein Stück Porzellan in der Form eines Hauses, eine Leuchte oder einfach eine hübsche Kerze. Weihen Sie ihn in Ihre Pläne ein. Wenn Sie verreisen, bitten Sie ihn, auf das Haus zu achten. Das wird vielleicht Diebe nicht immer abhalten, aber sie werden sicherlich nicht jene Dinge, die Ihnen am teuersten sind, mitnehmen! Alle diese Dinge sind Teil des Phänomens, das wir Universum nennen, belebt oder unbelebt. Wir alle teilen das Wesen unseres Seins. Der Hausgeist mag kein Bewußtsein haben in der Bedeutung, wie wir es verstehen, aber auf seine Weise kann er zu einem glücklichen oder unglücklichen Heim beitragen.

Die Säkularisierung eines Tempels

Es gibt eine lange und eine kurze Methode, um einen Tempel zu säkularisieren. Die lange erfordert Zeit, Mühe und mehr an magischem Wissen, als Sie sich in diesen kurzen zwölf Monaten erwerben konnten. Die kurze Methode ist ebenso wirksam, und, um die Wahrheit zu gestehen, ich würde sie persönlich wählen. Es ist ein Fehlschluß anzunehmen, daß Rituale, wenn sie hundertprozentig wirksam sein sollen, lang, kompliziert und arbeitsaufwendig sein müssen. Alle Rituale beinhalten einen kurzen Augenblick der Wahrheit. Der Kernpunkt der Arbeit, der mit den Mühen, Farben, Roben, Räucherungen, Kerzen und Worten zusammenhängt – ist nur ein winziger Augenblick, nicht länger als ein Atemzug; alles kommt in einem äußerst komprimierten Augenblick zusammen, dem das magische Gegenstück vom Urknall folgt und der die Willenserklärung des Rituals auf ihren Weg schickt. Die ganze Kunst des Magiers ist in diesem kurzen Augenblick enthalten. Die Zeit ist daher kein Kriterium; nur die Absicht ist der einzige Maßstab des Erfolges.

Sie benötigen eine Kerze, eine große aus reinem Bienenwachs und vier kleinere für die Himmelsrichtungen. Das Ritual folgt keiner besonderen Tradition. Öffnen Sie den Tempel wie üblich. Invozieren Sie die Wächter der vier Himmelsrichtungen und den Hüter des Tempels als eine Ganzheit und den Engel oder Geist des Lichtes. Zuletzt invozieren Sie die Anwesenheit Ihrer Gesamtgottheit/Geist/Erzengel.

Woran Sie denken müssen, ist, daß der Tempel auf den inneren Ebenen der wahre Tempel ist und »von keiner Hand erbaut wurde und ewig in den Himmeln besteht«. Nichts kann ihn auf jener Ebene zerstören. Sie brauchen sich also nur um die materiellen Teile kümmern. Wie mit dem Hausgeist wollen Sie auch hier das heilige Wesen in der Flamme und Hauptkerze selbst sammeln. Deshalb entzünden Sie zuerst das Altarlicht, dann die Kerzen in den Himmelsrichtungen und erst zuletzt die Hauptkerze des Rituals, wenn bereits alle magischen Geräte entweder in ihren Himmelsrichtungen oder auf dem Altar liegen.

Nehmen Sie Ihren Platz im Osten ein und segnen Sie die Tempelgeräte und Einrichtung bis zum letzten Gegenstand. Nehmen Sie die Kerze der Himmelsrichtung auf und weben Sie vor oder über jedem Gegenstand ein Wellenmuster damit. Sehen Sie vor Ihrem geistigen Auge, wie während Ihrer Arbeit ein Wesensstrom vom Gegenstand in die Flamme fließt und sich in der Kerze festsetzt. Nehmen Sie sich Zeit und vergewissern Sie sich, daß Sie nichts ausgelassen haben. Wenn Sie das Gefühl haben, alles sei von der Flamme aufgesaugt worden, verneigen Sie sich nach Osten und sagen Sie:

Es ist vollbracht. Die Himmelsrichtung des Ostens ist geräumt.

Gehen Sie zum Altar und stellen Sie die Ostkerze vor die Hauptkerze, die noch immer nicht brennt. Gehen Sie nach Süden und wiederholen Sie den gesamten Prozeß mit der Südkerze. Dann verneigen Sie sich nach Süden, wiederholen die obigen Worte, nehmen die Kerze mit zum Altar und stellen sie dort im Süden auf. Gehen Sie rund um den Tempel, bis alle vier Himmelsrichtungen gereinigt wurden und die Kerze in der entsprechenden Himmelsrichtung auf dem Altar aufgestellt ist.

Dann nehmen Sie die Altarlampe und ziehen die Essenz aus allen Geräten, die an ihrem Platz liegen. Nach jedem Gegenstand sagen Sie:

Es ist vollbracht. Der/die/das __________ *ist geräumt.*

Zuletzt machen Sie das auch für jeden Offizier, und veranlassen Sie einen von ihnen, das gleiche mit Ihnen zu tun. Stellen Sie die Lampe auf den Altar zurück und versammeln Sie sich alle darum. Jeder nimmt eine Kerze, und mit all den Kerzen zünden Sie gemeinsam die Hauptkerze an. Dann binden Sie die Kerzen der Himmelsrichtungen mit neuen weißen Kordeln oder Schnüren an die Hauptkerze und lassen sie für eine Weile brennen, bis das herabtropfende Wachs sie miteinander verschmolzen hat. Sie werden die zunehmende Leere des Raumes spüren, wenn die gesamten Kräfte in die brennenden Kerzen übergehen. Besprengen Sie zuletzt jede Kerze mit ein paar Tropfen des geweihten Salzwassers, dann bringen Sie sie damit zum Verlöschen und sagen:

Hiermit versiegle ich die Kraft dieses Tempels. Es ist getan.

Sie brauchen den Tempel nicht zu schließen, da nichts zu schließen übrig ist.

Am nächsten Tag können Sie beginnen, den Tempel zu zerlegen und die Gerätschaften einzupacken. Das sollte geschehen, bevor Sie sich mit dem Hausgeist befassen, daher können alle beim Einpacken mithelfen.

Wenn Sie das neue Haus beziehen, warten Sie, bis der Hausgeist Einzug gehalten hat, erst dann lassen Sie das Egregorium des Tempels frei. Wenn Sie genügend über Astrologie wissen, warten Sie einen Tag ab, an dem die Planeten gut stehen; oder, wenn Sie nicht zu weit entfernt sind, warten Sie auf einen der Vierteljahrestage oder auf einen Tag wie Weihnachten (annähernd!), Frauentag, Johannesnacht oder Georgstag. Reinigen Sie den neuen Tempelraum vorher sorgfältig und führen Sie alle notwendigen Malereien oder Restaurierungsarbeiten durch. Erst dann, und wirklich erst dann, können Sie die Vorhänge anbringen, die Teppiche verlegen und das Logenmobilar an seinem Platz aufstellen. Wiederum – lassen Sie sich Zeit, folgen Sie Ihrem Instinkt; er wird Ihnen sagen, wann die Zeit reif ist, den Tempel aus seiner Ruhephase zu wecken.

Legen Sie die Geräte aus und schmücken Sie den Tempel wie üblich. Stellen Sie die Ritualkerze auf eine Unterlage, so daß das Wachs nicht auf den Altar tropft. Stellen Sie die Altarlampe davor und eine nichtbrennende Kerze in jede Himmelsrichtung. Zünden Sie die Ritualkerze an und etwas Weihrauch, und lassen Sie die Kerze fast gänzlich abbrennen. Wenn Sie dies am Nachmittag tun, wird der Tempel am Abend bereit für die Arbeit sein. Vergewissern Sie sich, daß keine Zugluft an die Kerze herankommt, aber öffnen Sie ein wenig das Fenster, um die Luft zirkulieren zu lassen. Gehen Sie immer wieder nachsehen, ob alles in Ordnung ist.

Wenn alles bereit ist, ziehen Sie Ihre Robe über und betreten den Tempel. Zünden Sie die Altarlampe und die Kerzen der Himmelsrichtungen an den Resten der Ritualkerze an. Stellen Sie sich im Osten auf und heißen Sie die vier Himmelsrichtungen, den Hüter des Tempels und den Altargeist willkommen. Invozieren Sie Ihre Tempelgottheiten und laden Sie sie ein, diesen neuen Ort der Verehrung zu betreten. Laden Sie auch den vereinten Hausgeist ein, einzutreten und Teil des Tempels zu werden. Gehen Sie der Reihe nach zu jeder Himmelsrichtung und segnen Sie sie mit dem geweihten Wasser und Salz. Dann tun Sie das gleiche mit dem Altar.

Bauen Sie dann einen Schutzraum um Haus, Garten und sechs Fuß darüber hinaus. Visualisieren Sie eine undurchdringliche Lichtkugel, die sich auf das gesamte Gebiet niederläßt, den Boden durchdringt und ihn in einer Höhe von zwanzig Fuß nach oben und unten bedeckt. Lassen Sie die Lichtkugel, wo sie ist, und sie wird als Schutzbarriere dienen, bis der Tempel wieder ganz einsatzbereit ist. Wenn der Tempel wieder aufgebaut ist, versuchen Sie, innerhalb der nächsten Tage ein Ritual durchzuführen.

Die Übung der Mittleren Säule

Stehen Sie in Blickrichtung Osten und visualisieren Sie, wie eine leuchtend weiße Lichtkugel etwas oberhalb Ihres Kopfes schwebt.

Visualisieren Sie, wie ein Strahl weißen Lichtes aus der Lichtkugel schießt und am Scheitel in Ihren Kopf eintritt. Vibrieren Sie dabei AHIH (Eh-heh-yeh).

Der Lichtstrahl steigt bis zu Ihrem Hals herab und formt eine Kugel aus leuchtendem Lavendel. Vibrieren Sie YHVH Elohim (Jeh-ho-va-El-o-him).

Der Strahl steigt weiter herab bis zu Ihrem Solarplexus. Hier wird er zu einer strahlend goldenen Kugel. Vibrieren Sie YHVH Aloah va-Daath (Jeh-ho-va El-o-ah va Daat).

Nun steigt das Licht bis zu Ihren Genitalien hinab und formt eine Kugel aus strahlendem Purpur. Vibrieren Sie Shaddai el Chai (Schad-ay-el-chay).

Schließlich gelangt das Licht zu Ihren Fußsohlen und bildet eine große schwarze Kugel. Imaginieren Sie sich, auf dieser Kugel stehend. Vibrieren Sie den Namen ADNI ha-ARETZ (Ah-do-nai ha-Are-etz).

Das Kleine Bannende Pentagrammritual

1. Stellen Sie sich, nach Osten gewandt, auf. Verwenden Sie den Zeigefinger der rechten Hand, um die Pentagramme zu ziehen.
2. Berühren Sie die Stirn und vibrieren Sie *Ateh* (Dein ist, oder Du bist).
3. Imaginieren Sie, wie das Licht von Ihrer Stirn durch den Körper bis in Ihre Füße hinabsteigt.
4. Berühren Sie die Brust und vibrieren Sie *Malkuth* (das Königreich).
5. Berühren Sie die rechte Schulter und vibrieren Sie *ve Gedulah* (und die Herrlichkeit).
6. Berühren Sie die linke Schulter mit *ve Gedulah* (und die Kraft).
7. Falten Sie die Hände vor der Brust und sagen *le-Olahm Amen* (in Ewigkeit, Amen).
8. Wenden Sie sich nach Osten, strecken Sie Ihren rechten Arm und den Zeigefinger aus und ziehen Sie ein großes Pentagramm. Stechen Sie in das Zentrum und sagen Sie *Jehovah.*
9. Drehen Sie sich nach Süden, wiederholen Sie den Vorgang, aber vibrieren Sie *Adonai.*
10. Wenden Sie sich nach Westen, wiederholen Sie den Vorgang, aber sagen Sie *Ehieh.*
11. Wenden Sie sich nach Norden, wiederholen Sie den Vorgang, aber vibrieren Sie *Agla.* (Vergessen Sie nicht, in jedes Pentagramm zu stechen, wenn Sie die dazugehörigen Namen vibrieren.)
12. Kehren Sie nach Osten zurück und berühren Sie das Zentrum des Pentagramms.
13. Breiten Sie die Arme in Kreuzform aus und vibrieren Sie:
14. *Vor mir Raphael.*
15. *Hinter mir Gabriel.*
16. *Zu meiner Rechten Michael.*
17. *Zu meiner Linken Uriel.*
18. *Um mich sind flammende Pentagramme.*
19. *Und über mir steht der sechsstrahlige Stern.*
20. Wiederholen Sie das kabbalistische Kreuz, Punkte 1–7.

Die Autorin

Dolores Ashcroft-Nowicki ist Studiendirektorin der Servants of the *Light Association* (SOL), die einen Lehrfernkurs verschicken, der auf den Anweisungen von W. E. Butler aufgebaut ist. Es ist eine westliche Mysterienschule, die vollen Kontakt mit einem Meister hat und die Gesamtheit der esoterischen Wissenschaften lehrt. Die Arbeit steht unter strikter Aufsicht und persönlicher Anweisung.

Die Adresse der Servants of the Light Association (Vereinigung der Diener des Lichts) ist:

P. O. Box 215
St. Helier
Jersey
Channel Islands
Great Britain

Register

didaktischer Weise nachvollzogen werden kann. Der Leser verfügt über ein Informations- und Schulungsbuch, wie es bisher in der deutschsprachigen esoterischen Literatur nicht vorhanden war.

Israel Regardie sagt über den Golden Dawn: » . . . Einweihung stellt die Vorbereitung zur Unsterblichkeit dar, denn der Mensch ist nur seiner Anlage nach unsterblich. Erreicht werden kann die Unsterblichkeit, wenn der bloß menschliche Teil mit der geistigen Essenz verbunden wird, die unerschaffen ist, die nie geboren wurde und niemals sterben wird. Dem Versuch, dieses spirituelle Band zu erwirken, verdankt der Golden Dawn alle seine Rituale und praktischen magischen Arbeiten.

Einweihung bedeutet, etwas Neues anzufangen . . . Es gibt nur wenige, die es ertragen können, mehr als einen flüchtigen Blick auf etwas anderes zu werfen, als die Oberfläche, die das Leben ihnen zeigt. Für diese wenigen bietet sich das System des Golden Dawn als Antwort auf ihre unzähligen Fragen an. Das System selbst ist zeitlos. Es verdankt seinen Ursprung nicht jenem Orden, der Ende des vorigen Jahrhunderts unter dem Namen ›Golden Dawn‹ gegründet wurde. Der größte Teil des Systems existierte in der einen oder anderen Form schon seit Jahrhunderten, eigentlich immer schon, nicht unbedingt öffentlich, wo es von weltlichen und kirchlichen Autoritäten angegriffen werden konnte, sondern versteckt, geheim und sicher. Diejenigen, die seiner Lehre und Arbeit bedurften, wurden unweigerlich auf irgendein Mitglied aufmerksam und erhielten die Einweihung. Das fand in der Vergangenheit ebenso wie heute statt. Wenn der Zeitpunkt des inneren Erwachens gekommen ist, wie man es nennen könnte, treten alle möglichen Synchronizitäten auf, die den Betreffenden in die richtige Richtung lenken – zur esoterischen Überlieferung des Westens.«

Verlag Hermann Bauer · Freiburg im Breisgau